基金资助项目

1. 教育部人文社会科学研究专项项目(高校思想政治工作)“高校突发事件触发的网络话语权危机及其应对研究”(课题编号:19JDSZ3047)阶段性成果
2. 江苏省社会科学基金项目“大学生社会主义核心价值观认同长效机制研究”(课题编号:15MLB004)阶段性成果
3. 江苏省高校哲学社会科学研究项目“复杂系统理论视域下高职院校‘思政课程’实施路径研究”(课题编号:2018SJSZ239)阶段性成果
4. 江苏省高校哲学社会科学研究项目“高校辅导员话语权的生成机理研究”(课题编号:2018SJSZ235)阶段性成果
5. 全国机械职业教育思想政治工作研究课题“高职院校思想政治教育融入日常生活的内容与机制研究”(课题编号:SZ17A002)阶段性成果
6. 中国高等教育学会职业技术教育分会 2018 年培育课题“新时代高职院校‘思政课程’的研究与实践”阶段性成果
7. 2019 江苏高校共青团“青智库”建设单位阶段性成果

大学生活导航

——新生入学教育读本

杨雪琴　主编

苏州大学出版社

图书在版编目(CIP)数据

大学生活导航:新生入学教育读本 / 杨雪琴主编
. —苏州: 苏州大学出版社, 2019.8(2022.7 重印)
ISBN 978-7-5672-2920-4

Ⅰ.①大… Ⅱ.①杨… Ⅲ.①大学生-入学教育
Ⅳ.①G645.5

中国版本图书馆 CIP 数据核字(2019)第 164704 号

大学生活导航——新生入学教育读本
杨雪琴 **主编**
责任编辑 周建兰
助理编辑 杨 冉

苏州大学出版社出版发行
(地址:苏州市十梓街 1 号 邮编:215006)
丹阳兴华印务有限公司印装
(地址:丹阳市胡桥镇 邮编:212313)

开本 787mm×1 092mm 1/16 印张 16.5 字数 381 千
2019 年 8 月第 1 版 2022 年 7 月第 5 次印刷
ISBN 978-7-5672-2920-4 定价:39.00 元

苏州大学版图书若有印装错误,本社负责调换
苏州大学出版社营销部 电话:0512-67481020
苏州大学出版社网址 http://www.sudapress.com
苏州大学出版社邮箱 sdcbs@suda.edu.cn

《大学生活导航——新生入学教育读本》编委会

主　编　杨雪琴

副主编　徐　悦　赵癸萍

编　者　胡艳兰　刘文庆　余新年

丁　远　朱佳艺

Preface 前言

大学是传播真理、弘扬科学、启迪民智的思想殿堂，是塑造人文精神和科学精神、培养高级专门人才、发展先进科学技术、提升国家文化软实力、推动社会主义文化建设的高水平阵地。培养什么人、如何培养人、为谁培养人是大学的核心问题，围绕立德树人，培养德智体美劳全面发展的社会主义现代化的建设者和接班人，是大学教育的根本目的。

今天，同学们带着青春的激情与未来的梦想步入大学校园。青年大学生正处于世界观、人生观和价值观形成与基本定型的关键时期。正如习近平总书记所言，青少年阶段是人生的"拔节孕穗期"，最需要精心引导和栽培。为给刚刚跨入大学校门，处于人生重要适应期、转折期的大一新生，提供一份科学而系统的指导，帮助同学们顺利完成从中学生到大学生的身份转变，尽快熟悉和适应大学的学习与生活，我们组织编写了《大学生活导航——新生入学教育读本》。本书论述了大学的发展历程与职能，阐述了大学的培养目标和高职教育的独特优势，帮助学生学会学习、适应大学，培养良好的文明礼仪和健康的心理状态，为新生提供了许多可借鉴、参考的建议与对策，具有很强的可读性。

本书是无锡职业技术学院学生工作处在充分调研大学生思想道德现状、总结学生教育管理工作实践经验的基础上，融合高职教育特点和企业社会需求，以培养德智体美劳全面发展的高素质技术技能人才为目的，组织编写的大学新生入学教育读本。全书共分为十二章，由杨雪琴组织策划并担任主编，徐悦、赵癸萍担任副主编，参编人员有胡艳兰、刘文庆、余新年、丁远、朱佳艺等，全书由杨雪琴统稿、定稿。本书在编写过程中，参考借鉴了国内高等教育、高职教育、入学教育、心理健康教育和职业生涯规划教育等方面的许多相关著作、教材与文献，在此致以深深的敬意与谢意。

由于编者水平和能力有限，加之时间仓促，书中难免有部分偏颇与谬误之处，恳请诸位同仁予以指导，以帮助我们进一步提高书稿的质量和水平，共同为大学生的健康成长保驾护航。

编　者

2019 年 6 月于无锡

Contents 目录

第一章　认识大学　梦想启航　/ 1
第一节　大学的发展历程与职能　/ 1
第二节　大学的精神与目的　/ 7
第三节　大学的特点与应对　/ 13
【案例链接】　竺可桢对大学新生的“两问”　/ 17
第二章　投身高职　前景光明　/ 20
第一节　高职教育的发展历程　/ 20
第二节　高职教育的培养模式　/ 27
第三节　高职教育的独特优势　/ 32
【案例链接】　怀揣梦想,执着前行——无锡职业技术学院优秀校友事迹简介　/ 36
第三章　适应大学　调整自我　/ 39
第一节　大学新生的常见困惑　/ 39
第二节　大学生活的全面适应　/ 42
第三节　大学生成长目标的确立　/ 50
【案例链接】　想家的大学生　/ 55
第四章　善于学习　终身受益　/ 56
第一节　学习能力　/ 56
第二节　阅读与学习　/ 60
第三节　图示学习法　/ 63
【案例链接】　身边的科创达人　/ 72
第五章　养成教育　修身养德　/ 74
第一节　大学生养成教育的特征与功能　/ 74
第二节　大学生养成教育的目标与内容　/ 79
第三节　大学生养成教育面临的挑战及应对　/ 85
【案例链接】　“曾子避席”与“程门立雪”　/ 89
第六章　呵护心灵　关爱生命　/ 91
第一节　心理健康的概念和标准　/ 91
第二节　自我意识的偏差与调适　/ 95

第三节　压力挫折的应对与超越　/ 105
【案例链接】　大学学习的适应困难　/ 113
【心理测试】　自卑心理诊断量表　/ 114

第七章　提升网德　远离网贷　/ 117

第一节　大学生网络道德的基本要求　/ 117
第二节　大学生网络生活的问题应对　/ 124
第三节　大学生网络贷款危害的防范　/ 127
【案例链接】　千名大学生贷款“被套路”“套路贷”里“套路深”
——兰州警方盘点近千名大学生贷款“被套路”案例　/ 131

第八章　优化形象　和谐交往　/ 135

第一节　大学生人际交往的基本概述　/ 135
第二节　大学生人际交往的能力培养　/ 143
第三节　大学生恋爱交往的正确对待　/ 151
【案例链接】　是危机也是转机——苏格拉底与失恋者的对话　/ 161
【心理测试】　大学生人际关系综合诊断量表　/ 163

第九章　锻炼能力　丰富自我　/ 165

第一节　大学生参与党团组织　/ 165
第二节　大学生参与学生社团　/ 170
第三节　大学生参与竞赛实践　/ 174
【案例链接】　教育部关于举办第五届中国“互联网 +”大学生创新创业大赛的通知　/ 180
【知识链接】　无锡职业技术学院学生社团发展与建设情况　/ 184

第十章　安全教育　预防在先　/ 186

第一节　国防教育与军训要求　/ 186
第二节　生活安全与出行安全　/ 189
第三节　人身安全与财产安全　/ 194
【案例链接】　20 例大学生受骗案件　/ 201

第十一章　自强不息　资助育人　/ 205

第一节　高校资助工作发展历程　/ 205
第二节　高校资助工作发展趋势　/ 210
第三节　高校资助与育人的协同　/ 213
【案例链接】　奋斗的青春最精彩——选自《国家奖学金获奖学生风采录》　/ 219

第十二章　生涯规划　导航人生　/ 222

第一节　职业生涯规划的步骤　/ 222
第二节　就业面试的前期准备　/ 226
第三节　创业选择与人生实践　/ 238
【案例链接】　职场生存指南四则　/ 247
【知识链接】　职业兴趣测试　/ 249

第一章
认识大学　梦想启航

秋阳灿烂，桂香浓郁。伴随着亲人的祝福与期盼，同学们挥手离别温馨的家园港湾，告别难忘的高中时代，怀揣着对未来的美好憧憬，从五湖四海汇聚到美丽的大学校园。为帮助同学们尽快适应新环境，尽快投入学习和生活，让我们共同打开大学这本书的扉页，了解大学的发展历程、主要职能，认识大学的主要精神与培养目标，比较大学与高中的差异，让广大学生共同成为大学生活的主角，在大学的舞台上绽放出独特光彩，谱写人生最美妙的篇章。

第一节　大学的发展历程与职能

大学是研究高深学问、培养高层次人才、探寻学术真理的殿堂，是人格养成之所，是人文精神的摇篮，是理性和良知的支撑。现代大学，泛指在中等教育基础上，以培养各种高级专门人才为目标，提供教学、研究条件和授予学位的高等教育机关，包括综合性大学、学院、高职高专等全日制类型的学校，也包括成人教育、自考等学历教育。2018 年，习近平在北京大学师生座谈会上强调："教育兴则国家兴，教育强则国家强。高等教育是一个国家发展水平和发展潜力的重要标志。"大学对国家和民族的发展具有重要作用。

一、大学的发展历程

大学是随着国家的形成和人类文明程度的发展而逐步建立起来的。

（一）我国大学的发展历程

溯流而上纵向考察中国古代社会之教育，我们会发现，其虽没有大学之形，却有大学之实。我国古代的高等教育，可以追溯到公元前两千多年的虞舜时代。有关资料表明，虞舜时代即有"上庠"，即"高等学校"之意，其职能主要是培养从事政府管理工作的士人和从事文化教育工作的文人。《孟子・滕文公上》言："夏曰校，殷曰序，周曰庠，学则三代共之；皆所以明人伦也。"商代的"右学"是较为公认的中国古代大学起源，既开展天子王公议事和祭祀等活动，也教授"礼、乐、舞、射、御"等内容，并非专一的高等教育机构。西周大学则由王室设立辟雍，分东南西北中五院，教育内容是六艺（礼、乐、射、御、书、数），仅以贵族子弟为教育对象。在商、周奴隶社会阶段，中国古代大学主要被奴隶主阶级垄断，呈现“学在官府”“吏师合一”的特点。随着周王室的衰微、诸侯国的兴起，“礼崩乐坏”，高等教育的重心从官府向民间倾斜，私学盛极一时，形成了“天子失官，学在四夷”的局面。私学的兴盛，既涌现出一大批著名的教育家，如孔子作为春秋末期最著名的私学开办者，有“贤人七十，弟子三千”之说，还出现了齐国的“稷下学宫”等著名的私学机构和《大学》《论语》等最早的教育专著，《诗》《书》《礼》《乐》等著作也成为历朝历代，尤其是科举考试的教材。

进入封建时代后，教育制度在秦朝受到破坏。进入汉朝后，汉武帝设立了中央官学——太学，设五经博士，其太学生在东汉臻于极盛时达三万人。太学是汉代传授知识、研究学术的最高学府，标志着中国封建社会官立大学的开端。地方设立郡学、州学、府学、县学等地方性官办高等学校。此外，汉代还出现了专门学习和研究文学艺术的鸿都门学，以辞赋、小说、尺牍、字画等为主要学习内容，称得上是世界上最早的专门学院。三国、魏晋、南北朝延续了太学之制，更名为国子学，但因国家长期处于分裂动荡状态，大学发展缓慢。

隋唐时期，中国古代大学进入全盛阶段。隋炀帝在公元607年创设进士科，开创了后世科举制的先河。唐朝贞观年间，国子监下设国子学、太学、四门学、书学、算学、律学等“六学”，开设贵族学校弘文馆、崇文馆，史称“六学二馆”。中央政府还设有太史局、太医署等专业教育机构，非常重视科技教育，吸引了很多日本、朝鲜、吐蕃和东南亚国家的留学生。唐末书院教育萌生，至宋朝时期达到兴盛，有名的有应天府书院、石鼓书院、茅山书院、白鹭书院、白鹿洞书院等。书院是中国近代大学的原型，20世纪初设立的第一批省立大学，多由书院更名而来，对近代大学产生了深远影响。明朝时设有专门培养外交翻译人才的四夷馆、培养医学人才的太医馆等。这些教育机构将学生聚集在特定的地点，整理、研究和传播高深领域的知识，已经具备了大学的雏形。

我国近现代大学发端于19世纪末期。清朝末叶，中日甲午海战，泱泱大国败于蕞尔小夷之国，许多仁人志士发愤图强。维新变法运动后，清政府颁布新学制，废除科举制，引入西学(美式教育)，开始兴办近代学堂;1898年京师大学堂的开办，是中国教育制度至为关键的“现代转型”，可以说是中国现代大学之发轫。至1912年，京师大学堂改名北京大学，成为中国真正意义上的现代大学之开端。1912年中华民国成立后，我国主要效仿美、日等国家的大学制度。

1949年中华人民共和国成立后，我国开始学习和模仿苏联的大学制度。1978年改革开放以后，我国的高等教育得到迅速发展，美国的大学教育模式成为我国大学的主要借鉴模式。1985年，《中共中央关于教育体制改革的决定》提出招生制度改革、毕业生分配制度改革和扩大高校办学自主权的要求，拉开了新时期教育改革的序幕。1994年，国家教委启动了著名的“211工程”(面向21世纪，在全国重点建设100所大学)。1998年5月，江泽民同志在北京大学百年校庆大会上提出建设“若干所具有世界先进水平的一流大学”，加速了我国世界一流大学的建设步伐。1998年，我国首部《高等教育法》颁布，为依法治理大学提供了主要法律依据。到21世纪，我国高等教育已经由精英教育迈入了大众化教育阶段。2017年，我国高等教育毛入学率达到45.7%，超过中等收入国家平均水平。2017年10月，习近平同志在党的十九大报告中提出“加快一流大学和一流学科建设，实现高等教育内涵式发展”，吹响了“双一流”建设的号角。2019 年 2 月，中共中央、国务院印发了《中国教育现代化 2035》，提出 2035 年要总体实现教育现代化，迈入教育强国行列，推动我国成为学习大国、人力资源强国和人才强国，为到 21 世纪中叶建成富强、民主、文明、和谐、美丽的社会主义现代化强国奠定坚实基础。

（二）国外大学的发展历程

现代意义的大学起源于欧洲。公元前 387 年，古希腊哲学家柏拉图在雅典附近建立阿卡德米学园，教授哲学、数学、体育，讲课方式采取苏格拉底的问答法，以师生对话、诘难为主，倡导男女平权，开创了自由探索真理的学风和精神。这是人类历史上第一个建立完整教育体系、得到公认的高等教育机构，也是历史上最早的科学研究机构之一。公元前 335 年，亚里士多德在雅典创办了哲学学校——吕克昂学校，该学校成为一所研究机构。

12 世纪，意大利的博洛尼亚和法国的巴黎出现了世界上最早的大学，随后一系列大学不断产生，如意大利的那不勒斯大学、法国的图卢兹大学、英国的牛津大学和剑桥大学等。到中世纪末期，欧洲大约有 80 所大学，其中意大利 20 所、法国 19 所、德国 14 所、英国 5 所、西班牙 4 所、葡萄牙 2 所等。中世纪的大学具有强烈的宗教色彩，基本上是教会的婢女和附庸，教会的教义是它们教学的基本原则，教会的通用语言也是它们的语言。虽然如此，中世纪的大学对学术自由和大学自治权的尊崇、对大学职业性的发扬和国际性的推动作用，使其在西方教育史中占据重要地位。

1810 年，德国的洪堡受命组建柏林大学，提出了著名的“教学自由”“教学与研究相结合”的观点，这是德国古典大学的代表，将传统大学的职能从单一的传授知识推进到人才培养和科学研究两大使命，被认为是现代大学制度诞生的标志。洪堡对大学有三个规定。首先，大学是研究与教学的统一，“发展知识”和“传授知识”并重，这是现代大学的基本原则。其次，大学有两个基本品质或基本要素，一是“自由”，二是“宁静”。“自由”包括大学的独立自主性、怀疑精神和批判精神；“宁静”是指大学需要宁静的氛围和专心的心态。“自由是必需的，宁静是有益的；大学全部的外在组织即以这两点为依据。”再次，强调大学应当相对独立，应当研究学术，发展科学，大学应“唯科学是重”，摆脱了中世纪的学术传统，举起了现代大学的新理念。这种模式最早在美国被约翰斯·霍普金斯大学所效仿，之后被世界各地的大学广泛采用。1904 年，查尔斯·范海斯在美国威斯康星大学担任校长期间，提出“大学为州服务”，从此大学服务于社会需要和地方经济发展的观念得到普遍推广，由此衍生出高等教育的第三项基本职能——“社会服务”。该思想被称为著名的“威斯康星思想”，范海斯也被称为将大学送入人民中间的人。

第二次世界大战结束后，受苏联首个发射人造卫星的冲击，美国颁布《国防教育法》，不断提高大学的战略地位。同时大学教育从精英教育逐渐向大众教育过渡，大学生人数迅速增长。例如，在 1950—1970 年间，苏联在校大学生人数从 124 万增长到 458 万，比战前增长了 4.5 倍。美国凭借《军人权利法案》，1947 年退伍军人大学生达到 115 万，占当年全美高校在校学生数的 49%。在 1950—1970 年间，美国本科生从 242 万激增到 617 万，研究生由 23 万增长到 90 万。

步入21世纪，大学呈现了新的发展趋势。大学教育的规模不断扩大，少数发达国家已步入马丁·特罗所预言的高等教育普及化阶段。大学在办学层次、在校生规模、教学组织方式、教育资金来源和学生来源等方面日趋多样化，慕课、网络学习、终身学习、出国留学成为大学教育的高频热词。采用法治化手段治理学术不端行为，也是世界大学的共识。

二、大学的职能

（一）大学职能的认识过程

对于大学职能，中国自古以来就有精辟论述。《大学》开宗明义道出了大学的职能："大学之道，在明明德，在亲民，在止于至善。""明明德"是指通过教育，弘扬光明正大的品德；"亲民"是指通过教育，达到修己立人，化民成俗，更新民众，改良社会风气；"止于至善"是指通过教育，整个社会达到古之谓"至善"的理想境界。

我国著名高等教育学家潘懋元在《新编高等教育学》中指出，"高等学校是知识密集、多种学科的学者和专家集中的地方，又有较完备的图书资料、仪器设备，以及较多较快的科学信息。这特点与条件决定了它必须具备如下三种社会职能：培养专门人才，发展科学，开展社会服务"，并认为"培养人才的社会职能是基本的，否则就不成为学校；发展科学的社会职能是重要的，否则现代高等学校质量与水平就不可能提高；直接为社会服务在高等学校的发展也是必要的，否则高等学校就会脱离社会实际。办学必须以培养高级人才为中心，处理好三者关系"。1998年通过的《中华人民共和国高等教育法》第五条规定：高等教育的任务是培养具有社会责任感、创新精神和实践能力的高级专门人才，发展科学技术文化，促进社会主义现代化建设。第三十一条规定：高等学校应当以培养人才为中心，开展教学、科学研究和社会服务，保证教育教学质量达到国家规定的标准。培养人才、发展科技和服务社会，是目前较为公认的大学的三项基本职能。培养人才是大学的核心职能；发展科技是大学的重要职能，也是培养人才的重要载体；服务社会是人才培养和发展科技职能的延伸。

2011年4月，胡锦涛在庆祝清华大学建校100周年大会的讲话中指出："不断提高质量，是高等教育的生命线，必须始终贯穿高等学校人才培养、科学研究、社会服务、文化传承创新各项工作之中。"由此，文化传承创新发展成为大学的新职能。2017年2月，中共中央国务院《关于加强和改进新形势下高校思想政治工作的意见》，将"国际交流合作"与"人才培养、科学研究、社会服务、文化传承创新"并列为大学的重要使命，由此对我国大学的五项职能的认识渐趋完善。

（二）大学职能的主要内容

1. 培养人才

人才培养在大学职能中占据核心地位。现代大学制度延绵800多年，其间受到社会动荡的影响和各种权威势力的干扰，但培养人才的职能始终不变。哈佛大学的学校主页上这样写着："促进所有有益的文学、艺术和科学的发展，借助所有有益的文学、艺术和科学发展教育青年人，并为教育本国的青年人提供所有其他必要的东西……"在这种"育人至上"理论的指引下，哈佛大学培养出了一批批国家领袖、军事奇才和商界精英。

2010 年颁布的《国家中长期教育改革和发展规划纲要(2010—2020 年)》再次强调:“牢固确立人才培养在高校工作中的中心地位,着力培养信念执着、品德优良、知识丰富、本领过硬的高素质专门人才和拔尖创新人才。”近年来,我国高校狠抓人才培养质量,实现了高等教育大众化、大众教育精英化的培养模式,人才培养的内涵更加丰富。

大学培养的是肩负国家和民族未来使命的人才,而不仅仅是通过学习知识和技能创造经济价值的工具。诚然,成绩、分数是学生成长进步的重要标志,但对于一个学生的真正核心评价指标,应当是其人格健全程度;否则,他所获得的成绩越大,可能对社会产生的负能量就越大。因此,大学培养的人才必须是有高度道德责任感的人,是具有成熟的世界观和人生观的人,是目光远大、爱国爱民、敬业乐群、求真创新的人,这才是大学的核心竞争力所在和根本价值所在。我们有足够的理由期待:大学里的天应该更蓝,云朵应该更白,太阳应该更灿烂……正如教育家亨利·纽曼所说,大学训练是达到一种伟大而又平凡目的的手段,它旨在提高社会整体文明水平。对此,大学应当成为道德文化培育、优秀人格养育的圣殿,要给青年学生提供一种崇高的人文价值,以丰富和净化青年学生的人格精神,要让每位同学在学校感受到道德成长的力量,感受到社会责任的重要性。

2. 发展科学

发展科学,是高等学校的重要社会职能。15 世纪以后工业革命到来,过去那种单纯依靠经验的传授和简单操作训练的方式已经越来越不适应工业革命发展的需要,为解决日益复杂的生产技术问题,国家开始重视科学研究和科研人才的培养,在这个时期,作为培养科学研究人才基地的高等学校得到了迅猛发展。

当今社会,大学已经或正在成为各国知识创新的中心和推动科技成果向现实生产力转化的重要力量。据统计,20 世纪 40—80 年代,70% 的诺贝尔奖成果是在一流大学中产生的。20 世纪 50 年代以后陆续出现的各国高科技园区,将高层次大学发展高科技的职能发挥得淋漓尽致,以美国斯坦福大学为主导发展起来的“硅谷”科学工业园区,以麻省理工学院、哈佛大学为核心的波士顿科研中心,以及英国剑桥科学园、我国北京中关村高新技术开发区等,都是以著名大学为中心、以高新技术产业群为基础形成的产学研结合的科技发展基地,出人才、出成果和出产品并举,从而缩短了高科技由创造加工到传播应用的周期,加速了新经济的发展步伐。

当代高科技的发展,一方面,打破了科学和技术之间的严格界线,涌现出一批知识高度密集、学科高度融合、科学和技术高度融合的高科技领域,如信息科学技术、生命科学技术、新材料科学技术等;另一方面,由于高科技成果潜在的巨大的经济价值,市场竞争十分激烈,时间效益特别突出,因而也大大缩短了科技成果转化的时间。发展高科技,实现产业化,大学责无旁贷,大学应当在新经济的发展中扮演知识创新的中心、知识企业的孵化器、高新技术的辐射源和高新技术开发区的智力支柱等多重角色。

3. 服务社会

高等学校作为社会文化和科学研究的集中地,在科学技术、文化发展、卫生保健中居于领先地位,理应利用其人才、设备、信息等资源优势,直接为经济、政治、科技、文化等提供全方位、高水平的服务,尽可能帮助解决社会在发展中遇到的各种理论和实际问题,这也是大学人尽其才、物尽其用、融入社会的体现。

从19世纪末,我国的大学就肩负着振兴中华、挽救民族危亡的重要使命。100多年来,为民族振兴和人民幸福服务一直是我国大学的重要功能。特别是改革开放40多年来,为适应现代化建设和经济持续发展的需要,我国高校引领科技创新,加大科研投入,为现代化建设事业做出了突出贡献。

大学服务社会一般有两个方面:一方面,大学通过科学研究为区域经济和企业创新服务,为其提供理论和技术支持,解决实际问题。企业是经济建设的主体,是技术创新的主体;企业的科技需求和大学的综合科技优势相结合,是技术创新的不竭动力源泉,大学应为企业技术创新提供有力的技术支撑。另一方面,大学向社会输送合格的、能承担社会责任的建设者和接班人。大学作为育人的重要阵地,为社会输送一批批具有高尚的人生理想、热爱祖国、热爱人民、具有高度的社会责任感和服务社会的奉献精神的优秀人才,这是对社会最好的服务。当然,大学在服务社会的同时也拉近了与社会的距离,加强了学校与社会的沟通和联系,为自身的发展赢得了更为广阔的空间。

4. 文化传承创新

新时期国家大力推进文化建设和提升软实力,这就要求大学发挥文化传承创新的职能。大学是文化的聚集地,守护、传承、创新文化是大学必须承担的新功能,大学也是文化传承创新的重要载体。随着改革开放、经济社会转型的深入发展,我国大学在履行三大基本职能的基础上,部分大学存在文化断层问题,大学的文化性、精神性因素在褪色。这与实现中华民族伟大复兴中国梦的宏伟目标、与建设"一流学科""一流高校",实现高等教育内涵式发展的现实需要不相匹配。在此背景下,大学的文化传承创新职能,亟须得到回归与重振。

何为文化传承创新?《教育部关于全面提高高等教育质量的若干意见》明确指出,推进文化传承创新就是要:"传承弘扬中华优秀传统文化,吸收借鉴世界优秀文明成果。加强对前人积累的文化成果研究,加大对文史哲等学科支持力度,实施基础研究中长期重大专项和学术文化工程,推出一批标志性成果,推动社会主义先进文化建设。发挥文化育人作用,把社会主义核心价值体系融入国民教育全过程,建设体现社会主义特点、时代特征和学校特色的大学文化。秉承办学传统,凝练办学理念,确定校训、校歌,形成优良校风、教风和学风,培育大学精神。"营造大学文化,培育大学精神,发挥文化育人作用,传承中华优秀传统文化和世界优秀文明成果,是大学文化传承创新职能的主要内涵。

文化传承创新职能的提出与实践,能为中国高等教育的迅速发展和极大繁荣提供强有力的支撑。大学应该认识到文化传承创新的长远意义,在教学、科研和服务社会的原创性工作中夯实文化传承创新的基础,着力培育文化底蕴深厚、人文气质充裕、精神面貌积极的新时代大学生。

5. 国际交流合作

大学是生产知识与传播知识的重要殿堂,但在现实中普遍存在文化隔阂与对外传播的问题。伴随着教育国际化的发展大潮,国际交流合作为不同文明相互参照对比、互相启发借鉴架起了桥梁,为文化传承创新带来了契机,在中国文化走出去的过程中,担当起中国传统文化与当代文化的转译重任,提升中国大学在国际高等教育阵营中的认可度和重要性。

当前,我国大学为何要实现国际交流合作职能?从内在可能性而言,大学以知识生产与传播为主要特征,因知识本身无国界、可共享,奠定了大学国际合作交流的内在可能性。从我国发展的现实需求看,在改革开放基本国策的指引下,我国教育领域的对外开放,让我们学习、借鉴了世界高等教育发展经验,缩小了与世界一流大学的差距,此时迫切需要培养具有国际视野、多种外语能力、跨文化交流能力的专门人才,国际合作交流成为大学人才培养的现实需要。从大学"双一流"建设要求看,建设"双一流"大学,就要在一个开放的体系中以国际视野检视大学的特色和比较优势,找准参照系,从国际交流合作中获取发展的启示,借鉴、吸收当代世界文明成果,优化高等教育发展环境,培养国际化人才。

当前,大学的国际交流合作形式非常丰富,主要包括师生互换、学位等值、学者互访、国际联合办学、国际合作研究、参加与举办国际会议、国际教育资源的互补和援助等,在大学中日渐普遍。可以说,不重视国际交流合作的大学,是没有国际视野的大学,是不看未来发展趋势的大学,是忽视师生国际化发展意愿的大学。

(三) 大学职能的其他观点

近年来,随着大学的作用与功能的不断延伸,人们对高等教育认识的不断深入,对大学基本职能的研究也在不断深入和多样化,关于大学职能存在多种观点。

其一是创造新产业说,认为经济形态是大学职能存在和演变的主要社会基础和动力,知识的发展及其价值变化推动大学职能演变,大学能够催生新产业、创造新职业,提供就业服务。

其二是技术创新说,认为知识经济时代要求企业与大学建立一种一体化运行机制,在企业的经营资本、市场意识、营销渠道和高校的科技力量、科学知识和科研设备之间建立互为因果的联系,使大学的人才培养、科学研究和社会服务能直接介入社会经济发展主流中,满足知识经济社会对高层次、可持续发展的技术创新的迫切需求。

其三是社会阶层再生产说,强调大学对个体的社会阶层所属和整个社会层次结构变化具有重要作用,能够推动个体的阶层间纵向流动、个体的阶层内横向流动以及新阶层的产生,最终实现个体的同阶层流动或异阶层转换,甚至社会阶层的重组与新阶层的生成。

第二节 大学的精神与目的

大学何以成其大?曾任清华大学校长的梅贻琦先生认为,"大学者,非谓有大楼之谓也,有大师之谓也"。曾任浙江大学校长的竺可桢先生认为:大学之大,乃求是"研究"之人。蔡元培先生云:大学者,探究高深之学问者也。为囊括大典,网罗众家之学府。从某种意义上说,大学之所以称之为大学,关键在于其文化价值观和精神境界。同时,培养德智体美劳全面发展的高级专门人才,是我国大学的核心目的,既是大学职能履行的核心追求,也是大学存在的关键性价值。进入大学伊始,大学生只有深切感受大学精神的内涵,深入了解大学的培养目的与教育取向,才能成长为社会所需要的人才,将自己的大学过成理想中的模样。

一、大学的精神

大学精神是大学的灵魂，是大学在长期发展的历史中逐步积淀形成的，表现其生命力、创造力和凝聚力，并为师生所普遍认同的一种价值原则和共同追求的理想境界。它是反映大学历史传统、文化品位、特征风貌的一种精神文化形态，既体现为大学的办学理念、办学方向、办学宗旨和校园文化，又体现为师生的共同理想、信念和追求。大学精神对大学生的生存和发展影响深远，如果说，中学生在进入大学之前还是一块铁，从大学出来时已被大学这个熔炉炼成了钢，这块钢必定带有深深的大学精神的烙印。从这个意义上说，大学精神是大学生永恒的内在精神资源。

从现实情况看，一所大学的独特精神往往通过其“校训”表现出来。如清华大学的校训是“自强不息，厚德载物”；北京师范大学的校训是“学为人师，行为世范”；中央党校和中国人民大学的校训是“实事求是”。大学要根据自身的使命来塑造和培养自己的大学精神。

（一）中国大学精神的历史探索

中国古代大学精神可以归纳为“士”的精神，或概括为“士志于道”“明道济世”的精神，其基本特征为：“士”是中国古代大学精神的主体，“德治”是中国古代大学精神的久远根基，“做人”是中国古代大学精神的首要论题，“合一”是中国古代大学精神的结构特征。

春秋战国时期的儒家思想，核心就是“仁”，强调人与人之间要有爱心、同情心和善心，并将其视为做人的基本准则。宋代以后的书院教育将道德教育摆在第一位，按照儒家的道德理想模式来设计书院的人才培养模式，并通过“科举”的形式将儒家的经典思想权力化，以实现个体道德完善和“治国、平天下”的理想。

中国近代大学精神是随着近代大学制度的引入而萌生和发展的。20 世纪 20 年代，蔡元培先生倡导“兼容并包、学术独立、思想自由”；30 年代梅贻琦先生提出的“通才教育、教授治校和学术自由”都是中国近代大学精神的典范。

（二）中国大学精神的现代内核

中国现代大学精神的本质特征概括为：学术精神、道德精神、批判精神和创造精神。

1. 学术精神

学术精神对大学的发展乃至文化、社会的发展都至关重要。雅斯贝尔斯在《大学之理念》中强调：大学自主和学术自由是大学生命的首要原则，“大学的内在精神是通过每一个研究者及学者所表现出来的哲思活动为标志的”。文化的发展离不开交流，故步自封必然导致走向消亡。耶士培在他的《大学的精神》中说：“大学必须有知识上自由的交流。”希腊文明是西方文化璀璨的明珠，中国历史上也出现过百家争鸣的盛况，出现这样的现象很大程度上是因为当时学术自由，学风开化，受到社会上其他因素的制约较小，学术才得以蓬勃发展。而今的大学，也应该被赋予足够的学术上的自由，这是大学赖以发扬光大的重要前提。

2. 道德精神

道德精神是大学精神的核心体现。教育以育人为本，然后才是传授知识。蔡元培先生在《教育独立议》中这样阐释教育的意义：“教育是帮助被教育的人，给他能发展自己的能力，完成他的人格，于人类文化上尽一分子的责任；不是把被教育的人，造成一种特别器具，给抱有他种目的的人去应用的。”可见，教育的最终功能不仅仅是以文化育人，更重要的是要人们共同参与到人类文化建设中来。这是蔡元培先生对中国大学精神的解说，也是在这“中华文化走出去”和“中华文明大发展”的时代，我们尤其应该铭记的。爱因斯坦这样解释大学，学校应该以此为目标：学生离开学校时是一个和谐的人，而不是一个专家。人才首先要成为人，然后才能为才。能力越大的人，贡献就越大；相反，一旦走偏路，危害也同样巨大。所以，大学精神中道德精神尤为重要。

3. 批判精神

爱因斯坦认为大学的目标应该是培养有独立行动和独立思考的人才。大学是探索高深学问的场所，它能对各种前沿问题、疑难问题等做出科学的判断，能拨开知识内在逻辑不断向前发展，这使大学具备其他社会机构所不具备的理智力量和清醒头脑。批判不是彻底否定，而是否定非科学的内容，破除迷信与保守主义，建立科学的知识体系，是一个肯定与否定相结合的扬弃过程。大学的批判是不带任何功利色彩和世俗目的的，是根据人类的基本价值观念所持有的批判，是基于一定的理论根据、学术态度和不惧怕任何外在压力所进行的批判，这种批判反过来又进一步促进了学术的发展。

4. 创造精神

创造精神是大学存在的价值所在，是大学永葆生命力的根本所在。现代大学要想在教育理念、办学思想、培养模式、教学管理等方面打造特色，没有创新是不行的。从人的角度而言，大学的核心职能之一是培养人才，而现代社会人才的核心特质是创造性。爱因斯坦认为，一个由没有个人独创性和个人志愿的规格统一的个人所组成的社会，是一个没有发展可能的不幸的社会。现代大学的重要使命和神圣职责是不断营造创新、创造的氛围，培养具有开拓创新精神的人才，产生开拓性的创新成果，从而促进科学文化的发展与繁荣，推动社会的进步。大学只有不断地创新、创造，才能保持永久的生命力，才能实现自身的可持续发展。

二、大学的目的

培养人既是大学的核心职能，更是大学的最高目的。正如雅克·马里坦所言：“教育的主要目的，在最广泛的意义上就是‘塑造人’，或者更确切地说，帮助儿童成为充分成型和完善发展的人。其他目的如传递特定文明区域的文化遗产，为参与社会生活和成为优良的公民做好准备，以及履行这个社会的特定职能，完成家庭责任和谋生所需要的精神准备，乃是一些推论，它们是重要的，但又属于第二位的目的。”理解大学对人的培养，主要在于解答三个问题，大学培养什么人，大学如何培养人和大学为谁培养人。

（一）大学培养什么人

大学通过培养人才，才能实现科学研究、服务社会的职能。人才培养质量，是检验大学的核心指标。

1. 培养人是大学的最高目的

大学的目的，是大学期待通过系统化、规范化的教育过程，培养具有何种社会价值的社会成员的内在规定。大学作为人才培养的顶级动力站，对于提升人的素质的功用，日益成为普遍共识。扈中平在《教育目的论》中讲道："教育之所以重要，归根到底还在于人的重要，在于社会发展中人的素质的重要……因此，说教育重要，并不是说它本身有多么重要，而是由于人的素质的重要。"培养人，是大学的最高目的。

在"2018 南京市市长国际咨询会议"上，西湖大学校长、中国科学院院士施一公连发四问，追问大学的目的是什么，他表示，大学能够探索人类知识前沿，引领整个世界的发展。当前科技发展是核心，但科技的背后是顶尖人才。他特别强调，尖端技术的创新，来自原始科学发现，来源于顶尖一流学者，顶尖一流学者往往聚集在一流大学和科研院所，这是中国最缺的。"一个国家、一个民族往前能走多远，是大学担当的责任。"因此，培养人才、推动国家与社会发展是大学的最高目的。

2. 大学培养德智体美劳全面发展的人

马克思认为，人的全面发展最根本的是指人的劳动能力的全面发展，即人的智力和体力的充分、统一的发展。同时，也包括人的才能、志趣和道德品质的多方面发展。马克思说："人的本质，并不是单个人所固有的抽象物，在其现实性上，它是一切社会关系的总和。"人的全面发展体现为人的整体全面素质的共同进步，"把一个人在体力、智力、情绪、伦理各方面的因素综合起来，使他成为一个完善的人，这是对教育基本目的的一个广义的界说"。当前教育领域日渐得到共识的"以人为本""以学生为本""以学生的发展为本"等教育理念，都是马克思主义全面发展教育理念的具体体现。在 2018 年全国教育大会上，习近平指出，"要努力构建德智体美劳全面培养的教育体系，形成更高水平的人才培养体系。要把立德树人融入思想道德教育、文化知识教育、社会实践教育各环节，贯穿基础教育、职业教育、高等教育各领域"，这段话明确提出了大学的目的是培养德智体美劳全面发展的高水平人才，是对大学培养什么人的清晰解答。

（二）大学如何培养人

正如"一千个读者有一千个哈姆雷特"，各个大学的人才培养方法和侧重各不相同。在大学发展的历史长河中，逐渐形成了一些相互矛盾而又相互依存的人才培养取向，主要体现在以下三个方面。

1. 通才教育与专才教育

通才教育主要指培养学识广博、具有多种才能的人的教育方法，它是培养横向型人才，即具有知识面较广、发展较全面、活动领域较宽广等特点的人才的教育。与此相对，专才教育则是培养对某一专业甚至一个小专业的某一方面进行深入研究的知识面较窄的人才的教育。通才教育目的在于培养具有高尚情操、有广博知识储备、能综合发展的综合性人才，具备知识的基础性和经典性、内容的综合性和广泛性、教育形式的多样性和灵活性等特征。而专才教育作为培养专门人才的教育，主要通过系统讲授某一学科专门知识，培养掌握一定专业知识和专门技能的人才，具有分科教育、偏重应用、快速适应社会需求的特点。

通才教育和专才教育各有其优点，在当代科学技术高度分化又高度综合的大背景下，大学片面倚重通才教育或专才教育，都很难适应社会需求。一方面，现代科学发展日益专深，学科分化日趋精细，“技多不压身”的传统观念，很可能导致“贪多嚼不烂”的尴尬境遇，反而赶不上对“百艺通不如一艺精”的坚守与执着。另一方面，现代科学发展又日趋综合，边缘学科、交叉学科不断演变，各行各业对人才的综合素质都提出了更高要求，如果不能与时俱进，“一招鲜”未必就能“吃遍天”。因此，通才教育和专才教育各有其特点和独特价值，需要在大学教育中寻求其最佳平衡点。

2. 精英教育与大众教育

精英教育与大众教育，主要指大学教育的两个不同发展阶段。美国教育社会学家马丁·特罗提出，高等教育的毛入学率低于15%的属于精英教育阶段，毛入学率大于15%小于50%的为大众化教育阶段，毛入学率大于50%的为普及化教育阶段。精英教育与大众教育的关键性差别，在于受教育者面的宽窄上。

精英教育中，传统的“精英”特指那些具有卓越才能、具有一定社会影响作用的贵族和上层人物，身份、财产和所属阶级是判断精英与否的主要标志。在当代社会，精英教育指培养精英人才的教育。随着高等教育毛入学率的提升，部分国家的大学教育已进入大众化阶段。大众教育以普通教育的普及或高度发达、开放的大学招生制度为前提，以大学的层次、学科、形式的多样化为特征。当大学教育从精英教育向大众化教育过渡后，并不意味着精英教育的消失。马丁·特罗在《从精英向大众高等教育转变中的问题》中专门指出：“从精英教育向大众化教育、普及教育阶段转变，并不意味着前一阶段的形式和模式必然消失或得到转变，相反，事实证明，高等教育作为一个整体过渡到下一个阶段，容纳更多的学生，发挥更加多样化的功能，前一阶段的模式仍保存于一些高校或其他高等教育机构中……在大众化阶段，精英教育机构不仅存在而且很繁荣。”因此，在高等教育大众化的趋势下，精英教育和大众化教育并非“非此即彼”的互斥关系，坚持大众化教育和精英教育并重是世界各国教育发展的普遍趋势。

3. 科学教育与人文教育

科学教育主要是指通过传授自然科学技术知识、演示科学方法，引导学生辨认客观事实，发现客观规律，提升学生认识世界与改造世界能力的教育，是关于“做事”的“方法论”教育，包括科学知识、科学思维、科学方法和科学精神四个方面。人文教育是培养人文精神的教育，指对受教育者进行思维启迪与实践引导，旨在促进其思想境界提升、理想人格塑造以及个人与社会价值实现的教育，是关于“做人”的“价值观”教育，主要包括人文知识教育、人文思维教育、人文方法教育和人文精神教育。

在大学历史中，科学精神与人文精神曾经处于长期激烈冲突的状态。亚里士多德提出“自由的”教育思想，“自由的”教育适合于有闲阶级，主要进行最高形式的理性训练，是人文教育的萌芽。欧洲文艺复兴运动，高扬了人文精神教育的大旗。然而，随着近代大学的兴起，科学教育逐渐占领了统治地位。美国发扬了大学的社会服务职能，浸透了实用与功利的特质。英国19世纪中叶的新大学运动，则是一场重视科学教育和实用教育的大学改造运动。

科学教育逐渐取得了大学的统治地位，人文教育的衰落引发了一系列的社会问题。科学教育难以解决科技伦理的空缺，人文教育的缺失导致人们内心精神世界的坍塌。人们日益强调大学教育需要深度整合科学教育与人文教育，用人文教育引导科学教育发展方向，用科学教育成果更好地造福人类，共同培养人格完善、品德高尚、技能过硬、心理健全的全面发展人才。

（三）大学为谁培养人

大学为谁培养人是大学多维度、多层次的复合性培养目的，包括三个层面含义：为家庭培养合格后代，为社会培养有用人才，为国家培养合格建设者和可靠接班人。这三个层面环环相扣、紧密联系。为家庭培养人才，是为国家、社会培养人才的基础，为家庭培养合格后代，也就是在为社会塑造栋梁之材、为国家培养合格公民。因此，大学为谁培养人的根本任务，是纵向贯通、相互影响、共同促进的历史进程，主要包括几方面的要求。

1. 大学要为人民服务

立德树人是大学的根本任务，向大学生传授正确的世界观、人生观和价值观，迈好人生的关键步子，是大学教育的首要内容。加强对大学生进行世界观和方法论的教育，关键在于帮助他们树立为人民服务的思想。科学的世界观就是无产阶级的世界观，要求广大大学生站在广大人民群众的立场，分析和认识万事万物，改造客观世界和主观世界。世界观教育最终落在为谁服务的问题上，以人民为中心是中国共产党的执政理念，全心全意为人民服务是中国共产党的宗旨，是大学教育的首要价值宗旨，也是社会主义大学基本性质的必然要求。

2. 大学要为中国共产党治国理政服务

党的十八大以来，中国共产党提出了“全面建成小康社会、全面深化改革、全面依法治国、全面从严治党”的治国理政新思路。大学对“四个全面”的实现都具有重要作用。大学为经济发展、文化软实力增强和社会进步提供高层次人才支持和文化支持，推动全面建成小康社会的实现。大学开展“教育领域改革”“招考制度改革”“创新人才培养”等战略任务，都是国家全面深化改革的重要推动力量。大学实施依法治校，开展法治精神教育和普法宣传，是全面依法治国的重要推进器。大学是强化党的建设、确保社会主义的办学方向、培养德智体美劳全面发展的社会主义合格建设者和可靠接班人的关键场所。因此，推进中国共产党治国理政新思路是大学人才培养的重要价值取向。

3. 大学要助力中华民族伟大复兴的实现

实现中华民族伟大复兴，是当代中国人的宏伟梦想和伟大追求，也是大学人才培养的重要时代使命。习近平总书记说过，“人生最重要的志向应该同祖国和人民联系在一起”。大学的重要使命，就是教育大学生们树立崇高远大的理想，将个人的“青春梦”和国家的“中国梦”紧密结合起来，为实现中华民族的伟大复兴而不懈奋斗。只有心中装着民族与国家的伟大宏图，树立造福社会和人民的远大目标，才能在人生的道路上斗志昂扬、发愤图强。当今世界变革迅猛，知识、技术的激烈竞争，归根结底是人才的竞争，尤其是高科技、创新型人才的竞争。大学必须借助“双一流”建设，培养一流人才，才能助力中华民族伟大复兴历史任务的实现。

第三节　大学的特点与应对

当我们告别中学生活，步入了向往已久的大学殿堂，生活在我们眼前展开了新的一页，我们面临的是一个全新的学习和生活环境。中学与大学是教育发展中的两个不同阶段，大学的教学形式、学习内容、学习方法、人际关系、生活环境等都与中学迥然不同，这无疑会给每一位大学新生带来新的要求和压力。一些学校的调查和统计表明，在大学一年级期间，大学生学习不及格、降级甚至退学的人数较多，这与大学的课程特点及要求有一定的关系，但也反映了某些新生对大学学习生活不适应的问题。因此，正确认识中学与大学之间的转换，是我们迈向大学生活的第一步。

一、学习方面的变化

从紧张的中学阶段过渡到自由度较高的大学阶段，学习目标、学习内容、学习方式、学习条件等都有了很大的变化，同学们要积极调整，尽快适应学习的变化。

（一）学习目标不同

中学是基础性教育，其学习任务主要是学习各种科学文化的基础知识，为进一步升学做准备，所以，中学教育的目的是培养学生成为高一层次的学生。大学教育则是一种专业性质的教育，以培养满足未来社会建设和发展需要的各类高级专门人才为目标，是以专业教育为基础的“全人教育”，学生既要学习专业知识，又要掌握专门的技能，大学教育与社会需要紧密结合，具有很强的实践性和针对性。

另外，为实现目标，同学们要早做规划。就规划而言，中学与大学也有较大差别。在中学阶段，学生更多的是依靠别人的规划完成自己的中学生涯，上什么课，做什么作业，怎么样复习，考什么大学，甚至填报志愿等，都是在老师、家长的帮助指导下完成的。而大学阶段则需要自己学会规划。上什么选修课，选修多少学分，选什么样的老师，怎么学习，参加什么样的社会活动，是要参加工作还是继续深造，这些问题你都会遇到，怎么选择，关键看你如何认识自我，如何安排自己的发展方向。

（二）学习内容不同

中学的学习内容是有限的，大学的学习内容是无限的。在中学里，主要的学习内容就是课本知识，所学的课程固定，课程涉及范围相对较窄，学习的科目都是有限的几种，老师主要讲授一般性的基础知识。在大学里，不仅课程的门数多了，而且每门课程的内容也很多，范围更广，程度更深，每一个学期学习的课程基本上都不相同。

在中学阶段，学生主要关注高考，无暇去关注其他；而在大学阶段，因大学相对中学比较自由，学生关注面较多。大学是一种定向的专业学习，实行学分制，课程主要围绕培养专门人才开设，从纵向结构上可以分为公共课、基础课、专业基础课、专业课几大类，从横向结构上可以分为必修课、选修课两大类，同学们可以根据个人的兴趣和能力选修相关课程。另外，高职院校还开设了大量的技能训练课程，同学们能在实训场所完成技能操作训练；大部分同学要到用人单位顶岗实习至少半年时间，毕业前通过职业技能鉴定，获得职业资格证书。从课程安排上看，一年级学生主要学习公共课程和基础课程；二年级学生主要学习专业理论课、专业实践课以及选修课，并穿插专业实习；三年级学生主要学习专业课并重点开展顶岗实习和进行毕业设计、做毕业论文。另外，大学还根据培养专门人才的要求，开设大量的专题讲座和实验、实习课程。

（三）学习方式不同

中学是封闭式教育，大学是开放式教育；中学老师教学生是“手拉手”领着教，而大学则是“老师在前、学生在后引着走”；中学是被控式学习，大学强调自主性学习。中学的教育内容是封闭的，教师按照大纲规定的教学内容和要求来组织教学，教学模式都是按照“老师讲授—解题示范—课外解题练习”来组织教学，学生习惯于老师“一口一口地喂”，学生的学习计划、学习内容、学习时间都由老师做出安排，甚至学习方式、解题步骤、书写格式也要按照老师的要求去做，上课一般速度较慢，解题示范多，学生基本上能当堂消化。而大学阶段是开放式的教育，大学的学习气氛是外松内紧的，学生主要是在教师的指导下以自主学习为主，老师主要起指导作用，学生可自由支配的时间比较多，有更多的学习自主权。大学的教授范围不限于某一本教材，根据需要，教师的讲课可能涉及有关资料、实际问题和最新成就，也可能包含一些教师自己独具的观点和分析问题、解决问题的经验。教师通过启发和引导式教学，教会学生思考问题、分析问题和解决问题的方法，学生的思维受到启迪，智力得到开发，眼界得到开阔。老师讲课内容多、速度快、涉及面广，课堂上所讲的只是最基本的“骨架”，只讲教材的重点难点、思路结构或一些关键问题，绝大多数课程内容要靠学生自学完成。一般地，教师一节课讲授的内容，学生往往需要几倍的时间才能消化和理解。要学好一门课程，单靠上课听讲是不行的，还需要在课后广泛涉猎相关知识。因此，大学生必须学会如何利用图书馆，如何做好笔记，如何课后自学，要适应大学自由的学习氛围，不断探索和总结适合自己的有效的学习方法，逐渐地从“要我学”向“我要学”转变，提高独立思考问题、分析问题、解决问题的能力。

（四）课余学习不同

中学日程安排非常紧凑，主要以教师课堂教学为主，从早自修到晚自修，无不围着高考的指挥棒转，学生很少有自由支配的课余时间，仅有的课余时间也被大量的题海淹没。大学日程安排较松，有大量的课余时间，没有升学压力，学生能够体会到以前从未有过的“自由”。但是，由于受大学课堂教学课时的限制，绝大多数老师使用多媒体教学，讲授内容信息量大，知识面广，授课进度快，一节课可能要讲授一章或几章的内容。另外，每门课程老师都会指定系列参考书目供学生阅读，学生要想全面掌握课堂内容，仅凭课上用功是远远不够的，更多地要靠课外自己钻研，所谓“功夫在课外”。因此，大学生应充分利用课余时间来拓展学习的内涵和外延，上课时要认真听讲，课后也要认真学习。大学为学生课余学习提供了非常好的环境，藏书丰富的图书馆、设备先进的实验室、丰富多彩的课外实践活动为学生全面素质的培养创造了现实条件，同学们提高素质的渠道更加多样化。

二、管理制度的变化

(一) 管理模式方面

中学要求服从,大学倡导个性。中学期间老师的管理是直接而细致入微的,事事由老师安排,管理比较严格,有些中学采取的是“半军事化”的管理模式,学生自由度较少。大学则强调间接管理,强调学生的自我管理、自我教育、自我服务,大学给学生充分的自主发展、张扬个性的空间,以利于学生活跃思维、开发潜能,学生有丰富多彩的业余生活,自由度较高。当然,也有不少同学理解不了大学这种“自由”的真正意义,他们在失去外界约束的情况下,放松自己,荒废学业,最终走向失败。在大学,学生的日常管理主要集中在各院系,直接与学生亲密接触的是学生辅导员和班主任。大学里老师与学生的接触远不如中学那么直接和频繁,大学生的管理主要还是依靠学生干部和学生自主管理,由学生自己全权安排自己的时间、金钱,决定自己的发展方向,因而学生的自我管理能力显得十分重要。

(二) 管理制度方面

为了保证正常的教学秩序,引导和规范广大学生的行为,各个高校制定了一系列的规章制度,如《学生行为准则》《学籍管理办法》《考试管理规定》《学生违纪处罚条例》《宿舍管理规定》等,这些规章制度是学生遵纪守法、规范行为、完成学业的保障。大学生要深入了解这些管理制度的具体内容,做到在思想上高度重视,在行为上严格遵守。

(三) 管理系统方面

中学的管理都是通过班主任实施的。大学的管理属于“全面管理”“网络管理”,学校各个职能部门都可以直接参与学生管理,如思想政治教育管理、学籍管理、党团管理、宿舍管理等。

总之,在一个间接、宽松的管理环境中,加强自我管理的能力,理智地进行自我规划与管理,将会为我们的大学生活带来丰硕的成果。

三、生活环境的变化

中学生活是以家庭生活为主,靠别人管自己;大学生活是以集体生活为主,靠自己管自己。中学阶段普遍是就近入学,吃住在家,即便寄宿制的中学,学生离家也不太远,一个月总可以回家一两次。在家庭中,学生是“重点保护对象”,父母把生活安排得细致周到,学生基本上过着“饭来张口,衣来伸手”的生活,除了抓好自己的学习以外,一切生活上的杂事都不用亲自料理。在学校,老师也像保姆一样把学生的学习生活安排得井井有条,自己只要按部就班地学习,其他什么也不用操心。进入大学以后,脱离了家庭、父母给予的爱的羁绊,站在一片独立的天空下,呼吸着从未有过的自由空气,没有老师的耳提面命,没有家长的指手画脚,衣食住行等日常问题都要自己安排,个人的经济开支也要自己掌握,碰到困难也要自己设法解决,而且当地的饮食口味、气候、方言、风俗等也许会让一些同学感觉不适应,这种改变对缺乏独立生活能力的学生是严峻的挑战。

另外,中学与大学的业余生活也有很大差别。中学时代的生活领域较窄,学生的目标都是为了考大学，绝大多数同学埋头学习，很少有机会参加课外活动。而大学的业余生活则丰富多彩得多，同学们的发展空间大大扩展，学校有种类繁多的学生社团组织，同学们可以根据自己的志趣、爱好和特长选择参加不同的社团，从中锻炼自己的组织和交往能力。另外，大学还有各种各样的文体活动、学术活动、志愿者活动等，这些活动极大地丰富了大学校园生活，为学生的全面发展提供了众多机会，同学们可以有选择地参加这些活动，从中得到锻炼和提高。同时，各个学校在假期都会开展一系列社会实践活动，同学们可以积极参加这些活动，从中加深自己对社会的了解。总之，在大学生活中，同学们要调整好自己的心态，减轻恋家的情绪负担，从依赖到独立，从被动到主动，学会自己照顾自己、自己管理自己，逐步适应大学生活，这是大学生活很重要的一门必修课。

四、人际关系的变化

中学生多是以家庭为根据地，是家庭的中心，在学校接触的同学又都来自同一地区，语言、观念、风俗、生活习惯等没有太大的差别，加上有父母的照顾和强大的学习压力，心无旁骛，无暇他顾，对友谊的渴望不那么强烈，因此人际关系比较简单。大学生则来自五湖四海，语言、观念、生活习惯、兴趣爱好、个性特点可能存在差异，在集体生活中难免会出现这样或那样的矛盾和冲突，这些矛盾和冲突容易造成人际关系的障碍；加之新的竞争关系的出现，导致形成了较中学更加复杂多样的群体关系。这时，同学之间的宽容理解和彼此适应就显得十分重要。对此，同学们要认识到：首先，人际关系不能由个人的好恶而定。与自己喜欢交往的人保持良好的关系当然非常重要，它有利于个人的心理健康和成长发展；但与其他人建立并保持协调友好、相互悦纳、相互适应的关系也是非常重要的。其次，在新的人际关系中，不能仅仅以自己的标准要求别人，而应该认识到自己的行为和生活方式可能也是别人所不能接受或不喜欢的，因此，在发生冲突或不协调时就不会指责或埋怨对方，而是做到互相谅解和彼此适应。从这个意义上讲，大学生应逐渐摆脱以自我为中心的思维方式，逐渐学会设身处地为别人着想，并且在此基础上建立起独立、协调的新的人际关系，这也是个体逐渐走向成熟和向成人转化的必要条件。

五、承担责任的变化

在中学，同学们一般都是未满十八周岁的未成年人，在法律上是一个需要父母监护的孩子，是限制行为能力的人。但在大学，虽然在父母眼里自己仍然是个孩子，但是在其他人眼里，在法律概念上，你已经是满十八周岁的成年人了，从民法上讲已经是具有完全民事行为能力的人，这意味着你要独立地承担起作为一个公民的法律责任和义务，意味着你必须对他人负责，对社会负责，特别是要对自己的言行负责。

六、评价标准的变化

中学生的一切活动都围绕着高考指挥棒进行，中学里对学生的评价标准主要是学习成绩，那些学习成绩拔尖的学生甚至可以“一俊遮百丑”，只要学习成绩好，就能得到老师的欣赏、同学的倾慕，因而学习成绩成了中学生最看重的事情。然而到了大学，评价标准已不再局限于学习成绩,而是包括各种能力和素质的多元化的价值标准。在大学里,一个只会学习而不会交往的学生,并不一定受欢迎,甚至还会被排斥在群体之外。因此,大学生在校期间不仅要顺利完成学业,还要培养和锻炼自己各方面的能力,全面提高自身素质。因为今天的社会是一个重视知识,更注重素质、能力的社会。

大学是人生发展的关键时期,而大学新生生活又是大学生活的起点,所谓"良好的开端是成功的一半"。同学们要充分地认识到自己所处的人生阶段,迈好大学生活的第一步,尽快适应大学生活,扬起理想之帆,开启智慧之门,驶向理想的彼岸。

【案例链接】 竺可桢对大学新生的"两问"

(1936年9月竺可桢校长在浙大开学典礼上的讲话,刊于1936年9月23日《国立浙江大学日刊》第20号"讲演"栏,本文有删减。)

诸位同学,学校开课已一周,今天训育处召集这个会,大家能如家人似的在一起谈话,我觉得非常愉快。

大学阶段是人生最快活的时期,大学生没有直接的经济负担,没有谋生的问题。诸位在中学中,同学大都是同县或同省,可是,来大学后,有从全国各方来的同学,可以知道全国的情形,时间长了,各人都认识。这样,各人家庭的状况、故乡的风物,都能互相知道,这亦是一种教育。大学比之中学,在经费和设备方面,都来得充实,大学教师的经验和学识也远胜于中学教师,这供给诸位切磋学问的极好机会。同时,国家花在诸位身上的钱,每年有一千五百元,而且,全中国大学生仅四万人,诸位都是这万分之一的青年,这种机会,万万不能错过。

诸位到这里来,应该明了这里的校风。一校有一校的精神,英文称为 College Spirit。至于浙大的精神,可以用"诚""勤"两字来表示。浙大的前身是求是书院和高等学堂,一脉相传,都可以"诚""勤"两字代表它的学风,学生不浮夸,做事很勤恳,在社会上的声誉亦很好。有的学校校舍很好,可是毕业生做事,初出校园就希望有物质的享受,待遇低一点便不愿做,房屋陋不愿住。浙大的毕业生便无此习惯,校外的人碰见了,总是称赞浙大的风气朴实。这种风气,希望诸位把它保持。

诸位在校,有两个问题应该问问自己:第一,到浙大来做什么?第二,将来毕业后要做什么样的人?我想诸位中间,一定没有人说为文凭而到浙大来的,或者有的为到这里来是为了求一种技术,以做谋生的工具。但是,谋生之道很多,不一定到大学来,就是讲技术,亦不一定在大学。美国大文豪罗威尔氏说:"大学的目的,不在使学生得到面包,而在使所得到的面包味道更好。"教育不仅使学生谋得求生之道,单学一种技术,尚非教育最重要的目的。

这里我可以讲一个故事。中国古时有一个人求神仙心切,走遍名山大川。吕纯阳发慈悲,知道他诚心,想送给他一点金钱宝贝,向他说道,我的指头能指石为金,或任何物件,你要什么我便给你什么。可是那个人并不要金钱宝贝,而要他那只指头。这故事西洋也有的,英文所谓 Wishing Ring,便是这个意思,要想什么就可得什么。世界上万事万物统有它存在的理由,朱子所谓格物致知就是即事而穷其理。要能即事而穷其理,最要紧的是要有一个清醒的头脑。

清醒的头脑是事业成功的基础。两三年以后诸位出去,在社会上做一番事业,无论工农商学,都须有清醒的头脑。专精一门技术的人,头脑未必清楚。反之,头脑清楚,做学问办事业统行。我们国家到这步田地,完全靠头脑清醒的人才有救。凡是办一桩事或是研究一个问题,大致可分为以下三个步骤:

第一,以科学的方法来分析,使复杂的变成简单的;

第二,以公正的态度来计划;

第三,以果断的决心来执行。

这三点,科学的方法、公正的态度、果断的决心,应该是在小学时代就养成和学习的。中国历年来工商业的不振、科学的不进步,都是由于主持者没有清醒的头脑。瘟疫流行,水旱灾荒,连年叠见,仍旧还要靠拜忏求神扶乩种种迷信方法。兴办事业,毫无计划,都是吃了头脑不清楚的亏。风水扶乩算命求神等之为迷信,不但为近世科学家所诟病,即我国古代明理之君子亦早深悉而痛绝之。但到如今,大学毕业生和东西洋留学生中,受了环境的同化,而同流合污的很不少。大的企业如久大公司、永利公司和商务印书馆的成功,要算例外了。

近年来政府对社会所办的棉纱厂、面粉厂、硫酸厂、酒精厂和糖厂等,大多数是失败的。失败的原因或是由于调查的时候不用科学方法。譬如办糖厂,应事先调查在该厂附近地域产多少甘蔗,出产的糖销至何处,成本的多少,赢利的厚薄,与夫国外倾销竞争的状况。若事先不调查清楚,后来必至蚀本倒闭。这类事在中国司空见惯,如汉口的造纸厂、梧州的硫酸厂,真不胜枚举。还有失败的原因是用人行政重情而不重理,这就是没有公正的态度。用人不完全以人才为标准,而喜欢滥用亲戚。每个机关、公司应该多聘专家,计划决定以后,无论外界如何攻击,都得照着计划去做,这样才能成功。

盲从的习惯,我们应该竭力避免,我们不能因为口号叫得响一点,或是主义新一点,就一唱百和地盲从起来。我们大家要心平气和地来观察口号的目的、主义的背景,凭我们的裁判、扪良心来决定我们的主张。若是对的,我们应竭力奉行;若是不对的,我们应尽力排除。依违两可,明哲保身的态度,和盲从一样是要避免的。我们要做有主张有作为的人,这样就非有清醒之头脑不可。

现在,要问第二个问题,离开大学以后,将来做什么样的人?我们的人生观应如何?有人认为中国的人生观很受孔孟的影响,实际影响最大的还是老子。孔孟主张见义勇为,老子主张明哲保身;孔孟主张正是非,老子主张明祸福。孟子说的“天之将降大任于斯人也,必先苦其心志,劳其筋骨”,诸葛亮的“鞠躬尽瘁,死而后已”,这才不是享福哲学。老子说,“祸莫大于不知足”,又曰,“祸兮福所倚,福兮祸所伏”。

中国一般人的最后目的还是享福。我们羡慕人家说某人福气好,娶媳妇进门,即祝之曰“多福多寿多男子”。生子的最大目的,也就是想年老的时候可以享福。中国普通人意想中的天堂,是可以不劳而获的一个世界,茶来伸手,饭来张口,这样享福哲学影响于民生问题很大。

人以享福为人生最大目的,中华民族必遭灭亡,历史上罗马之亡可为殷鉴。现在的世界是竞争的世界,如果一个民族还是一味以享受为目的,不肯以服务为目的,必归失败。我们应该以享福为可耻,只有老弱残废才能享福,而以自食其力为光荣。英国国王在幼年时,必在军舰充当小兵，唯其如此方能知兵士的疾苦。全世界最富的人是煤油大王洛克菲勒(Rockefeller)，他的儿子做事从小伙计做起，所以他们的事业能子孙相传不替。

多年前，中日同时派学生留学欧美，中国的学生，一看见各类机械，便问从何处购买？何处最便宜？而日本的学生，只问如何制造？中国人只知道买，以享受为目的，而日本人则重做，以服务为目的；中国从前学工学农的人，统是只叫工人农夫去推动机器，耕耘田亩，而自己却在一边袖手旁观，这样讲究农工业是不会进步的。中国古代轻视劳力，现在已经完全改变，样样应该自己动手，这种人生观的改造，是极重要的。

以上所说的两点：第一，诸位求学，应不仅在科目本身，而且要训练如何能正确地训练自己的思想；第二，我们人生的目的是在能服务，而不在享受。

案例分析：大学新生入校之时，就要思考和回答“进入大学做什么”和“大学毕业成为什么样的人”，并在大学期间孜孜不倦地为回答这两个问题而不懈奋斗。大学绝对不仅仅让我们学会一门技能，掌握一项专长，更是让我们能够用自己的专长造福于人类和社会。正如竺可桢校长所言，求学的目的在于训练思想，人生的目的在于服务社会。

第二章 投身高职 前景光明

怀揣着对大学的美好憧憬，同学们步入高职的门槛。但同学们的内心深处，往往对高职教育了解不多，甚至有些学生认为“只要是高职院校，读哪所学校都差不多”。因而，对于新入学的大学生，深入了解高职教育的发展历程、人才培养模式和独特优势，具有重要的意义。

第一节 高职教育的发展历程

发展高职教育已成为当前我国教育领域的一大热点问题。到底什么是高职教育？它在整个教育体系中应如何定位？中西方高职教育又历经了哪些发展历程？具有哪些相似点和不同点？这些都是探讨高职教育时首先要解答的疑问。

一、高职教育的概念

笼统地说，高职教育是高等职业教育的简称，是职业技术教育的高级阶段，它是在完成高中阶段教育的基础上，围绕相应职业岗位所要求的知识和能力组织教学，以使学生毕业就能基本顶岗工作的教育。从1980年初建立职业大学到现今，我国高职教育已经走过了近40年的发展历程。1996年，全国人大通过并颁布了《中华人民共和国职业教育法》，从法律上确定了高职教育在我国教育体系中的地位，由此拉开了高职教育发展的序幕。1999年，《中共中央国务院关于深化教育改革全面推进素质教育的决定》，将高职教育明确为高等教育的重要组成部分。2019年，《国家职业教育改革实施方案》出台，强调职业教育与普通教育是两种不同类型的教育，它们具有同等重要的地位，该方案的出台对高等职业教育的地位提升作用明显。

在国家教育管理体系中，高职教育既属于职业教育，又属于普通高等教育，具有双重属性。具体而言，高职教育以适应社会需要为目标，以培养技术应用能力为主线，设计学生的知识、能力、素质的结构和培养方案，强调理论教学和实践训练并重，使毕业生具有直接上岗工作的能力。

高职是教育类型的名称，而专科是学历层次的名称。高等教育学历可以分为三个层次：研究生、本科、专科；高职作为普通高等教育中的一种教育类型，当然也分为研究生、本科、专科这三个层次。事实上一个完备的高等职业教育体系应该由研究生（包括博士研究生和硕士研究生)、本科和专科构成,高职教育比较完善的中国台湾地区就是如此,不仅仅有高职专科,还有高职本科和高职研究生。中国大陆当前的高职教育正处于由专科层次向本科层次的过渡,相信在不远的将来,我们也会发展高职研究生教育。

相对于普通高等教育培养学术型人才而言,高等职业教育偏重培养高等技术应用型人才。当前我国高职教育主要是专科层次,经教育部批准,亦有部分国家示范性高职院校建设单位从2008年秋季开始举办四年制本科教育。例如,2012年无锡职业技术学院与江苏大学联合开展高职本科教育高层次技能型人才培养,成立江苏大学无锡机电学院,培养四年制本科生。高职学生毕业时颁发国家承认学历的普通高等学校专科或本科毕业证书,并享受普通高校毕业生的一切待遇。

二、国外高职教育的发展特色

高职教育最早出现在欧美和亚洲发达国家,兴起于20世纪60年代。纵观世界各国的社会发展历史进程,经济高速发展都离不开本国成功的职业教育为其培养高素质技术技能人才。由此,西方形成了具有本国特色、享誉世界的职业教育办学模式,如德国的"双元制"、美国的社区学院、瑞士的现代学徒制等,还有国际认可度高的《华盛顿协议》《悉尼协议》《都柏林协议》等关于工程技术教育认证的互认协议,都对我国高职教育的发展具有启发、借鉴作用。

发达国家高职教育形成了各具特色的高职教育模式,典型模式主要有德国的"双元制"模式,英国的BTEC模式,美国、加拿大的CBE模式,澳大利亚的TAFE模式等。

1. 德国的"双元制"模式

"双元制"是一种国家立法支持、校企合作共建的办学制度,学生拥有在校学生和企业学徒双重身份,学生既需要在职业院校学习文化理论及实践知识,又需要在企业接受职业技能教育培训。"双元制"模式是学生分别在校企两地,由学校教师和企业教师两个施教主体,对其进行理论与实践两个方面的职业教育,是校企合作进行职业技能教育的制度。概括而言,德国高职教育的"双元制"主要体现为:第一,企业与学校的双教育主体;第二,学生与学徒的"双受教育者身份";第三,教育法与学校法的双重法律依据;第四,理论课与实训课的双重课程类型;第五,作业与产品的双重课业形式。以实用为本位的"双元制"教育模式,是战后德国经济腾飞的"秘密武器"。

2. 英国的BTEC模式

英国的BTEC(英国商业与技术教育委员会,Business & Technology Education Council)模式是国际上较有影响的职教证书课程和新型的职教培训模式,其内容和特色可概括为:国际认可学历、国际标准资格和统一标准课程。在国际认可学历和国际标准资格方面,具有权威性、层级及类型多样性和适用范围广泛性等特点,分初级、中级、高级三个层次九大类,上千种专业证书。在统一标准课程方面,最大特点是采用统一编写的专业教学计划和课程教学大纲,与此相适应,采用工读交替的"三明治"课程,为学生安排为期一年的实践,让学生到工厂和相关岗位工作和劳动。BTEC模式的最大优势体现为两点:一是教学计划、课程大纲与企业职业岗位能力紧密结合,产学高度衔接与融合;二是国际认可和权威度高,无论任何国家,实施 BTEC 培养模式,学生得到的都是国际水准,能被不同国家普遍认可,从而建立了国际统一的学历认证标准。

3. 美国、加拿大的 CBE 模式

美国、加拿大的 CBE(Competence Based Education)模式,意为“以能力培养为中心的教育教学体系或能力本位教育”。该模式是一种以职业综合能力为基础,以胜任岗位要求为出发点的教学模式,强调高职教育教学的能力培养和实用性,重视学生的学习效果与反馈教学。该模式的流程是:首先,学校聘请行业代表性专家组成专业委员会,按照岗位群需求层层分解,确定从事该职业所应具备的能力,从而明确培养目标。然后,由学校组织相关教学人员,按照教学规律,将相同、相近的各项能力进行总结、归纳,构成教学模块,制定教学大纲,最后依据大纲施教。由此,该模式的主要特点体现在两个方面:一方面,促进高职教学与市场企业人才需求的匹配性;另一方面,注重学生主体的积极性、主动性和创造性,推动学生具备从事某一职业所必需的实际能力。

4. 澳大利亚的 TAFE 模式

TAFE(Technical and Further Education)是澳大利亚政府直接领导下的技术和继续教育的简称,是澳大利亚政府为解决学校人才培养与就业市场接口问题而建立的教育体系,是基于终身教育理念基础上的具有鲜明特色的职教制度。TAFE 模式建立了“学习—工作—再学习—再工作”的多循环终身教育模式,具体特点体现为:①确立需求导向的职业办学理念,将办学定位在培养社会所需要的实用型人才和技能型人才上;②以能力为核心,围绕能力标准构建资格证书制度,通过各级证书对学员能力水平进行认定;③以行业为主导,教学模式充分发挥行业组织主导作用;④以认证为标准,通过考核证明学生已有的技能标准,获得全国统一的、岗位适应的教育与培训证书。

归纳国外高职教育模式,可以发现它们的共性特征主要体现为:①完善的法制体系为高职院校发展提供了保障;②将职业能力培养作为高职院校发展的核心;③深化校企合作是高职教育发展的重要路径;④以市场为导向是高职院校发展的风向标。因此,中国高职可以从中收获多方面启示。例如,需要提升高职教育的社会认可度,将其看作国家教育体系不可或缺的重要板块,提升高职教育服务经济社会发展的能力,提高“双师型”教师队伍水平,扩大行业企业参与职业教育的层次和水平,从而加快构建中国特色的现代职业教育体系。

三、我国高职教育的发展历程

从 20 世纪 70 年代后期至今的 40 多年,中国的经济发展取得了巨大成就。在这 40 多年里,中国高等职业教育经历了曲曲折折、起起伏伏的不平凡的发展历程。特别是 21 世纪以来,我国的高等职业教育得到了迅猛发展。截止到 2018 年,全国共有普通高校 2 663 所(含独立学院 265 所),普通本科在校生 1 697.33 万人,高职(专科)院校 1 418 所,普通专科在校生 1 133.70 万人,专科生占高校在校生总数的 40.05%。高等职业教育从高等教育的辅助和配角地位,逐渐成为与普通高等教育具有同等重要地位的组成部分,成为实现中国高等教育大众化的生力军,发挥着越来越重要的作用。

具体来看,中国高等职业教育的发展经历了五个阶段。

（一）全面恢复阶段(1977—1984 年)

1. 专科教育恢复

1977 年,中国恢复高等教育招生考试,这标志着中国高等教育进入全面恢复时期。这期间,高等专科教育恢复招生。专科教育在满足当时人才需求方面发挥了重要作用,但在教学上模仿本科教育,以学科为基础的人才培养模式,使所培养的人才不能很快地适应生产第一线的岗位需求。

2. 职业大学诞生

中共十一届三中全会确立了以经济工作为中心,把全党工作重点转移到经济建设上来的方针,我国经济建设进入快速发展时期。为适应改革开放后地方经济快速发展对技术应用型人才的迫切需求,缓解经济快速发展与人才紧缺的矛盾,我国经济发达地区提出创办职业大学的设想,一种新型高等院校——职业大学诞生。1978 年,天津、无锡等中心城市开始试办为地方服务的高等职业技术学校。

（二）探索与调整阶段(1985—1994 年)

1. 积极发展高等职业技术院校

1985 年《中共中央关于教育体制改革的决定》首次提出,积极发展高等职业技术院校,对口招收中等职业技术教育学校毕业生以及有本专业实践经验、成绩合格的在职人员入学,逐步建立起一个从初级到高级、行业配套、结构合理又能与普通教育相互沟通的职业技术教育体系。我国高等职业教育正式纳入国民教育体系。

2. 初中后“五年一贯制”办学模式试点

为了有效地培养大批生产一线需要的技术人员、管理人员以及业务人员,为了避免专科教育的本科化,加强专科教育与中等职业教育的衔接,教育部职教司提出试办“初中后五年制的技术专科学校”实施方案。国家教委印发了《关于同意试办三所初中后五年制的技术专科学校的通知》(教计字〔1985〕083 号),开始了试办五年制技术专科学校的试点。

3. 积极发展成人高等教育

成人高等教育是我国高等教育的重要组成部分,多年来,为经济建设和社会发展培养了大批人才。1987 年 6 月 23 日,国务院批转国家教委《关于改革和发展成人教育的决定》,提出“职工大学、职工业余大学、管理干部学院应当利用自己同企业、行业关系紧密的有利条件,结合需要,举办高等职业教育”。1999 年,第三次全国教育工作会议提出大力发展高等职业教育,成人高等教育改革步伐进一步加快。

4. 明确培养目标,促进专科教育改革

1990 年 11 月,国家教委在广州召开全国普通高等专科教育座谈会,对专科教育的地位、性质与作用做了较为明晰的定位,并明确提出,专科教育是高中教育基础上的一种专业教育,主要是为基层部门、生产第一线岗位培养德智体全面发展的、有较强适应性的应用型专门人才。

5. 关于“职业大学分流”的讨论

首先,进行高等职业教育办学主体探索。通过出台一系列文件,逐步将高等职业技术院校、成人高等学校、高等专科学校纳入高等职业教育领域,形成“三教统筹”,实现了多主体办学。其次,开展学制改革探索。通过“四五套办”“五年一贯制”试点进行办学模式改革。再次,面对办学特色、人才培养质量不能满足和符合社会要求的状况,高等职业教育进入初步调整阶段,并明确了专科教育应用型人才培养目标,以及通过自身转型发展高等职业教育的发展道路,促进职业大学注重办学特色以及办学质量的提升。

(三) 确立阶段的中国高等职业教育(1994—1999年年初)

1. 确立“三改一补”发展高等职业教育的方针

1994年,第二次全国教育工作会议确定高等教育发展重点是发展高等职业教育,并明确提出,通过现有的职业大学、部分高等专科学校或独立设置的成人高校改革办学模式,调整培养目标来发展高等职业教育。仍不满足时,经批准利用少数具备条件的重点中等专业学校改制或举办高职班作为补充来发展高等职业教育。自此,确定了“三改一补”发展高等职业教育的基本方针。

2. 确立高等职业教育的法律地位

1996年5月15日,全国人大通过的《中华人民共和国职业教育法》规定,“职业学校教育分为初等、中等、高等职业学校教育……高等职业学校教育根据需要和条件由高等职业学校实施,或者由普通高等学校实施”。这是我国第一次把高等职业教育以法律的形式确立下来,从此高等职业教育走上了依法办学的道路。1998年,《中华人民共和国高等教育法》颁布,其第六十八条规定,“本法所称高等学校是指大学、独立设置的学院和高等专科学校,其中包括高等职业学校和成人高等学校”,进一步确立了高等职业教育的法律地位。

3. “六路大军办高职”局面的形成

1999年1月,教育部、国家计委印发的《试行按新的管理模式和运行机制举办高等职业技术教育的实施意见》,明确提出高等职业教育由以下机构承担:短期职业大学、职业技术学院、具有高等学历教育资格的民办高校、普通高等专科学校、本科院校内设置的高等职业教育机构(二级学院)、经教育部批准的极少数国家级重点中等专业学校、办学条件达到国家规定合格标准的成人高校等。同年,教育部成立高职高专教育人才培养工作委员会,进一步明确“三教(高等专科教育、高等职业教育和成人高等教育)统筹、协调发展”的方针。至此,由职业大学、职业技术学院、高等专科学校、普通本科院校二级职业技术学院、部分重点中专、成人高等学校六类高校共同举办高等职业教育的局面基本形成。

(四) 规模快速发展阶段(1999—2004年)

1. 明确了高等职业教育的根本任务

1999年,国务院批转教育部《面向21世纪教育振兴行动计划》提出:“高等职业教育必须面向地区经济建设和社会发展,适应就业市场的实际需要,培养生产、服务、管理第一线需要的实用人才,真正办出特色。”1999年6月,《中共中央国务院关于深化教育改革 全面推进素质教育的决定》进一步指出:“高等职业教育是高等教育的重要组成部分。要大力发展高等职业教育,培养一大批具有必要的理论知识和较强实践能力,生产、建设、管理、服务第一线和农村急需的专门人才。”

2. 以“新模式、新机制”发展高等职业教育

1999年1月,国家教委印发了《试行按新的管理模式和运行机制举办高等职业技术教育的实施意见》,决定在1999年普通高等教育年度招生计划中,安排10万人专门用于部分省(市)试行与现行办法有所不同的管理模式和运行机制举办高等职业技术教育。意见规定,按照新的管理模式和运行机制举办高等职业技术教育为专科层次学历教育,其招生计划为指导性计划,教育事业费以学生交费为主,政府补贴为辅。毕业生不包分配,不再适用《普通高等学校毕业生就业派遣报到证》,由举办学校颁发毕业证书,与其他普通高校毕业生一样实行学校推荐、自主择业。这一政策推动了试办地区高等职业教育的发展,满足了一大批学生接受高等教育的愿望。

3. 地方高等职业教育快速发展

这期间,以“新模式、新机制”发展高等职业教育和高等职业学校设置审批权下放地方,这两项重要改革政策的出台,极大地促进了高等职业教育的发展。虽然有些措施受到质疑,但这一政策所代表的是中国高等教育的改革大方向。

(五) 全面提升质量阶段(2004年至今)

以2004年教育部颁发的《以就业为导向深化高等职业教育改革的若干意见》为标志,高等职业教育的发展逐渐转向更加注重质量提高、更加重视内涵发展,在全社会树立高职教育主动服务于社会经济发展的良好形象。在高职教育发展新时期,确立全面质量提升发展方针,实施示范性高等职业院校等一系列质量提升工程。

1. 精品课程建设

2003年,教育部在全国高等院校(包括高职高专)启动了精品课程建设工作。高职高专精品课程是体现高职高专教育特色和一流教学水平的示范性课程,具有示范性和辐射推广作用。精品课程建设是高职教育“质量工程”的重要部分。

2. 实训基地建设

实训基地是高等职业院校人才培养质量和水平的重要保障。为提高职业院校实训基地建设水平,2004年,教育部和财政部联合出台《教育部财政部关于推进职业教育若干工作的意见》,并开始在全国9省市进行职业教育实训基地建设试点工作。计划经过5年左右的努力,在全国引导性奖励、支持建设一批能够资源共享,集教学、培训、职业技能鉴定和技术服务为一体的职业教育实训基地。

3. 高等职业院校人才培养和办学水平评估工作

2003年,教育部开展高职高专院校评估试点工作,对25个省市的26所高职院校进行了评估。在试点基础上,2004年4月,教育部办公厅委托省级教育行政部门具体组织实施本地的高职高专院校评估工作,正式建立起了五年一轮的高职高专院校评估制度。

4. 示范性高等职业院校建设工程

2006年,教育部和财政部联合推出“国家示范性高等职业院校建设计划”,决定在未来几年国家专门拿出一定数量的资金支持示范性高等职业院校建设。“国家示范性高等职业院校建设计划”,按照“地方为主、中央引导、突出重点、协调发展”的原则,重点支持建设100

所高等职业院校,使之成为发展的模范、改革的模范、管理的模范,引领全国高等职业院校的改革和发展,带动整体质量提升,并由此推进整个高等职业教育的发展。2006 年 12 月、2007 年 8 月、2008 年 7 月教育部、财政部先后评出首批 28 所、第二批 42 所、第三批 32 所"国家示范性高等职业院校建设计划"立项建设院校。2010 年,教育部、财政部发出《关于进一步推进"国家示范性高等职业院校建设计划"实施工作的通知》,经评审后确定了 120 所高职院校立项建设国家骨干院校。我国高等职业教育开始从以规模快速发展为标志的扩张式发展阶段,转向全面提高教育教学质量、注重效益的内涵发展新时期。

5. 质量提升与改革工程

早在 2010 年发布的《国家中长期教育改革和发展规划纲要(2010—2020 年)》中就已经指出,"牢固确立职业教育在国家人才培养体系中的重要位置"。2014 年 6 月,国务院印发《关于加快发展现代职业教育的决定》,全面部署加快发展现代职业教育,提出"到 2020 年,形成适应发展需求、产教深度融合、中职高职衔接、职业教育与普通教育相互沟通,体现终身教育理念,具有中国特色、世界水平的现代职业教育体系"。2017 年,国务院办公厅发布《关于深化产教融合的若干意见》,教育部等六部门出台《职业学校校企合作促进办法》,对产教融合、校企合作等高职教育特色、育人形式予以明确规定。党的十九大报告中,明确提出"完善职业教育和培训体系,深化产教融合、校企合作",为高等职业教育的内涵式发展指明了方向。2018 年年初,教育部印发了《教育部 2018 年工作要点》,明确提出启动中国特色高水平高职学校和专业建设计划,是新时代高职教育发展的新目标、新任务和新要求,对于提升高职教育质量、丰富高职教育内涵、强化高职教育特色和重塑高职教育格局具有重要的现实意义。2019 年年初,国务院印发《国家职业教育改革实施方案》并提出,经过 5 ~ 10 年时间,职业教育基本完成由政府举办为主向政府统筹管理、社会多元办学的格局转变,由追求规模扩张向提高质量转变,由参照普通教育办学模式向企业社会参与、专业特色鲜明的类型教育转变,大幅提升新时代职业教育现代化水平,为促进经济社会发展和提高国家竞争力提供优质人才资源支撑。具体而言,建设 50 所高水平高等职业学校和 150 个骨干专业(群),建设 300 个高水平产教融合实训基地,"双师型"教师占专业课教师总数超过一半,从 2019 年开始,在职业院校、应用型本科高校启动"学历证书 + 若干职业技能等级证书"制度试点(简称 1 + X 证书制度试点)工作。2019 年 4 月,《教育部财政部关于实施中国特色高水平高职学校和专业建设计划的意见》发布,再次重申重点支持一批优质高职学校和专业群率先发展,引领职业教育服务国家战略、融入区域发展、促进产业升级,为建设教育强国、人才强国做出重要贡献。

在这一时期,我国高职院校的建设与发展注重加强内涵建设和提高教育质量,高等职业教育迈入了稳定发展和特色化建设的阶段。

第二节　高职教育的培养模式

一、高职教育的培养目标

2000 年,教育部印发了《教育部关于加强高职高专教育人才培养工作的意见》,提出了我国高职教育的培养目标:"培养拥护党的基本路线,适应生产、建设、管理、服务第一线需要的,德、智、体、美等方面全面发展的高等技术应用性专门人才;学生应在具备必备的基础知识和专门知识的基础上,重点掌握从事本专业领域实际工作的基本能力和基本技能,具有良好的职业道德和敬业精神。"但是,为了改变某些高职院校过多强调学科性的倾向和盲目攀高升格的倾向,2004 年,教育部在《教育部关于以就业为导向深化高等职业教育改革的若干意见》中,将培养目标定位为"坚持培养面向生产、建设、管理、服务第一线需要的'下得去、留得住、用得上',实践能力强,具有良好职业道德的高技能人才"。同时确立了"以服务为宗旨,以就业为导向,走产学研结合的道路"的职业教育思想。2019 年,《国家职业教育改革实施方案》提出,着力培养高素质劳动者和技术技能人才。这些宏伟目标和教育思想对指导我国高职教育的发展具有重要意义,是我国高职教育发展的总纲。

二、高职教育的主要特征

高等职业教育与其他类型的高等教育相比,具有鲜明的特征。

(一) 培养目标的专业性

相对于普通高等教育培养通才的目标,职业教育培养的是专才。高等职业教育本身是随着现代科学技术与现代大工业的产生和发展而产生和发展的。高等职业教育必须瞄准生产实践的需要进行人才培养,针对不同的岗位培养不同的专门人才,要做到学校教育与社会生产实践的零距离。近几年,高职院校广泛开展校企合作,成立由企业人员参与组成的专业指导委员会,直接参与人才培养;建立实习就业基地,与企业合作开发项目;等等。

(二) 专业设置的职业性

高等职业教育的专业设置具有很强的职业性,即按照建设、生产、服务、管理第一线的工作岗位或岗位群来设置专业,对准人才市场的需求设置专业,使学生的专业能力能适应人才市场的需求,使毕业生走向社会能迅速履行职业职能、承担职业任务,满足地方经济发展的需要。高职院校重视加强学生的职业素养教育,培养学生热爱本职、积极进取,努力成为生产、工作一线需要的高技能人才。

(三) 教学计划的针对性

高等职业教育的教学计划具有很强的针对性,即以专业面向岗位群的知识需求和技能需求为主线编制教学计划,并遵循"理论教学为实践教学服务、实践教学为上岗就业服务"的原则,有针对性地设置理论教学课程和课程知识点,有针对性地设置实践教学项目。教学内容以实用为原则,不过分强调知识的系统性、完整性和深刻性,而主要突出其应用性,突出本专业领域的新知识、新技术、新流程和新方法,力求使学校教学内容与企业技术发展同步。

(四)培养过程的实践性

高职院校把学生的就业竞争力作为核心能力加以培养,培养过程具有很强的实践性,主要表现在:较大幅度地增加实验、实训等实践性教学环节的比例,实践性教学环节一般应占总学时的40%左右,以培养学生的专业技能即动手能力。以职业技能训练和岗位能力培养为中心组织教学,以岗位需求设置课程内容,以岗位实例设置训练项目;通过校内模拟训练和校外现场实习等一系列实践性教学环节,学生可以了解、熟悉并掌握企业生产规律、工艺、设备和技术等。另外,实行证书嵌入式教学,要求毕业班学生在获得毕业文凭的同时一并获得职业资格或能力等级证书,如外语、计算机等级考试证书及相关的专业技能资格证书等。培养的毕业生具有较强的专业实践能力,高等职业教育实现了人才培养与岗位职业要求的“零距离”。

(五)师资队伍的“双师型”

高职院校要求有一支“高素质、高水平、高技能”的“双师型”教师队伍。专业课教师不仅要求具有较高的专业理论水平和理论传授能力,而且要求具有很强的专业实践能力和技能指导能力,他们既是教师,又是工程师、会计师、技师等,“双师型”教师队伍建设是提高高职教育教学质量的关键。

三、高职教育的人才培养模式

人才培养模式是高职教育最重要、最核心的内容,是检验高职院校办学成败的重要标准,是衡量高职教育不可替代的试金石。高职院校的人才培养模式,既不是中职学校技能培训的升级换代版,也不是本科院校学术科研能力的压缩版,而是以职业能力和岗位能力为主线,以培养适应经济社会发展需求的高素质技术技能人才为目标。当前高职院校积极探索极具特色的人才培养模式,在产教融合、现代学徒制和工匠精神培育方面,探索出高职院校人才培养的特色模式。

(一)产教融合的人才培养模式

当前我国经济发展进入新常态,面对“转结构、调方式、去产能、促发展”的整体环境,习近平总书记指出,“要把加快发展现代职业教育摆在更加突出的位置”。2019年《国家职业教育改革实施方案》也明确提出:“深化产教融合、校企合作,育训结合,健全多元化办学格局,推动企业深度参与协同育人,扶持鼓励企业和社会力量参与举办各类职业教育。”

“产教融合”就是产业与高职教育深度合作,核心在于产业、行业、企业与高职教育的人才培养、科技服务等全过程融合发展,它将职业与教育、企业与学校、生产与教学融为一体,将教育教学、素质提升、生产劳动、社会服务、科技研发贯通于高职教育全过程。高职教育通过产教融合方式,与产业发展相适应,通过校企合作、工学结合等方式,培养学生的技术技能,通过立德尚能、知行合一的理念提升学生的职业素养,从而把学生培养成适应产业发展、职场需要的技术技能型人才。

产教融合的人才培养模式构建的主要路径体现为五个方面:第一,区域产业与高职教育同步规划。通过产业与高职教育同步规划,建立更具社会需求和产业特色及依据自身定位来主动变化的高职教育动态调整机制,培养出结构合理、专业对口、企业所需的高技术技能人才。第二,专业设置与产业集群无缝衔接。高职院校要充分发挥行业指导委员会、办学理事会和职教集团等多元办学主体的组织优势,健全组织机构,落实主体责任,激发办学活力,深化与地域行业企业的协同合作,坚持以产业需求和变化为导向,调整专业结构,构建重点专业,优化传统专业,增设新的专业,培育特色专业、交叉专业和边缘专业,校企共同制订专业人才培养方案,为特色产业集群提供定制化服务。第三,课程内容与职业标准一体构建。技术技能人才的培育标准应由行业企业根据生产经营服务过程的实际需要,职业院校依据实际需求与行业企业方共同设置课程,课程内容根据企业工作岗位所需的技术技能和综合能力来谋划,每门课程重点培养学生必备的一种工作能力,使课程教学内容与职业岗位能力相适应,与职业资格证书融通、与生产实际融通、与行业标准融通,真正做到课程内容与职业标准一体构建,实现学生学习内容与工作实践的高度契合。第四,实践教学过程与工作过程的有机互动。这主要通过两个方面实现:一方面,重点把握专业认识、岗位实训和顶岗实习三个实践环节,提升学生对职业环境和职业实践的思想认识与实际应对能力;另一方面,将弹性学制、创新学分、学分银行等教学改革落到实处,通过制度引领、政策导向等方式,引导更多学生投入技能大赛、实习实训等实践性教学中去。第五,技术攻关与企业协同创新共同推进。职业院校在培养学生专业技能的过程中,应注重引入项目教学、案例教学、情景教学等,坚持问题导向,结合职业岗位实际问题边学习、边实践、边攻关,与企业共同合作申报科技创新项目,攻克企业急需解决的设备改造、工艺革新、质量管理、内控标准等现实问题,将科研成果反哺于企业生产经营实践,实现职业院校科技攻关与企业改革创新协同推进,促进教育链、人才链与产业链、创新链有机衔接,构建技术创新、技术应用和成果转化的校企协同机制。

从产业角度而言,产教融合有助于增强产业竞争力,推动产业结构转型升级。从职业教育视角看,产教融合促进职业教育优化产业结构、提升发展能力。从当前我国经济变革大局而言,产教融合也顺应产业升级变革,推进经济转型、创新、融合发展。从职业教育的供给侧结构性改革视角看,产教融合能够有效改善供给体系,促进职业教育多元发展。无论是企业、高职院校还是高职学生,都要积极顺应产教融合大潮,将深化产教融合、推动高职教育的多元化发展作为自己的必然选择。

(二)现代学徒制人才培养模式

学徒制作为较古老的职业教育形式,伴随着手工业的兴起和发展,在技艺传承、产业振兴和社会进步中曾经发挥过重要作用。随着现代科学技术和机械制造业的发展,手工业走向衰落,传统学徒制受到冷遇。进入 21 世纪以来,产业发展对技术技能人才提出了新要求和新挑战。德国、瑞士、英国等越来越多的国家开始认识到学徒制的意义,在职业教育中发展现代学徒制。2014 年 2 月,国务院常务会议做出了加快发展现代职业教育的决定,提出

“开展校企联合招生、联合培养的现代学徒制试点”，极大地推动了我国现代学徒制人才培养模式的探索与实践。2015 年 8 月，165 家单位被遴选为首批现代学徒制试点单位和行业试点牵头单位，标志着我国职业教育现代学徒制试点工作正式拉开帷幕。

现代学徒制是将传统的“师傅带徒弟”模式与高职教育有机融合，由学校和企业深度合作，采用“工学交替、亦工亦读”的方式，将校内知识学习和企业学徒培训结合起来，共同培养技术技能型人才的职业教育模式。该模式的主要特征体现为：第一，具有学校和企业双主体，学校和合作企业共同承担学徒的培养责任。学校专任教师承担专业基础知识的讲授，企业师傅承担专业技能的培训，双方合作共同强化学生的专业技能培养。第二，学生和学徒双身份。学生在校是接受高职教育的大学生，在企业则是师傅带领参与实践的学徒，能够享有企业薪资津贴待遇，能更为熟练地掌握专业技能，更受企业青睐。第三，教师和师傅双导师。校企双方组建“教师 + 师傅”的双导师教学团队，部分课程由学校专任教师主要承担，部分课程则以企业师傅为主。第四，学校和企业双基地。“学中做、做中学”是现代学徒制培养的核心学习方式，学生既以学生身份在学校学习，也以学徒身份在企业一线实习，所学习的技能和知识紧贴岗位实际和发展需求。第五，理论和实践双考核。现代学徒制采用课程学习与实践过程的双元考核，既包括专业技能和基础知识部分，也包括职业态度、职业道德和团队协作等实践表现。第六，毕业证书与职业资格证书双融通。学校发放毕业证书，企业发放相应的职业资格证书或实习实训证书，现代学徒制提高了学生就业的核心竞争力。

当前，优化现代学徒制人才培养模式，主要通过以下方式实现：第一，加快顶层制度设计，积极转变政府职能。新修订的《职业教育法》，促进了现代学徒制的立法，从法律源头上厘清了现代学徒制各主体的权责范围。教育行政部门要转化职能方向，从“划桨者”转变为“掌舵者”，妥善处理学校、企业、学生和行业的多方利益。政府居于现代学徒制的核心主导地位，可对参与现代学徒制的企业予以利益补偿，对参与的学校强化绩效评价体系，强化政府的宏观指导与政策支持作用。第二，有效地规避管理风险，构建利益驱动机制。研究合理的成本分担机制，减少企业的成本风险，提高企业参与的积极性。完善管理风险分摊机制，企业、学校和学生明确责任范围，学校为学生购买实习保险，为企业减轻实习风险。构建人才长效发展机制，在学生实习结束前，企业可与学生签订录用协议，既能解决学生就业的后顾之忧，也能让企业择优选拔优秀人才。第三，提高行业组织能力，构建协同服务平台。行业组织要把握社会形势，积极承接政府职能转变后的社会服务职能，在职业教育、技能培训、行业会议等多方面发挥行业组织的影响力和组织力，将现代学徒制的成功案例在行业内广泛铺开。行业组织要强化行业人才结构和专业人才结构互动，积极参与高职高专院校的专业建设和教学环节，组织开发工学结合的职业教育课程与教学资源，共同制定教学大纲和专业课程标准。政府可建立经费补偿机制，通过税收优惠、购买服务等支持手段，促使行业组织积极融入现代学徒制。

（三）工匠精神型人才培养模式

李克强总理在 2016 年《政府工作报告中》提出，“培育精益求精的工匠精神”。2017 年，党的十九大报告再次强调：“建设知识型、技能型、创新型劳动者大军，弘扬劳模精神和工匠精神，营造劳动光荣的社会风尚和精益求精的敬业风气。”职业院校作为社会最直接的高技术技能人才的培育场所，毫无疑问承担着培养“工匠精神”的重要使命，树立工匠精神型人才培养模式，是高职教育发展的必然要求。

工匠精神是一种职业精神，是从业者对岗位敬业爱岗、对产品质量精益求精、对未来发展追求创新与卓越的一种精神理念与职业态度。工匠精神的内涵包括四个层面：一是热爱，常言道，兴趣是最好的老师，对职业的热爱、对岗位的喜爱、对工作的责任感和使命感，反映的是职业情感，是做好任何工作的内在前提。二是敬业，在热爱岗位的基础上，对职业心存敬畏之心，对待职业态度严谨，一丝不苟，专心致志地从事自己的职业，体现的是职业态度。三是精业，就是精通自己的职业，技艺精湛，注重细节，精益求精，追求完美和卓越，反映的是职业水准和职业能力。四是创新，在娴熟承担现有工作的基础上，能够不断改进工艺、提升水准，让职业发展能够不断前进、永续攀登，反映的是职业追求，是更高层次的职业要求。

当前，很多西方国家都在大力推动工匠精神型职业院校人才培养模式。德国、瑞士和日本被公认为是制造强国，德国的机械、瑞士的手表和日本的精细管理享誉全球。在德国，一个优秀的技术工人和科学家同样伟大，在日本，料理师和工程师社会地位相同，他们的共同点在于：重视职业教育、注重培育准职业人的工匠精神，始终在工作中习惯性地传承和发展，它成为职业人孜孜不倦的追求。德国“双元制”职业教育不仅关注职业能力、社会能力的培养，更注重职业道德和综合能力的塑造，尤其关注学徒的身心健康，培养学徒诚实、勤奋、守纪律以及主动性、责任感和创造性等品性。日本的“产学合作”模式，具有很强的针对性和实用性。总体而言，国外在职业院校人才培养模式中体现了企业的高度参与性和教学内容的科学性、灵活性和针对性，将“工匠精神”贯穿于人才培养全过程。

当前我国建立工匠精神型高职教育人才培养模式，可从以下几方面入手：首先，在人才培养方案制订中体现工匠精神。培养高水平的工匠精神型高职技术技能型人才，在人才培养方案制订中要充分体现双主体育人的特征，体现工匠精神的培育任务和培育指标，设置有利于工匠精神熏陶的课程和实践性教学体系。其次，在教学实施过程中培育工匠精神。教师在教学设计环节，围绕学生的职业道德、职业态度培养和社会对人才的需求，引导学生形成敬业爱岗的职业精神，不断培养学生动手解决实际问题的能力，使得工匠精神在教学设计、教学授课、实习实训的每一环节都内化于心，外化于行。再次，打造具有工匠精神的专兼职教学团队。提升教师爱岗、敬业、创新、严谨、踏实、拼搏的职业态度，形成全方位、高素质的师德师风，以德施教。专任教师通过挂职锻炼、企业实习等方式，提升实践教学能力。将工匠精神融入教师职业生涯规划之中，构建教师职业素养标准和评价体系，全方位规范和提升教师综合素养。最后，创设涵育工匠精神的校园文化。在校园文化建设中，应体现出大国工匠的精神内核和行为要求，为塑造学生的工匠精神营造出育人环境，加大弘扬工匠精神的宣传与实践活动，将工匠精神融入校园文化建设的各个方面。

第三节　高职教育的独特优势

我国自改革开放以来，鼓励和扶持高等职业教育的政策法规纷纷出台，高等职业教育的发展力度不断加大，一个具有中国特色和充满生机活力的高等职业教育体系已初步形成。截至 2018 年，全国共有普通高校 2 663 所（含独立学院 265 所），高职（专科）院校 1 418 所，高等职业教育已是我国普通高等教育的"半壁江山"。而高职高专院校的毕业生也逐渐成为职场上的"香饽饽"，尤其是在经济发达的长三角、珠三角和环渤海地区，他们被纳入国家急需的人才行列，其称呼也由起初的"蓝领"演变成"灰领"。

一、高职教育的优势

高职高专院校作为培养面向生产、建设、服务和管理第一线需要的高技术技能人才的基地，为现代化建设培养了大量高素质技术技能型专门人才，高等职业教育在我国已显现出强大的生命力。

（一）以学生发展为本的育人理念

高职高专院校强调育人为本、德育为先、注重能力的指导方针。针对学生的特点，高职院校重视培养学生的诚信品质、敬业精神、责任意识和遵纪守法意识；教育学生树立终身学习理念，提高学习能力。高职院校注重学生能力的培养，开发职业能力实训模块，加强学生的基本实践能力与操作技能、专业技术应用能力与专业技能、综合实践能力与综合技能的培养，提高学生的综合职业素养，力求达到让每位学生"能力强、上岗快、潜力大、后劲足"。同学们可以在这里深入学习科学知识，不断培养自己的理论思维能力、实践操作能力和探索创新能力，不断提升自身素质。

（二）强劲的就业竞争力

从就业情况看，根据麦可思《2018 年中国大学生就业报告（就业蓝皮书）》显示，大学毕业生就业率整体稳定，2017 届本科院校学生就业率为 91.6%，高职高专院校学生就业率为 92.1%，高职高专院校学生就业率超过本科院校学生就业率。另外，据统计，2017 年城镇居民月均可支配收入为 3 033 元，高职高专院校 2017 届毕业生月均收入为 3 860 元，明显高于城镇居民月均可支配收入。从创业情况看，2017 届大学毕业生毕业半年后自主创业比例，本科院校为 1.9%，高职高专院校为 3.8%，高职高专院校自主创业比例为本科院校自主创业比例的两倍。从就业薪资看，《2018 中国高等职业教育质量年度报告》显示，2017 届高职高专毕业生平均月收入比 2016 届增长 261 元，增幅为 7.3%，高于 2016 届 1.7 个百分点。该报告还显示，高职高专毕业生的收入结构呈现优化态势，高收入群体有所增加，低收入群体有所下降。2017 届高职高专毕业生毕业半年后月收入在 7 000 元以上的群体占 4.9%，高于 2016 届（3.8%）1.1 个百分点，高于 2015 届（3.2%）1.7 个百分点；2017 届高职高专毕业生毕业半年后月收入在 1 500 元以下的群体占 1.4%，比 2016 届（2.0%）下降 0.6 个百分点，比 2015 届(2.8%)下降 1.4 个百分点。

在高职高专学生自我发展的基础上,高职高专院校也不断实现社会价值。2017 年,高职高专院校共为世界 500 强和中国 500 强企业输送了 23.4 万余名技术技能人才,阿里巴巴、华为、中兴、大疆无人机等行业巨头也与一大批高职院校深化合作,共建二级学院、合建人才培养基地、共同开展技术研发,为教育教学带来最先进的产业元素,进一步拓展了高职高专院校服务中国制造的层次和范围。优质院校得到地方政府和行业领军企业的认可与支持,为中国制造注入新动力。投入乡村振兴成为高职服务新热点,技术支农为乡村发展注入新动能,校村合作、校镇合作成为城乡融合新模式,一批中西部地区职业院校正在成为当地发展的新地标。

(三) 紧跟市场需求的专业和课程设置

专业是学生求职时的一个重要敲门砖。随着经济的发展,社会对技能型人才的需求越来越大,高职高专院校的专业设置直接瞄准市场,根据社会经济发展的需求和职业岗位变化趋势及时调整专业结构、课程体系和教学内容,为社会培养"紧俏对口"的高技能人才。一些市场认可度较低的专业已经停止了招生,目前招生的专业大多是市场需求大的热门专业。2019 年,高职高专新增专业前 10 名分别是"大数据技术与应用""新能源汽车技术""电子商务""工业机器人技术""幼儿发展与健康管理""学前教育""无人机应用技术""物联网应用技术""空中乘务""云计算技术与应用",6 个专业为"新工科"专业,其中"大数据技术与应用"仅 2019 年就有 191 所院校新开设,全国总共有 389 所高职院校开设该专业。新一代信息技术正广泛渗透到经济社会的各个领域,聚焦新经济、新产业发展,高职高专院校在办学和专业设置上,也面临"推陈出新"的新局面,市场需求是新专业设置的重要指标。

(四) 特色鲜明的人才培养模式

普通高等本科教育强调学科性的"专业教育",培养"学术型"人才;而高职教育是"职业教育",它是根据一定职业岗位(群)实际业务活动范围的要求,培养生产、建设、管理与服务第一线的实用型人才。高职教育更强调学生的实际技能的培养和实战能力的训练,其特色和生命力在于具鲜明的"就业导向"特征,即以社会人才市场需求为导向的就业教育,目的在于为个人获得胜任其职业岗位的职业技能和职业能力,具有明确的职业岗位指向性,而且这一导向始终贯穿整个人才培养方案。在教学模式上,实践教学是贯穿于人才培养全过程的教学形式。高职高专院校有校内外实训基地,能让同学们在基地进行实践训练,培养必要的专业技能。

(五) 校企合作、产学结合的育人方式

近年来,高职高专院校校企合作育人不断走向深化,行业企业参与高职高专院校人才培养的深度和广度不断增加。根据《2018 中国高等职业教育质量年度报告》显示,双师素质专任教师比例、企业提供的校内实践教学设备值、企业兼职教师年课时总量等体现了校企合作的深度和资源整合能力,是高职高专院校内涵建设的重要着力点。50 强院校中,双师素质专任教师比例超过 70% 的有 39 所,安徽职业技术学院、东营职业学院等 7 所院校超过 90%;13 所院校企业提供的校内实践教学设备值超过 1 000 万元,成都航空职业技术学院、南京信息职业技术学院超过1亿元;44所院校企业兼职教师年课时总量超过1万学时。生均教学科研仪器设备值能体现出院校的教学投入,兰州石化职业技术学院、四川交通职业技术学院等39所上榜院校的这一指标超过1万元。高职高专院校与用人单位主要是通过以下两种方式进行合作的。一个方式是“联合制订人才培养计划”,从人才培养规格的确立、培养方案的制订和教学内容的选定,高职高专院校始终坚持学校和企事业单位及用人单位共同商定的原则,并由学校和用人单位共同实施培养。这不仅可以帮助高职高专院校毕业生人才培养与用人单位人才需求实现无缝对接,同时又是解决社会结构性失业与提升高职高专院校声誉的有效途径。另一个方式是“订单式人才培养”。近几年,高职高专院校“订单培养”由南到北,全面开花:数量逐渐增大;专业覆盖面逐步加宽;时间开始前移,由过去二、三年级移至一年级或在招生时即进入订单班;技术含量高、应用性强的“订单”教育(工科类订单数量遥遥领先)更为普遍。订单式培养可以立竿见影地解决高职院校的就业问题,同时也可为企业提供能胜任岗位职责的熟练操作工人。校企合作、产学结合的育人方式,加强了学校与企业的合作、教学与生产的结合,校企双方互相支持、互相渗透、双向介入、优势互补、资源互用、利益共享,既能发挥学校和企业的各自优势,又能共同培养社会与市场需要的人才,是高职高专院校与企业双赢的模式之一。

(六)“高精专”的“双师”型教师队伍

从事高等职业教育的教师精通本专业的基础理论,了解最新的学术成果,具有丰富的科研实践经验,熟悉教育教学的客观规律。与本科院校教师不同的是,他们还熟练掌握本专业的操作技能,能够指导学生进行技能训练。此外,高职高专院校还从企业聘请企业高管、技术骨干、行家里手、大国工匠、劳动模范等作为兼职教师,与校内教师共同组建成双师结构教师队伍,使教师队伍成为双师结构合理、双师素质较高的团队,为高技能人才的培养提供师资保障。在这些良师的指导下,通过系统的教学活动和严格的技能训练,同学们可以系统、准确地掌握基础知识和专业知识,提高专业能力尤其是专业技能。

二、高职毕业生的优势

对高职高专学生来说,虽然学历上不如本科院校学生那么“硬气”,但最近几年国家大力发展职业教育,高职高专学生就业前景相当不错。如今,高职高专毕业生就业率已成功“逆袭”本科生,毕业生的薪资待遇也在不断提升。“学历越高越容易找工作”,在如今的就业市场上已不再是一条“铁律”。那么,高职高专毕业生为何屡受用人单位的青睐?高职高专毕业生有哪些“先天优势”?

(一)职业技能优势

高职高专院校教学中突出技能训练,重点培养生产操作和组织管理能力,能够解决生产中的实际问题。同时,高职课程体系及教学内容能及时反映现代新技术、新工艺、新规划、新制度、新方法,学生学习的知识和技能能跟上时代发展的步伐,毕业生具有很强的岗位适应能力和可持续发展能力,可以直接参与到生产实践中来;而本科生毕业后参加工作,还要经过一定时间的培训才能胜任。很多高职高专毕业生在踏入企业大门时就赢得了企业的认可，动手能力强、上岗适应快是用人单位对高职高专毕业生的普遍评价。根据《2018 中国高等职业教育质量年度报告》显示，在 2013—2017 届期间，高职高专学生毕业前参与过实习的比例维持在 83% 左右，2017 届有实习经历的高职高专院校毕业生的专业相关度为 64%，比无实习经历的群体专业相关度（59%）高出 5 个百分点，实习实践教学对高职高专职业竞争优势的作用较为明显。

（二）知识结构优势

长期以来，我国高等教育体制的弊端，造成了大学生知识结构不甚合理。本科院校开设的某些专业重理论教学知识传授、轻实践环节和职业技能培训，毕业生缺乏实践动手能力。相对来说，高职高专院校的专业设置与社会需求紧密结合，按用人单位职业岗位的知识和能力要求开设课程，知识结构以反映当今科学技术发展状况的最新知识、信息、技术为主，学生所学知识在生产、工作中有很强的实用价值和针对性，能解决实践环节中的技术应用问题，因而高职高专毕业生受到用人单位的广泛关注和欢迎。

（三）心理预期优势

大学生"就业难"既有外部环境的影响，也有大学生自身存在的一系列问题，其中过高的就业期望值是导致大学生就业难的原因之一。本科院校和高职高专院校人才培养定位的不同也导致了本科生和高职生就业观念的差异。许多本科生认为自己受过高等教育，希望找份体面的工作，在求职时对就业岗位心理预期较高，对月薪的期望值偏高，最终形成高不成低不就、宁愿等待也不降低身价的两难境地。相比本科生，高职生的就业期望值更加理性，在求职时更容易放低心态，他们普遍认同自己的"蓝领"身份，能吃苦，肯上进，愿意在一线工作，对工作要求不高，肯从基层做起，只要能学到技术就行，有技术不怕没饭吃。再加上高职生综合素质的强化、岗位技能的提升、适应能力的提高，这也增强了高职生接受考验、迎接挑战的信心与动力，不少学生在一线锻炼几年后很快就成为企业的骨干并得以晋升，薪水十分可观。

（四）用人单位对高职生的需求优势

当前，中国处在产业升级转型期，企业需要的管理人员毕竟是少数，一线操作工人才是企业的中坚力量。当前我国长期存在的"技工荒"并未从根本上改善，许多企业面临劳动力短缺特别是高技能人才缺乏的难题。从一方面看，许多用人单位已经从过去的"看学历选人才"转向"以能力选人才"，导致近几年人才市场的招聘条件发生了变化：学历愈发淡化，能力（实践与经验）愈加看重，而这恰恰是高职毕业生的强项。从另一方面看，当前人才招聘的主力军是中小型企业，企业为实现利益最大化，在招聘时往往尽量降低人才成本，而高职高专院校培养的用得上、用得起、留得住的技术应用性人才恰恰满足了这些企业的需要。

（五）自主创业优势

《2018 中国高等职业教育质量年度报告》的相关数据显示，高职高专院校通过创新创业教育，为毕业生就业创业提供了有效支撑。2017 届高职毕业生毕业半年后自主创业比例为 3.8%，2014 届高职毕业生毕业三年后自主创业比例为 8.5%，比 2010 届均高出不少，五年以来持续增加，更多的高职毕业生在三年后以创业方式实现了"自我雇佣"。2018 年，武汉商贸职业学院大二学生熊子钊就筹到百万资金，在北京创办了一家电商公司，月收入 20 万元，成了同学们眼中的创业传奇人物。再比如无锡职业技术学院 2015 届毕业生肖柱，毕业后创办了“欣逸东化工设备有限公司”，专注生产化工制药设备，目前年产值近千万元。

当然，我们也要看到，与同专业本科毕业生相比较，高职毕业生的就业竞争力虽然有一定的优势，但也存在着许多劣势和威胁。高职毕业生只有客观地分析自己的优、劣势，充分发挥自身的优势，认清自身的不足，积极弥补和完善，化被动为主动，才能在激烈的就业竞争中立于不败之地。

【案例链接】 **怀揣梦想，执着前行**
——无锡职业技术学院优秀校友事迹简介

小康，男，汉族，共青团员，无锡职业技术学院数控设备 11331 班学生。

作为 90 后大学生，左手青春，右手梦想，用不懈的努力诠释当代大学生的力量，用自己的热情演绎大学生的不悔年华，他就是小康，一个热情、自信、努力的大男孩。他执着为梦想插上翅膀，所以，在校期间，他勇于钻研、敢于创新，为之倾注了自己所有的热情，毕业之后，他忠于职守，将全部青春奉献给祖国的国防事业，用亲身经历演绎着一个大学生应当具有的气魄——怀揣梦想，执着前行。

一、大一他从学生会的全能王转变为执着的科技狂、训练狂

刚刚入学的大一时光是小康在学生会最忙碌的日子。作为退役复学学生，小康筹备定向越野活动，参加敬老院尊老爱老活动，每天晚上坚持在军事协会进行两个小时的高强度训练。训练以后回到宿舍还要预习在科技协会参加的“TRIZ”创新理论方法课程。但在这些忙碌之余，他不曾落下一门课程的学习，所以自习室、图书馆成了他活动之余的“第二住所”。一次偶然的机会，他接触到了科技协会 3D 打印机的研发团队，并疯狂地痴迷上了 3D 打印机的研发和制造。

2014 年 10 月，他参加了南京第九届全国高职高专“发明杯”，接触到了来自各地高校的当代大学生，接触到了当时先进的科学技术，这群科技狂们不拘一格、突破常规的创新风格，为他打开了一扇新的大门。他开始痴迷科技，自学 3D 打印成型技术，他开始埋头于书海，不断补充知识点，将青春最美的时光奉献给了热衷的科技创新。在夜幕降临之后，他又穿起迷彩服，扮演起了一名“军人”的角色，在橄榄绿军事协会，他践行着流血流汗不流泪的誓言，体能、格斗、擒拿、五公里野外拉练……这一切的一切只是为了锤炼自己。他的目标很清晰，就是要在有限的校园生活中获取最多的知识，培养起自己的创新意识和创新能力，并坚定自己的军人价值观念以及对国防军事的意识，时刻以军人的姿态严格要求自己，也为以后工作奠定坚实的基础。

二、大二他潜心钻研，带领团队再创佳绩

当别人还在迷恋于科幻电影时，而他早已致力于将科幻变为现实。

2015 年 10 月，小康带队闯入第十届“发明杯”全国总决赛，参赛作品“变轴距飞行器”“启动摩擦离合器检测装置”皆斩获一等奖，“快速加热电热水壶”获二等奖。

与此同时,他也十分热衷参与学校各类活动。在大二阶段担任了校科技协会会长、校橄榄绿军事协会会长,在任期间多次组织社团会员进行 Arduino 开发培训、SolidWorks、UG 等三维绘图软件培训,并担任主讲人,多次参与、组织学院创新创业项目成果展出,并于 2014 年带领团队获得"无锡市十佳社团"称号。2015 年,他领导并参与了"一种食品取样枪"等四项省级创新课题以及"快速加热电水壶"等创新项目。

此外,在校期间,他还申请完成了"变轴距飞行器"一项国家发明专利,"一种手握自旋转杯刷"等十五项实用新型专利,涉及机械、电子设备的改良等,这些专利具有良好的市场前景。他不光是一个科技狂,更是一个军事狂。为了提高我校同学对国防军事的了解,他策划举办了"第一届国防科技展",在展出中担任总指挥,并向到场的学院领导及同学进行了战术动作表演,向到场师生讲解了解放军武器装备。

三、大三他带领团队走出自己的科技致富之路

如何将取得的科技成果为人所用、如何将科学技术转变为生产力,是小康一直在思考的问题。他致力于让科技去创造价值。

他利用省级课题中积累的经验和技术,独立完成了 3D 打印机和家用雕刻机的组装制作,做起了三维打印、模型制作和金属雕刻、浮雕制作的生意。为此中国青年网特别撰写了"从学校社团走出来的'创客团'——无锡职业技术学院科技社团学生创新创业的故事",新华日报(2015 年 6 月 6 日)发表"了不起 3D 打印机学生造",专篇报道了小康的事迹。

他的心中,始终藏匿着一份别样的心境,那是强烈的求知欲,源于对科技的渴望、对梦想的追求。执着的求知欲,不懈的努力,最终成就了他片片丰收的麦田。知识与实践的沃土滋养了他,更为他插上了翅膀,润泽了他的梦想。创新无终点,学习亦不止步!

他是一位不安于现状的当代大学生,全身心投入全国技能大赛的培训中,从创新创意的全国赛场跨越到技能大赛的全国赛场是他自身能力的提高,更是自身向上拼搏的体现。

四、毕业后他服务艰苦行业研究所,为国防事业贡献青春力量

正是因为他在全国技能大赛中展现出的坚实专业素养和良好心理素质,让担任全国技能大赛评委的中国工程物理研究院工作人员印象极其深刻,2016 年中国工程物理研究院工作人员特意通过无锡职业技术学院创业就业指导中心,与小康取得联系,聘请他入职。目前小康是中国工程物理研究院材料研究所的一名基层工作人员,他投身国之重器的研发与建设,甘愿化作一颗默默无闻的螺丝钉、大山深处的潜伏者、面壁人。

中国工程物理研究院(China Academy of Engineering Physics, CAEP),被熟悉的人尊称为"核九院",是国家科研计划单列的中国唯一的核武器研制生产单位。它保障和支撑着我国的战略核威慑能力,是奠定我大国地位的"定海神针"。在崎岖重叠的西南大山环抱中,这支隐秘强大的科研力量已默默存在了 60 多年。于敏、钱三强、王淦昌、邓稼先、朱光亚、陈能宽、周光召、郭永怀、程开甲、彭桓武等"两弹元勋",曾战斗在这里,用强大科研实力护佑着祖国的和平和安宁。

作为基层技术技能人员,现在的小康就像一颗普通的螺丝钉,默默地固定在核武这样一个超级工程上。出于保密和国家安全的需要,他不会对核武系统的具体构架有多少了解,也更不会知道自己在这样的体系中扮演了多么关键的角色。他要做的就是牢固地缩紧武器部

件，绝对细致、绝对安全、绝对忠诚地战斗在自己的岗位上，确保每一份从自己手中交出的工作都“稳妥、可靠、万无一失”。这既是军工的品质，也是军工人的自我价值追求，是选择从事国防科技建设的独特使命与历史责任。

案例分析：小康是一名科研达人，勤于思考、乐于钻研，让他具备了从事军工产品研发和质检的技术基础。小康更是一名退伍军人，他对祖国的热爱、对军营的热忱、对国防事业的热情，让他能够忠于职守，在艰苦行业的一线岗位上做一名默默无闻、无私奉献的螺丝钉。小康的事迹体现了高职毕业生“我将无我，不负人民”的社会担当，也必将实现“功成不必在我，功成必定有我”，受到了社会的认可与嘉奖。正是千千万万像小康这样的高职毕业生们，既具有良好的思想品德，又具有过硬的技术技能，奋战在祖国各行各业，为祖国的繁荣昌盛贡献力量。

第三章

适应大学　调整自我

第一节　大学新生的常见困惑

进入憧憬已久的大学，开始全新的人生征程，这是人生的一大转折。面对陌生的环境和全新的大学生活，部分大学新生因承受着学业、恋爱、人际和就业等多方面的压力，感觉不知所措，产生心理上的不适应，严重时还会引发一些心理问题，这些问题若不及时处理，将会影响大学生的生活和学习。

一、环境不适应带来的困惑

中学阶段，为迎接高考，中学生的饮食起居基本都由父母包办，不少人形成了较强的依赖心理。而进入大学后，没有家长的特殊照顾，部分学生在生活上不能自理。有的学生开支无计划，时常出现“经济危机”；有的学生每天循环于“三点一线”的生活，面对丰富多彩的校园文化和活动无所适从；有的学生因缺乏集体生活的习惯，总希望得到他人的照顾和帮助，不知道也不会关心他人；有的学生不适应学校的水土和饮食方面的差异以及气候、语言环境的变化；还有些习惯了农村生活的大学生到喧闹的城市后，易产生压抑和自卑感，甚至经常怀念高中同学和以往的生活环境。

另外，由大学生活不规律引起的不适应现象屡见不鲜。一方面，大学生网络成瘾和手机依赖现象严重。不少新生沉迷网络，每天花大量时间泡在网上，沉迷于虚拟世界，与现实生活产生隔阂，不愿与人交往。长此以往，不仅浪费时间，影响正常的专业学习，也不利于大学生健康心理的塑造；而且长时间面对电脑，日常生活规律完全被打破，睡眠减少，导致身心疲惫、视力急剧下降，严重的甚至导致猝死。另一方面，就饮食而言，很多大学生存在饮食不规律的问题。有的学生晚上熬夜上网，早晨起床较晚，常常来不及吃早饭便去上课。有的同学由于学习或其他原因错过了开饭时间，于是就吃点饼干、方便面对付一下，等下一顿开饭时再多吃一点，饥一顿饱一顿。还有一些同学把“烟酒”看作交朋友的手段、抖派头的标志、玩潇洒的工具，在寝室吞云吐雾，朋友聚会时不醉不休，这样做对同学们的身体和精神伤害很大。

二、学习不适应带来的困惑

无论是教学方式还是学习方法，大学与中学相比都有很大区别。中学时主要学习基础知识，学生以听老师讲课为主，学习内容相对固定，学习途径和方法也相对单一，学生学习时大多处于被动状态。大学里拓展了各学科的知识面，从基础知识上升到理论，从理论联系到实际；大学生的学习性质，不再是掌握现成的知识，而是需要在掌握知识的同时，探索方法以及学科中存在的理论或实践问题；学习形式也不再像中学那样依靠老师的耳提面命，大学教师课堂讲授时间少、讲授量大，没有重复的讲解和长时间的辅导，大部分时间由学生自己安排，在学习时间和学习内容上有较大的自由支配的余地。面对如此大的教学方式和学习方法上的反差，很多学生常常感到无从下手，处于压力和矛盾之中。

一部分同学所学非所爱，这使他们长期处于冲突与痛苦之中；还有部分同学大学期间疲于参加各类证书考试及专转本考试，精神长期处于高度紧张的状态下，严重的甚至出现强迫、焦虑甚至精神分裂等心理疾病。因此，及时解决学什么、怎么学和如何安排学习时间的问题，是大学生尽快适应大学学习的关键。

三、人际交往不适应带来的困惑

人际交往是大学生活的重要内容，是大学生适应社会必不可少的部分，也是个性发展的关键。大学生活既是集体生活，又是独立的生活。中学阶段的人际关系要简单些，一心只读"圣贤书"，而大学的交往是广泛的，有同学、同乡、师生、异性、社会活动团体等，同学们来自五湖四海，生活习惯、脾气秉性、个人爱好各有不同，随着时间的推移，刚进校门时同学之间的礼貌、客气开始被碰撞、矛盾代替，不如意、不顺心的体验也随之而来。比如：有些同学习惯早睡，但室友习惯晚睡；有些同学爱干净，但室友邋遢。"踏着铃声进出课堂，宿舍里面不声不响，互联网上诉说衷肠。"这句顺口溜反映了相当一部分大学生的交际现状。

具体来看，现代大学生的交际困难主要表现为：有的同学因为自卑而不敢与别人交往，害怕暴露自己的不足，限制了自己的发展；有的同学不知如何与来自不同家庭、不同社会背景的人相处，不懂交往的技巧与原则；有的同学不愿与人交往，很少参加集体活动，缺少朋友，对外界关心很少，经常把自己封闭在狭小的天地中；有的同学稍有不和便恶语相加；有的同学处事我行我素，过分关注自我而忽视他人的需要，对别人缺乏关心和谅解。由此而引发的人际矛盾和心理不适会给一些新生带来许多烦恼。

大学生人际交往困难容易加重学生心理负担，导致大学生产生自闭、偏执等心理问题。调查表明：目前人际交往困难已成为诱发大学生心理问题的首要因素。

四、自主支出、理财不合理出现的困惑

一方面，大学生的盲目、冲动消费导致出现"经济危机"。通过调查发现，大学新生遇到的经济问题主要有：大学新生的经济困扰排在首位的是"必要支出过多"（包括手机费、考试报名费等），占被调查新生的13.4%；其次是"家庭经济困难，生活费不足"（占13.2%）。由于大学生初次掌管"财权"，每月有几百元甚至上千元的生活费供自己自由支配，又没有父母

的督促,有的学生生活开支无计划,加上城市生活中的各种诱惑和同学间的攀比心理,不少新生消费欲迅速膨胀,花钱大手大脚,月底经常出现赤字。更有甚者,娱乐一次的开支就花掉生活费的一大半,进校后一个星期就用掉半年的生活费的情况在校园内也是屡见不鲜的。

另一方面,信用卡的盲目办理和使用让不少学生沦为"卡奴"。大学生使用信用卡已经不是什么新鲜事了,很多大学生拥有多张信用卡,很多学生每次购物养成了刷信用卡的习惯。虽然学生信用卡的信用额度并不高,但对于没有经济实力的学生族来说,每个月的还款就成了负担。有些学生表示每次刷卡的金额都不大,但是到了还款时每日累积的还款金额让不少学生变成了名副其实的"卡奴"。更有甚者,为了还款,不得不"拆东墙补西墙"。

还有的同学因为对高档电子产品或其他高消费产品的过度需求,或谈恋爱花费大手大脚,或因想整容或旅游等,导致消费超支,经不起各种校园贷、分期还款的诱惑,落入了各种非法校园贷的陷阱,导致经济损失严重、精神饱受折磨,严重的甚至学业中断、家人反目、家破人亡(本书第七章《提升网德远离网贷》有具体阐述)。

五、目标缺失导致的困惑

跨进大学校门后,新生很难在较短时间内确定未来的学习和生活目标。大学里既无老师的耳提面命,又无父母的督促逼迫,加之有部分学生认为考上大学意味着可以轻松一下,在学习上有一种"船到码头车到站"的松懈心理,缺乏明确的学习目标和学习动力,不思进取,得过且过,不久成绩就会落伍。据调查,在新生遇到的学习问题中,排在首位的是"缺乏学习动力",其次是"对所学课程内容没有兴趣"。很多大学新生面对大学里广阔的自由空间彷徨了。"只知道要看书但不知道要看什么书;知道要看什么书后,又不知道看了有什么用。我忽然不知道上大学到底为了什么。"很多学生除了上课以外,就是睡觉、玩手机,甚至有些人连课也不去上。他们不知道该怎么面对眼前的大学生活,对大学生活失去了目标、动力和努力的方向,产生了强烈的迷茫感和失落感。相当一部分新生认为自己"缺乏生活目标,得过且过""学习上提不起兴趣,考试及格即可"等,新生常出现情绪低落、彷徨迷失的现象。每年都有部分高考成绩很好的学生,到大学后由于目标丧失导致成绩一落千丈,逐渐自暴自弃,有的学生甚至出现心理疾病。

六、异性交往不当带来的困惑

大学生性发育已经成熟,不可避免地会遇到恋爱问题。但多数大学生对感情的认识不够且缺乏正确的引导,很多大学生只知道恋爱,但不知道如何处理恋爱中的种种问题,不知道什么是真正的爱情。恋爱本身对学习的冲击,朋友选择过程中的疏远与亲密、分手与复合、拒绝与接受,相爱双方感情发展过程中的阴晴风雨以及同性间的竞争与挑战,都会给恋爱的学生带来一系列的心理压力。

当前,大学生能否正确认识与处理情感方面的问题,已直接影响到他们的心理健康。有些同学不知如何处理与异性的关系;有的同学受习惯心理的影响,对男女交往过分敏感,使正常的异性交往不能自然进行,甚至相互隔离;有的同学过快地将同学关系发展成恋爱关系,过早地沉溺于"两人世界";也有的同学陷入单相思而不能自拔,由此产生情感冲突;还有的同学无法走出恋爱失败的阴影,一蹶不振,甚至出现心理危机,走向极端,最终酿成悲剧。这些学生在日常生活中往往会出现焦虑不安、心慌意乱、孤单失落、寂寞失眠、注意力分散甚至产生社交恐惧等症状。

七、自我评价失调带来的困惑

很大一部分大学生在高中时是班级的佼佼者,是父母的骄傲,是老师喜爱的好学生,他们的理想就是考上心目中的理想学府,但因高考发挥失常,他们没有如愿考上本科院校,加之心理承受能力脆弱,无法接受理想自我和现实自我之间的巨大差距,总会自觉不自觉地自认为低他人一等,产生了自卑和焦虑,对现实生活失望,对就读的大学、学校的环境、所学的专业失望,感到前途渺茫。

很多学生带着良好的自我感觉进入大学校园之后,在高手如云的新集体里,昔日那种"鹤立鸡群"的优越感荡然无存,自尊心得不到充分满足,而家长和个人的期望值又过高,这无形中会给一些大学新生的心理造成一种失落感。有些同学进入大学之后,发现自己和其他同学之间除了学习成绩外,在知识、才艺、人际关系、家庭背景乃至身体容貌等方面与他人差距明显。特别是来自农村和贫困地区的学生,或因家庭经济困难、或因乡音浓重、或因孤陋寡闻,总感到"见人矮三分",心理上易产生挫败感。有的男同学可能因为身材矮小而自卑,有的女同学可能因长相不佳而自卑,变得沉默寡言、内向孤僻,有的同学高中的时候一直担任班委干部,但进入大学以后,由于彼此间不了解,竞选学生干部的时候落选了,或者对老师安排的职位不中意,变得痛苦不堪、失去信心。

大学新生的迷茫与困惑是一个值得全社会来关注和重视的问题。只有正视大学新生面对各种困惑的表现及原因,让大学新生正确认识自己、了解自己,正确认识大学、了解专业,才有助于找到解决问题的方法。

第二节　大学生活的全面适应

大学新生正处于成长发展的重要转折期,如何尽快适应全新的大学生活,积极进行全方位的自我调整,掌握大学生活的主动权,为今后的成长成才打下良好的基础,是同学们迈向大学生活的第一步。

一、适应能力是大学生必备的生存能力

(一) 适应能力的概念

能力可以分为基本能力与特殊能力。基本能力是在多种基本活动中表现出来的能力,如观察力、记忆力、思维能力、抽象概括能力等。而适应能力是人生存的基本能力和发展的基本潜能,是社会对人才素质的基本要求之一。适应能力通常是指当外部环境发生变化时,人们通过自我调节系统做出能动反应,使自己的心理活动和行为方式更加符合环境变化和

自身发展的要求,使个体与环境达到新的平衡的能力。

适应是指机体对环境变化做出的反应,更确切地说,是人与环境的适应,是人与环境的互动,是人与环境的和谐统一。人对环境的适应,既是人对环境由不协调到协调的动态平衡过程,也是人与环境相互运动后达到的一种和谐状态。人生就是一个不断适应的过程。面对人生的每一个转折,面对每一种新的生活,都会有一个适应期来实现人与环境新的平衡。如此看来,大学新生出现适应性问题是情理之中的事情,是生活的必然。适应就是平衡,适应就是发展,适应就是成长,适应是人生必须面对的永恒课题。

(二) 提高适应能力是我们学习、生活的需要

适应能力是我们心理健康的重要标准之一,也是我们综合素质的集中体现。它有利于发挥我们的主观能动性,使我们在与社会环境的交互作用中能够主动改变自己而顺应时代潮流和环境变化,从而达到自己的人生目标,促进自我成长,创造更大的人生价值。因此,我们要积极主动参与社会实践,在实践中提高自己的适应能力。

(三) 主动适应是心理健康的重要标志

一个心理健康的人表现在人际关系的和谐、对学习环境的适应、对社会规范的适应与遵从等各方面。所以,主动适应是心理健康的重要标志。可以具体化为以下几点:能正确地认识和判断现实环境,有主动接受生活锻炼的积极心态,能面对现实并积极寻求社会的支持,掌握自我调节的方法。

环境是客观存在的现实,适应是终身学习和发展的任务。我们要以积极的人生态度、饱满的热情和坚定的意志去面对环境、适应环境、改造环境,在适应环境中提高自我的综合素质和能力。

二、学习的适应

学习是大学生活最重要的部分,培养学习能力更是关键。新生能否及时适应全新的大学学习生活,直接影响到学生本人的学业、生活和毕业、就业。因此,新生必须尽快调整学习目标、学习方法,适应新的学习环境。

(一) 了解学习环境,明确学习目的

大学校园规模比较大,教学设施比较齐全,教学内容所包含的信息量越来越大,在校学生要充分利用一切教学及辅助设施,如流动教室、图书馆、语音室、书店、实验室、文印室、电脑机房等多种渠道获得大量的学习信息,并充分借助现代高科技手段来掌握和运用所学的知识,最大限度地提高自己的能力。学习目的,实际上就是“为什么要上大学”,或者说是“上大学要解决什么问题”。整个人生历程就是做事、为人和过日子的过程。人活着是为了什么,为什么而活着,既是普通人需要解决的日常问题,又是哲学家们必须研究的人生观理论的重大课题。“为什么要上大学”的问题,就是这一问题的具体化,是每一位同学都必须认真对待和思考的现实问题。

(二) 确立新的学习目标

高中时期,学生的学习目标很明确,那就是高考,高中三年学生也是一直在为之而奋斗

着,高中阶段大家都过得很充实。上了大学之后,好多学生失去了高考这个目标,无所适从,日子过得浑浑噩噩。这时我们不妨重新为自己定一个小目标,让自己有事可做,不至于无所事事。当我们树立起目标,我们的大学生活也就有了方向,也就自然而然地可以适应大学生活了。新生入学后,要对自己的人生理想重新思考,应尽快确立新的学习目标,做好学习生涯规划。有的同学的学习目标可能是升学,有的同学可能是找一个好工作,还有的同学可能是出国留学,等等。无论什么目标,大学新生都要在基于自己职业或事业发展目标的前提下,制订一份详细的学习生涯规划,将长远目标划分成精确、详细的具体目标,并根据目标要求,完善自己的知识结构,培养多方面的能力,如职业能力、创新能力、管理能力和协调能力等。这样我们的大学学习才会有动力、有效果。

(三) 完善学习方法,提高学习能力

大学学习和中学学习在学习任务、学习方法、学习内容等方面均有较大差异。摒弃陈旧的学习思维模式是大学新生顺利完成学业的必然要求,这就需要大学新生积极树立自主学习、全面学习、创新学习、终身学习的新理念,以培育自己的学习能力。

首先,大学阶段,学习模式是以学生自学为主导,教师只起到辅助引导的作用,学生要充分利用课外时间大量阅读相关书籍和文献资料,深入进行调查研究,最终提高自我学习的能力。因此,新生要找到适合自己的学习方法。由于我们每一个人的认知方式是不一样的,学习同样的内容所采取的学习方法应有所区别,只有找到适合自己思维方式的学习方法,我们的学习才能事半功倍。

其次,要正确对待专业课、公共课和选修课。对待专业课,应明确具体目标,主动克服各种学习困难,不断提高学习兴趣。对待公共课,要认识到其实用的价值,努力把对公共课的间接兴趣转化为直接学习兴趣。对待选修课,不能根据浅层的了解盲目选修。

再次,要由知识单一型、集中型学习向知识复合型学习转变。中学阶段的知识面较窄,每门课程基本上是从一年级学到毕业,课程与课程之间没有必然的联系,学生对知识的掌握也较为集中,重复性学习较多。而在大学阶段,要求基础扎实、知识面广,这决定了大学生要打破学科间的界限,尽量获取与专业相关的多方面知识,从而构建一个合理的知识结构。

最后,要注重技能训练。培养学生的职业技能,满足就业市场的需求,是高职教育的重要内容,也是学生将来适应职业需要的必备条件。大学新生入校后,学校会安排相应的实训环节和技能训练课程,学生要在思想上高度重视技能训练的重要性,充分利用学校的优质资源,切实练好基本功,熟练掌握有关技能技巧,为将来步入工作岗位打下坚实基础。

(四) 养成自主学习的习惯

进入大学后,有不少同学从高中紧张的学习中一下子松懈下来,把更多的时间放在享受大学安逸的生活上,而不是学习上。其实,大学学习的内涵是多方面的、高水平的。你不仅可以学习各种专业知识,也可以拓宽知识面,学到专业以外的知识,还可以培养自己的语言表达、文学、科研等诸多方面的能力。但是,这些都需要学生自己主动、自觉地学习。

21 世纪的教育特征之一就是学习终身化,学习将伴随人的一生。“学会学习”是 21 世纪人才的首要能力;自学能力是能力结构的高级阶段,获得自学能力将终身受益。大学新生

要了解大学课堂学习的特点,养成自主学习的良好习惯,变被动学习为主动学习,实现从“不会”到“学会”,再到“会学”的转变。要逐步学会自己确定学习目标,自己制订学习计划,自己检查学习效果,主动找教师征询意见,变“要我学”为“我要学”。

三、人际交往的适应

社会中的人总是处在一定的社会关系中,大学生同样离不开与人交往,大学新生在与人交往时应求同存异,在非原则问题上以包容和体谅为主;在原则问题上,应坚守底线,尤其是在有可能违法犯罪的事情上,不因讲义气、抹不开面子而做出错误的选择。正确认识和掌握交往规律,建立和谐的人际关系,培养真挚的友谊,是大学生在大学期间的必修课,也是今后能够成功走向社会的必要条件。

(一)建立和谐人际关系的内容

1. 相互尊重是大学生建立和谐人际关系的基础

良好的人际关系首先来自交往双方相互尊重、相互理解、相互信任的态度。大学生活是集体生活,同学们要从以“自我”为中心向以“集体”为中心转变,要学会尊重他人的生活习惯和价值体系,不要以个人的好恶作为标准,更不要把自己的标准强加于人,不要为不同地域文化观念而争执不下。尊重他人,使他人的自尊心得到满足,那么他人也会产生积极的情感,与你建立良好的关系,你也就获得了他人的尊重。

2. 相互宽容是大学生建立和谐人际关系的核心

人与人之间既有共性,也有个性,在相互交往过程中难免会产生误解和矛盾。刚刚入学时,同学之间彼此不太熟悉,大家都能保持一种礼貌、谦虚和客气的态度;但随着相处时间的增多,彼此的了解日益深入,彼此之间的缺点和不足也逐渐暴露,同学间不可避免地会产生摩擦。当他人的言行举止不符合自己的要求时,要谦让大度、克制忍让、求同存异,要认识到每个人都不是完人,都有缺点,要学会换位思考,设身处地为别人着想。针锋相对、寸步不让,不但于事无补,只会把事情弄得更僵。当然,如果同学的行为确实妨碍了自己,也可以委婉地提出意见,但必须讲究方法和技巧。例如,不能当着众人的面提意见,以免让对方难堪、丢面子。

3. 诚实守信是大学生建立和谐人际关系的关键

诚信历来是中国人交友的基本准则和价值标准。《论语》中有“人而无信,不知其可也”之说,孔孟之道将“人人讲信用,人人要诚实”推崇为美德,言必信、行必果;诚信不仅要求人际交往中要以诚相待、取信于人,还强调要忠诚,既要“受人之托,忠人之事”,又要“重义轻利”和“将心比心,以心换心”。只有取信于他人,才能建立良好、和谐的人际关系。

4. 平等互利是大学生建立和谐人际关系的保障

平等是指交往双方地位平等。人与人之间没有高低贵贱之分,只有把交往对象放在与自己平等的位置上才能深交。切忌因经验不足、自身条件差而自卑,也不要因为自己某方面条件优越而趾高气扬、居高临下、盛气凌人、发号施令,这些都会影响人际关系的顺利发展。互利是指交往双方的互惠互利,这里的互利主要是精神的互相扶持、相互帮助。人际交往是一种双向行为，故有“来而不往，非礼也”之说，只单方获得好处的人际交往是不能长久的，所以要双方都受益。只有双方都付出和奉献，才能建立和谐的人际关系。

（二）建立和谐人际关系的方法

1. 增强主动沟通的意识

交往的心理和行为往往是受态度支配的。如果过于拘谨畏缩，缺乏交流沟通，人际关系便无从谈起。主动与人交往既能加强相互之间的了解，增进感情交流，也可避免猜疑和误会。大学生要保持开阔的心胸，采取积极主动的方式与同学交往。在平时的生活中做到三主动：主动与同学打招呼，主动与同学讲话，主动帮助别人。

2. 加强学习，提高自身素质

大教育家孔子说：“三人行，则必有我师焉。”韩愈的《师说》有云：“闻道有先后，术业有专攻。”生活在我们周围的每个人都可以成为我们学习的对象，他们身上或多或少都有某些地方值得我们学习。与学识渊博的人交往，我们可以学到更多的知识；与积极乐观的人交往，我们可以培养积极向上的人生观；与脚踏实地的人交往，我们可以培养踏实稳健的工作作风；与诚实守信的人交往，我们可以培养抵御说谎和诱惑的能力。同时，大学生应主动加强人际关系的学习，掌握人际关系的基本原则和规律，在学习的过程中全面提升个人综合素质，以构建和谐的人际关系。

3. 加强实践，提高人际交往能力

大学生和谐的人际关系是在不断交往的实践中逐步形成和提高的。在交往的实践中要做到：第一，建立良好的第一印象。无数实践证明：最初的印象会深刻地影响交往的深度，人们会在初次交往的短短几分钟内形成对交往对象的总体印象。第二，把注意力从自己身上移开，真诚地关心他人。与他人交往时只考虑自己的人是很难建立良好的人际关系的。第三，善于倾听别人的意见。人际交往中学会倾听，善于倾听，往往比单方面的倾诉更重要。

4. 掌握人际交往的基本技巧

与他人交往要讲究交往的艺术，从而提高交往的效果。一是正确运用语言的艺术。称呼要得体，要根据对方的年龄、职业等具体情况及交往的场合、双方关系的亲疏远近来决定对方的称呼。二是行为要规范，谈话要注意礼貌，表达要清楚、生动、准确、有感染力，少用方言，语音、语调和语速要恰当。三是要注意非语言的艺术。非语言艺术一般包括眼神、手势、面部表情、姿态、位置和距离等。四是要真诚地赞赏别人，使别人感受到自身的价值并对赞扬者投以感激和友善的回报。掌握和运用好这些交往艺术，对大学生搞好人际交往是必不可少的。

（三）建立和谐的师生关系

师生关系是大学校园中最基本的关系之一，它直接决定了教学、思想政治工作的效果与成败。在中学，教师与学生几乎是朝夕相处的，学生的学习内容、学习时间、学习计划等都是由教师安排的，学习效果也主要由教师来进行检查，教师与学生之间沟通、交流的频率非常高。而在大学，教师与学生见面的次数不多，师生关系没有中学时代那样密切，教师更多的是为学生做好学习引导、思想引导、知识引导、生活引导、人生规划引导、就业引导。这就需要学生利用多渠道主动与老师交流，既可以面对面交流，也可以通过网络、电话、邮件等与教师联系，及时汇报思想上的变化，交流生活中的困惑，提出学习中的问题，等等，与教师一起探讨。

四、日常生活的适应

大学新生大多数都是住宿生，校园成为生活的主要场所，对校园生活的了解与适应将直接决定新生能否自如地生活、学习。

（一）熟悉校园环境，了解规章制度

1. 尽快熟悉校园的地形

例如，熟悉学校的教学及辅助设施，了解教学办公地点、文印中心、图书馆、商业街、快递中心、开水房、银行等在什么地方，食堂什么时候开饭，如何充卡，学校有几个大门，宿舍晚上何时关门，等等，这些都要在短时间内了解清楚。这样，在办理各种手续、解决各种问题的时候就会更顺利、更节省时间。

2. 了解规章制度，遵守校纪校规

每年新生入学时，学校都会统一组织新生进行入学教育，学习一系列学校的规章制度，如《学籍管理办法》《学分制管理办法》《学生转专业管理规定》《评奖评优实施细则》《违纪处理规定》《请假制度》等。同学们要认真学习各项校纪校规，明确什么是该做的，什么是不允许做的，培养自觉遵纪守法的行为习惯，实现自我教育、自我管理、自我服务，做到不旷课、不沉迷网络、不抽烟酗酒、不打架斗殴；要树立“诚信是立身之本”“诚信光荣，作弊可耻”的观念，在学习和考试的过程中自我监督、诚信应考。

3. 多向高年级学生或同乡请教

一般来说，大多数高年级的同学对待新生都会非常热情，他们会非常乐意把自己的经验传授给新生，以帮助新生尽快地适应校园生活，尽量少走弯路。另外，向自己的同乡请教也是不错的选择，毕竟，同乡之间交流更亲近一些。

（二）学会独立生活，培养良好的生活习惯

1. 学会打理日常生活

掌握必要的生活自理技能，不仅是适应环境的要求，也是个人成长所必备的条件。进入大学，没有了父母的悉心照料和长辈的耐心指导，如何独立处理日常事务，如何照顾好自己，是每个新生都必须面对的。对于许多从未住过校的学生，这是一种新的挑战。大学新生要学会自己整理床铺、收拾房间，学会自己洗衣服、晾晒衣物，学会合理安排自己的饮食，照顾好自己。没有住过校的同学要多向有住校经验的同学请教，同寝室的同学要互相学习、互相帮助，共同促进生活自理能力的提高。

2. 培养良好的生活习惯

同学们正处于长身体、长知识的阶段。生活习惯在一定程度上反映了一个人的生活方式以及综合素质，它不仅影响个人的身心健康，而且对个人未来的发展也有间接影响。良好的生活习惯不仅是保持身体健康、愉快学习的重要前提，也是确保学生能够顺利度过大学阶

段的一个重要基础。

（1）要合理地安排作息时间，形成科学的作息制度。生活的规律性是身体健康的保证，良好的作息习惯对促进身心健康是非常有益的。大学新生应养成早睡早起的习惯，早起读读外语、锻炼身体都是非常有益的，晚上不要熬夜，既有益健康又不影响他人。有的同学习惯在晚上“卧谈”，一谈就是两三个小时，结果第二天疲惫不堪，影响课堂学习效率。长此以往，不仅影响学习，还容易引起失眠，甚至引发神经衰弱症。充足的睡眠是高效率学习的保证。研究表明，人的睡眠时间一般每天不得少于 7 个小时，如果条件许可，午饭后可以小睡一会儿，但最好不要超过 40 分钟。

（2）要进行适当的体育锻炼，多多参加文娱活动。近几年，高校中因病休学、退学的人很多，尽管学校经常开展各种体育活动以促进学生增强体质，但真正重视身体锻炼的学生却并不多。学习之余参加一些文体活动，不但可以缓解紧张的学习生活，还可以放松心情，增加生活乐趣，提高学习效率。大学生可以选择跑步、做广播体操、踢足球等活动，有助于增强体质，提高对疾病的抵抗力。

（3）要保证合理的营养供应，养成良好的饮食习惯。大学生“饮食不良”的现象主要表现在三个方面：一是饮食不规律，很多人起床较晚，来不及吃早饭便去上课，有的索性取消了早饭，有的则在课间饿的时候随便吃些零食。二是暴饮暴食。三是过度节食，这一点在女生中较常见。这些做法对身体是非常有害的。

3. 科学合理地消费

（1）要树立正确的消费观。要强调适度消费，有多少钱办多少事，不能脱离自己的经济实际，做到精打细算，量入为出，通盘考虑，合理计划，不讲排场，不摆阔气。支持计划性消费，使有限的资源即金钱获得最大的利用，充分发挥每一元钱的最大效益，避免浪费。稳定主导性消费，把学习消费作为消费的主导，生活消费作为保障，文化娱乐消费作为有益的补充。鼓励自立性消费，对家庭经济收入确有困难的同学，可以通过勤工俭学，以自己的劳动提高自身的经济能力，为家庭减轻经济负担，以保证顺利完成学业。

（2）要做好合理的消费计划。要努力培养经济头脑，做好财务管理，要考虑哪些开支是必需的，哪些开支是不必要的，哪些开支是可有可无的，可花可不花的钱要尽量少花。要尽量按照计划执行，多余的钱可以存入银行，以备急需时使用。

（3）合理使用信用卡。如今大学生使用信用卡的情况比较普遍。信用卡固然有它的方便之处，但由此产生的问题也不可小觑。有些学生消费时潇洒，但是到了还款日便犯了难，只能挖东墙补西墙。有的同学忘记在还款期限内还款，产生了不良信用记录，对将来的生活产生负面影响。因此，使用信用卡时要注意以下几点：第一，尽量少用信用卡，刷卡消费要考虑到自己的承受能力，不恶意透支；第二，要牢记还款期限，切莫留下信用污点。大学生们要做信用卡的主人，而不要让自己沦为“卡奴”。

五、课余生活的适应

大学校园生活丰富多彩，除了日常的课堂教学活动外，还有丰富多彩的课余生活，包括各种各样的素质教育活动、学术报告、讲座、文体活动、社团活动、社会工作以及校内外的社会实践活动等,这些活动是校园文化的组成部分。参加这些活动有助于放松身心,保持健康;有助于陶冶情操,净化心灵;有助于开阔眼界,锻炼能力;有助于拓展知识,提高效率;有助于发展个性,完善人格。那么,大学新生如何才能有效地利用高校的有利环境和资源,合理安排好课余时间并以此增进自己的身心健康呢?

(一) 参加课余活动的内容

(1) 同学们可以加入社团、学生会等组织,凭着满腔的热情和强烈的责任心去服务同学,从而提高自己的沟通能力、组织能力、管理能力、协调能力等各方面的能力,还可以学到许多书本上没有的知识,也可以交到许多志同道合的朋友。这些对以后的就业和人生都是非常有帮助的。

(2) 同学们可以利用课余时间阅读一些自己喜欢的书籍、报刊或参加培训充电。以读书为乐事,既可以排遣烦恼、愉悦性情,又可以获取知识、增长智慧,对同学们的身心健康发展非常有利。参加培训充电,既可以巩固和提高专业技能,又能增强未来择业的竞争力。

(3) 身体是从事一切活动的"本钱",同学们要根据自己的身体状况和客观条件制订体育锻炼计划,每天留出固定的时间进行体育锻炼,以增强体质、强身健体。

(4) 同学们可以利用课余时间开展一些有益的文体活动,如唱歌、跳舞、下棋等,尽量培养自己的多种爱好,如集邮、剪贴、书画等,这样可以增添情趣,使生活充实而有乐趣。有些同学能写得一手好书法,或能制作出精美的手工艺品,或乒乓球打得很好,这无疑会给他们的人生增添无穷的乐趣,也有利于建立自信心,增强他们的社会适应能力。

(二) 参加课余活动的原则

(1) 要处理好学习与课余活动之间的关系。学习与课余活动对我们的成长都起着重要作用,但所培养的能力是各有侧重的。学习提高的是个人的知识水平,而课余活动培养的是人的管理能力、协调能力、创新能力以及组织能力等。由于我们在大学的时间和精力是有限的,要懂得合理安排学习与课余活动。有些学生因为投入在课余活动方面的精力过多,影响了自己的专业学习。因此,建议大家要以专业学习为基础,以课余活动为辅,在学有余力的情况下参加课余活动。

(2) 要根据自己的兴趣与爱好有选择地参加课余活动。懂得取舍也是一种能力,我们究竟要参加什么样的课余活动取决于以下几点:一是活动本身。它的组织是否规范,参与的人是否积极,团队是否团结,活动的目标是否明确、合理、合法。二是自己的需求。其是否符合自己的兴趣特长,对提高自己的能力是否有针对性,自己是否有足够的时间参与,是否会影响自己的学习。如果把这些方面都考虑进去,我们在选择参加课余活动的时候就会更加明确,参与的积极性也会更大,会让自己学在其中,乐在其中。

(3) 根据活动的参与程度而定。活动有组织者和参与者,活动的组织者与参与者付出的精力不一样,收获也不一样。组织者参与活动不能过多,因为每次组织大的活动都需要精心策划,花费大量的时间和精力。参与者投入的时间和精力相对较少,可以多选择几种活动。

实际上,上述适应问题不仅仅在适应新环境的过程中会出现,在大学生活的其他阶段也会出现。大学生要站在更高的位置上审视自己，做一名合格的大学生，成为社会主义建设事业所需要的栋梁之材。

第三节 大学生成长目标的确立

告别中学时代，迈进大学校门，人生的历程翻开了新的一页，人生的道路跨入了新的阶段。大学阶段是人生发展的重要阶段，是大学生世界观、人生观、价值观形成的关键时期。

那么，上大学对我们的人生发展究竟意味着什么呢？为什么要上大学？上大学的目的是什么？大学阶段该怎样度过？这类问题在跨进大学校门时就应该认真思考。同学们应该认识到：考上大学并不意味着登上了人生的顶峰，从一个刚刚入学的大学新生到一个合格的大学毕业生之间还有一段十分艰难的路程；由一个大学毕业生到一个合格的高级专门人才之间更需要不懈的努力。因此，大学新生必须尽快确立新的、更高的奋斗目标，如学会做人、学会做事、学会学习、学会生存，并朝着这个目标不断努力。

一、大学生成长目标的功能

每个人都应该在探索自己的人生道路中，寻找和确立自己的成长目标，这是对自己负责任的表现。确立成长目标在大学生成长活动中具有重要的导向作用，它可以增强大学生成长活动的自觉能动性，提高大学生的抱负水平，为大学生成长提供激励力量，积极推动大学生的成长成才。

（一）人生道路的灯塔

人生的进取总是与人生目标连在一起的。人生目标就像人生道路上的灯塔，时刻照亮着一个人前进的道路，使人在人生道路上不至于迷失方向，不至于碌碌无为、荒废人生。古人云：古之成大事者，不唯有超人之才华，亦有超人之志向。人生对于盲目的人是无聊的，而对于有理想的人是充实的。一个没有人生目标的人就像一艘没有舵的船，永远漂流不定，只会到达失望、失败的海滩；鲜花和荣誉从来不会降临到那些无头苍蝇一样在人生之旅中四处碰壁的人的头上，成功者总是那些有目标的人。

近代微生物学的奠基人巴斯德说，立志是一件很重要的事情，工作随着志向走，成功随着工作来，这是一定的规律。立志、工作、成功是人类活动的三大要素，立志是事业的大门，工作是登堂入室的旅程，这个旅程的尽头就是成功在等待着，来庆祝我们的努力结果。进入同一所大学的学生，水平相差无几，但经过一段时间后，有的学生能拿奖学金，而有的学生则要补考。其实，成功与否很大程度上取决于是否确立奋斗目标：成功的人在成功之前就确立了奋斗目标，他们的成功只不过是长期、不间断地向着自己的目标努力的结果。

（二）努力成才的动力

中学阶段，我们大多数人的奋斗目标是考上大学，实现自己的大学之梦。由于目标明确、动力强大，那时的我们拼劲十足、夜以继日，表现出顽强毅力和拼搏精神。但是，迈入大学校门后，不少人认为已经实现了自己的人生目标，开始迷茫和松懈，学习动力明显下降，有的沉迷于上网游戏，有的沉浸于谈情说爱，有的甚至因学业荒废而被迫退学，造成终生遗憾。因此，在人生的征途上实现了一个奋斗目标后，必须及时确定下一个奋斗目标，才能使自己有新的前进动力。

对刚进入大学的我们来说，尽快确立自己的人生目标，制订出自己的人生发展计划，不仅是十分必要的，而且是不可缺少的。明确的目标是我们自强不息、刻苦成才的内在动力。树立了奋斗目标，就有了强大的前进动力，我们就能坚定信心，朝着既定目标迈进；不再受外界的干扰和左右，即使遇到艰难挫折，也绝不后退；能促进我们凝聚全力、激发潜能，从而快速地提升自己。

（三）人生的精神支柱

一位哲人说过：人没有志向就像天上没有太阳。志向或理想是我们经过深思熟虑，高度浓缩的内在信念、意志和人生抱负，包含了我们强烈的愿望及追求，是我们生存发展、自我完善的精神支柱和力量源泉。远大的志向使我们坚强，使我们在艰难困苦面前获取巨大的精神力量和勇气。常言道：虎无脊梁莫称王，山无脊梁要塌方，人无脊梁莫做人，做个口袋装米粮。没有远大的志向，我们只能精神贫穷、苟且偷生、腰杆软弱，不仅难以竞争进取，建功立业，实现自己的最大人生价值，而且也无法有尊严、高质量地生存。

（四）影响道德的重要力量

人生目标反映出一个人的道德追求，我们从革命导师马克思那里可以找到答案。马克思说："如果一个人只是为自己而劳动，他也许能成为有名的学者、绝顶聪明的人、出色的诗人，但他永远不能成为一个真正完美的伟人。""如果我们选择了最能为人类服务的职业，我们就不会被任何沉重的负担所压倒，因为这是为全人类做出的牺牲；那时我们得到的将不是一点点可怜的自私的欢乐，我们的幸福将属于亿万人，我们的事业虽然并不显赫一时，但将永远存在。当我们离开人世之后，高尚的人们将在我们的骨灰上洒下热泪。"由此可以看出，伟大的志向决定伟大的人格。我们作为新时代的大学生，要向伟大的导师学习，确立自己的人生志向，使自己成为道德高尚的人，为祖国的富强和人民的幸福奋斗终身。

二、如何确立成长目标

认识到成长目标的重要性，就应着手确定自己新的成长目标。那么，我们该如何确定新的成长目标呢？大学生的成长目标并不是凭空设定的，是有科学性的，方法不对，目标就毫无价值，甚至为了一个不科学的目标，拼搏奋斗，浪费了时间，耗尽了精力，终身一事无成。这也许是人生成功与否的重要原因之一。英国著名的哲学家怀特海先生这样说过："在中学阶段，学生伏案学习；在大学里，他需要站起来，四面观望。"只有站起来，向社会、向历史、向未来、向生活的各个方面放眼展望，才能把握住恰当的目标，促进自己全面发展。因此，大学生的成长目标必须根据社会的客观要求和自身发展的实际来设计和选择。

（一）长期目标与近期目标相结合

一方面，要确立长期目标和远大理想。长期目标为人生指明了方向，可鼓舞斗志，防止短期行为。人生理想与生活目标的大小决定了我们的人生质量。有人做了这样一个试验：在一个无盖的玻璃杯里放上一只青蛙，青蛙每次都能很轻易地跳出玻璃杯外。给这个玻璃杯加上一个透明的玻璃盖后，青蛙每次向上跳，都会碰到玻璃盖。这样反复试了多次以后，把玻璃盖拿掉，青蛙再向外跳的时候，高度总是在低于玻璃盖以下的地方，这样，青蛙就再也跳不出玻璃杯了。远大目标就是我们的理想信念，是我们精神生活的一种内在需求，是我们的奋斗方向，实质上也体现了我们用什么样的世界观、人生观和价值观来观察和认识世界的问题。

另一方面，要确立每个阶段的近期目标。有些大学生认为自己才高志大，将来要干一番大事业，可实际生活中眼高手低，把眼前的事看得微不足道，当发现自己的目标难以实现时，就容易灰心丧气，甚至一蹶不振。古人云，"不积跬步，无以至千里"，忽略无数小的近期目标，长期目标是不可能实现的。大学生成长目标的确立应该有层次，要建立明确具体、层次清楚、由低到高、层层递进、便于实现的层级目标，大学新生应学会把一个长远目标分为多个近期目标，开始的目标应该近一点、清晰一点、可行性大一点。随着一个个近期目标的达成，成就感和满足感会成为实现下一个目标的动力。长期目标是大学生内在的动力，近期目标则是长期目标实现的阶梯，没有这两者的结合，长期目标只是虚幻的海市蜃楼。

（二）成长目标与个体特点相结合

每一个大学生都是一个独特的个体，在能力、气质、兴趣、个性、特长等方面各有不同，各有各的优势和劣势。因此，我们选择目标必须考虑自身条件，全面分析自己的长短优劣，扬长避短，将目标建立在自己的最优性格上、最大兴趣上、最佳特长上，不能盲目从众、随大流、不顾自身特点，社会上流行什么就热衷什么，别人干什么，自己也干什么。一个不适合自身特点的成长目标不能充分发挥自己的长处和潜能，对个人成长是不利的。因此，成长目标要与个体特点相结合，这是确立成长目标的前提，也是目标实现的保证。

（三）成长目标与时代要求、社会需要相结合

一方面，大学生的成长目标必须符合国家的培养目标。培养目标是国家对大学生在德智体美劳诸方面的总要求和对专业人才的具体规格要求，符合国家制定的培养目标，这使大学生的成长质量有了基本保证。另一方面，大学生的目标建构必须蕴含社会发展与时代进步的要求。现代社会是一个快速发展的社会，时代进步和社会发展对大学生不断提出新的要求。我们应该根据社会主义现代化建设的需要来确定自己的目标，把个人目标与国家的发展目标紧密结合，把国家社会的价值目标内化为自己的人生价值目标，建立合理的成长目标。现实中，常常会有个人意愿与客观现实、社会需要不吻合的时候，为此，要进行自我调整，尽量使两者较好地统一起来，因为只有统一，才能产生最大的效益。当前，实现中华民族伟大复兴的中国梦，是亿万中华儿女共同的时代追求。大学生要将自身成长目标的青春梦与社会需要的中国梦结合起来，在为祖国的奉献中实现自我价值。

（四）目标的稳定性与灵活性相结合

俗话说："有志者立长志，无志者常立志。"目标稳定，持之以恒地努力，方能滴水穿石，达到目的。但在实践过程中，一成不变是不可取的，成长目标也需要适当地修正与完善。因

为，一方面，随着社会的发展和环境的变化，要审视原来确立的成长目标是否符合客观发展的需要，如不符合就要进行必要的修正。另一方面，人对自己的认识有一个不断加深的过程，随着对自己的进一步认识，要审查自己原先的目标是否与自己的实际能力、知识、水平、个性特点相符合，是否能调动自己的积极性。

三、明确当代大学生的成长目标

当代大学生肩负的历史使命是继往开来，迎接挑战，把我国建设成为富强、民主、文明、和谐、美丽的社会主义现代化国家，实现中华民族的伟大复兴。世界教科文组织对21世纪的大学生提出：学会做人、学会做事、学会求知、学会共处。基于此，作为民族的希望、祖国明天的建设者，我们应该以培养崇高的思想道德素质、全面的知识素质、完备的能力素质、健康的身心素质等几方面素质为目标，努力成为德智体美劳全面发展的社会主义事业建设者和接班人，这是历史使命对大学生的必然要求，是党和人民的殷切希望，也是大学生需要确立的成长目标。

（一）热爱祖国，志存高远

爱国主义是中华民族的优良传统，是中华民族生生不息、自立于世界民族之林的强大精神动力。当代大学生风华正茂，代表着文化前沿，是推动社会进步的栋梁之材，必须具有国家责任感和社会责任感，继承爱国传统，弘扬民族精神，做个忠诚的爱国者。大学生不但要点燃和传承学术薪火，还要传承文明的精华，传承历史与良知。要坚持实现自身价值与服务祖国人民的统一，把自己的崇高理想落实到建设中国特色社会主义事业上来，始终以国家富强和人民幸福为己任，把为振兴中华做贡献作为自己不懈的奋斗目标。

（二）追求真理，独立思考

无论在任何情况下，学习都是人们成长、成功的一条重要途径。而学习能力是大学生从事社会主义现代化建设的实际本领，是能否成为对国家、对人民有用的人才的重要基础。当代大学生应当发挥朝气蓬勃、思维敏捷、敢为人先、最少陈旧观念、最多创造活力的诸多优势，坚持追求真理的精神，不断夯实科学文化知识基础，努力提高持续创新能力，使自己成为祖国和人民需要的、富有创新精神的高素质人才。高职教育培养的学生主要是适应生产、服务、管理第一线需要的高素质技术技能型人才。为此，同学们需要刻苦学习，努力掌握从事本专业领域的基本能力和基本技能；同时还要不断拓展自己的知识领域，树立终身学习的思想，提高自身的人文素质和科学素质，增强可持续发展的能力。

独立思考是人类文明产生的关键基点。具有独立思想的人以自己的存在为存在，同时又能尊重他人的存在；具有独立思想的人在与他人的交往中保持自身的独立性，并以个体的独立价值参与社会活动；具有独立思想的人胸怀宽广，不拘泥于生活的小节，无视功、名、利、财、色、权等的诱惑，即使身处尘浊之中仍能保持高洁的灵魂。一个成熟的大学生在对真理的追求中应该具有独立判断能力，在政治的参与中应该具有独立自主精神。大学生要为追求观念和发现而生活，以生产思想为职业，要具有怀疑精神和批判精神，对一切现成的、权威的、被人们认为天经地义的东西不简单盲从，不随波逐流。这也是今天的中国对我们每一位大学生的期待和重托。

（三）以德为先，德才兼备

德是人才素质的灵魂。中国古代思想家司马光说："才者，德之资也；德者，才之帅也。"就是说，只有用"德"来统帅"才"，才能保证"才"的正当发挥；只有以"才"支撑"德"，才能真正有益于国家和人民。德才兼备是衡量大学生全面发展的一个重要标准。在今天改革开放和发展社会主义市场经济的新形势下，"德"在青年人的成长成才中发挥着越来越突出的作用：它是青年学生成长的重要条件，是青年成长过程中的强大内驱力和各种行为的约束力，它解决青年为谁服务、是否积极服务的问题。高职学生从进入大学校园起，就应当自觉接受社会主义思想道德教育和法制教育，牢固树立社会主义荣辱观，自觉践行社会主义核心价值观，加强思想道德修养，做个知荣辱、讲道德的人，促进自身思想道德素质、科学文化素质和健康素质协调发展。

21 世纪的成功青年应该有以下几个方面的思想品德素质：坚定正确的政治方向，较强的马克思主义理论修养，健康的人生价值取向与崇高的献身精神；具有爱国精神、民族精神；关心国内国际大事和社会变革；热爱自然和人类，遵守社会规范；能正确对待社会责任、生活、工作；意志坚强、品德高尚。在个性品质方面：有理想、有抱负、人格独立、个性健康，自尊、自信、乐观，尊重他人，追求个人卓越，能促进和不断完善个人的发展。

（四）提高能力，塑造作风

随着我国社会主义市场经济的发展，社会对大学生综合能力的要求愈来愈高。目前，企业的用人标准已经从简单的专业对口提升到了人才综合能力的层面，这反映了社会对高等教育的新呼声和新需要。因此，高职学生必须深刻认识到综合能力提高的意义和长远利益，不仅要熟练掌握本专业基础知识和技术能力，而且要具备一定的综合能力，包括适应能力、表达能力、动手能力、生存能力、社交能力、创新能力、实践能力等。为此，要充分发挥主观能动性，积极参加学校组织的活动，利用各种实践活动来丰富自己的知识，提高分析问题、解决问题的能力，提升人际交往能力，提高自身的综合能力。

大学新生要塑造并坚持实行不怠、知行不移、笃行不悔的良好作风。第一，坚持实行不怠。心动远不如行动，要塑造"实干"的作风，不夸夸其谈，要苦干真干，毫不懈怠，在干中磨性格，于实处下功夫。第二，坚持知行不移。磨刀不误砍柴工，要学会"巧干""会干"，不拘泥于形式，不临阵磨枪，理论联系实际，实现知行合一。第三，坚持笃行不悔。行百里半于九十，要养成"久干"的观念，不半途而废，不三心二意，坐得住冷板凳，啃得了硬骨头。

（五）强健体魄，呵护心灵

"身体是革命的本钱"，大学生良好的身体素质是实现成才发展的基础保障，也是大学生为祖国和人民服务的基本条件，是中华民族旺盛生命力的体现。人们普遍认为德、才、学、识、体是人才的内在因素，而其中"体"是最基本的东西，是成长成才的物质基础。毛泽东在《体育之研究》一文中指出，"体育一道，配德育与智育，而德智皆寄于体。无体是无德智也"。还指出，"体者，载知识之车而寓道德之舍也"。只有拥有健康的身体，才能胜任今天的学习任务和明天的工作职责。在对某职业技术学院学生的调查中发现：66% 的学生对运动的热情较高，18% 的学生对运动热情中等，9% 的学生讨厌运动，7% 的学生不排斥运动但一般不做运动。可见，不喜欢运动的学生数占相当份额，而且这些学生普遍身体素质较差，容易生病，一定程度上影响了生活和学习。因此，同学们要掌握科学锻炼身体的基本技能，积极参加体育锻炼，养成锻炼身体的良好习惯。

同时，我们也要培养积极健康的心理素质。在社会急剧变革的今天，多种思想文化的激荡、新旧价值观念的冲突、激烈的竞争、物质生活的悬殊等无不冲击青年学生的心灵，大学生这个看似轻松的群体，事实上却承担着来自学业、生活、情感、就业等多重压力，引发了部分学生的认知失调、心理失衡和行为失范。当前大学生的心理问题已经十分集中和突出，大学生因心理问题休学、退学的不断增多，自杀、凶杀等一些反常或恶性事件不时见诸报端。大学新生由于离开自己所在的地区或学校，到一个陌生的环境求学，地域文化和生活环境的差异易使他们处于心理应激状态，存在的心理适应问题相对较多，反映出来的心理和情绪问题也就比较突出。因此，大学生要正视心理健康的重要性，不断加强心性修养，提高心理素质，正确评价自我、悦纳自我，正确对待挫折，克服期望值过高的心理，以积极、良好的心态走过所有人必经的“心理断乳期”。

【案例链接】 想家的大学生

小林，18 岁，无锡某高校大学一年级新生，来自北方某城市。小林是家中的独生女儿，在父母的关爱与呵护中长大。中学时期一直待在父母身边，家中的生活琐事均由父母料理，父母只要求她努力学习，她不需要承担家中的任何家务劳动，甚至连衣服鞋袜也不用自己洗。进入大学后，小林非常想家，不适应大学生活，无法安心学习，后悔不该来无锡上大学，还产生了转学回家乡的想法。她对所在班级的辅导员说：“我快待不下去了，成天想家。早上一睁眼就想到自己不是在家里，不想起床，不想吃饭。但又怕身体垮了父母着急，便强迫自己起床锻炼、吃饭。在操场上跑步，听见广播里播放的音乐里有‘妈妈’之类的歌词就想哭。课间休息和课余在宿舍，到处听见本地人的口音，总觉得自己是被抛弃到异地来的外乡人，总感觉到这里是别人的地方，自己好不自在，孤独极了。班集体出去游玩，我也高兴不起来，反而愈玩愈伤心，觉得到处都不如家乡。看到落叶想到归根，进而又想到家。每天晚上熄灯后躲在被窝里哭，也不知道什么时候才能入睡。周末，看见寝室的本地同学回家了，更伤心，更难过。”对大学新环境的严重不适应以及强烈的思乡情绪，严重地影响了小林在学校的学习和生活状况。

大家想一想：大学生想家是一种正常现象吗？你怎样看待大学生不能独立的现象。

案例分析：这是一个典型的独立与依附案例。大学生进入大学阶段便开始独立生活，摆脱了家庭的束缚，有了更多的自主空间。他们一方面渴望独立，以证明自己已经长大；另一方面在心理上又对父母、朋友存在深深的依赖，特别是在遇到困难和挫折时，这种依赖就表现得更为明显。不成熟的独立性与依赖性相互纠缠，当两者发生冲突难以调和时，就会带来很多痛苦与烦恼，进而诱发心理失调，引起一系列心理问题。

第四章 善于学习 终身受益

进入大学后,学习的内容、范围和方法都发生了变化,此时如果你依然以"应试"的心态来学习,或许能顺利通过考试,但是你的学习潜力和学习能力无法得到提升,你的收获也将止步于书面考试,对掌握实际解决问题的能力并无益处。所谓"活到老,学到老",从人类的成长过程看,人的成长过程就是学习的过程,学习确实是伴随每个人终身的活动。人的一生中会不断遇到新的问题和挑战,我们只有树立正确的学习观,不断完善自我,提升自我学习的能力,才能应对未知的世界。

第一节 学习能力

一、学习的含义

学习是指通过阅读、听讲、思考、研究、实践等途径获得知识或技能的过程,对于学习的理解分为狭义与广义两种。

狭义上的学习是指通过阅读、听讲、研究、观察、理解、探索、实验、实践等手段获得知识或技能的过程,是一种使个体可以得到持续变化(知识和技能、方法与过程、情感与价值的改善和升华)的行为方式。例如,通过中学阶段的学习,学生获取了相关科目的知识;通过高职阶段的学习,学生获取了专业知识与技能,并能用掌握的技能解决实际问题。这种狭义上的学习过程也是广大学生习以为常的主要学习过程。

广义上的学习是指人在生活过程中,通过获得经验而产生的行为,或行为潜能的相对持久的行为方式,这种学习过程不拘于课堂内或专项化的学习过程,它涵盖了我们对世界万事万物从未知到了解,从了解到掌握,甚至到精通的全过程,学习的过程也渗透到我们生活、学习、工作等各个方面。这种广义上的学习对每个人而言是一种潜移默化的过程,如果我们把这种过程真正渗透到自己人生的各个环节,必定受益匪浅。

二、如何有效学习

对于现代人来说,如何有效学习、高效学习和坚持学习一样重要,甚至可能比坚持学习更重要,因为坚持学习如果方法不对,没有效率,那么你就很难继续坚持,我们的时间非常有限，尤其到了一定年龄以后，社会、家庭会赋予我们更多的责任与义务，那时候就会发现要做的事情越来越多，而用于学习的时间是非常有限的，此时学习效率和效果就变得非常重要了。美国国家智库高级研究员乌尔里希·伯泽尔所著的《有效学习》中介绍了价值感、目标、提升、实践、融合、反思等六种高效学习的策略，可以帮助我们获得正确的学习能力和思维。

（一）价值感

《有效学习》中说：“如果我们本身不想学习，那就不太可能学会，更谈不上精通。”所以我们必须认识到我们打算学习的知识和技能是有价值的，而且要找到所学内容和自己的相关性。有一项实验研究，把学生分成两组，读同一段文字，研究人员对其中一组学生的要求就是学习一下这段文字，对另一组学生的要求是发现这段文字的独特意义，结果发现“发现文字独特意义”的那组学生更专注更投入，学习效果也更好。此项实验充分说明：主动学习效果明显优于被动学习效果，所以要想提升学习效果，我们首先要做的就是充分认识所学内容的重要性和价值，激发主动学习的积极性，这是学习取得效果的关键所在。

（二）目标

在精通某项技能的初始阶段，专注是最关键的，因此我们要搞清楚我们要学习的究竟是什么？然后要设定明确的目标。某个总目标是由若干个阶段性目标积累而成的，故设定的目标一定要明确，要确立时间节点，因为人们更容易完成一些看起来比较容易衡量的小目标。大量研究表明，具有清晰、具体目标的人，比设定“好好工作”“多读书”这样含糊目标的人，取得的成果要多得多。因此，在学习中，我们不妨设定如“每周阅读多少时间”“每周完成多少课外练习”等这样一些具体的、可操作性较强的小目标。

（三）提升

单纯的反复练习是无效练习，在练习过程中，我们需要通过一些有针对性的练习打磨技巧，提升技能水平。要想优化学习效果，就要学会提问，比如读书之后尝试问自己几个问题，如这段文字的意思是什么？自己是否完全弄懂此段文字？用这段文字中的原理能否解决现有的问题？……学会提问能帮助我们提升认知能力，从而达到深入思考的目的。因此，在课堂教学中，采用练习、随堂测试、考试等方式都属于反馈的范畴，实践证明，提问比简单重复练习更有效。

（四）实践

在掌握了基础内容之后，需要把学到的知识和技能运用到实践中去。众所周知，想要提升自己的演讲与表达能力，那就要抓住在公开场合讲话的机会来锻炼自己；想要提高英语水平，最好的方法便是多用英语来进行交流；想要掌握某项技能，最好的方式就是亲自动手做一遍。假设你刚看完一篇文章，如果此时要你把此篇文章中的主要观点和内容讲给别人听，或者通过记笔记和写作来表达你的学习收获，你将从此过程中收获得更多。同样地，推理也有助于我们加深理解，辩论就是一种运用知识拓展技能的方式，辩论会强迫我们进行因果论证，促使我们进行逻辑思考，这种思考就是有效学习、高效学习的过程，帮助我们真正掌握知识的核心。以“教”为“学”是一种有效学习的好方法，如果你能够经常性地解答别人的问题,其实自我收获是很多的。

（五）融合

所谓融会贯通,就是要逐步理解各种知识内容是如何有机地结合到一起的。《有效学习》中说:“学习不能只是为了掌握一点孤立的细节或者一个步骤,这样的学习远远不够,我们需要掌握专业领域的体系结构。”某个学习目标的达成是若干阶段性目标积累而成的,学习过程本身是一个由浅入深、循序渐进的过程,在学习过程中,要常常思考此时学习的内容背后有怎样的体系支撑,此时学习的内容在整个知识体系中地位是什么等诸如此类问题。

（六）反思

反思回顾是我们学习能否长期取得进步的重要步骤。《有效学习》中说:“在学习的过程中,理解错误和过度自信都是很正常的情况,所以我们需要回顾知识,重新审视自己对知识的理解。”我们在学习过程中应当常常问自己:我以为自己已经理解的知识真的理解了吗?学习活动的反思,尤其需要来自外部的检验,毕竟人们都容易放松对自己的要求,因此在课堂学习中我们常常用阶段测验来检验自己的学习情况。在自学过程中,我们也要善于借助同伴、同事的评估,这对我们的专业能力提高非常有帮助。

三、“学习金字塔”理论

“学习金字塔”理论是由美国学者埃德加·戴尔于1946年提出的,以语言学习为例,在初次学习两个星期后,不同的学习方法达到的学习效果不同,如图4.1所示,在图中自上而下各种学习方法与效果如下:

第一种:在金字塔塔尖,“听讲”,也就是老师在上面说,学生在下面听,这种是我们最熟悉最常用的方式,学习效果是最低的,两周以后学习的内容只能留下5%。

第二种:通过“阅读”方式学到的内容,可以保留10%。

第三种:用“视听”,即用声音、图片、视频等的方式学习,学习效果可以达到20%。

第四种:用“演示”,即看示范、看演示等,采用这种学习方式,可以记住30%。

图4.1 学习金字塔

第五种:"讨论",包括小组讨论、参与讨论、发言等形式,可以记住50%的内容。

第六种:"实践",即"做中学"或"实际演练",学习效果可以达到75%。

第七种:在金字塔基座位置的学习方式,是"教授给他人",即以"教"代"学",或马上应用,可以记住90%的学习内容。

学习效果在30%以下的几种传统方式,都是个人学习或被动学习,而学习效果在50%以上的学习方式都是团队学习、主动学习和参与式学习。在学校,作为教育者,要掌握各种学习方式对应的效果,要善于结合教育教学过程,采用更为合理、有效的教育教学方式,以提升教学效果;作为学生,了解"学习金字塔"理论,让我们对各种学习方法对应的学习效果有了更全面、更深入的了解,选择更为主动的学习方法。在教学过程中,学生要积极参与老师安排的讨论、实践等教学环节;在进行自我学习时,学生也可以寻找合作伙伴,组建学习小组,互相讨论、实践、教学,提升学习效果和学习效率。

四、学习能力的培养

(一)自学能力

一位美国教育家斯金纳曾说:如果我们将学过的东西忘得一干二净,最后剩下来的东西就是教育的本质了。所谓"剩下来的东西",其实就是自学的能力,也就是举一反三或无师自通的能力。自学能力是人才获取成功的最基本的能力。高职大学生的自学能力,要求学生具备独立的主体意识,要有明确的学习目标和自觉的学习态度;要求对整个学习活动,能够做到自我支配、调节和控制,挖掘自己的潜力;要求在学习过程中,依据自身的条件选择学习,发现、发挥和发展自己的特长和个性。

(二)社会适应能力

社会适应能力是指人为了在社会上更好地生存而改变自己的思维模式、价值观念、行为方式、生活习惯及交往范围,与社会达到和谐状态的一种执行适应能力。社会适应能力是反映一个人综合素质能力高低的间接表现,是个体融入社会、接纳社会能力的表现。社会的变迁不以人的意志为转移,当今时代,没有完全固定的思维模式和行为模式,没有了终身职业,所谓的铁饭碗已不存在。这就需要高职大学生要有较强的适应能力,以立足于社会。

(三)组织管理能力

组织管理能力是一种在组织或生产中的计划、指挥、决策、控制、激励、协调等综合能力,包括协调关系的能力和善于用人的能力等。组织管理能力是一个人的知识、素质等基础条件的外在综合表现。高职大学生毕业后,如何顺利进入社会并立足于社会、怎样有效地将自己所学的专业知识和技能应用到生产中,组织管理能力起了举足轻重的作用。培养组织管理能力,这是社会对高职大学生的新要求。

(四)分析问题和解决问题的能力

观察问题、分析问题和解决问题的能力,是认识主体对客体的间接的、概括的反应能力,是每个人自己生存发展、适应社会需求所必需的基本能力。观察是前提,分析是关键,解决是目的。高职大学生在学校的学习以及今后的工作中，都要着重培养和提高自己观察问题、分析问题和解决问题的能力。

（五）实际操作能力

实际操作能力是指将所学的知识和所获的技能运用于实际工作和生产中的能力。高职大学生必须要突出自己强于其他类型高校大学生的实际操作和动手能力这一特色，高职大学生在学校学习期间，要根据专业特点，加强理论知识的学习，强化专业技能的训练，培养实际专业操作能力。

（六）表达能力

表达能力是指一个人善于把自己的思想、情感、想法和意图等，用语言、文字、图形、表情和动作等清晰明确地表达出来，并善于让他人理解、体会和掌握的能力。表达能力是人们在生活、学习和工作中，与他人沟通、联系、协调的必不可少的基本功。有了较强的表达能力，善于将自己的思想感情、运作思路用恰当的方式表达出来，为他人所理解和接受，就会技高一筹。

（七）创新能力

创新能力是指在技术和各种实践活动领域中不断提供具有经济价值、社会价值、生态价值的新思想、新理论、新方法和新发明的能力。创新能力是民族进步的灵魂、经济竞争的核心；当今社会的竞争，与其说是人才的竞争，不如说是人的创造力的竞争。高职大学生要有意识地培养自己的创造能力，以适应社会活动和个体生活的需要，并为社会做贡献。

第二节　阅读与学习

阅读虽说不能改变我们的命运，却可以改变我们的性格；阅读不能改变人生的起点，却可以改变人生的终点，它可以丰富我们的思想，提高我们对生活的认识，丰富我们的精神世界，可使我们更加理性地看待现实问题。阅读是丰富人生阅历的良好伴侣，通过阅读，我们可以借鉴他人的生活经历来使自己的人生变宽、变厚。一个人的智力启蒙、道德养成、素质培养，以及个人的创新能力发展，都离不开阅读，阅读对教育、对学习的作用举足轻重。毫无疑问，阅读是获取知识的重要途径，学会了正确的阅读方法，养成良好的阅读习惯，对提升学习能力具有重要作用。阅读是一项任重道远的工作，重在培养兴趣，难在积累，贵在坚持，只要我们持之以恒，一定会有意想不到的收获。

一、阅读的两个境界

著名数学家华罗庚曾说过，读书的真功夫在于“既能把薄的书读成厚的，又能把厚的书读成薄的”。“读薄”与“读厚”是阅读的两个境界，它们都需要读者聚精会神、自始至终地读，但在阅读时，“读薄”与“读厚”又有着不同的取向和方法。读书是一门学问，更是一门艺术，阅读的过程由“厚”到“薄”，只有如此往复，才能让读者从中真正体会到阅读带来的收获。

（一）把书“读厚”

把书“读厚”，要求读者对相关联的或类似的人、事、理和各知识点做横向沟通，并构架立体化的知识网络。通过把书“读厚”更能培养读者触类旁通的能力。读者在刚开始阅读时，一般会一句一句地读，对于重要的语句，或看不明白的地方，用铅笔画出来，反复琢磨，对于书中不理解的地方，还要查找相关资料，记笔记。如此一来，读者脑子里的东西会非常丰富，有时还会感觉理不清头绪。这个过程便是把书“读厚”的过程。

（二）把书“读薄”

把书“读薄”，侧重挖掘与思考，需要读者不断过滤、不断凝练、不断浓缩书籍内容，把书“读薄”就是去粗取精、去伪存真，直到领会事物本质的过程。为了切实把书“读薄”，需要读者下功夫，多用脑、多用心。不仅要从前后、左右、正反等多方面考虑问题，做到融会贯通地立体式思考，更要深入追问，探究根本，并逐步抓住书籍的核心。

二、培养阅读习惯

阅读是学习的重要途径之一，养成良好的阅读习惯，不仅能提升自我学习能力和学习效果，更重要的是能开阔眼界，提升气质。

（一）设定目标与计划

每天准备用多长时间来阅读，读完某一本书预计需要用多长时间，每天需要读多少页数，开始读书之前读者不妨制作一份计划。这并不是带着压力看书，而是因为习惯的养成需要一个过程，当我们有了明确的目标与计划，每天就会有一个标准，等同于给自己定了任务一样，有助于改掉拖延的坏习惯。

（二）快速阅读

快速阅读是整体上掌握全书框架的一种方法，通过速读，可以对一本书中相对精彩、重要的部分有一个初步了解，更方便精读时着重阅读。同时，在快速浏览的时候，可以粗略地筛选出自己喜欢的章节或片段，也可以发现并不是很重要的，对全书而言影响不大的地方，可以适当地跳过。快速阅读，为后续把书“读薄”“读厚”打下良好的基础。

（三）用脑读文字

在快速阅读的时候，我们的眼睛肯定是看一整行文字，或者一目十行地看。为了保证速读效果，读者要用眼睛看清楚每个字，在自己的大脑过一遍，有一次记忆的过程，这样才会让我们在继续阅读的时候，仍然记得前一页的内容。

（四）保持连续阅读

有些读者读到喜欢的句子，或者有其他用途的观点，会不自觉地停下来，把这句话抄下来，再接着读，我们需要克服这种中断阅读过程记笔记的习惯。阅读犹如长跑，开始会慢慢跑，一旦形成惯性，身体就会跟着跑起来，突然停下来，我们又需要再次启动。阅读的时候也是如此，真正进入阅读状态的时候，阅读的质量和速度是非常好的，停下来之后，又要重新找回最佳的感觉。因此,建议读者把连续阅读和总结归纳的时间加以区分。

(五)养成阅读的习惯

一个习惯的养成需要21天,每天固定好阅读的时间,或者阅读的状态,比如在读书时,将手机设置为静音,挑选阅读的场合,尽量有一个阅读的环境和氛围。每天都要提醒自己读书,就像我们每天要吃饭、要使用手机一样,循序渐进,连续坚持,直到有一天,我们的潜意识会不自然地提醒我们该读书了,此时便养成了阅读的好习惯。

三、阅读专业材料

大学生通过学习专业类教材、资料来获取专业知识是一种基本能力,但是专业类材料内容往往难以理解,这就需要我们掌握专业材料的阅读技巧与要领。

(一)预览

预览能帮助读者快速掌握材料的总体结构、文章布局、大概内容,通过预览,即便是不熟悉的、难以理解的内容也会显得没那么难了。

(二)熟悉陌生的术语

专业材料难以理解的重要原因之一,就是材料中陌生的术语较多,在阅读时,读者需要花功夫写下各专业术语的解释,并理解其中的含义。

(三)回顾总结

从短期看,读者在读懂各章节内容后,更要把各章节内容整合起来理解,梳理其中的逻辑关系;从长期看,如果你的目标是使材料成为长期记忆,你必须多次接触信息,通过重复阅读来保持长时间的记忆,真正把书本上的内容变成自己掌握的知识。

四、掌握科学的学习方法

学习方法与整个学习过程、不同阶段、心理条件等有密切联系,它不但蕴含着对学习规律的认识,同时也反映了对学习内容理解的程度,也是一种带有个性特征的学习风格。学习方法因人而异,但正确的学习方法也具有普遍的共性。

(一)循序渐进的方法

高职大学生在学习时,可采用循序渐进学习法,按照学科的知识体系和自身的智力条件,系统而有步骤地进行学习。注重平时知识的积累,夯实基础,加强基本原理和基本技能的学习和训练。切忌好高骛远,急于求成。循序渐进的学习方法包括打好基础、由易到难、温故知新、量力而行。

(二)熟读精思的方法

大学生在学习时,可采用熟读精思学习法,把记忆与理解辩证地紧密结合起来。一方面,在记忆的基础上进行透彻地理解;另一方面,在理解的参与下进行牢固地记忆。“熟读”,要求心到、眼到、口到三位一体。“精思”,要善于提出问题和解决问题,合理地用“自我诘难法”和“众说诘难法”去质疑问难。

（三）自求自得的方法

高职大学生在学习时，可采用自求自得学习法，注重对所学知识的消化、吸收、理解和转变，使知识成为自己所需所用的东西，充分发挥学习的自觉性、主动性、积极性和创造性，尽可能地寻找和挖掘自我内在的学习潜力，培养和提高自学能力。

（四）知行统一的方法

高职大学生的学习，可采用知行统一学习法，把学习和实践结合起来，学以致用。“知者行之始，行者知之成”，以知为指导，减少行的盲动性。同样地，以行为验证目的，求得知识的生命力。知行统一的基础是实践：一是学习的实践，边实践、边学习、边积累；二是躬行实践，即把所学知识，用在实际工作中，解决实际问题。

（五）集中和分散学习法

高职大学生学习时，可采用集中和分散相结合的学习方法，提高学习效率。集中学习记忆法是指人们学习某种材料不停地背，直到背熟为止。分散学习记忆法是我们学习某种东西、记忆某种材料时，不是一次背诵完，而是分多次来学习背诵。一般来讲，对于比较复杂难懂的资料，可以采用集中学习法，这样可以保证学习者在一定时间内集中注意力，有利于理解并掌握那种抽象难懂的材料，但集中学习实践不宜过长，否则会造成学习者疲劳，学习效率降低。采用分散学习法时，要注意掌握好间隔的时间，间隔时间太长，容易遗忘；间隔时间过短，又容易受到干扰。在学习中要根据学科的特点和本人特点，通过学习实践，掌握好间隔的时间。根据遗忘先快后慢的规律，开始时每次间隔的时间可短一些，以后则可逐步加大，即“先短后长”。若学习内容太难，则可有较多的间隔次数；若学习内容较少、较容易，则间隔的次数可以减少一些。

（六）迁移学习法

高职大学生在学习时，要善于运用迁移学习法，通过对已有知识的应用，获得和掌握新知识。学习的迁移就是旧的学习对新的学习的影响，即知识、技能、态度、习惯等过渡和运用到一种新的情境中去。迁移法的关键是能否灵活应用已有的知识经验，做到举一反三、触类旁通地去学习。

第三节　图示学习法

获得知识、掌握技能是学生学习的目的之一，但更重要的是通过学习过程获得适合自己的学习方法。图示学习法是一种借鉴图示，能够帮助我们更好地理清思路，更高效地理解学习内容，进而取得更好的学习效果的方法。学习过程需要良好思维状态的支撑，人的思考过程是一个奇妙的过程，思维在脑海里流窜，横冲直撞又反复纠缠，最后扭成一团乱麻。常常会有人抱怨，脑袋里很乱，想不出头绪。这是因为，大部分人的思考过程都是杂乱无序的，没有逻辑的，最后也没法形成有效的沉淀，更无法找到清晰的结论。试想一个人的思维状态如果毫无逻辑、毫无条理,又如何能顺利地完成学习任务呢?本节主要阐述,如何使用图示学习法将思维进行可视化地规整,最终系统化地沉淀下来,找到其中有价值的方向。文中介绍的可视化思维工具不仅可以用于学习,将来更可以用于工作、生活等更为广阔的领域。

一、思维模型

(一) 漫思维模型

漫思维模型(图4.2)是大部分人大部分时间的思维模型,从一个想法漫入进来,思绪经过各种游弋,然后再散漫地发散,如果有幸从中找到一些价值点,那只能说我们很幸运。不过像头脑风暴这种依赖脑力激荡的思考方式,倒是也适用于这种漫思维模型,因为头脑风暴确实是需要从无限可能性中去寻找方向。所以这种思维模型也不是一无是处,只是适用的场景不同,也不需要可视化出来。

图4.2 漫思维模型

(二) 聚思维模型

逻辑思维好的人,往往善于归纳总结,把复杂包裹起来,把整理后的闪光点暴露出来,就像集线器,把各种线索都收纳到盒子里,把重要的插头暴露出来。聚思维模型(图4.3)是少量善于逻辑分析的人的思维模型,他们善于先自我发散,再筛选可能,然后聚合成靠谱方向,再具体细化。思维是一个漏斗,最后沉淀下来的想法是经层层筛选的。而能控制自己从发散中提炼的人,是善于控制思维的人,这种人完全可以不依赖思维可视化,就能想清楚很多事情。

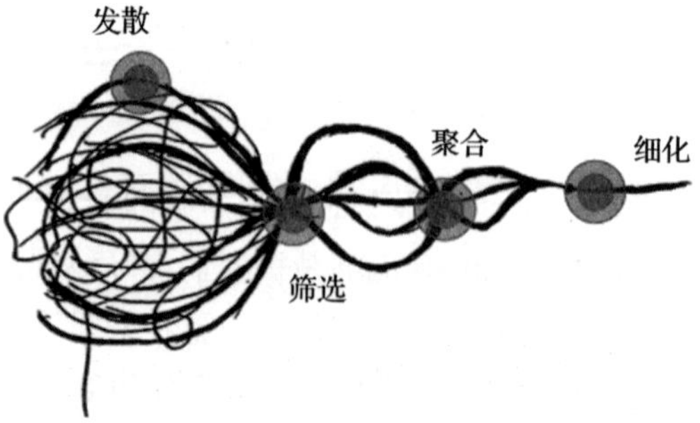

图4.3 聚思维模型

比较以上两种思维模型,我们不难发现聚思维模型的逻辑性、条理性都明显优于漫思维模型的逻辑性、条理性。当我们学习新知识时,面对海量的学习资料、资源,初学者往往会不知所措,大部分思考过程是无法做到发散后合理提炼和归纳的,所以我们需要借鉴图示工具介入到学习过程中,让思维过程、学习过程实现可视化之后,就方便归纳、整理、提炼、细化了。

二、图示学习法工具

(一) 层次化图示

层次化图示主要用于挖掘研究对象的结构关系,并层层深入审视各部分之间的组织关系(并列、从属等),主要形式有架构图和层次结构图。

1. 架构图

架构图(Organization Charts)是一种思维可视化工具,它通过树状图的形式对一个事物的结构进行逐层分解,一般从父级向子级深挖,架构图模型如图 4.4 所示。架构图不是为了发散思维而存在的,而是为了探讨组织结构关系而存在的,所以层级的重要性不容小觑,一般都是自上而下严谨的拓扑,不做无价值的拓展。如图 4.5 所示,在该图中整个机构的组织框架和该机构各部门之间的从属关系一目了然。

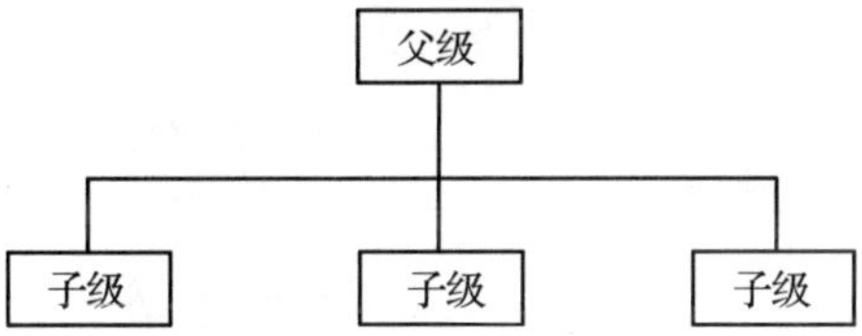

图 4.4　架构图模型

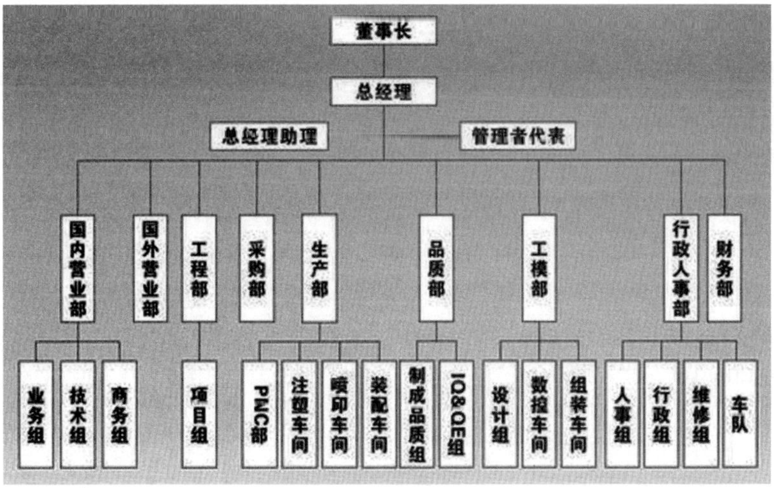

图 4.5　架构图示例

2. 层次结构图

层次结构图与架构图形式类似,用来展示清晰的分组信息,表达清晰的组织结构关系,层次结构图模型如图 4.6 所示。如图 4.7 所示,该层次结构图中不仅结构明晰,而且更明显地表达出了分组关系。

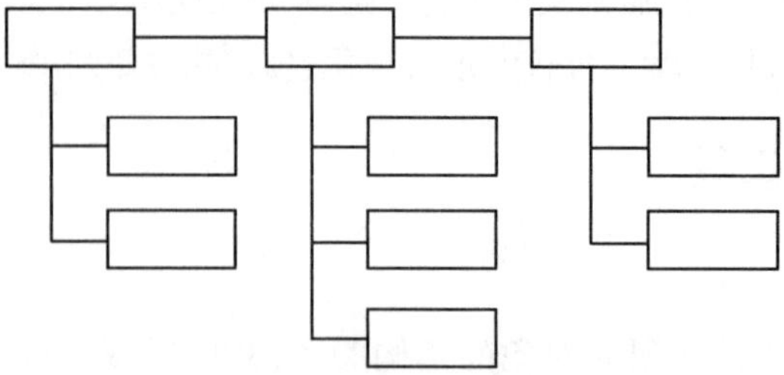

图 4.6 层次结构图模型

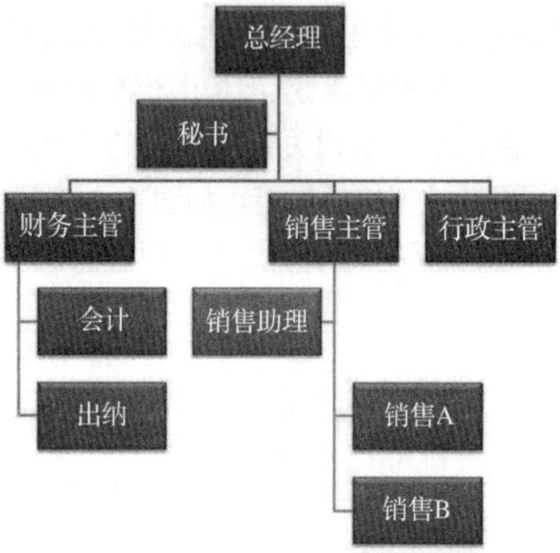

图 4.7 层次结构图示例

(二) 线性化图示

线性化图示一般都有一条清晰的主线,该主线可以串起整个思考过程,线性化图示主要形式有路径图和时间轴。

1. 路径图

路径图(Roadmap)以达到某一目标或完成某种任务为逻辑,设定好用户目标、起点和终点,逐一排查中间会发生的所有步骤,为每个重要的关键结点进行设计,路径图模型如图 4.8 所示。这种思维可视化方式一般用在目标导向的事情中,确定达成目标的多种可能路径,并选择其中最短路径。如图 4.9 所示,该企业从出生到发展,直到成熟壮大的过程通过路径图表达就十分简明清晰。

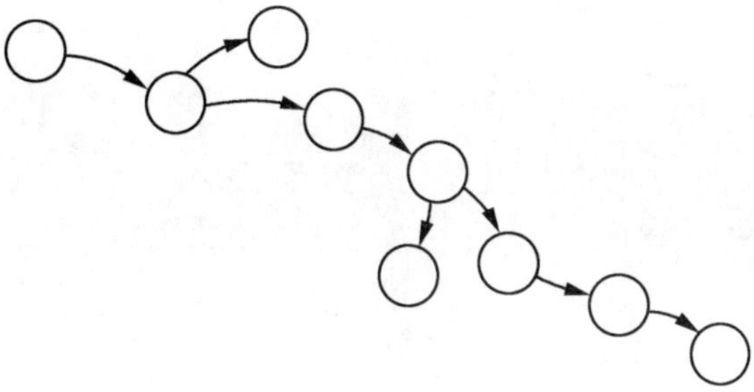

图 4.8 路径图模型

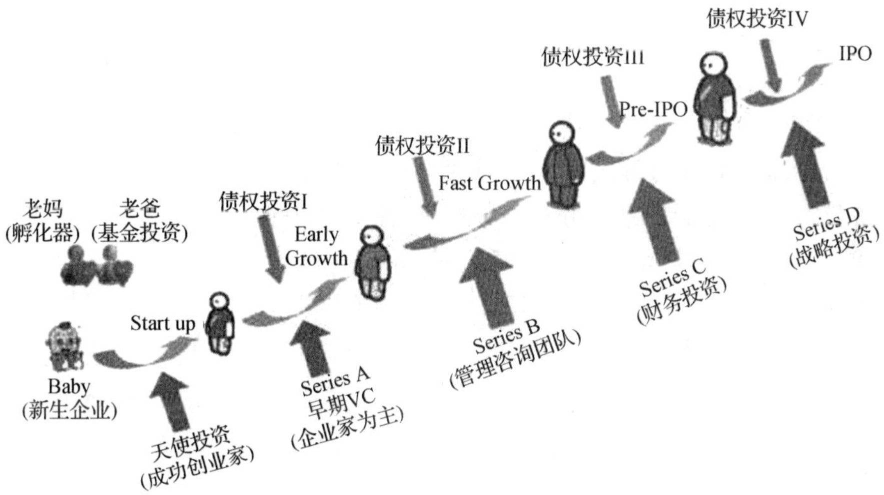

图 4.9 路径图示例

2. 时间轴

时间轴(Timelines)是用来描述在某一个时间段内发生的,所有具有重要意义的标志性事件,我们也可以用时间轴模型(图 4.10)来制订基于时间轴的项目计划。在时间轴上选定某一点为现在,基于现在,过去放在该点左边,未来放在该点右边,在时间轴上各时间点上标注出各时间点发生的标志性事件。图 4.11 用时间轴方式,清晰而形象地表达出社交媒体的发展历史。

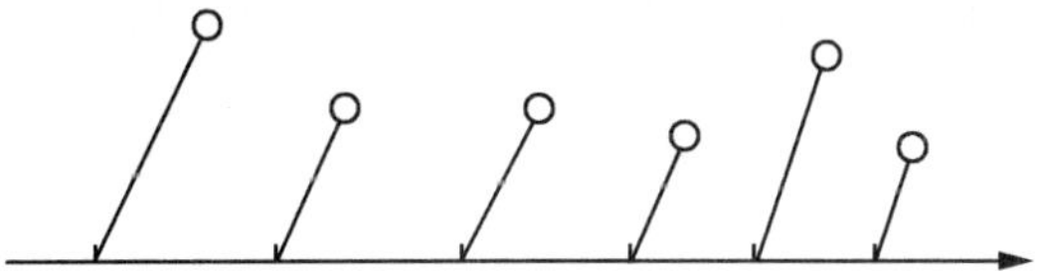

图 4.10 时间轴模型

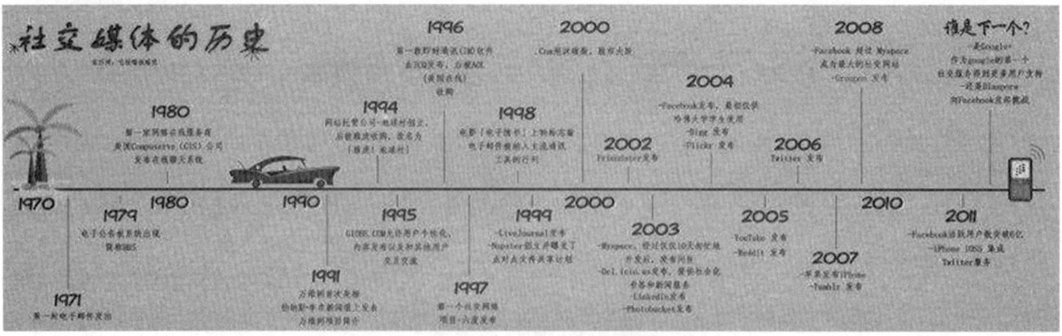

图 4.11　时间轴示例

（三）矩阵式图示

SWOT 分析，即态势分析，就是将与研究对象密切相关的各种主要内部优势（Strength）、劣势（Weakness）、外部的机会（Opportunity）和威胁（Threat）等四大方面，通过调查列举出来，并依照矩阵形式排列，然后用系统分析的思想，把各种因素相互匹配起来加以分析，从中得出一系列相应的结论，SWOT 分析矩阵图模型如图 4.12 所示。在图 4.13 中，通过矩阵形式分析了某商业项目的优势、劣势、机会与威胁，一方面让使用者对研究对象所处的情景进行全面、系统、准确的研究，另一方面帮助决策者能够快速地根据研究结果制订相应的发展战略、计划以及对策等。

S	W
O	T

图 4.12　SWOT 分析矩阵图模型

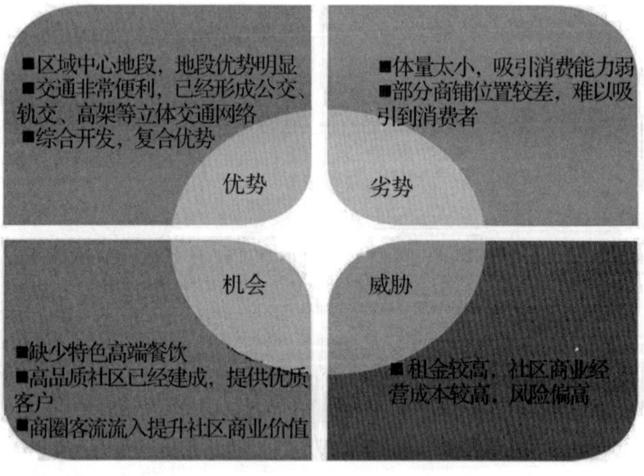

图 4.13　SWOT 分析矩阵图示例

（四）放射状图示

放射状图示让思维从一个点出发，形成放射状的发散。这种图示主要是用来整理多种可能性，便于发散思维，并对每种可能性进行深入挖掘，主要有鱼骨图和思维导图两种形式。

1. 鱼骨图

鱼骨图(Cause and Effect Diagrams),又名因果图,是一种发现问题“根本原因”的分析方法。其特点是简捷实用,深入直观,鱼骨图模型如图 4.14 所示。鱼骨图形似鱼骨,关注的问题或后果标在“鱼头”外,在鱼骨上长出鱼刺,上面按出现机会多少列出产生问题的可能原因,有助于说明各个原因之间如何相互影响。图 4.15 以鱼骨图形式简明地分析了新员工离职率居高不下的原因。

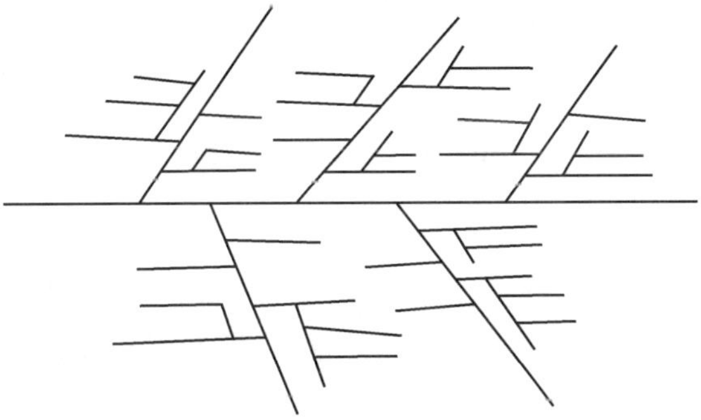

图 4.14 鱼骨图模型

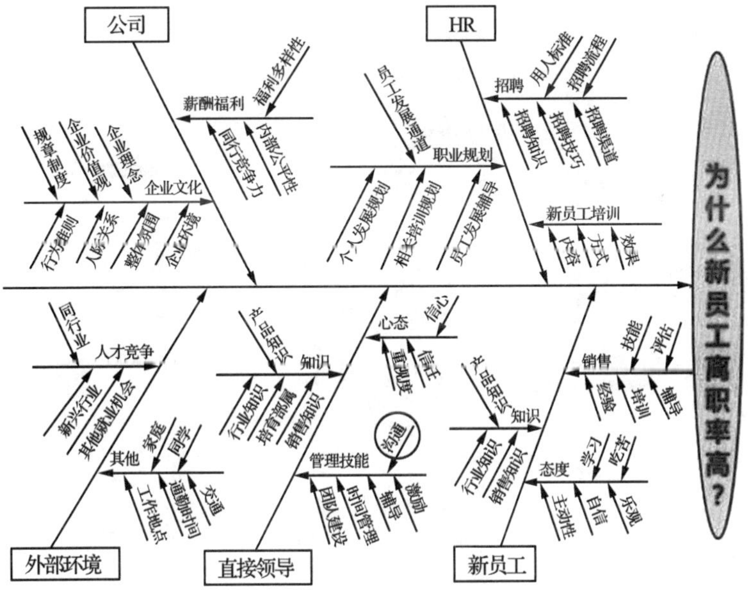

图 4.15 鱼骨图示例

2. 思维导图

现在,思维导图在全球范围得到广泛应用,大量的 500 强企业也在学习思维导图,中国应用思维导图也有 20 多年时间了。思维导图通过利用图像、分支和关键字等元素,充分调动全脑进行记录和表达思想,是一种非常有效的思维可视化的工具和技巧(图 4.16)。下面将以思维导图的四大要素为主要内容,进一步阐述思维导图的构成。

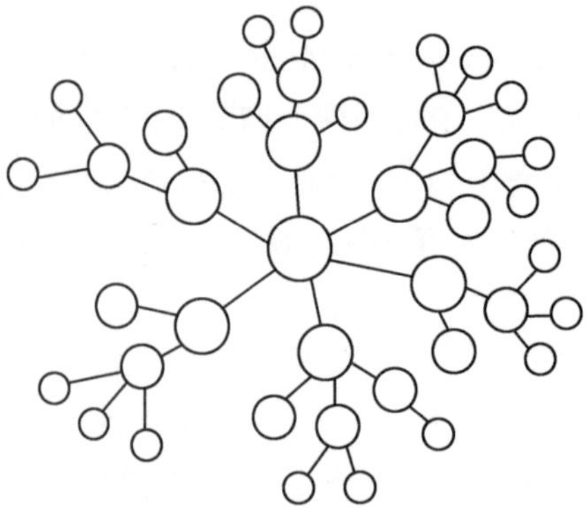

图 4.16 思维导图模型

(1) 图像。

比起抽象的文字符号,我们大脑对图像的敏感度更高,印象也更加深刻。因为图像刺激的是右脑。逻辑分析能力和抽象思维确实非常重要,需要逐步锻炼自己强大的逻辑分析能力,同时,相比于文字,人的大脑更喜欢图像和场景,图像使记忆更加容易,也更加牢固,甚至可以无意识地、毫不费力地就在相应的场景中学会了知识。思维导图作为梳理知识和计划的工具,能使记忆更加牢固和清晰的一大原因就是:使用了图像。想要更好地刺激大脑,就须运用更丰富的图像在自己的思维导图上面。图 4.17 是以“解决气候变暖问题的对策”为主题的思维导图,不仅层次清晰,而且形象生动。

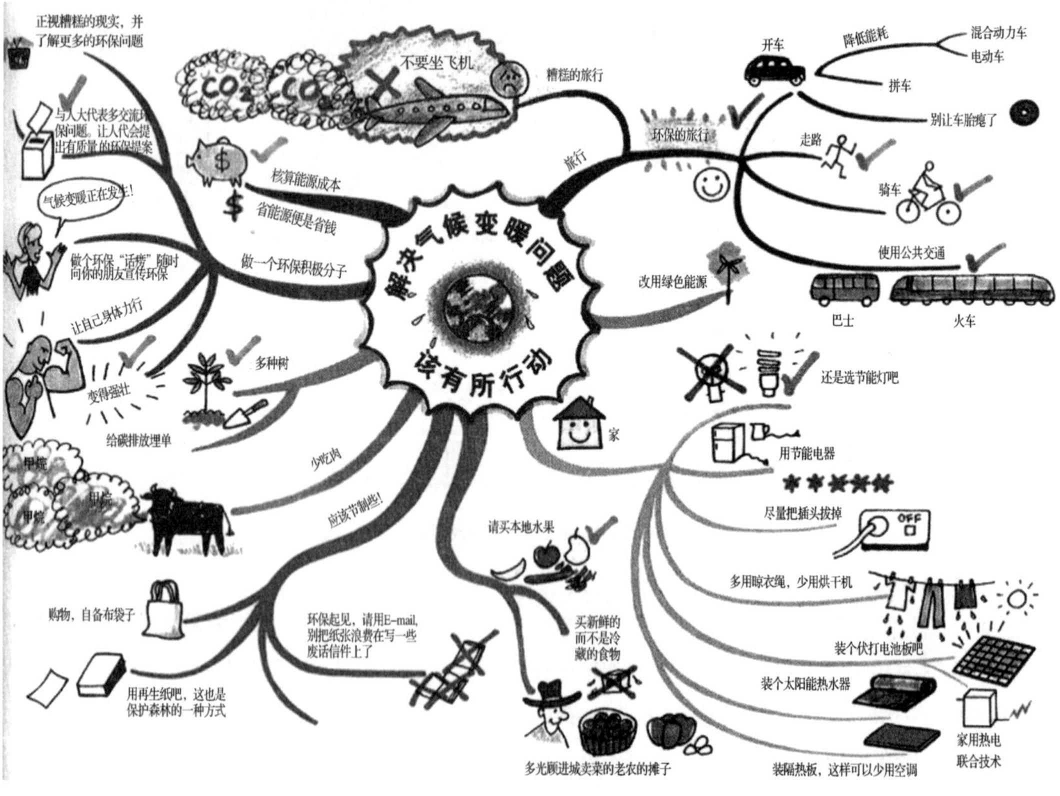

图 4.17 思维导图示例

(2) 颜色。

将颜色与物体的形状特征相结合,会更加方便人们产生联想。所以在绘制思维导图时,涉及什么,就可以画一些辅助的小简图,并填充上漂亮的色彩,这样不仅思维导图变得更精美、生动,而且大脑更容易记住。

(3) 线条。

思维导图的线条包括主干和分支,主干是一级分支。主干(或者叫一级分支)的线条一般粗一些、长一些,二级分支、三级分支的线条一般短一些、细一些。思维导图里的线条都是曲线,而且是末端平滑的曲线。之所以用曲线是因为曲线非常灵活,当你想要添加新的内容的时候,可以引一道曲线出来,而且思维导图的组织形式,使得纸张或平面上空白的地方很多,很方便用曲线添加内容。之所以末端是平滑的曲线,重要的原因是,线条上面要放关键词。因此,思维导图里面的线条,要用曲线,并且是末端平滑的曲线。

(4) 关键词。

关键词一般写在主干和分支的线条上。关键词,顾名思义,就是提取我们学习内容的关键信息的词语。爱因斯坦曾经说过,"如果你不能简单地解释一个事物,那说明你还没有真正理解它"。想要简单地把一个物体解释清楚,必然需要我们理解其中的关键。

三、图示学习法特点

上文介绍的架构图、层次结构图、路径图、时间轴、SWOT 分析、鱼骨图和思维导图是常用的图示工具,其中重点阐述了思维导图的基本要素,使用方法简单,且形象生动,读者在简单了解各图示结构形式后,即可结合各自的学习内容和学习过程加以应用。在实践中不难发现,运用图示工具进行学习具有系统性、逻辑性、条理性等特点。

(一) 系统性

系统性是指把认识对象作为系统,从系统和要素、要素和要素、系统和环境的相互联系、相互作用中综合地考察认识对象的一种状态。系统思维是以系统论为思维基本模式的思维形态,它不同于创造思维或形象思维等本能思维形态。系统思维能极大地简化人们对事物的认知,给我们带来整体观。自我学习是大学阶段学习过程的一部分,在自学时学习者不能再依赖老师的系统讲解,要靠自己的梳理与总结来掌握学习内容,此时,如果运用图示法来总结、归纳、复习已经学习过的内容或已领会的知识点,会更加系统地、全面地掌握学习内容。

(二) 逻辑性

逻辑性是指发展过程符合逻辑体系、具有逻辑特点、恪守逻辑规则的情况。项目的逻辑性是指项目管理的发展过程都具有以上有关逻辑的特点。逻辑思维是以概念为思维材料,以语言为载体,每推进一步都有充分依据的思维,它以抽象性为主要特征,其基本形式是概念、判断与推理。在学习过程中,当你掌握了学习方法或学习模式,你的逻辑思维能力也会逐步提升。回顾上文中介绍的图示工具,我们不难发现,图示中的各要素之间的相互关系都能简明清晰地表达出来,这时候,如果能够用各种图示工具来帮助我们深入分析所学内容之间的关系，同样能够获得事半功倍的效果，同时知识体系的逻辑性能够进一步得到强化。

（三）条理性

所谓条理性是指我们在思考问题、解决问题过程中，能够做到明确一项任务的目的、划分出完成任务的各实施阶段、并能够做到综合统筹等要求，简单来说就是知道干什么、怎么干、干的过程中需注意些什么。通过学习，我们掌握大量的知识或技能，这些内容如果不加整理，那么所学的内容在脑子里的存储状态杂乱无章，你会觉得即使当时感觉已经学会了，但是过段时间再去回忆，又会觉得印象模糊。在学习过程中，如果我们能运用图示工具把已经学习的内容重新展示出来，并保存起来，那么这些已学习的内容就会很有条理地储存于大脑，以备后续使用。

【案例链接】 身边的科创达人

有的同学上了大学以后，会觉得高考的压力一下子没有了，似乎失去了努力的方向与目标；有的同学会觉得上大学肯定比上高中轻松很多，不会有那么多考试、作业；还有的同学由于对自己的专业缺乏认识，对自己未来的发展方向感到非常茫然。本案例中介绍的小渠同学也曾经是无锡职业技术学院的普通同学，但是他用不懈的努力诠释当代大学生的青春，他以科技创新的方向引领自己的梦想，经过自己的努力学习，成了学校的科创达人。

严以律己　追求卓越

2014 年 9 月，他怀揣着对大学的无限憧憬和热情，来到无锡职业技术学院，就读于物联网技术学院应用电子技术专业。在日常生活学习中，他热爱生活，乐于助人，严以律己，学习成绩在本专业内名列前茅。作为班级纪律委员，他身先士卒，尽心尽力，工作期间始终以服务同学为宗旨，为班级建设恪尽职守，贡献力量。工作中他力求进取，公平公正，虚心向同学学习，做到有错就改，接受和采纳老师和同学们的建议，同时坚持自己的原则，在利益面前他坚持以大多数同学的利益为重，绝不以公谋私，赢得了大家的尊重和支持。

在校期间多次获得“国家励志奖学金”“校优秀学习奖学金一等奖”“校优秀学生干部”“校励志奖学金”“富士通天奖学金”等多项荣誉。在他看来，每一项荣誉，是起点而不是终点，是激励而不是收获，在求学之路上，他总是严格要求自己，追求卓越，努力做到最好。

不懈努力　勇于创新

大学一年级时，一次偶然的机会让他接触到了校科技协会，一个热爱科技、努力创新的学生社团。从加入科技协会的那天起，他便迷恋上了科技发明制造，并不断地为之努力。当同学们在篮球场上挥洒汗水时，他选择静静地在图书馆汲取知识的能量；当同学们在市中心徜徉欢笑时，他选择默默地在实验室里做实验；当同学们在宿舍嬉闹聊天时，他选择和他的小伙伴们讨论如何解决项目难题。他不断钻研、不懈努力，通过学习，他掌握了 Arduino 单片机编程、STM32 单片机编程、QT 嵌入式语言、Processing 编程语言等多种软硬件开发技术。近年来，小渠同学主持或参与《编程控制悬挂式玻璃幕墙清洁机械装置》等江苏省大学生创新创业训练计划 4 项，主持校级创新创业项目 2 项；在校期间先后完成“3D 打印机”“悬挂式玻璃幕墙清洁装置”等7个科技创新作品；连续两年参加“发明杯”全国高职院校大学生创新创业大赛，并荣获一等奖2项、二等奖1项、三等奖6项；个人申请发明专利2项，申获实用新型专利9项。

钻研科技冶炼了小渠同学沉稳、内敛的性格，担任校科技协会主席的经历也造就了他对团队不可推卸的责任感，他深知在科技创新之路上个人能力提升终会遇到瓶颈，唯有加强团队协作，才能收获更多。担任校科技协会主席期间，他多次带领协会成员共同学习 Arduino 单片机、51 单片机的开发培训、SolidWorks 等三维绘图软件，组织协会参加全国高等职业院校创新创业教育联盟成果展、参观无锡市第二十届科普宣传周，在校内多次组织科技创新作品展和科普活动。在投身科技创新之路上，他不仅收获知识、收获成绩，还收获友谊、汲取成长的力量。

追求梦想　永不止步

大学三年级，他获得2016年度全国高职学生“劲牌阳光奖学金”暨“践行工匠精神先进个人”优秀奖，获得“2016江苏省大学生年度人物提名”和“无锡职业技术学院大学生年度人物”荣誉称号。

要成功就得奋斗，要奋斗就有失败，但不奋斗永远也不会成功——这是他的人生信条。他会用自己的信念与努力谱写绚丽的青春乐章，青春路上没有驿站，面对鲜花和掌声，他依然迈着前行的步伐。他的心中，始终藏匿着一份别样的心境，那是强烈的求知欲，源于对科技的渴望，对梦想的追求，对青春的热爱。知识与实践的沃土滋养了他，更为他插上了翅膀，润泽了他的梦想。执着的求知欲，不懈的努力，成就了他现在的收获，但创新无终点，学习无止境，他将在追求科技创新梦想的道路上永不止步！

案例分析：创新能力是学习能力的重要构成部分。小渠同学正是由于对科技创新有着强烈的兴趣，通过超强的自学能力不断探索未知领域的知识，并通过反复的实际操作实验与探索，将心中的各种想法变成创新发明的实践，最后使得科技创新梦想不断实现。创新是一个民族进步的灵魂，是国家兴旺发达的不竭动力。高职学生的科技创新梦想，也是推动中华民族伟大复兴中国梦实现的强劲动力。高职学生要像小渠这样，会学习、能创新，善于将瑰丽多彩的想法转变为发明创造，让智慧的光芒推动社会的进步与发展。

第五章 养成教育 修身养德

《大学》有言:“德者,本也”。“德”是为人根本。“欲成大事者,必先修其身。欲修其身者,先正其心。小成靠智,大成靠德”,更是告诫我们为人处世应以德为本,以德为先。《大学》又言:“自天子以至于庶人,壹是皆以修身为本。”无论你处于何种社会地位,扮演何种社会角色,修身养德是我们最重要的人生必修课。

大学时代,是大学生世界观、人生观、价值观系统形成的关键期,也是人生道德意识形成、发展和成熟的重要阶段。当今大学生群体中存在心理素质弱、独立意识差、急功近利、办事浮躁等思想道德修养中存在的问题。道德修养培育是大学生养成教育的重要内容。

第一节 大学生养成教育的特征与功能

新时代的大学生应当以习近平新时代中国特色社会主义思想为指导,自觉践行社会主义核心价值观,加强思想道德修养,力争做到以德为先,德才兼备。大学生在学习生活中要能明辨是非、分清善恶、懂得美丑,继承和弘扬中华民族优良道德传统,自觉恪守公民基本道德规范,努力养成良好的道德品质。

一、大学生养成教育的特征及其重要性

(一)大学生养成教育的特征

所谓“养成”就是培养与形成,“养成教育”就是培养学生良好行为习惯的教育。叶圣陶先生提出:“什么是教育,简单一句话,就是要养成良好的习惯。”因此,养成教育可以定义为人们按照社会准则或规范,采用思想教育的方式,通过家庭、学校、社会等多元途径,经过多次反复的训练、教育、培养,引导并促进大学生把社会准则或规范内化为自己的行为准则。

当前,大学正全面推进素质教育,养成教育正是大学生素质教育推进的有效抓手。大学生养成教育,是指在马克思主义相关理论的教育引导基础上,在日常学习、工作和生活的各个方面,通过严格管理、行为训练、规范反馈等多种手段,促进大学生的知、情、意、行等方面协调发展,最终使其养成良好的行为习惯和道德品质。行为习惯的养成,在人的一生中起着举足轻重的作用。我国传统的养成教育实际是一种狭义的养成教育,一般仅指道德意识和

道德行为的养成。随着养成教育的不断深入发展，今天的养成教育还包括心理素质、思想素质、行为习惯、社会活动能力、生存能力等方面的教育和养成，是指教育者有意识、有目的、有计划地对受教育者进行长期培养和训练，借助于受教育者的自我控制和自我约束而形成，不需要任何外部监督，就能自然表现出来的良好的心理素质、思想素质、道德品质和行为习惯的一种教育模式。

大学生养成教育是大学生素养培育的基本要求，大学生养成教育在实践过程中表现为如下几个特征：

1. 大学生养成教育具有时代性

当前已经进入知识经济时代，人才素质的竞争、教育水平的竞争和科技实力的竞争是国家综合实力竞争的核心内容，归根到底在于培养高素质人才。一方面，知识经济时代的大学生，除了要求具备扎实的科学文化知识和较强的技术技能外，更要求具有全面的、优良的道德品质，国外将这种“学术性”“职业性”以外的素质素养称为“第三张教育通行证”。另一方面，“90后”和“00后”大学生伴随着计算机信息网络化的迅速发展而成长，网络既丰富了大学生的学习方式、沟通方式和娱乐生活，也带来了网德缺失、网络信息安全受损等现实问题，对提高大学生养成教育提出了更多时代性要求。

2. 大学生养成教育具有主体性

大学生养成教育的主体性，主要是指激发大学生能动性、创造性发挥的教育，这也是养成教育的初衷。养成教育不是单向的、被动的灌输式教育，而是通过教育引导，真正发挥学生的主体潜能，养成教育更需要学生更多地融入与参与，增强大学生主体的实践参与性。此外，养成教育的主体性也体现在学生内在价值的实现、综合素养的提升。教育对象与实施教育者具有同等的主体地位，这在养成教育过程中可以得到充分的体现。

3. 大学生养成教育具有系统性

大学生养成教育是一个系统工程，具有自己完整的、成体系的教育理念、教育内容、教育主体、教育模式、教育路径。实际上，这一系统工程中包含的基本要素又可以分化为诸多子要素、子子要素。他们之间是相互连接的、相互作用的、全方位的立体教育系统。大学生养成教育理念包含了社会主义核心价值观、立德树人等内容。教育主体包括了实施教育主体与受教育者，教师参与了养成教育的全过程，作为实施教育主体应做到有意识、有目的、有计划地引导学生、教育学生，提升大学生自身素养。大学生是养成教育的受教育者，可以根据大学生不同地域、不同性别、不同年级、不同专业的特性，对大学生实施各具特色的教育方式，确保受教育者的全覆盖。养成教育的内涵丰富，不再局限于传统的习惯养成、文明礼仪等方面，而拓展到心理素质、道德素养、行为习惯、审美素质、社会活动能力等方面。养成教育路径需要不断地进行探索、完善，其系统性表现可以从完成教育理念、方法、手段、形式及是否具有内在的完整性几个环节中考察。

4. 大学生养成教育具有阶段性

第一阶段是规范教育，其主要特点是强制性教育，这是大学生养成教育的初级阶段。养成教育是帮助大学生养成良好的行为习惯、品德习惯，树立正确的世界观、人生观、价值观。规范教育通过正面引导、教育，进一步提高大学生对社会秩序、法律法规的认知水平，明确大学生管理规范，强调组织性、纪律性、规范性。第二阶段是纠正教育，其主要特征是定性教育，对于大学生在思想领域形成的不良思想及行为方式上形成的偏差予以纠正，这是大学生养成教育的中级阶段，可以通过与问题学生谈心谈话、开展主题班会等形式对其思想及行为进行矫正，最终帮助他们养成良好的道德品质。第三阶段是感染教育，其主要特征是熏陶式教育，感染教育旨在通过精神引领，培养大学生的主体意识、主体地位、主体能力。主要通过一系列的文化素质教育活动，学习优秀的中华传统美德及在良好的校园文化氛围中引导大学生形成良好的思想品质、道德修养，让这些活动不仅能内化于心，还能外化于行，从而达到养成教育的效果。

（二）大学生养成教育的重要性

养成教育亦是终身教育，大学阶段的养成教育对于大学生的成长与发展具有重要的意义。大学生虽已是成年人，但并未踏入社会，其世界观、人生观、价值观并未发展成熟。随着新时期网络技术的发展，现代媒体体现出跨文化性、虚拟性、隐匿性等特点，碎片化的信息以其独特的功能和魅力强烈地吸引着大学生群体。网络信息传播的泛化，造成了网络环境的复杂化，许多不良的网络内容日益冲击着大学生的价值观，使部分大学生不同程度地存在政治信仰迷茫，理想信念模糊，民族自尊心和自豪感发生动摇，价值取向扭曲等问题，部分大学生价值观出现了多元化、功利化、复杂化的特点，并在一定程度上出现了价值困境。

在如此严峻的形势下，大学阶段的养成教育承担了重要的职责，大学阶段是大学生思想观念、行为习惯的强化和改造时期。与中小学养成教育相比，大学生养成教育更侧重于通过学生的自我约束、自我管理、自我教育和自我养成，来发展大学生在教育实践中的能动性、自主性和创造性。这一时期养成教育的内涵更为丰富。大学生养成教育是指根据高校的培养目标，高校教育工作者有意识、有目的、有计划地对大学生进行长期培养，并积极引导他们进行自我训练和自我实践。大学生的自我教育、自我管理和自我约束，可以提高大学生的思想道德素质和心理素质，并使其养成良好的行为习惯。

二、大学生养成教育的功能与价值

（一）养成教育具有德育功能

养成教育与德育工作是相互交融的、不可剥离的，从养成教育实施者、教育内容、教育过程等方面都可找到德育色彩。

1. 养成教育实施者亦是德育工作者

养成教育与德育工作有诸多相似的地方，大学生养成教育实施者亦是大学德育工作者，德育工作者也可称作思想政治教育工作人员。养成教育实施者包括教师、行政工作人员及各个专职教师，他们都是高校道德教育的执行者。大学养成教育实施者是思想道德规范、伦理规范的引导者、指路人，通过思想政治教育课程、第二课堂等平台教育大学生树立正确的思想道德意识，养成教育实施者的言传身教潜移默化地影响着大学生思想道德素养的形成。同时，大学生养成教育实施者也是思想政治教育的主导者，他们是许多道德规范、伦理制度的制定者、执行者，通过学校的规章制度来约束学生的言行，促进学生遵守思想道德行为守则，最终达到提高大学生的自律性的目的。

2. 养成教育内容涵盖德育各要素

养成教育大致可以分为思想意识与行为习惯两个层面的教育，无论是在思想意识层面，还是在行为习惯层面，其内容与道德教育内容相重合，可以包括政治、道德、哲学等方面的内容。养成教育引导大学生学习思想道德规范、思想道德相关理论，并在学校内建立起完善的思想道德制度体系，包括诚信档案制度，积极引导学生开展思想道德实践类活动，参与校内外的志愿者服务、社会公益服务等活动。而当今一些非主流思想正在侵蚀着大学生的心灵，许多大学生盲目追求标新立异，极大地影响了校园文化生活，校园内难免会出现跟风的现象，这也给其他大学生做出错误的示范，造成了许多不良的影响。养成教育正是通过理论教育与实践教育两个方面提升大学生的道德认知、理想信念、道德情感，引导他们成为一个个具有审美能力的人，可以辨别是非、善恶与美丑，最终成为思想品质优秀、人格健全的新时代青年。

3. 养成教育过程贯穿德育工作的全过程

大学生养成教育贯穿于德育工作的全过程，是德育工作开展必不可少的教育环节之一。作为德育工作的有效抓手之一，养成教育的实践落实对大学生思想道德的培养具有重要作用。大学生养成教育既能实现传统教育的传道授业解惑，又能通过教育者的"身教"和受教育者的不断社会实践强化训练，具备了双向的学习、交流和反馈的教育培养模式。因此，受教育者在经历大学生养成教育过程之后，是否形成了良好的行为习惯和自我修养，都可得到较清晰的评价反馈，养成教育的成果是具体的、明显的。现代大学生养成教育与传统教育模式相比，既具有开放性和系统性的特点，同时又调动了受教育者积极参与的主动性。养成教育一方面能够加强大学生科学文化知识的系统学习和强化训练；另一方面还可以对大学生主观能动性进行调动，大学生在社会实践活动中，通过实践、总结、感悟和学习的过程提升自己的认知能力。主观能动性的发挥和社会实践活动的强化训练，使得大学生养成教育更利于大学生健全人格的形成，从而使其在人格成长方面更易达到全面发展的高素质人才要求。

（二）养成教育是发展素质教育的重要载体

习近平总书记在全国教育大会上指出，发展素质教育是我国教育事业推进的重要战略目标，是新时期教育改革的新任务。习近平总书记强调我国要努力构建德智体美劳全面培养的教育体系，形成更高水平人才培养体系。发展素质教育是实施素质教育的进一步深化，"发展"一词不仅是语境上的变化，更多地体现了在原来实施素质教育之上的推进，发展素质教育较传统的实施素质教育在内涵上赋予了更多的内容、更深层次的意义，也对未来素质教育提出了更高的要求。发展素质教育是以培养担当民族复兴大任的时代新人为着眼点。这一宏伟目标为培养社会主义现代化建设的接班人，提出了具体的要求，这一系列要求的实现离不开养成教育的贯彻落实，养成教育已然成为发展素质教育的重要载体。

1. 树立正确的世界观、人生观、价值观

养成教育内容包含了社会主义核心价值观、立德树人等方面，这与发展素质教育中帮助学生树立正确的世界观、人生观、价值观的目标相契合。因此，深入贯彻实践养成教育，尤其在大学阶段这个学生价值观发展并逐步确立的关键时期,引导学生从国家、民族振兴视角树立正确的价值观是至关重要的。

2. 弘扬与内化中华优秀传统文化

中华优秀传统文化是中华民族的宝贵财富,养成教育中包括了对中华优秀传统文化的学习与弘扬,牢记中华民族伟大复兴的光荣使命,指引学生为中华之崛起而读书,这对于大学生成长具有重要的意义。在学习与弘扬中华优秀传统文化的同时,努力将优秀的传统文化内化为自身涵养,更好地指引自己的言行举止。

3. 培养良好的道德品质与道德规范

养成教育的最终目标就是培养学生形成良好的道德品质与道德规范,这也是与发展素质教育目标相一致的。道德品质与道德规范的最终形成,须依托集体主义精神、社会责任感及奉献精神的培养,我们要引导学生尊老爱幼、孝老爱亲,在日常生活中树立良好的道德品质,并努力提升审美能力,做到辨是非、分善恶。

4. 培养认知能力、创新能力、职业能力等综合素质

养成教育不仅要求学生能够树立正确的价值观、培养良好的道德品质,还对其自身综合能力提出了更高的要求,而认知能力、创新能力、职业能力的培养可以帮助大学生走出校门后更好地适应社会生活,这恰好也是发展素质教育的又一重要目标。养成教育最终想达到的教育效果就是使大学生德智体美劳全面发展,以更好的精神面貌回馈社会、报效祖国。

养成教育的贯彻落实对于我国素质教育的发展具有重要的理论与实践价值,我们可以从发展素质教育的几大目标中找到两者之间的契合点。因此,我们应该重视养成教育在大学教育阶段的重要性,为我国发展素质教育贡献力量。

(三)养成教育是深化大学生心理健康教育的有效途径

大学生心理健康教育的发展离不开养成教育的不断推进,养成教育不仅可以促进大学生健康人格的形成,还有利于大学生积极心理品质的培养。这些都与大学生心理健康教育的发展目标相一致,养成教育对于大学生心理健康教育的深化具有重要意义。

1. 养成教育有利于促进大学生形成健全的人格

经过养成教育的培养,受教育者的思想道德也会在教育实施的过程中不断提升,从而有助于整个社会的进步和发展。大学生养成教育与传统教育模式相比,既具有开放性和系统性的特点,同时又调动了受教育者积极参与的主动性。通过大学生养成教育,一方面能够加强学生对科学文化知识的系统学习和深入理解;另一方面还可以对大学生主观能动性进行调动,大学生在社会实践活动中,通过实践、总结、感悟和学习的过程提升自己的认知能力。主观能动性的发挥和社会实践活动的强化训练,使得大学生养成教育更利于大学生健全人格的形成。

2. 养成教育有利于培养大学生积极的心理品质

习近平总书记在全国高校思想政治工作会议中指出,要坚持不懈促进高校和谐稳定,培育理性平和的健康心态,加强人文关怀和心理疏导,把高校建设成为安定团结的模范之地。大学生养成教育把培养大学生积极心理品质作为重要的教育内容,而积极心理品质又是大

学生心理健康教育工作的重要研究方向。当前人类社会出现了一系列问题，如种族主义、恐怖主义、宗教信仰等，这些问题给人类的心理造成了一定的影响，但无论个体种族、宗教、信仰之间的差异性有多大，也无法掩盖人性中共有的积极心理品质。自尊、快乐、满足等积极心理品质，可以帮助我们化解矛盾，最终实现人类理想。大学生养成教育可培养大学生勇敢、自信、坚韧不拔、开拓进取、积极向上的积极心理品质，并利用这些积极能量来克服身上所存在的环境适应、情绪管理、压力应对、学习困惑等问题，激发大学生自身潜能，促进大学生在学习、生活、工作中表现出积极状态，提升大学生对生活的幸福感、满意感。

第二节　大学生养成教育的目标与内容

我们要培养怎样的现代大学生？习近平总书记提出，应该构建德智体美劳全面发展的教育体系。现代大学生的培养应该注重思想政治教育，并加强文明礼仪方面的教育，让大学生形成良好的学习生活习惯。大学生养成教育过程中将“立德树人”“以人为本”思想融入德育工作之中，不仅要贯穿至基础教育、高等教育领域，更要兼顾职业教育领域。近年来，我国职业教育快速发展，如何培养新时期的应用技术型人才，是我国职业教育事业努力的方向，其中大学生养成教育是不容忽视的重要教育内容。日后，大学生养成教育应该形成动态、可持续的教育发展体系。

一、大学生养成教育的目标

（一）以德为先，走好人生的每一步

习近平总书记在全国教育大会上强调，培养什么人，是教育的首要问题。因此，“立德树人”思想回答了教育事业应该培养什么样的人。“立德”不仅要求教师应该具有师德帅范，也要求学生应该培养良好的思想品德。“树人”指的是我们的大学教育应该培养愿意为社会主义建设事业奋斗的接班人，他们紧跟中国共产党的步伐，拥护中国共产党的领导，为国家的发展建设添砖加瓦、奉献自我。

（二）注重课程建设，打造养成教育平台

每一个学生都是美好珍贵的个体，他们会演绎绚烂多彩的人生。学校应该根据学生们的自身特点，为学生们打造适合他们发展的教育平台。高职高专院校中的学生实践操作能力较强，思维更活跃，故高职高专院校不应该照搬照抄普通本科院校的课程模式，要敢于创新，打造独具特色的课程体系。无锡职业技术学院开设了第二课程成绩单和星期二讲堂等项目，将养成教育内容融入课程教学中，尤其是结合职业教育的自身特点，建设全面发展的养成教育平台。

（三）以生活为源，为养成教育塑造良好的发展环境

养成教育的发展离不开好的发展环境，不能忽略社会生活这个大环境，在这里我们重点关注家庭生活。家庭生活是养成教育的第一环节，许多孩子的生活习惯养成于家庭，父母是

孩子们养成教育的启蒙老师，父母具备良好的行为习惯、思想品质，孩子们也会继承父母们的优点，但如果父母生活习惯很差且思想道德败坏，那可想而知，孩子会从父母身上学到什么。因此，养成教育的贯彻落实应该追根溯源至日常生活，有些学生因为具有良好的发展环境，只需要老师适当地加以引导，自然能在各方面养成良好的习惯。而有些学生由于受到先天环境的影响，需要学校老师投入更多的关怀，为他们建立好的教育环境，帮助他们改掉之前的不良习惯，引导他们培养正确的思想道德品质，并养成良好的行为习惯。这也是养成教育的真正价值所在。

（四）以生命为本，确立学生在养成教育中的主体地位

每一个学生都是我们教育的重点，都值得我们为之付出心血，学生没有好坏之分，每个学生都有自身的特点，或许有些孩子表现更优秀，有些孩子表现不尽如人意，但养成教育的目标是让每个孩子都能有所进步。因此，在养成教育的过程中，学生作为养成教育的受教育主体，应确立学生在养成教育中的主体地位，充分发挥学生的主观能动性。针对每位学生的特点，养成教育的实施者应该制定不同标准，帮助他们找到自己的奋斗目标。

二、大学生养成教育的内容

（一）思想政治素养

1. 确立正确的政治观

政治观是人们对社会政治制度、政治生活、国家、阶级或社会集团及其相互关系的看法和态度。对于大学生而言，要始终强调在人才培养中将政治方向放在第一位。大学生政治观教育主要包括党的基本路线教育、爱国主义教育和形势政策教育。

（1）党的基本路线教育。

党的基本路线教育是大学生政治观教育的核心内容。2017 年 10 月，党的十九大通过的《中国共产党章程（修正案）》明确规定，中国共产党在社会主义初级阶段的基本路线是领导和团结全国各族人民，以经济建设为中心，坚持四项基本原则，坚持改革开放，自力更生，艰苦创业，为把我国建设成为富强民主文明和谐美丽的社会主义现代化国家而奋斗。概括起来就是“一个中心、两个基本点”。当前贯彻党的基本路线，大学生尤其要坚持党的领导，牢固树立政治意识、大局意识、核心意识、看齐意识，为全面建成小康社会、完成“两个一百年”奋斗目标汇聚思想认识、贡献青春智慧。

（2）爱国主义教育。

爱国主义教育是大学生政治观教育的重要内容。正如习近平总书记所言，在中华民族几千年绵延发展的历史长河中，爱国主义始终是激昂的主旋律，始终是激励我国各族人民自强不息的强大力量。当前开展爱国主义教育，也就是要引导大学生学会热爱祖国的大好河山、爱自己的骨肉同胞、爱祖国的灿烂文化和爱自己的国家，坚持爱国主义和社会主义的统一、维护祖国统一和民族团结、尊重和传承中华民族历史和文化、坚持立足民族又面向世界，在青年学生群体中汇集起实现中国梦的磅礴力量。

(3) 形势政策教育。

形势政策教育是大学生政治观教育的常规性内容。正如邓小平同志所言,要把国家的形势和困难、党的工作和政策经常真实地告诉群众。对大学生开展形势政策教育,可以帮助大学生群体认清国际国内形势,明确奋斗目标和任务,引导大学生群体正确理解和自觉贯彻执行党的路线、方针、政策,坚持与党中央的政治立场保持一致,引导德智体美劳全面发展人才培养走向正确的政治方向。

2. 树立正确的世界观、人生观和价值观

(1) 树立马克思主义的世界观。

何为马克思主义的世界观? 即辩证唯物主义和历史唯物主义相统一的世界观,这一伟大的智慧成果是人类历史发展和文化发展的必然结果。目前,大学生应树立辩证唯物主义和历史唯物主义的基本观点,即主观和客观相统一的观点、实践的观点、联系和发展的观点、矛盾的观点、生产劳动的观点、阶级分析的观点、人民群众的观点等。

(2) 树立为人民服务的人生观。

现代大学生应该树立为人民服务的人生观,因为它诠释了人生的目的与意义,为人生的道路指明了方向。雷锋同志的光辉事迹对于新时代的大学生来说并不陈旧、老套,雷锋同志为人民服务的光荣精神应该得到继承与发展。大学生的学习生活是丰富多彩的,在这样良好的生存环境下,我们不能碌碌无为、虚度年华,应该思考自己的人生规划,珍惜当下的每一天时光,热爱生命、热爱生活。现在有些大学生精神生活匮乏,低级趣味丛生,浑浑噩噩地消磨自己的美好时光,真为他们感到可惜、可叹,大学生应该学习伟人们的高尚品德,改变原来的生活状态,为自己的人生开拓出一片广阔的天地,并能将个人的青春智慧投入为人民服务的伟大历史潮流之中。

(3) 树立社会主义核心价值观。

现代大学生应该树立社会主义核心价值观,将社会主义核心价值观的本质内涵牢记于心。社会主义核心价值观是社会主义意识形态的核心内容,也是社会主义集体意识的体现。主要包括国家制度层面(富强、民主、文明、和谐)、社会集体层面(自由、平等、公正、法治)、公民个人层面(爱国、敬业、诚信、友善)。我们应该紧密团结在以习近平同志为核心的党中央周围,认真学习习近平同志重要讲话内容,领悟党中央下达的重要精神,并能不断内化为自身的理论修养,随时关注并适应新时代的变化与发展,紧跟社会主义发展的步伐,做践行社会主义核心价值观的时代先锋。

3. 养成良好的道德品质

(1) 培养诚信修养。

诚信是立身之本,是人最基本的道德品质要求。虽然当代大学生整体诚信意识较好,但也存在部分学生考试作弊、就业协议作假、恶意拖欠生源地助学贷款等不诚信行为,以及影响大学生群体的社会道德形象。尤其是伴随着社会经济的快速发展,现代大学生容易遭受社会中的不良风气诱导,陷入诈骗、校园贷、传销等恶性组织中,受骗后部分学生又成为行骗者,继续弄虚作假欺骗其他学生,如此恶性循环,造成了不良的社会影响。因此,作为新时代的大学生,应该广泛接受诚实守信教育,认清信用档案对自己人生的重要意义,强化信用意识，为大学校园营造和谐诚信的文化氛围。

(2) 培养社会责任意识。

现代大学生肩负中华民族伟大复兴的重要责任，年轻的大学生们应该培养社会责任意识，扛起社会主义建设的大旗，为国家发展贡献自己的力量。新时代的大学生的成长环境普遍较好，生活舒适。大学开学之际，校园里各种私家车送孩子们入学，许多孩子一上大学父母就给配了高档手机、笔记本电脑，这是十几年前的学生想都不敢想的。因此，现在的大学生时常会问这样一个问题："生活这么好，我们还需要奋斗吗?"答案是肯定的，现代的大学生必须要继续奋斗才可以让社会经济持续健康地发展下去，才能让社会更进步，我们的国家才可以走在世界的前列。大学生们不能被眼前的安逸冲昏了头脑，应该时刻保持警惕、理智的思想，树立一个长远的奋斗目标，并不断地努力进取。国家的命运掌握在你们的手中，大学生应该有国家使命感、社会担当，加强对自己和家庭的责任意识。

(3) 弘扬传统美德。

中华优秀传统美德，是中华民族几千年沉淀下来的伟大财富。中华传统美德内容丰富、博大精深，主要包括重视整体利益、强调责任奉献；推崇"仁爱"原则，注重以和为贵；提倡人伦价值，重视道德义务；追求精神境界，向往理想人格；强调道德修养，注重道德践履。这些都是大学生养成教育的重要内容，可以促进大学生修身养性、陶冶情操，同样也与"立德树人"的主要内涵相契合。当前，在大学生群体中开展中华传统美德教育，要在去粗取精、去伪存真的基础上坚持古为今用、推陈出新，努力实现中华传统美德的创造性转化和创新性发展。

(4) 遵守法规法纪。

现代大学生应该严于律己，严格遵守国家的法律规范及学校的校纪校规。在社会中，接受高等教育的大学生应该做到懂法、守法，这是对社会公民的基本要求。在学校中，大学生应该遵守校纪校规，这是对一个合格学生的基本要求。在日常生活中，大学生应该不断加强自身的法治意识，自觉维护国家与集体的利益，勇于跟不法分子做斗争。学校也可经常组织法治教育，让更多的学生深入学习法律知识，这也是依法治校的重要内容。如果在校学生触犯了校纪校规，应该勇于承担责任，并自省、自警，积极改正错误，不可沉沦、堕落。

(二) 文明礼仪修养

文明礼仪旨在塑造人的形象。礼者，敬人也，礼多人不怪。礼与仪互为因果，仪是礼的表现形式。文明礼仪是个人素养的体现，标志着一个民族的文明程度，更能反映一个国家的社会风气、精神面貌。大学生文明礼仪修养内涵很丰富，在此，我们主要讲解大学生形象礼仪与校园礼仪。

1. 重视大学生形象礼仪

(1) 仪容美。

仪容主要是指人的外貌情况，表现为人的健康与精神面貌。容貌在人们日常交往中具有重要地位，个人的容貌是否美好直接影响对方对自己的整体评价，因此，仪容是每个人都要关注并下功夫的地方。仪容泛指外貌，但是具体内涵非常丰富。仪容首先强调的是健康自然美，与当下盛行的整容风相反，我们遵循的是人天生的美感，而非后天的刻意雕琢、调整。仪容美代表貌美、发美、肌肤美，干净整洁，男士清爽洒脱，女生容颜焕发、精神抖擞、富有朝气。同时，仪容还强调内在的心灵美，一个人的外貌多数是由基因决定的，并不是每个人都有明星一样的面孔，我们应当有爱心、有内涵、有气质，这种由内而外散发的美好，是我们最终要追求的仪容美。

（2）仪表美。

仪表与仪容的区分，可能更多地从一个人的穿着打扮、卫生习惯等方面来体现。一个人的穿着打扮是否合适，可以体现这个人的审美、生活品位、情趣。因此，大学生日常穿着应该符合个人身份特征、社交场合、客观环境，不应过于成熟、社会化，更不能低级趣味，这都是个人素养的体现。穿着打扮还应该与自身经济条件相符合，大学生并未有独立的经济能力，不应该铺张浪费，应该珍惜父母给予的物质支持，穿着大方得体，更能体现学生气质，这就是属于大学生的仪表美。

（3）仪态美。

仪态是指人的行为举止、动作、姿态。中华民族传统文化中对人的仪态有很高的标准和要求，男子应该风度翩翩、举止儒雅，女子应该落落大方、举止优雅。现代社会也讲究仪态端庄、讲文明、懂礼貌。当然由于国家、地区、民族差异，对仪态美的具体要求也有所不同。英国人讲究绅士风度，法国人更讲究浪漫情怀。虽然个性化差异明显，但是也不妨碍我们对仪态美的追求。

2. 重视大学生校园礼仪

（1）注重校园生活与学习礼仪。

校园生活礼仪主要是指在用餐、住宿、行车、学习等方面的礼仪。用餐礼仪是指在餐厅用餐时讲究的文明习惯。住宿礼仪是指在宿舍内所应遵守的公共生活、集体就寝的文明习惯。行车礼仪主要包括我们在使用交通工具时的文明习惯。此外，还包括在公共环境中所应遵守的一系列文明习惯。学习礼仪是指在学校内应该尊师重道、团结友爱、礼貌待人，应该遵守课堂纪律，与同学和老师保持良好的人际关系。

（2）注重校园仪式礼仪。

校园仪式礼仪主要是指校园内一系列在操场或礼堂等公共场所集中举行的活动中需要注意的礼仪规范。集中活动一般人员众多，尤其在正规场合，大学生尤其应该要有仪式感，在穿着打扮、言行举止等方面都应严格遵守校园仪式礼仪的规定。注重仪式礼仪也是一种良好精神面貌的体现，是大学生们日常校园生活中应该做到的。如升国旗仪式就是校园仪式礼仪的一个具有代表性场合，在庄严肃穆的国旗下，全体学生应该注重自己的仪容、仪表、仪态，升旗时，全体学生应列队整齐，面向国旗，肃立致敬。当升国旗、奏国歌时，要立正，脱帽，行注目礼，直至升旗完毕。升旗是一种严肃、庄重的活动，学生们应该做到严肃、安静，不可自由散漫、四处张望。国旗是一个国家的象征，升国旗时，注重仪式礼仪是对国旗尊重、对国家尊重的表现，同时也是一种爱国主义精神的体现。

（三）审美修养

1. 形成正确的审美观

审美观是审美主体对美的总的看法，审美观在人类的社会实践中产生，不同时代、不同文化、不同立场的人会产生不同的审美观。当代大学生要让自己的生活变得丰富多彩、更具有价值美感，需要形成正确的审美观。如何形成正确的审美观，首先需要回答“何为美”这个问题，对于美的理解因人而异，尤其在不同时代，对于美的定义又各不相同。如唐朝以“肥”为美，而当今的许多男女把减肥瘦身作为自己的终身目标。又如时下许多人疯狂迷恋整容，许多人希望通过整容重塑自己的容颜，期望整成明星的模样。因此，我们应该建立一个具有普适性的、关于审美的评价标准，如果评价标准不统一，就无法进行积极有效的精神交流和审美评价。审美应该建立在遵循事物的客观规律的基础之上，就是讲究万事万物的“真”，客观、自然才是真正的美的本源，若彻底改变了事物的本来面貌（如反复整容后的锥子脸）就不再是美的体现。当然，我们并不是偏执地追求自然，符合客观规律的修饰、改变也是一种美的体现，这也是“善”的表现。如一块精雕细琢的美玉，根据玉石的天然纹理，雕刻大师创作出了一件唯美的艺术品。欣赏这样一件艺术品也是符合审美观的。所以，如何形成正确的审美观？我们应该摒弃有害的、低级的趣味，在社会实践中将“真”与“善”统一起来，最终才能塑造出真正意义上的“美”。

2. 在实践中提升自己的审美修养

第一，从内外两方面提升自己的审美品位。外在美指的是自我的形象打造，包括衣着打扮、精神面貌、言行举止等。对于大学生来说，外在美应该根据自己的年龄层次、经济水平选择合适的衣着，注重体育锻炼，形成健康的体魄，言谈举止得体，待人谦和有礼。内在美主要包括健全人格、心灵美等，宽容、善良、友爱都是内在美的具体表现。外在美与内在美不可分割，两者统一才能诠释审美品位的真正内涵。

第二，在实践活动中创造美。创造的过程是和享受的过程同时进行的，体验和感受创造美的本身。大学生生活美主要体现在学习与生活环境中，美丽的校园需要每一位大学生参与，从自身做起，养成良好的生活习惯，但当前存在部分大学生卫生习惯差、劳动观念淡薄等问题。因此，大学生应从自身做起，养成良好的生活、学习和劳动习惯，积极创造美好的生活环境。

（四）健康心理水平的养成

1. 养成健康心理水平的重要价值

大学生的身心健康是养成教育关注的重点，尤其是心理健康水平对大学生的成长成才起到了重要作用。当前，大学生的心理健康状况存在许多问题，许多孩子是第一次离开父母，去新的城市开启自己的大学生活。处于心理断乳期的他们，或多或少会有一些不适应的表现，尤其是在新入学的这个学期，无法融入集体生活，无法专心投入学习，有些学生出现了抑郁、焦虑情绪，这些情绪阻碍了正常的人际交往，部分学生甚至想要休学、退学，这是非常严重的后果。因此，大学生心理健康水平对于大学生的发展来说是非常重要的因素。那怎样才是心理健康的表现呢？大学生应该保持一种持续、稳定、积极的心理状态。但这不代表说，不允许出现情绪波动，健康的心理水平应该是围绕水平线呈小幅度波动的状态，总体发展水平是趋于平稳的。当然，如果大学生出现心理状况不稳定、情绪波动大、焦虑、抑郁及存在睡眠障碍等问题时，应引起足够重视。大学生不要有过重的心理负担，压抑自己，应该尝试自我调节或寻求心理健康咨询师的帮助。当心理出现问题时，只要我们找到科学的途径，及时排解、治疗，心理健康水平就可以得到有效改善。

2. 健康心理水平的重要指标

良好的大学生心理健康指标主要包括以下几个方面：第一，表现为健康的智力状况。大学生具有较强的求知欲望，积极要求上进，努力在学业上取得好成绩，并能从学习中找到快乐，找到成就感。第二，有较好的认知能力。大学生应该对自我状况有一个客观的认知与评价，对外在世界也有较为理性的认知。具有较好认知能力的孩子一般具有较强的自信心，既不会妄自尊大，也不会妄自菲薄。第三，具有积极、稳定、乐观的情绪态度。这是心理健康水平良好的重要特征之一，应该保持一种愉快、乐观的心情，去从容面对大学生活，尤其在遇到困难、挫折时，也应该保持稳定、积极的情绪，而不是心情大起大落，无法控制。第四，具有良好的人际交往能力。这也是大学生心理健康水平良好的重要表现形式之一，大学生度过适应期后，怀着友善、宽容、真诚的态度，能够很好地融入集体生活之中，逐渐形成自己的交际范围，在收获友谊的同时，还能促进自信心的形成。第五，具备较好的大学适应能力。由于许多大学生都是第一次离开父母，脱离了原来生活的环境，不同的地域、不同的文化环境给大学生带来了惊喜，也带来了许多不适应。具有较好适应能力的大学生会平稳度过这个阶段，慢慢融入新的生活中。但是也有部分大学生很长时间不能融入，他们封闭自我、怨天尤人，总是期望环境可以得到改变，却事与愿违，陷入了心理状态失衡的黑洞。

第三节　大学生养成教育面临的挑战及应对

大学生养成教育面临许多挑战，如现代大学生的思想特点、网络环境等问题，下面主要从学生视角、学校视角、社会视角等方面探索大学生养成教育面临的挑战及其应对措施。

一、大学生养成教育面临的挑战

（一）现代大学生的思想特点

新时代大学生有新的思想特点，他们在一定程度上存在轻视传统道德观念的问题，部分大学生对父辈传下来的道德观念感到厌烦，中华传统美德被定义为封建思想，价值观出现分歧，传统的“三好”标准出现了差异，一味地强调破旧立新。此外，刚成年的大学生缺乏一定的自控能力，自律性较差。尤其在新媒体环境下，现实社会中的道德原则对虚拟空间的道德行为约束力下降，网络虚拟化给予大学生更多的发言空间，在没有社会道德约束的虚拟环境下，学生抱着侥幸心理，躲在新媒体的屏幕后面发表一些不当言论或者做一些不当行为。

当然，当代大学生思路开阔，思维活跃，但分析问题不全面、过于激进，受西方多元价值观的冲击，有些大学生又深陷实用主义与功利主义的泥潭。大学生新的思想特点，给大学生养成教育带来了挑战，增加了养成教育的难度，学校应该不断改善教育方式，努力寻找适合新时期大学生的教育新方法。

（二）网络环境对养成教育提出新的挑战

网络的互动性、虚拟性、开放性、实时性、便捷性、娱乐性容纳了全球各类信息，网络传播的信息形态包括了文字、图片、声音、影像、动画等呈现形式，其丰富多彩的特征成功吸引了各个年龄层次的行为主体。在校大学生已然成为网络世界的主力军，甚至部分大学生染上了网瘾不能自拔。网络技术是一把双刃剑，特别对于在校大学生来说，网络平台给予青年大学生更多表达心声的机会，但是在缺乏社会道德约束机制的背景下，网络上充斥的各种负能量的信息，会影响在校大学生的思想价值观。网络世界开放性的背后，更是世界性、跨文化等多元化色彩对我国社会主流价值观造成的影响和冲击。

二、大学生养成教育应对策略

（一）从学生视角出发

1. 树立明确的学习目标

大学新生入学后，学校会开展开学典礼、入学教育、主题班会等活动，通过各种途径，引导学生为自己的大学生涯做好规划。首先，大学生应该思考在大学期间该做些什么。毕业后我的职业发展在哪里？这是大学生进入校园后必须要有的规划。有部分大学生存在错误观念，目标不明确，浑浑噩噩过日子，这不仅影响自己的成长，还对其他同学造成了不良的影响。学校教师一旦发现这类苗头，应该适时介入引导，帮助学生走出迷途。其次，大学生在树立了明确目标之后，应该按照自己的目标规划开展自己的大学生活，可以适时调整自己的目标，但不能半途而废，只有这样，我们才能充实地度过美好的大学时光。

2. 养成规范的日常行为

规范的日常行为是养成教育的重要内容之一，大学生的日常行为在实践体验中逐步形成，日常行为规范蕴藏在许多微不足道的细节之中，需要长期、持续的体验才能形成。部分大学生不是特别在意细节，自己的日常生活都不能自理，宿舍内不注意卫生，脏乱不堪。这些自律性比较差的学生脱离了高中阶段高压式的管理模式，就开始迟到、早退、旷课、逃课。学校应该格外关注那些性格内向、家庭贫困及缺少关爱的学生，建立学生成长档案，定期进行个别谈话，或进行家访等，与学生建立信任关系，与家庭建立沟通的纽带，帮助学生纠正不良的日常行为习惯。此外，学校应该积极有效地推动学风建设、文明宿舍评比，形成良好的校园文化氛围，使讲究诚信、尊敬师长、热心助人的现象到处开花。

3. 注重学生的自我养成教育

大学生作为养成教育的主体，自身具备自我教育的能力与基础。首先，大学生应该形成自我教育的意识。当前许多大学生缺乏自我教育的意识，总是被动接受学校教师的教育，缺乏积极主动的学习意识。因此，学校应该强调自我教育的重要性，正确引导学生培养自主学习的意识，并积极鼓励他们投入自我教育的全过程。其次，大学生应该确认自我的教育主体地位。大学生作为养成教育的主体,在教育过程中占主体地位,可以在自我教育环节中养成良好的自我修养,并对自我教育形成总结、鉴定及改造。此外,大学生可以开展群体自我教育,即在一个集体中进行互助学习,更有利于学生的快速成长。在群体中,我们不仅可以看到自己的优势与劣势,还能发现他人的优势与劣势,更能激励自我教育的学习热情。再次,学校应该营造自我教育的良好环境。大学生的自我教育水平受学校环境的影响,学校应该帮助学生树立正确的世界观、人生观、价值观,并为学生搭建自我教育的平台,积极组织批评和自我批评、集体讨论、竞赛及学生榜样评选等活动。最后,家庭应该为自我教育提供保障。大学生的许多习惯养成源于家庭,受父母的影响很大,因此,自我教育离不开家庭的保障,父母应该为孩子树立榜样,从小事做起,引导教育孩子养成良好的习惯,而不应该起反作用,或将责任转移到学校。社会、学校与家庭只有形成合力,发挥全员育人的整体功能,才能推动养成教育的发展。总体来说,大学生具备自我教育的能力,无论从自身条件,还是外部环境都具有良好保障,只有大学生真正发挥自我教育的力量,才能有效实现养成教育的大目标。

(二)从学校视角出发

1. 注重师德师范建设,提升辅导员的专业化水平

教师作为养成教育的主体,其自身的道德修养、价值观标准、行为举止对大学生的影响是潜移默化的。因此,养成教育对教师的师德师范具有较高的要求,教师为人师表,应该在教育管理过程中表现出良好的个人素养,对教育事业怀有极大的热情,要富有爱心、耐心,对学生的教导应该无微不至、尽心尽力,关注学生的身心健康,并能及时纠正学生言谈举止、日常生活中存在的不文明行为,帮助学生不断提升自我修养。养成教育的贯彻落实主要依托的是辅导员的推动,要提升辅导员的专业理论素养、科研水平,积极打造一支具有较好的思想理论素养、较高专业理论素质和实践能力,并能引导学生成长成才的专业辅导员队伍。辅导员应该做好学生的思想教育工作和谈心谈话工作,及时掌握学生的思想动态,重视"三进"工作,密切关心学生的学习情况、生活状况,对专业学习上有困惑的学生,应及时联系专业课程教师给予课业辅导,对生活中有经济困难的学生,应该在资助工作中给予重点关注和扶持,帮助学生顺利完成学业。辅导员应该与学生家长保持联络,尤其在学生学习成绩出现严重下滑,或有违纪处分等情况时,应第一时间告知学生家长,并共同制订解决方案,帮助学生尽快进入正常的学习、生活状态。

2. 重视规章制度建设,加强法治教育

在大学校园里,随处可见宣传文明道德规范的标语横幅,但在公共场所,仍然存在许多不文明、不道德的现象,且无人监督管理、批评制止。法治的核心在于宪法与法律的执行。学校虽然有明确的规章制度、管理规定,但是仍然存在监管力度不到位的情况,应该充分利用制度法规的约束性与导向性功能对大学生的品行进行有效的约束、控制,从而实现从他律性向自律性的转换。规章制度是有效推进养成教育的重要保障,高校所制定的规章制度应该以《公民基本道德规范》《高等学校学生行为准则》为基础,涉及面应该包括大学生的学习、生活等各个方面,如教学管理相关制度、日常管理规划、综合素质评价规范、评奖评优条例、宿舍管理制度等内容。高校在制定规章制度前,首先应该做好实践调研工作,要充分了

解大学生的实际发展情况，全面考虑大学生的身心特点、个性特征、心理承受能力等方面，并结合本校的具体情况，制定出一套科学、合理的规章制度，同时做好宣传教育工作，让大学生学习这些规章制度，并能按照规章制度要求来规范自己日常行为和提升思想道德品质。要想让大学生更好地遵守法律法规和规章制度，在大学生中开展法治观念教育是必不可少的，只有大学生知法、守法、懂法、用法，才能提高法律法规、校内规章制度对大学生行为的约束、引导作用。

3. 紧抓养成教育契机，适时深入开展

大学生养成教育可以有效依托新生军训期间的入学教育进行。军训是每个大学生入学后都需要经历的，《中华人民共和国兵役法》明确规定，大学生在就学期间必须接受军事训练。在军训期间适时开展养成教育是一个很好的时间点，不仅可以增强学生的组织性和纪律性，还有助于培养学生的爱国主义情怀，将部队军人坚韧不拔、顽强拼搏、不畏困难的革命精神传递给大学生，从而帮助大学生树立互帮互助、团结友爱的集体主义精神。通过军事训练，大学生也可借此机会锻炼体魄、增强体质，为今后的大学生活打好基础。入学教育主要包括思想政治教育、安全教育、诚信教育、校史校情教育等内容，新生入学教育也可增加养成教育的相关内容，引导新生尽快适应大学生活，养成良好的学习生活习惯，并以积极乐观的精神面貌融入新的集体中，较快掌握大学的学习方法并树立新的奋斗目标。此外，学校可以配合“五四”青年节、“七一”建党节、“八一”建军节、“十一”国庆节等特殊纪念日，开展一系列主题教育活动，如开展主题班会、征文比赛、主题演讲比赛、红歌比赛等活动；利用“国际禁毒日”“世界艾滋病日”等向大学生宣传健康知识；利用暑期社会实践活动，组织学生参与社会公益活动，让大学生在献爱心的同时，增强社会责任感。大学生毕业前的这段时间，也是一个较为合适的教育契机，即将毕业的大学生受就业压力的影响，会出现浮躁、迷茫的状态，利用毕业前的宝贵时间，给予他们充分的就业指导，引导学生走出心理困境，帮助他们顺利毕业和就业。

4. 将大学教室、餐厅、宿舍打造成为养成教育基地

大学教室、餐厅、宿舍是大学生日常生活的基本场所，大学生的大部分时间在教室、餐厅、宿舍这几个场所中度过，学校可以充分利用这几个场所，将其打造成养成教育基地。首先，建设高雅文明的教室文化。学校可采用宣传画报、黑板报、墙报、名言警句等方式，为高校教室营造良好的学习氛围，让大学生在美好的学习环境下养成良好的学习习惯，更加珍惜现在的学习条件。当然，学校还要针对破坏教室环境的不文明行为进行严肃处罚，杜绝在教室中乱丢垃圾、乱涂乱画、开无人灯等不文明现象。学校也可以在教室内贴一些提示语，提醒同学们争做文明人。其次，建设文明卫生星级餐厅。学校在餐厅应该配备高标准的硬件设施，提供高品质用餐服务。大学生们应该注意用餐礼仪，用餐前洗手，注意个人卫生，就餐时自觉排队，用餐结束后将餐具投放到指定回收点，不随意丢弃食物残渣，尽量做到不浪费粮食。学校可组织监督管理小组，轮流到各食堂值班维持秩序。再次，打造文明卫生宿舍。宿舍可以说是学生的第二家园，大家可以在宿舍内学习、休息，在宿舍内发展良好的友谊。宿舍是一个公共生活区域，我们应该营造良好的生活环境，注意宿舍内的日常清洁，不得使用违章电器。由于宿舍是公共生活区域，而非个人的生活空间，大学生来自不同的地域，甚

至不同的民族，有着不同的风俗文化，生活习惯差异性大。宿舍是多种思想交流、碰撞、冲突的场所，在某种意义上，它就是大学生生活、娱乐的一个“小社会”。室友间相互作用、相互影响而形成的宿舍风气对于正在成长中的大学生有着潜移默化的导向作用，将会对他们世界观、人生观、价值观的形成及人格塑造产生直接或间接的影响。因此，大学生们应该做到在日常生活中不影响他人，并注意自己的个人卫生，妥善处理人际关系。在集体生活中，大学生应该不断提高自理能力，养成良好的生活习惯，并在与他人的相处中学习更多的生活经验，或将许多好的生活经验传递给他人，形成良性的互动，让宿舍这个大家庭更温暖、更和谐。学校每学期都可以组织文明教室、餐厅、宿舍的评比活动，在全校范围内形成教育典范，激励更多的大学生注重养成教育。

（三）从社会视角出发

1. 大学生养成教育应充分借助家庭教育的力量

家庭教育主要是父母或其他年长者在家庭内自觉地、有层次地对子女进行的教育影响。在家庭教育中，父母是孩子的启蒙教师，父母的言传身教直接影响着孩子们今后的发展，家庭教育在整个养成教育体系中具有重要地位。原生家庭是一个大学生最初和最重要的生活场所，不仅为学生提供安全和营养，而且是大学生温暖的港湾，对大学生的人格、行为习惯与各类技能的形成起到至关重要的作用。大学生的家庭生活虽是人生的历史片段，但却是有终身影响力的一种永不磨灭的经历。因此，大学生养成教育应充分借助家庭教育的重要力量，努力将家庭教育与学校教育的目标一体化，争取最大的合力。

2. 大学生养成教育应充分发挥社区教育的力量

社区教育是学校和家庭教育的继续延伸和发展。大学生养成教育应该充分利用社会教育的优势，让大学生参与社会实践活动，在实践锻炼中培养自己的动手能力，磨砺个人意志。大学生应该积极加入志愿者组织，发扬为人民服务、奉献社会的精神品质，利用社区、农村、企业等有效平台，开展一系列的公益活动，如科技、文化、卫生“三下乡”活动，为广大在校生提供施展才华的舞台。社区、农村、企业等有效平台也应该积极主动地与高职院校对接，为大学生提供与广大人民群众广泛接触、交流的渠道，帮助大学生形成责任意识，并提高其综合素质。

【案例链接】 **“曾子避席”与“程门立雪”**

曾子避席

——出自《孝经》

曾子是孔子的弟子，有一次他在孔子身边侍坐，孔子就问他：“以前的圣贤之王有至高无上的德行、精要奥妙的理论，用来教导天下之人，人们就能和睦相处，君王和臣下之间也没有不满，你知道它们是什么吗？”

曾子听了，明白老师孔子是要指点他最深刻的道理，于是立刻从坐着的席子上站起来，走到席子外面，恭恭敬敬地回答道：“我不够聪明，哪里能知道，还请老师把这些道理教给我。”

在这里,“避席”是一种非常礼貌的行为,当曾子听到老师要向他传授时,他站起身来,走到席子外向老师请教,是为了表示他对老师的尊重。曾子懂礼貌的故事被后人传诵,很多人都向他学习。

程门立雪

——出自《宋史·杨时传》

杨时(1053—1135)是北宋时的一位才子,南剑州将乐县(今属福建)人。中了进士后,他放弃做官,继续求学。

程颢(1032—1085)、程颐(1033—1107)兄弟俩是当时很有名望的大学问家、哲学家、教育学家,洛阳人,同是北宋理学的奠基人。他们的学说为后来的南宋朱熹所继承,世称程朱学派。

杨时仰慕二程的学识,投奔洛阳程颢门下,拜师求学,4 年后程颢去世,又继续拜程颐为师。这时他已年近四十,仍尊师如故、刻苦学习。一天,大雪纷飞,天寒地冻,杨时碰到疑难问题,便冒着凛冽的寒风,约同学游酢(1053—1123)一同前往老师家求教。

当他来到老师家,见老师坐在椅子上睡着了,他不忍打搅,怕影响老师休息,就静静地侍立门外等候。当老师一觉醒来时,他们的脚下已积雪一尺深了,身上飘满了雪。老师忙把杨时等两人请进屋去,为他们讲学。

后来,“程门立雪”成了广为流传的尊师典范。

案例分析:尊师重教是中华优秀传统美德,也是学生良好行为习惯的重要体现。师者,传道授业解惑者也,是学生人生发展的启迪者和引领者,他们无私地将智慧、学识、品德和技能传授给学生,理应得到人们的尊重。案例中,曾子和杨时都成了当时著名的学者,这些成就与他们虚心求教、尊师重教的良好品德是密不可分的。

第六章
呵护心灵　关爱生命

古希腊哲学家赫拉克利特指出，如果没有健康，智慧就难以表现，文化无从施展，力量不能战斗，财富变成废物，知识也无法应用。健康是人的第一财富，有了健康就有了希望，有了希望就有可能去实现一切。对于大学生来说，健康更是学业成就、事业成功、生活充实快乐的基础。健康的心理既是大学生成才的基本保证，也是大学生接受知识、成熟思想、发展能力的前提。处在心理不完全成熟阶段的青年大学生，掌握一些心理健康知识，了解自身的心理健康水平，对其进行正确的评价，学会调节大学期间产生的各种心理矛盾，这对于培养良好的心理素质，提高学习效率，提高在校期间的生活质量，培养和发展各种能力，早日成才，具有重要的意义。

第一节　心理健康的概念和标准

一、心理健康的概念

在了解心理健康的概念之前，我们来看一下健康的概念。1978 年，世界卫生组织将健康定义为：健康不仅指机体的强健和没有疾病，而且是一种生理上、心理上和社会方面的臻于完美的状态。1989 年，健康被明确规定为“生理健康、心理健康、社会适应良好和道德健康”。（图 6.1）

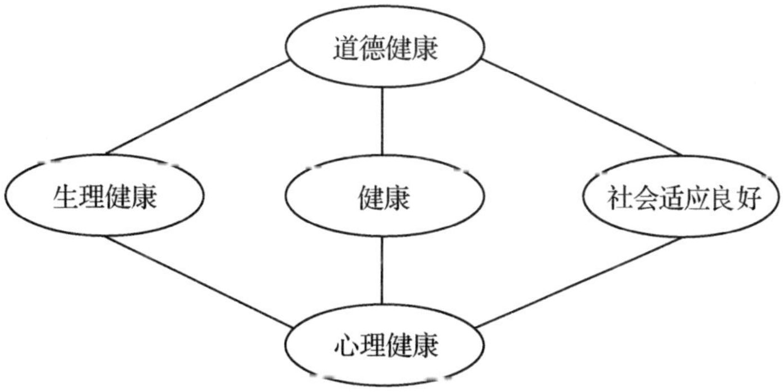

图 6.1　世界卫生组织对健康的规定

这就说明，随着社会的发展，过去那种“无病即健康”的传统健康观日渐为人们所摒弃，一种新的健康观应运而生。世界卫生组织明确提出了健康的10条具体标准。

(1) 有足够充沛的精力，能从容不迫地担负日常生活和工作压力，不感到过分疲惫和紧张。

(2) 积极乐观，勇于承担责任，心胸开阔。

(3) 善于休息，睡眠良好。

(4) 能适应外界环境的各种变化，应变能力强。

(5) 能够抵抗一般性的感冒和传染病。

(6) 体重适当，身体均匀，站立时头、肩、臂的位置协调。

(7) 反应敏锐，眼睛明亮，眼睑不发炎。

(8) 牙齿清洁，无龋齿、无痛感、无出血现象，牙龈颜色正常。

(9) 头发有光泽，无头屑。

(10) 肌肉丰满，皮肤有弹性。

由这10条标准可以看出，健康包括生理和心理两方面的健康，人体健康是生理健康和心理健康的统一，两者相互影响、相辅相成、缺一不可。当生理产生疾病时，其心理也必然受到影响，会产生情绪低落、烦躁不安、容易发怒等情况，从而导致心理不适。对于正在成长中的大学生而言，生理健康固然重要，但心理健康更有其突出的地位。为了实现完美的健康，有意识地规划、调整自己的心理发展，主动改善心理健康状态，已成为健康心理学研究的首要问题。

世界卫生组织还提出了人的身心健康八大标准，即“五快”和“三良”，这是我们自我检测身心健康的指标。“五快”指食得快、便得快、睡得快、说得快、走得快；“三良”指良好的个性、良好的处世能力和良好的人际关系。

二、心理健康的标准和大学生心理健康标准

(一) 成年人心理健康的标准

成年人心理健康的标准有以下10条：

(1) 有充分的自我安全感。

(2) 能充分了解自己，并恰当估计自己的能力。

(3) 生活目标切合实际。

(4) 与现实环境保持接触。

(5) 能保持人格的完整与和谐。

(6) 具有从经验中学习的能力。

(7) 能保持良好的人际关系。

(8) 能适度地宣泄情绪和控制情绪。

(9) 在不违背团体要求的前提下能适当地发展个性。

(10) 在不违背社会规范的前提下能适当地满足个人的基本需求。

心理健康的标准不是绝对的，它只是一个参考系统。但学者都比较倾向于认为：心理健

康是生活在一定的社会环境中的个体,在高级神经功能正常的情况下,智力正常、情绪稳定、行为适度,具有协调关系和适应环境的能力特征。

（二）大学生心理健康的标准

大学生处于人生发展变化的重大转折时期,有的心理学家称青年期是“暴风骤雨、疾风怒涛时期”“心理上的断乳期”,大学生心理健康越来越受到重视。

根据我国大学生的实际情况,评判大学生心理健康的标准主要有以下几点:

(1) 智力正常。心理健康的大学生对学习有浓厚的兴趣,求知欲望强烈,能克服学习中的困难,学习成绩稳定,能保持一定的学习效率,从学习中体验到满足与快乐。

(2) 情绪健康。心理健康的大学生能经常保持愉快、开朗、乐观的心境,对生活和未来充满希望,虽然也有悲、忧、哀、愁等消极体验,但能主动调节,并能适当表达和控制情绪,喜不狂,忧不绝,胜不骄,败不馁。

(3) 人格完整。人格是个体比较稳定的心理特征的总和。人格完整指人格的各要素(气质、能力、性格、理想、信念、人生观等)完整统一,平衡发展。一个心理健康、人格完整的大学生其所思、所想、所行是协调一致的,并具有积极进取的人生观。

(4) 自我评价正确。一个心理健康的大学生应该有正确的自我评价,能够客观地认识自己、了解自己、接纳自己。既不妄自尊大,做自己力所不能及的事情;也不妄自菲薄,甘愿放弃可以发展的机会。

(5) 人际关系和谐。心理健康的大学生乐于与人交往,并能用尊重、信任、友爱、宽容、理解的态度与人相处,拥有和谐的人际关系。

(6) 适应能力强。心理健康的大学生在环境改变时能面对现实,使个人行为符合新环境的要求,并能对社会现状有清晰的认识,与社会保持良好接触。

(7) 心理行为符合年龄特征。心理健康的大学生心境一般以良好、愉快、乐观、开朗、满意等积极情绪状态占主导,同时又能随事物对象的变化而产生合理的情绪变化。

三、正确理解心理健康

心理健康的概念也可以从广义和狭义的角度去理解。从广义上讲,心理健康是指一种高效而满意的、持续的心理状态,在这种状态下,人能做出良好的反应,具有生命的活力,而且能充分发挥其潜能。从狭义上讲,心理健康是指人的心理活动的基本过程内容完整,协调一致,即认识、感情、意志、人格、行为完整和协调,能适应社会。

（一）心理和行为异常≠心理不健康

华南师范大学莫雷教授提出,人的心理健康水平按其健康程度可以分为三种状态:一是正常状态,简称常态。个体一般在没有较大困扰的情况下,心理处在正常状态之中。个体的常态行为基本与其价值观、道德水平和人格特征相一致。这种状态一般称为心理健康。二是不平衡状态,简称偏态,是指个体心理处于愤怒、焦虑、恐惧、压抑、矛盾、应激等状态。一旦个体处于不平衡状态,他会首先通过“心理防御机制”来进行自我调节。如果无效,就得借助他人疏导,使之消除不平衡,恢复正常状态。这种状态一般称为心理问题。三是不健康状态，简称变态。它包括神经症、人格障碍、性心理障碍、精神分裂症等。这时必须到医疗部门求助于心理治疗和药物治疗。这种状态一般称为心理障碍和精神疾病。要注意常态的健康人群也可能出现一般性的心理问题，比如，失恋，人们会痛哭抑郁等，这时不等于一定是心理不健康。

（二）心理健康不是静止的标准

心理健康不是一个静止的理想标准，绝对、永远心理健康的人是没有的。心理健康与不健康之间并没有一条绝对的分界线，而是一种连续、不断变化的状态。我国心理学者岳晓东将人的精神健康比作白色，精神不健康比作黑色，认为在白色与黑色之间存在一个巨大的缓冲区域——灰色。

（三）心理健康是一个相对的概念

心理健康只有在与同一年龄段的人心理发展水平的比较中，才能显现其价值。然而，人与人之间的个体差异，又决定了心理健康的标准不是绝对化的。

四、大学生常见心理问题的影响因素

（一）新生适应因素

新生迈入人生的另一殿堂——大学，接踵而来的是对大学新环境、新的人际关系、新的学习方法和新的大学生活的适应问题。人在新的环境里会产生一定的不适应，并且大学里教师不能每天都照顾到每个学生的学习和生活，有些同学感觉到孤单、想家、没有知心朋友、有话无处说。大学与高中完全不同的学习方法和教授方式也让一部分同学无法适应，甚至导致挂科、学习无力等现象的产生，在迷茫、困惑、痛楚或无目标中荒废了大学时光。

（二）大学生学业因素

据有关资料显示，不少大学生“多门课程不及格，天之骄子纷纷写下悔过书”“对付散漫大学生，重点高校无奈人盯人防守”“面临退学，给校长写血书信誓旦旦改过自新，没多久又继续旷课打游戏”，这部分同学主要的问题是学习失去目标、没有动力、没有责任感，甚至有的同学沉迷网络。还有另一种大学生，他们往往赋予学习太多的使命，比如拿奖学金、改善家里条件、改变命运等，这部分学生往往学习动机过强，压力过大，导致学习效率下降，甚至出现考试焦虑和心理问题。

（三）大学生人际关系因素

德国教育学家、哲学家斯普兰格曾说，在人的一生中，再也没有像青年时期那样强烈地渴望被理解的时期了；没有任何人会像青年那样，站在遥远的地方呼唤理解。数据调查显示，大学生人际关系问题占大学生心理问题的1/3。大学生人际关系问题主要表现为不敢交往、不愿交往、不易交往、不善交往、不懂交往。大部分大学生随着心理发展的不断成熟和在实践中不断积累人际交往经验，能够真诚待人、助人为乐，最终解决人际关系问题。

（四）大学生恋爱与性心理因素

“哪个少女不怀春，哪个男子不多情”，爱情对于大学生来说是一个充满迷惑和诱惑的话题。法国喜剧作家莫里哀曾说,恋爱是一所学校,教我们重新做人！然而由于部分大学生缺乏正确的恋爱观,不懂得恋爱的艺术,因此大学恋爱出现动机多样化、周期短、频率快、悲剧多的现象,这也使一部分大学生对爱情产生失落感、虚无感,甚至对人生产生缺失感、幻灭感。大学生处于身心发展时期,性生理开始成熟,性心理发展相对落后,只有采用正确的方式合理地引导,才能使大学生身心健康地成长。

(五) 就业心理因素

李大钊曾说:“希望你们年轻一代,也能像蜡烛为人照明那样,有一分热,发一分光,忠诚而踏实地为人类伟大的事业贡献自己的力量。”就业是大学生人生中的重要转折,就业过程中的择业是大学生就业过程中的关键一步。不少大学生在大学期间没有对自己的职业生涯进行规划,在择业时存在种种的迷茫和能力的缺陷,就业成为不少大学生心头的大山。在面临就业时无法找到就业方向,心情焦虑,害怕失败,逃避就业,也有部分大学生出现就业攀比等心理。这也要求高校教师督促学生做好职业生涯规划,让学生树立正确的职业观,合理调节自己的就业预期,实现职业生涯的顺利发展。

第二节 自我意识的偏差与调适

大学生生理、心理与社会自我的发展并非平稳如河川。经历高考,大学生真正开始痛苦的“心理断乳”,新环境、新的人际关系必然带来发展着的自我意识与自我概念的不平衡;大学生的人生观、世界观尚在形成与健全之中,对自我的认识易受环境的影响;大学生自我概念仍在不断的发展变化之中,大一新生与毕业生的自我概念并不一致,大学生往往到大学毕业才能逐渐在不断地变化、调整及社会的需求中初步建立起自我概念。

一、自卑心理的调适

【阅读思考】

被贫困所扰的大学生

吴某,男,某大学二年级学生。自进入大学后,一直很自卑,父母都是农民,家境贫寒。以前在中学时成绩拔尖,深受老师的器重,家庭的贫困并未对他造成太大影响。进了大学后,为了掩饰自己的贫困和普通,吴某又向别人借了不少钱。他原以为到了上海,会有很多机会,自己可以通过打工来偿还债务,但实际情况并非想象中那么简单。到了大学后,他的学习成绩也并不理想。来到大城市后,逐渐认识到自己在大学生活中适应能力、交际能力等各方面与城市同学相比,存在着差异,自觉前途渺茫,整天浑浑噩噩,提不起精神来。

自卑是一种消极的自我评价或自我意识，自卑感是个体对自己能力和品质评价偏低的一种消极情感。自卑感的产生，其根源就是人们不喜欢用现实的标准或尺度来衡量自己，而相信或假定自己应该达到某种标准或尺度，不愿接受现实，不愿用行动去做力所能及的改变；而是沉溺在幻想中，如“我应该如此这般”“我应该像某人一样”等。这种追求大多脱离实际，只会滋生更多的烦恼和自卑，使自己更加抑郁和自责。自卑是人生成功之大敌。自古以来，多少人为自卑而深深苦恼，多少人为找到克服自卑的方法而苦苦寻觅。

大学生摆脱自卑、走向自信的途径主要有以下几种：

（一）用正确方法接纳自我

自我接纳是指个体对自身以及自身所具特征所持的一种积极的态度，即能欣然接受自己现实中的状况，不因自身优点而骄傲，也不因自己的缺点而自卑。一个人如果不接纳自己，连自己的问题都不敢正视，那他怎么能引导自己向上？更何况，在生活中，不接纳自己的人常会把很多能量用在自我否认和排斥上，带着那么多对自己的不满、失望，甚至否认和拒绝，又怎么可能成长？有自我接纳，有不断自我完善的动机和行为，总有一天，就会具备能力，并最终变得自信。

自我接纳的具体做法是：对自己的优缺点进行全面分析，对自己的优点要充分肯定，确定自己的优势和核心竞争力的发展区域。有位激励大师说过：“一个人将自己的一方面优势发挥到极致那就是极大的成功。”有一位老师回忆在他所教的班级中有位学生经常考试不及格，调皮捣蛋，但他歌唱得好，后来经过个人的努力，成了当红歌星。每个人都有缺点和优点，要坦然接纳缺点，发扬优点。

对于自己的缺点，需仔细区分哪些是不可改变的，哪些是可以改变的。面貌、个头、肤色、父母、家庭经济状况、没有特长等都是不可改变的或短时间内难以改变的；懒惰、阅读量少等是属于可以改变的。我们需要按照“改变可以改变的，接受不可改变的”的原则坚决执行。对于不可改变或改变起来比较困难的部分需要完全接纳，下定决心坦然面对和接受它们；对于可改变的，需要尽最大努力去改变。比如，案例中的吴某，他要认识到父母和家境是不可改变的，需要正面对待，做到完全接纳，不必因为家境贫寒而产生任何的情绪困扰。要用以改变可以改变的，尽全力去提升自己。只要努力，吴某的前途照样可以很光明。

做到自我接纳，这件事并不难，只要我们意识到真的要去改变，然后动手去做，并且坚决执行下去。在人际关系中做到接纳，需意识到以下三点：第一，认识到每个人都有自己的优点和缺点，完美无缺的人是不存在的。第二，我能允许自己有一些缺点存在。如果现在还做不到改正这些缺点，那就坦然接纳它们，放下苛刻的自责和无谓的幻想；我可以有我的优点，即使暂时没有优点，我也可以从现在开始学习，从而让自己某方面技能得到发展，所以有缺点存在不影响我的价值和自信，经过我的努力终有一天我可以成才。第三，我能允许别人有缺点，不会因为别人身上存在非原则性的缺点而拒绝与之交往。因此，在人际交往中，应该做到不卑不亢、尊重他人、平等交往。

（二）培养健康的高自尊

1. 健康的自尊的含义

接纳自我是我们意识层面可以调节的。体现自卑的潜意识内容有很多，其中最密切的是自尊和自我价值感低。因此，为了更稳定有效地提高自信心，还需要了解自尊以及自尊形成的原因和调节方法。潜意识与意识的区别在哪里？我们学骑自行车，刚学时，我们需要有意识的全神贯注才能骑好，这时候的会骑车就是意识层面的，当我们经过长时间的反复练习之后，骑车成了条件反射，不需要全神贯注地想着如何做每一步，而是下意识地控制，每一步的动作变成了肌肉记忆，这时候即有了潜意识。因此潜意识是长时间重复的过程。要想改变思维方式，即要想改变潜意识内容，有研究显示大概需要 6 个月时间的反复强化。

自尊是成功人士拥有的最重要的基本品质之一。自尊能让人发挥最大的潜能。自尊是信任并尊重自己。尊重某人意味着欣赏他或她的价值观或价值。因此，当你尊重自己时，你就在欣赏你自己的价值观和价值。潜意识中，你信任你应对人生挑战的能力，你相信你配得上成功和快乐，就会激励你更加努力工作和向往成功。拥有健康的自尊的人能够诚实地对自己说："我真的喜欢我自己。我很高兴我就是我。我宁愿做我自己，而不是做活在现在或历史上任何时候的其他什么人。"

健康的自尊不能等同于利己主义、傲慢、自负、自恋或优越感。事实上，表现出这些特征的人有时试图掩盖他们的低自尊。健康的自尊是指能认识到谁也不比自己拥有更高或更低的价值和重要性。

2. 高自尊与低自尊的区别

高自尊的人是自信的。他们知道自己是重要的、有价值的个体，而且这种感受是潜意识的、深入骨髓的、由内到外的，而不是靠外表或别人的肯定和赞许得来的。高自尊的个体能为了成功和快乐而自由地追求其目标，愿意承担风险，拥有成功的信心，并能够把挫折当作倍增努力的激励。自尊会让人对自己的成就感到自豪，也反过来鼓励个体为进一步的成功而奋斗。

高自尊的效应：

(1) 认可自己的强项和弱项。

(2) 表达自己的真实想法和感受。

(3) 建立和其他人的情感联系。

(4) 给予和接受赞美。

(5) 给予和接受关爱。

(6) 实验新观念和经验。

(7) 表达自己的创造力。

(8) 支持自己。

(9) 冷静地处理压力和愤怒。

(10) 乐观看待未来。

研究表明，高自尊的人总是在追求自己的目标。他们不会被周围人或境遇所阻挡。他们也有信心同自己感兴趣的人士建立关系，他们会接受尝试新事物的挑战，即使失败，也不会伤害自我价值感，而是对自己更加地了解。

许多人受低自尊之害。低自尊的人相信自己没有价值，他们的生活没有什么意义，并且总是不快乐。他们对自己的技能缺乏信心，甚至在自己获得最大成就时也不敢承认。这种自卑的感觉会引起沮丧、焦虑或社交恐惧。

低自尊的效应：

（1）不信任他人。

（2）难以发展亲密关系。

（3）害怕错误，难以做出决定。

（4）无情地批评自己，但又难以处理来自他人的批评。

（5）预感到问题、危机和失败。

（6）忽视自己的需求。

（7）屈服于不合理的要求。

（8）不喜欢成为关注的中心。

（9）掩盖自己对他人的真实想法和感受。

（10）生活在对拒绝和不赞成的恐惧中。

（11）担心成为他人的负担。

（12）感觉自己对生活缺乏控制。

（13）错失人生乐趣。

低自尊的人总是预期自己会失败，他们把失败看作自己生活的一个组成部分。这就引发了焦虑——一种没有特定原因的担忧或不安的感觉。

3. 影响自尊的因素及提高自尊的方法

（1）成功的经历对自尊的影响。

一般来说，成功引发高自尊，而失败导致低自尊。然而事实并非总是如此，一些人尽管"拥有一切"却饱受低自尊之苦，许多成就不大的人却对自己感觉良好。

（2）有条件的爱和无条件的爱对自尊的影响。

自尊的基础建立于人生最初的三四年。如果儿童的父母表现出无条件的积极关心，即不管其特定行为如何都给予关爱、培养、认可、鼓励和支持，那么儿童通常认可自己并发展出积极的自尊。相反，如果父母给予的是有条件的积极关心，即关爱和认可一个人，尤其是儿童，其条件是他或她达到某种条件，来自这种家庭的儿童一般发展出低自尊。例如，一些父母要求他们的孩子在学校获得优异成绩或擅长运动，才给予其爱和关心，不是因为他们是谁而认可他们，仅仅是因为他们做了什么以及做得好才认可他们。这些人认为自己的价值依赖于特定的成就或成绩，比如，赢得一份特定的薪水或拥有特定的成就等。如果他们未能达到自己定的标准，他们对自己的感觉就会很糟糕，价值感就会遭到挑战。因此，我们要无条件地认可自己的存在和价值。作为一个人的存在，本身就具有了与其他所有人一样的至高无上的价值，谁也不比你有更高或更低的价值。只是你需要时时提醒自己，让这样的价值感深入潜意识。

（3）社会支持对自尊的影响。

社会支持简单来说即良好的人际联系。当我们长大成人后，对认可和关爱的需要并不会消失。无论我们年龄多大，我们都需要感觉自己在社交圈子中得到了关注、欣赏和重视。那些帮助我们感觉被重视、关注和与别人相联系的人的话语和行为，就是所谓的社会支持。

社会支持是自尊的驱动力。得不到社会支持的人承受低自尊和孤独之苦。我们需要分清孤独和独处不是一回事。大多数人偶尔地甚至经常地享受独处。真正的孤独是对独处的悲哀感。我们所有人都会不时地与孤独抗争，这是很普遍和正常的现象。如果你经常承受孤独之苦，为了避免孤独感，你就要主动建立社会支持系统，主动建立朋友圈，主动地给予别人社会支持，而不是等待别人对你产生兴趣。社会支持系统对一个人一生的心理健康都有重大的作用。如果你不知道如何维持良好的人际关系，可以在第八章《优化形象和谐交往》中寻找答案。

（4）自恋需要是否得到合理的满足。

精神分析流派的分支自体心理学告诉我们，每个人天生就有自恋的需要，都有一个渴望被肯定、被看到的部分，这种需要在幼儿期会表现为强烈的夸大表现欲望，这时候父母或主要抚养者能否看到和合理地满足孩子的这部分需要就显得尤为重要。如果能够得到基本满足，而且同时，他们也渴望能够靠近那些他们认为有力量的形象，如果被这些力量允许靠近并被接纳，他们就会有力量、有企图心，同时产生健康的自尊和自我价值感，奠定自信心的扎实基础；如果不能得到满足，甚至有的父母或主要养育者严重打击、批评孩子，这些孩子的自尊心强烈受挫，长大后内心自我价值感就会偏低，他们可能会寻求其他支撑自我价值的资源，如成绩好或某方面做得好，如果支撑力量很强大、很稳定，那也不会出现大的问题，但他们面临的学业或工作压力可能会比别人大，容易产生焦虑情绪。担心自己做不好，因为一旦做不好就会导致自我价值感的支撑大厦崩塌。如果支撑的资源面临挑战、岌岌可危，这时他们可能会陷入自我怀疑的抑郁情绪中，背后的原因可能是无法面对低自我价值的羞耻感。根本原因还是正常的自恋需要没有得到满足。因此，若我们意识到这点，可以通过自己的努力或寻求心理专业人员的帮助，从障碍中走出来。

（5）是否认识自己并建立适合自己的目标。

正如本章前部分所讲，对自己有清晰的认识，尤其对自己优缺点有较清晰的认识，这样就不会受太多外界评价的影响。另外，结合自己的优势、兴趣、擅长与社会发展需要，建立适合自己的发展目标。当个体对自己有清晰的认识，不受无谓的情绪困扰，知道自己将来发展的方向，并集中精力为之努力，就会发展出“我的前途很光明”“谁也不比我有更高或更低的价值”的高自尊和自信心来。

【阅读思考】

不会说“不”的痛苦老好人

宿舍的同学总是让我做这做那，我很老实并且不会拒绝。到后来宿舍里不管有什么事情，只要他们不愿意做的，就会让我去做，跑腿、打开水、倒垃圾、拿快递、占座位等都变成我的事了。有时候他们还对我发脾气，说些过分的话，我都容忍了，但我做了这些事之后，我们的关系并没有改善，他们一帮人集体活动时不会叫上我。其实他们叫我做事的时候我挺不愿意干的。比如，我正在专心致志地做某件事情，他们要我把手上的事情放下来，先陪他们把他们的事情干了。我并不想理他们，可是当他们来找我的时候一个个嬉皮笑脸的样子，我又不忍拒绝他们。而当我需要帮忙的时候，他们总找各种理由推脱。我很生气，但是为了宿舍有个融洽的关系，我还是容忍了，可有时候真的气得没有办法。

该同学符合很多低自尊的特征，即不敢表达自己的合理需求，生活在对拒绝和不赞成的恐惧中，难以发展亲密关系，掩盖自己对他人的真实想法和感受……应发展健康的自尊，只有自己尊重和肯定自己的价值，才不会认为别人都不想带我玩。要认识和做到"谁也不比我有更高或更低的价值"，不再做"受害者"角色，主动切断消极人际预期，改为积极预期等，具体方法本章后面会提到。

（三）用补偿心理超越自卑

补偿心理是一种心理适应机制，个体在适应社会的过程中总有一些偏差，以求得到补偿。从心理学上看，这种补偿，其实就是一种"移位"，即克服自己生理或心理的某方面缺陷，而发展自己其他方面的长处、优势，赶上或超过他人的一种心理适应机制，正是这一心理机制的作用，使自卑感成了许多成功人士成功的动力，成了他们超越自我的"涡轮增压"，而"生理缺陷"愈大的人，他们的自卑感也愈强，寻求补偿的愿望就愈大，成就大业的本钱就愈多。

解放黑奴的美国总统林肯是私生子，出生卑贱，长相一般，言谈举止缺乏风度，他对自己的这些缺陷十分敏感。为了补偿这些缺陷，他力求从教育中汲取力量，拼命自修以避免知识贫乏和孤陋寡闻。他最终摆脱了自卑，并成为有杰出贡献的美国总统。贝多芬从小听觉有缺陷，耳朵全聋后，仍克服困难写出了优美的《第九交响曲》，他的名言——"人啊，你当自助！"成为许多自强不息者的座右铭。

在补偿心理的作用下，自卑感具有使人前进的反弹力。由于自卑，人们会清楚甚至过分地意识到自己的不足，这就促使其努力学习别人的长处，弥补自己的不足，从而使其性格受到磨砺，而坚强的性格正是人们获取成功的心理基础。

自卑能促使人走向成功。人道主义者威特·波库指出，在每个人的内心深处都有一种灵性，凭借这一灵性，人们得以完成许多丰功伟业。这种灵性是潜在于每个人内心深处的一股力量，即维持个性，对抗外来侵犯的力量。它就是人的"尊严"和"人格"。人们要维护自己的尊严和人格，就要求克服自卑，战胜自我。因此，令人难堪的种种因素往往可以成为发展自己的跳板。一个人的真正价值、道德取决于能否从自我设置的陷阱里超越出来，而真正能够解救我们的，只有我们自己，即所谓"上帝只帮助那些能够自救的人"。

强者不是天生的，强者也并非没有软弱的时候，强者之所以成为强者，在于他善于战胜自己的软弱。一代球王贝利初到巴西最有名气的桑托斯足球队时，他害怕那些大球星瞧不起自己，竟紧张得一夜未眠，他本是球场上的佼佼者，却无端地怀疑自己，畏惧他人。后来他设法在球场上忘掉自我，专注踢球，保持一种泰然自若的心态，之后便以锐不可当之势进了一千多个球。球王贝利战胜自卑的过程告诉我们：不要怀疑自己、贬低自己，只要勇往直前，付诸行动，就一定能走向成功。久而久之，就会从紧张、恐惧、自卑中解脱出来。因此，不甘自卑、发愤图强、积极补偿，是医治自卑的良药。

心理补偿是一种使人转败为胜的机制，如果运用得当，将有助于人生境界的拓展。但应注意两点：一是不可好高骛远，追求不可能实现的补偿目标；二是不要受赌气情绪的驱使。只有积极的心理补偿，才能激励自己达到更高的人生目标。

（四）用乐观态度面对失败

在自我补偿的过程中，还需正确面对失败。人生之路，一帆风顺者少，曲折坎坷者多，成功是由无数次失败构成的，正如美国通用电气公司创始人沃特所说："通向成功的路，即把你失败的次数增加一倍。"但失败对人毕竟是一种"负性刺激"，总会使人产生不愉快、沮丧、自卑。那么，如何面对，如何自我解脱，就成为能否战胜自卑、走向自信的关键。

面对挫折和失败，唯有保持乐观积极的心态，才是正确的选择。其一，做到坚韧不拔，不因挫折而放弃追求；其二，注意调整、降低原先脱离实际的"目标"，及时改变策略；其三，用"局部成功"来激励自己；其四，采用自我心理调适法，提高心理承受能力。

要使自己不成为"经常的失败者"，就要善于挖掘、利用自身的"资源"。虽然有时个体不能改变"环境"的"安排"，但谁也无法剥夺其作为"自我主人"的权利。应该说当今社会已大大增加了这方面的发展机遇，只要敢于尝试，勇于拼搏，是一定会有所作为的。屈原被放逐乃赋《离骚》，司马迁受宫刑乃成《史记》，就是因为他们无论什么时候都不气馁、不自卑，都有坚韧不拔的意志！有了这一点，才能挣脱困境的束缚，走向人生的辉煌。

此外，作为一个现代人，应具有迎接失败的心理准备。世界充满了成功的机遇，也充满了失败的可能。所以要不断提高自我应对挫折与干扰的能力，调整自己，增强社会适应能力，坚信失败乃成功之母。若每次失败之后都能有所"领悟"，把每一次失败都当作成功的经验积累，那么就能化消极为积极，变自卑为自信。

（五）用实际行动建立自信

征服畏惧，战胜自卑，不能夸夸其谈，止于幻想，而必须付诸实践，见于行动。建立自信最快、最有效的方法，就是去做自己害怕的事，直到获得成功。具体方法如下：

1. 突出自己，挑前面的位子坐

在各种形式的聚会中，在各种类型的课堂上，后面的座位总是先被人坐满，大部分占据后排座位的人，都希望自己"不太显眼"。而他们怕受人注目的原因就是缺乏信心。

坐在前面能建立信心。因为敢为人先，敢上人前，敢于将自己置于众目睽睽之下，就必须有足够的勇气和胆量。久而久之，这种行为就成了习惯，自卑也就在潜移默化中变为自信。另外，坐在显眼的位置，就会放大自己在领导及老师视野中的比例，增强反复出现的频率，起到强化自己的作用。把这当作一个规则试试看，从现在开始就尽量往前坐。虽然坐前面会比较显眼，但要记住，有关成功的一切都是显眼的。

2. 睁大眼睛，正视别人

眼睛是心灵的窗口，一个人的眼神可以折射出性格，透露出情感，传递出微妙的信息。不敢正视别人，意味着自卑、胆怯、恐惧；躲避别人的眼神，则折射出躲避、不坦荡的心态。正视别人等于告诉对方："我是诚实的，光明正大的；我非常尊重自己，也非常尊重你、喜欢你。"

因此,正视别人,是积极心态的反映,是自信的象征,更是个人魅力的展示。

3. 昂首挺胸,稳步行走

许多心理学家认为,人们行走的姿势、步伐与其心理状态有一定关系。懒散的姿势、缓慢的步伐是情绪低落的表现,是对自己、对工作以及对别人不愉快感受的反映。倘若仔细观察就会发现,身体的动作是心灵活动的结果。那些遭受打击、被排斥的人,走路都拖拖拉拉,缺乏自信。反过来,通过改变行走的姿势与速度,有助于心境的调整。要表现出超凡的信心,走起路来稳重有力,抬头挺胸,仿佛告诉整个世界:“我是一个很棒的人,要去做很重要的事情。”步伐稳健敏捷,身姿昂首挺胸,会给人带来明朗的心境,会使自卑逃遁,自信心增强。

4. 练习当众发言

面对大庭广众讲话,需要巨大的勇气和胆量,这是培养和锻炼自信的重要途径。在我们周围,有很多思维敏锐、天资颇高的人,却无法发挥他们的长处参与讨论。并不是他们不想参与,而是缺乏信心。

在公众场合,沉默寡言的人都认为:“我的意见可能没有价值,如果说出来,别人可能会觉得很愚蠢,我最好什么也别说,而且,其他人可能都比我懂得多,我并不想让他们知道我是这么无知。”这些人常常会对自己许下渺茫的诺言:“等下一次再发言。”可是他们很清楚自己是无法实现这个诺言的。每次的沉默寡言,都是又中了一次缺乏信心的毒,他会渐渐丧失自信。

从积极的角度来看,每次尽量发言,就会增加信心。不论参加什么性质的会议,每次都要主动发言。有许多原本木讷或有口吃的人,都是通过练习当众讲话而变得自信起来的,如萧伯纳、田中角荣、德摩斯梯尼等。因此,当众发言是信心的“维生素”。

5. 学会微笑

大部分人都知道笑能给人自信,它是医治信心不足的良药。但是仍有许多人不相信这一套,因此在他们恐惧时,从不试着笑一下。

真正的笑不但能缓解自己的不良情绪,还能马上化解别人的敌对情绪。如果你真诚地向一个人展颜微笑,他就会对你产生好感,这种好感足以使你充满自信。正如一首诗中所写:“微笑是疲倦者的休息,沮丧者的白天,悲伤者的阳光,大自然的最佳营养。”

【阅读思考】

从“当别人”到“做自己”

人生有梦最美,而最普遍、最美好的梦想莫过于“做自己”——照自己的心愿去发挥自己的潜能。但若认真追究,多数人所谓的“做自己”,其实是希望能“当别人”。这个“别人”,通常是你所羡慕的名人,像知名的歌星、演员、艺术家、商业大亨或科学巨擘等,觉得自己如果能成为他们,过跟他们一样的生活,那就会有无比的幸福。譬如演过《卧虎藏龙》《艺妓回忆录》而名扬国际的章子怡,是很多女性羡慕的对象,“如果能成为像她那样的女人,又漂亮又有气质,能发挥才艺又能出名,受众人爱戴,那该有多好”!不少人在羡慕之余起而效仿。

这种现象其实古已有之,《庄子·天运》就有一个东施效颦的故事:美丽的西施因心口疼痛而皱着眉头走路,丑女东施见了,羡慕西施的病态之美,模仿西施的捧心皱眉。村里的富人看见了,紧闭家门而不出;穷人看见了,带着妻儿远远跑开。

为什么会如此呢?因为那个丑女只知道皱着眉头好看,却不知道人家皱着眉头为什么美。如果自己没有那个条件,那么不管如何用心模仿,结果通常是"画虎不成反类犬",不仅无法得到同样的效果,还会贻笑大方。当你不想做自己而渴望成为别人时,你要知道你所羡慕的那个人很可能也不想做自己,而希望去过另一种生活。

庄子很早就看出了人们的这种毛病:夔羡慕蚿,蚿羡慕蛇,蛇羡慕风,风羡慕眼睛,眼睛羡慕心灵。夔为什么羡慕蚿?因为夔只有一只脚,而蚿有很多脚;那蚿为什么羡慕蛇?因为蛇没有脚也能爬行;而没有脚的蛇则羡慕无形的风;无形的风却羡慕一张开就能看到远方的眼睛;眼睛则羡慕能超越时空遐想的心灵。

一般人想过名人或伟人的生活,但名人和伟人却有可能想过另一种生活,这让人想起林语堂所说的:"大家都想做另外一个人,只要那个人不是他现在的自己。"个中道理其实很简单,因为每个人都想换换口味,尝试一些新鲜、没有过的经验,都想去做些比目前更高级或者更低级的事,这其实是一种普遍的人性。

在一个讲究包装的社会里,我们常禁不住羡慕别人光鲜华丽的外表,而对自己的欠缺耿耿于怀。没有一个人的生命是完整无缺的,每个人总会少了一些东西。有人夫妻恩爱,月入数十万,却有不孕症;有人才貌双全、能干多财,情字路上却坎坷难行;有人家财万贯,却子孙不孝;有人看似好命,却一辈子脑袋空空。每个人的生命,都被上苍划开了一道缺口……不再去羡慕某人如何如何,好好数数上天给你的恩典,你会发现你所拥有的绝对比你没有的要多出许多。

所以,不要只看到别人拥有的,却忘了自己所有的。当你羡慕别人,把想"当别人"看成是在"做自己",不要忘了,别人也正默默地羡慕你的生活。既然大家彼此羡慕,那不如大家都好好做真正的自己。

二、自负心理的调适

自负心理就是盲目自大,过高地评估个人的能力,失去自知之明。人是不能没有健康自恋心理的,尤其对大学生来说,在适当的范围内,一定的自恋、自信可以激发他们的斗志,树立必胜的信心,坚定战胜困难的信念,使他们能够勇往直前。但是,过度自恋即自负,我们的自信心必须建立在客观现实的基础上,脱离实际的自负不但不能帮助事业成功,反而影响自己的生活、学习、工作和人际交往,严重的还会影响心理健康。

自负的人难免心高气傲,有的自视过高,总爱抬高自己贬低别人,把别人看得一无是处,总认为自己比别人强很多;有的固执己见,唯我独尊,总是将自己的观点强加于人,在明知别人正确时,也不愿意改变自己的态度或接受别人的观点。自负的人也很少关心别人,与他人关系疏远。他们经常从自己的利益出发，不太顾及别人。

（一）自负的一般表现

（1）自视过高并自私。这种人时时事事都从自己的利益出发，从不顾及别人的感受，平时对人没有丝毫的热情，似乎人人都应该为他服务，结果落得个门庭冷落。

（2）看不起别人，总认为自己比别人强很多。这种人固执己见，唯我独尊，总是将自己的观点强加于人，在明知别人正确时，也不愿意改变自己的态度或接受别人的观点。总爱抬高自己贬低别人，把别人看得一无是处。

（3）过度防卫，有明显的忌妒心。这种人有很强的自尊心，当别人取得一些成绩时，会产生较强的忌妒心，极力去打击别人，排斥别人。当别人失败时，幸灾乐祸，不向别人提供任何有益的信息。在别人成功时，这种人还常用"酸葡萄心理"来维持自己的心理平衡。

（二）克服自负的方法

1. 直面"不好"是根治自负的最佳办法

自负者的致命弱点是不愿意面对别人的批评和建议，对别人的批评很敏感和排斥，自负者的自尊非常脆弱。他们害怕一旦面对自己不理想的一面，就需要直面"不好"带来的强烈羞耻感。如果个体的成长经历中没有感受到足够的爱，夸大表现的欲望也没有得到基本满足，没有得到父母的认同，也没有遭受到恰到好处的挫折等，那么该个体是脆弱的，对于"不完美"的挫折忍受度是低的，只能待在"我是好的"那一部分。如果发现自己是这样的人，需要直面"不够好"的那一面，坦然接受现实，或者找专业咨询师帮助自己成长。接受别人的批评，并不是让自己完全服从于他人，别人的批评建议也不等于攻击，而是要更好地认识自己，改变过去固执己见、唯我独尊的形象，以此为契机，建立更健康的自尊。

2. 与人平等相处

自负者以自己为中心，无论是在观念上还是在行动上都无理地要求别人服从自己。平等相处就是要求每个人以一个普通社会成员的身份与别人平等交往。只有从根本上意识到和坚持做到"谁也不比我有更高或更低的价值"，此时才真正形成健康的自尊。

3. 提高自我认识

要全面地认识自我，既要看到自己的优点和长处，又要看到自己的缺点和不足，不可一叶障目，不见泰山，抓住一点不放，未免失之偏颇。认识自我不能孤立地去评价，应该把自己放在社会中去考察，每个人生活在世上都有自己的独到之处，都有他人所不及的地方，同时又有不如人的地方，与人比较不能总拿自己的长处去比别人的不足，把别人看得一无是处。

4. 要以发展的眼光看待自己

既要看到自己的过去，又要看到自己的现在和将来，辉煌的过去可能标志着你过去是个英雄，但它并不代表现在，更不能预示将来。

三、以自我为中心的心理调适

随着自我意识的发展，大学生越来越感到自己内心世界的千变万化、独一无二，他们越来越多地把关注的重心投向自我，尤其是那些有较强自信心、自尊心、优越感、独立感的学生就比较容易出现以自我为中心的倾向。当这种倾向与一些不健康的思想意识(个人主义、自私自利思想等)和心理特征(过强的自尊心、唯我独尊等)结合时,就会表现出过分的、扭曲的以自我为中心的行为。

(一) 以自我为中心的主要表现

1. 少关心别人,与他人关系疏远

由于这种人时时事事都从自己的利益出发,不顾别人,有事则登三宝殿,而不求于人时,则对人没有丝毫热情,似乎人人都应该为他服务。实际上,人类的交往是互惠的,“人人为我,我为人人”,对于这种以自我为中心的人,任何人都不愿以大的代价去获得小的收益。

2. 固执己见、唯我独尊

这种人在人群中总是以自己的态度作为别人态度的“向导”,别人都应该有与自己一样的态度,而且这种人在明知别人正确时,也不愿意改变自己的态度或接受别人的态度,因而难以从态度、价值观的层次上与别人进行交往,整个交往的水平很低。

3. 自尊心过强,有明显的忌妒心

这种人有很强的自尊心,事无巨细不愿损伤自尊,强烈地维护着自己,因此他们不希望或不愿意别人在自己之上,对别人的成绩、成功非常地妒忌,对别人的失败幸灾乐祸,不愿意向别人提供任何有益的信息。

(二) 克服过分以自我为中心的途径

(1) 树立健康的人生观,自觉地将自己和他人、集体结合起来,走出自己的小天地。

(2) 恰当地评价自己,既不低估自己也不高估自己,既不妄自菲薄也不自高自大。

(3) 尊重他人,只有尊重和信任才能获得友谊。人际交往都讲求互惠的原则,希望别人对自己好,那么自己也应该有相应的付出。如果在交往中为了满足自己的私利,处处维护自尊,与其他人造成对立,最终只能将自己封闭起来,将自己与外界隔离开来,处于自我封闭和自我隔绝的状态。应当设身处地地从他人的角度思考问题,将心比心,真诚地关爱他人。

第三节 压力挫折的应对与超越

一、正确认识与面对压力

(一) 正确认识压力

压力是指当个体面临外在环境刺激时,经认知评估,感到外在环境刺激会给自身造成相当程度或过度的负荷、感到个体资源无法应付的情况。压力的主要特征是不可控性。当个人不知道接下来会发生什么或个人控制感很小时,心理上会有压力。如很多学生不知道如何才能快速学好英语,面临四级考试,由于把握性不大,所以会惴惴不安,压力很大。

压力反应带有明显的主观性,在多数情况下,即使面对同一压力情境,不同的人也会产生不同的反应。

（二）心理压力管理——提高压力承受力

1. 提高压力承受力

压力带有明显的主观性，一个事件能否引发个体产生压力，主要受个人主观上对事件的认识和看法的影响。如果个体将别人认为严重的压力情境认知评价为不严重，那么他的压力反应会很微弱；反之，如果将别人认为不严重或根本不存在的压力情境评价为严重的，则会引起强烈的情绪反应。因此，提高自己对压力的承受力，就可以大大减轻压力水平。当然这需要不断体验压力并不断寻找解决办法。

【阅读思考】

心理压力是"成长的粮食"

有这样一位同学，他在学校参加各种活动，有成功的收获，但更多的是失败的挫折，该同学的大学生活是痛苦和有压力的，但他每次感觉压力很大时，他都想办法调整自己的情绪，向各种人学习。例如，他向奥运选手学习，他们的压力肯定比自己大很多，他们也没有崩溃啊；他向政界领导人学习，他们日理万机处理各种棘手和重大的问题，他们也能轻松应付啊，他这样的小小压力又算什么呢。他又想：要想成为有用的人才，就需要提高自己承受压力的能力，当一个人接到艰巨的任务也能轻松应对时，他就是个了不起的人才。在压力出现时，他用肌肉和呼吸放松法、体育运动、倾诉等各种宣泄方式来减轻压力，不断提高自己的压力承受能力。几年大学生活让他锻炼出比其他同学强很多倍的压力承受能力，因此在找工作时他显得更加成熟、稳重和自信。

2. 自我接纳

认清自己的优点、缺点，对优点进行充分肯定，从而找到自己稳固的自信心，对自己的缺点进行分类，哪些是不可改变的，需要拿出十二分的决心来完全接纳这些缺点，从此以后再不会因为这些不可改变的缺点而伤心和自卑，对于可以改变的缺点，则尽最大努力去改变。比如，一个女孩不可因自己的皮肤黑而伤心和自惭形秽，需要接纳这个事实，放下心理包袱，而把精力释放出来并投入学业中，不断提高自己。

3. 改变可以改变的，接受不可改变的

必须认清，有些压力靠个人无法解决，不妨抱着试一试的态度——改变可以改变的，接受不可改变的，用智慧去区分二者。

【阅读思考】

挫折是巨大的礼物

有这样一位同学，他刚进大学就担任班长一职，满腔热血，为班级大大小小的事情操持着，从不言苦。一学期以后，该班长挂科好多门，非常羞愧，主动辞掉班长一职。这件事对他打击很大，给他的情绪造成了很大的困扰，他不再像之前那么自信，开始否定自己，尤其觉得很丢面子。

遇到这样的压力，我们应该怎样调节此压力，让其有利于自己的成长呢？

其实，该同学要认识到，人生不可能一帆风顺，遭遇大大小小的挫折是难免的。只要从挫折和错误中吸取教训，自己就会成长起来。首先，该同学应分析自己身上为什么会发生这样的事情，自己的时间分配是否有问题，是否因处理太多琐事而把学习耽误了，若是，就要学会合理分配时间，作为管理者，要学会分工协作；其次，该同学把面子看得太重。要允许自己有缺点存在，坦然接受不完美，不要太好面子，否则容易导致自己陷入情绪困扰中，不利于自身成长；再次，如果能从中吸取教训，将来在工作和学习中能避免类似事情发生，那么这次挫折就是自己收到的巨大的礼物。

4. 允许自己犯错误和允许别人犯错误

一直流行一句话："不要拿别人的错误来惩罚自己！"更不要拿自己的错误来惩罚自己和别人。人无完人，是人都会犯大大小小的错误，如果我们一直纠结于过去的错误（包括自己犯的和别人犯的），不能释放全部能量去追求我们该追求的事物，就会耽误了理想、失去快乐。当自己犯错误之后，应分析此错误是否可以弥补，如果可以弥补，则应尽快弥补；同时要分析错误产生的原因，找出可以改正的地方，以便下次不再犯同样的错误。犯了错误要放得下，不要想把每件事都做得尽善尽美。同理，我们也要允许别人会犯错误，并能学会宽容别人。

（三）生理压力放松——减轻生理压力感

1. 快速眼动法

美国心理学家广泛使用的一种减压技术叫作眼球移动术（EMT），具体方法是：集中思想于你感到有压力的事，直到你认为你的忧虑程度达到 6 分以上（完全无法忍受的情况为 10 分），然后，保持头部竖直不动，飞快地在左右两个物体之间转动眼球 25 次。这时，再评估一下你的压力程度，一般来说压力感会至少下降两分；必要的话可再重复此眼球运动，直到压力不再影响你的正常工作和生活为止。

2. 肌肉放松法

方法一：逐步地放松全身的肌肉群。从头部肌肉到颈部肌肉，再到胸部、腹部，再到臀部、大腿、小腿，最后到脚趾。先尽最大力量收缩肌肉，同时辅以吸气，然后突然放松并呼气，达到全身肌肉的放松。由于指导语较长，同学们可以自己到网上搜索"肌肉放松法指导语"，然后按指导语去做，可以有效地放松身心。

方法二：平躺在床上，用尽全力往前伸直双臂和双腿，坚持几秒钟，然后放松，深呼吸。重复几次，直到全身肌肉放松下来。这时会有要打哈欠的感觉，趁势多打哈欠，可以刻意地做打哈欠的动作，待打很多次哈欠过后，身体慢慢地会彻底放松下来，然后找个舒服的姿势入睡，睡醒后人会感觉神清气爽，压力得到很大的缓解。

3. 呼吸放松法

芮克式呼吸法：平躺在床上，不用枕头，双腿弯曲，两脚平放在床上。深深地将气吸到腹部,然后张大嘴,大声地发出“哈”的声音,将气呼出去。在呼出气的同时,也可以将你抱怨的事情大声地说出来,一定要用足力气去吸气和呼气。重复多次,直到浑身没有力气为止。该方法可以帮你将所有负面情绪发泄出去,找到内心的真正需要,净化自己的内心,减轻压力,并能增加正能量。

(四) 建立社会支持系统——走出压力深渊

要建立一个社会支持系统,包括父母、亲戚和师长、朋友等,当自己有困难或压力时,可以倾诉和得到支持。是否有社会支持系统对一个人的心理健康有相当大的影响。因此,平时要多花精力和时间建立,做必要的心理支持储蓄工作。

请每位同学认识到社会支持的重要性,将此任务作为人生大事来面对。

(五) 如何改变拖延症

戴尔·卡耐基在《人性的弱点》中指出:一个人不会因为工作过于劳累而死亡,却会死于浪费和忧虑。不错,他会死于精力的浪费。而他之所以忧虑,是因为他没有养成良好的工作习惯,他的工作看起来似乎永远都做不完。

1. 改变拖延症的要诀一:事情一出现就立即处理

拖延症者经常是追求完美者,希望将事情做得非常完美,而这个标准一般是超出自己的现有能力范围的,因此就很难着手去做。时刻觉得应该去做这些重要又困难的任务,但是又没办法快速达到自己的过高要求,或者是没办法让自己高效率地投入这件事中,也就是急躁得心静不下来,结果只能一拖再拖。当事情拖着的时候,心里会时刻觉得有很多件重要事情需要去做,可是又没有时间或没有自我效能感去做。结果不但会让人感到焦虑和疲倦,还会使人因为忧虑而患高血压、心脏病和胃溃疡等。

【阅读思考】

苦恼的高级主管

《人性的弱点》书中举了个著名案例。著名心理治疗师威廉·桑德尔博士就采用一种简单的办法,使一个病人避免了精神崩溃。这个病人是芝加哥一家大公司的高级主管,他刚去桑德尔博士的诊所就诊的时候,非常紧张不安,而且很忧虑。他知道自己可能会精神崩溃,但是他不能辞去工作。他需要别人帮助他。

“当这个人正把他的问题告诉我的时候”,桑德尔博士说,“我的电话铃突然响了起来,是医院打来的电话。我没有和对方多讨论,当场就给对方做了回答——我总是尽可能当场解决问题。我刚挂上电话,铃声又响了。这次又是一件很紧迫的事情,我花了一点时间和对方讨论。第三次打来电话的是我的一个同事,他为了一个病得很重的病人来问我的意见。我和他讨论完了之后,转过身正想向我的病人道歉,可是他脸上的表情却完全变了,显得非常的开心。”

“不必道歉了，大夫，”这个人对桑德尔说，“在刚才的10分钟里，我想我已经知道我的问题出在哪里了。现在我要回我自己的办公室，改掉我的工作习惯……可是，在我走之前，你能不能让我看看你的桌子呢？”

桑德尔博士打开他办公桌的几个抽屉，里面全都是空的，只放了一些文具。“请你告诉我，”那人说，“你没有办完的事情都放在哪里？”

“都做完了。”桑德尔说。

“那你还没有回的信放在哪里呢？”

“都回了，”桑德尔告诉他，“我的原则是，信不回复绝不放下来。我一般都是马上口述回信，同时让我的秘书打出来。”

6个星期之后，那位高级主管把桑德尔博士请到他自己的办公室。他完全改变了，他的办公桌也不同以往了。他打开办公室的抽屉，里面不再有还没做完的工作。“6个星期以前，”这位高级主管说，“我在两个办公室里有3张写字台。我整个人都埋在工作里，事情永远也做不完。那次我和你谈过之后，回到办公室，清理出了一大车的报表和旧文件。现在我的工作只需要一张写字台，事情一出现就立即处理。这样就不再会有堆积如山的工作等着我去做，让我焦虑和忧虑。可是，最让我意料不到的是，我完全恢复了健康，现在一点病都没有了。”

2. 改变拖延症的要诀二：根据事情的重要程度安排先后

戴尔·卡耐基在《人性的弱点》一书中谈到，创建了分公司遍及全美的事务公司的亨瑞·杜哈提说，不论他出多少钱，都找不到一个具有两种能力的人。这两种能力是：第一，能思考；第二，能按事情的重要程度来安排做事的先后顺序。

查尔斯·卢克曼在12年之内，从一个默默无闻的人一跃而成为大公司的董事长。他说这都要归功于他具有亨瑞·杜哈提所说的几乎不可能找到的两种能力。查尔斯·卢克曼说：“就我记忆所及，我每天早上都是5点钟起床，因为我那时候的思路比其他时间都更清晰。那时候我可以考虑周到，计划一天的工作。我可以按事情的重要程度来决定做事的先后顺序。”

二、正面认识与面对挫折

一个人的一生中不可能总是一帆风顺，风华正茂的大学生将随着知识的积累、阅历的丰富逐步走向成熟。在这些过程中，大大小小的挫折将时刻伴随左右，只有敢于和善于直面人生的挫折，才能在挫折中奋飞，在拼搏中成功。

（一）要正确地认识挫折

挫折，是指人们在有目的的活动中，遇到阻碍人们达成目的的障碍。心理学上指人在达到自己人生目标过程中所受到的困难以及因无法克服这种困难而产生的一种紧张状态和情绪反应，会给人带来实质性伤害，表现为失望、痛苦、沮丧不安等。从哲学上讲，挫折的产生既是必然的,又是偶然的。说其必然,是指在人生整个过程中,人们总是或多或少、或轻或重地遇到各种不同的挫折;说其偶然,即在人生旅途中,每个人可能遇到什么样的挫折、什么时候发生挫折是很难预料的。

挫折包括三个方面的含义:

一是受折情境,即指对人们有动机、目的的活动造成的内外障碍或干扰的情境状态或条件,构成刺激情境的可能是人或物,也可能是各种自然、社会环境。

二是挫折认知,即指对挫折情境的知觉、认识和评价。

三是挫折反应,即指个体在挫折情境下所产生的烦恼、困惑、焦虑、愤怒等负面情绪交织而成的心理感受,即挫折感。其中,挫折认知是核心因素,挫折反应的性质及程度主要取决于挫折认知。

一般来说,挫折情境越严重,挫折反应就越强烈;反之,挫折反应就越轻微。但是,只有当挫折情境被主体所感知时,才会在个体心理上产生挫折反应。如果出现了挫折情境,而个体没有意识到,或者虽然意识到了但并不认为它很严重,那么,也不会产生挫折反应,或者只产生轻微的挫折反应。因此,挫折反应的性质、程度主要取决于个体对挫折情境的认知。

挫折反应和感受是形成挫折的重要方面,个体受挫与否,是由当事人对自己的动机、目标与结果之间关系的认识、评价和感受来判断的。挫折与个人的抱负水平直接相关。对某人构成挫折的情境和事件,对另一人不一定构成挫折,这就是个体感受的差异。挫折具有双重性质。在积极方面,给人以经验,锻炼人的意志;在消极方面,使人失望、痛苦、沮丧,甚至意志消沉、不思进取。挫折可以导致不同的行为反应,既可以是理性行为,如改变策略、降低要求、找借口以自我安慰等;可能是非理性行为。正如巴尔扎克所说,世上的事情,永远不是绝对的,结果完全因人而异。苦难对于天才来说是一块垫脚石,对于能干的人是一笔财富,而对于弱者是一个万丈深渊。

(二)冷静且客观地分析挫折产生的原因

挫折的产生不外乎客观原因和主观原因两种情况。客观原因即外界条件的限制和阻碍,这种条件主要包括自然条件和社会条件。自然条件如天灾;社会条件如社会政治动荡、战争等。无论是自然的天灾,还是社会变迁影响,对于个体都是不可选择的。因为人不可能选择家庭出身、社会时代,更不可选择自然。主观原因,即是主体条件的限制和阻碍,它主要包括行为者自身的条件和认识的偏差两个方面。个体自身的条件,如容貌、身高、健康、经济状况、智力、心理素质等是影响个人目标实现的因素。认识的偏差表现为目标过高和期望值过高,致使行动上无论怎样努力都难以达到目标。

青年期正处于自我意识确立的敏感期,思维方式的两极波动异常易使青年走向简单否定。因此,冷静地对产生挫折的原因进行客观的分析,不仅需要掌握唯物辩证法这个基本武器,还要善于改变自身的不良认知。

(三)受挫后行为反应的类型

1. 受挫后的非理性行为

受挫后的非理性行为反应主要有 4 种:

（1）攻击。个人遭受挫折时产生的愤怒情绪所引起的攻击性行为。包括直接攻击和间接攻击。直接攻击是对构成挫折的人或物的攻击；间接攻击又称转向攻击，是对引起挫折的人或物之外的其他人或物进行的攻击，这种情况又称为迁怒，往往在不能或无法进行直接攻击的场合发生。

（2）倒退。倒退又称退化，指个人遭受挫折时表现出与自己年龄不相称的幼稚行为来应付挫折情境的情况。

（3）固执。固执是指个人遭受挫折时刻板地反复进行的某种无效动作。明知不会有任何结果，但仍要继续进行，不能随机应变。

（4）冷漠。冷漠是指个人遭受挫折以后表现出的对挫折漠不关心和无动于衷的态度反应。

2. 受挫后的理性行为

（1）坚持。如爱迪生面对挫折时绝不气馁，他发明电灯时，先后试验了7 600多种材料，失败了8 000多次，仍不气馁，终于获得成功。再如物理学家霍金，身残志坚，做出了不起的贡献。

（2）调整目标或途径再尝试。如卧薪尝胆的勾践。越国兵败吴国于公元前494年，越国勾践只好“审辞厚礼”向吴求和，等待东山再起。勾践先用美女、金银珠宝贿赂吴王和大臣，还用妻子做人质，自己为吴王当马夫。勾践还为吴王送茶送饭，端屎端尿，终于赢得吴王信任，得以被释放。勾践死里逃生回国后，卧薪尝胆，一面继续向吴国进贡，一面聚兵训练。最后他率精兵数万，彻底打败了吴国，实现了洗辱复国的大愿。

（3）合理化。人心难填，有时我们的欲望太多，而客观现实难以达成时，需要合理化地放弃欲望，进行合理的自我安慰，从而放下不必要的痛苦和纠结。

（4）升华。升华指个体遭受挫折后，将不为社会认可的动机和不良情绪转移到有意义的活动中去，变压力为动力，使其上升到有益社会的高度。例如，法国作家罗曼·罗兰曾经遭受失恋折磨，他写过这样的日记：“我明白我能创作，我是自己的。一切属于我的，包括我的那些锁链，我是我自己的各种痛苦的主人。”之后，他正是以此为座右铭很快地从失恋中挣脱出来，立下了不创作毋宁死的誓言，伏案十年终于写出长篇巨著《约翰·克利斯朵夫》。类似经历的还有卢梭、歌德、司马迁等。

【阅读思考】

九只狐狸与挫折应对

盛夏之时，一群狐狸来到挂满葡萄的葡萄架下。一串串晶莹剔透的葡萄挂满枝头，狐狸们馋得直流口水，可葡萄架很高。

第一只狐狸来到了葡萄架下，摘不到葡萄，它到附近找来梯子，学着农夫摘葡萄的样子爬上去，顺利地摘到了葡萄（这只狐狸采用的是调整策略再尝试，寻找问题解决方式，它没有逃避，而是直接面对问题，最后解决了问题）。

第二只狐狸在葡萄架下转了几圈，自言自语地说："这葡萄肯定是酸的，吃了也很难受，还不如不吃。"于是，它心情愉快地离开了。（这只狐狸运用了心理学中的"酸葡萄效应"，即合理化，当个人需要在现实中难以获得满足，为了不使自尊心遭受打击，就弱化自己的期待或目标对自身的价值，以避免精神上的痛苦和不安。）

第三只狐狸禁不住葡萄的诱惑，下决心要吃到葡萄。它想：我可以向上跳，只要我努力，我就一定能够得到。可是事与愿违，最后它累死在了葡萄架下，献身做了肥料（这种心理属于偏执型心理，该行为说明，不是只要付出努力就一定会达到目标，还要看环境、努力的方向及能力等多种因素。）

第四只狐狸一看到葡萄架比自己高，便破口大骂，到处撕咬葡萄藤，正巧被农夫发现，一铁锹把它拍死了（这只狐狸应对挫折的方式为"攻击"，这是一种不可取的应对方式，于人于己都是有害无利的。）

第五只狐狸在葡萄架下号啕大哭。它伤心为什么自己如此矮小，如果像大象那样，不是想吃什么就吃什么吗？它哭喊着："如果吃不到葡萄，我就不回家了！"（这种表现称为"退行"，即当遇到挫折时，个体会放弃成熟的态度和行为模式，而使用较幼稚的方式来满足自己的欲望。）

第六只狐狸想，既然我吃不到葡萄，别的狐狸肯定也吃不到，如果这样的话，我也没什么好遗憾的了，反正大家都一样（这种方式称为"投射"，即把自己的愿望与动机归于他人，断言他人有此动机和愿望。同时运用了"合理化"，保护了自己内心的安宁。）

第七只狐狸站在高高的葡萄架下，心情非常不好，它想为什么我吃不到呢，我的命运怎么这么悲惨啊？越想它越郁闷，最后郁郁而终。（这只狐狸的行为属于"自我攻击"，从而患上抑郁症。）

第八只狐狸心想，听说柠檬的味道和葡萄差不多，既然我吃不到葡萄，何不尝一尝柠檬呢，总不能在一棵树上吊死吧！因此，它心满意足地离开去寻找柠檬了。（这种行为称为"替代"，即以一种自己可以达到的方式来代替自己不能满足的愿望。）

第九只狐狸每天都去葡萄架下徘徊，渴望着有一天能独占所有的葡萄。然而，残酷的现实不能满足它内心的欲望，它感到非常痛苦。终于有一天，它振作起来，开始奋笔疾书，在诗歌的领域努力耕耘，唱响了对大自然的赞歌。从此，诗坛上升起了一颗闪亮的新星……（这在心理学上被称为"升华"，指改变原来的冲动或欲望，用社会许可的思想和行为方式表达出来，从而创造性地施展自己的才华。"升华"是一种积极的挫折应对机制。）

狐狸的故事都是我们生活的原型，你是否从中发现了自己的影子呢？或者，你还可以根据自己对挫折应对方式的理解，续写狐狸的寓言故事。

（四）积极寻求战胜挫折的方法

认识和分析挫折的目的是战胜挫折。要战胜挫折，就必须找到适当的方法。

1. 提高挫折耐受力

提高挫折耐受力是指一个人遇到挫折时,能够摆脱其困扰而维持对环境的正常适应,保持自己心理健康的能力。客体关系代表人物之一温尼科特提出"足够好的妈妈"这一概念,意指在儿童的成长过程中,父母不需要做到百分百的好,而是应该给孩子尽量大的空间去探索世界,同时体验探索带来的挫折感,在濒临绝望之前给予安抚即可。这与自体心理学的观念一致。自体心理学的提出者科胡特提出一个重要的概念——"恰到好处的挫折"。他如此考虑:"就像儿童在之后要接触的社会环境一样,在早期母婴关系中最重要的方面是'恰到好处的挫折'这一原则。体验可以忍受的失望,促使内在心理结构的建立,为自我安抚提供基础。"恰到好处的挫折对提高个体挫折耐受力具有重要的作用。从这点来看,挫折是有它的积极作用的。在今天这个多变转型的社会中,一个人要想成功必须具备坚强的意志。只有好的智力而没有坚强意志力的人是很难适应社会进步的。

2. 由固定型(成败型)思维转变为成长型思维

成长是终身的事情,固定型思维的人认为人的才能是一成不变的,成长型思维的人则认为人的能力是可以通过努力培养而获得的。例如,一个人参加某演讲比赛,竞赛中表现不佳,没得到名次不说,更对自己的表现非常不满,觉得很丢人。此种想法就是属于固定型思维,认为成败决定自我价值。而如果是成长型思维,就会觉得自己的演讲能力还有待进步,虽然此次表现不佳,但是之所以参加比赛就是为了锻炼自己的勇气,因此参与了,这是对自己的一大突破,这就是挑战,就是进步。至于名次,相信可以通过多次的努力尝试,不断提高自己的综合实力,名次只是副产品。因此成长型思维的人更乐于挑战,相信努力的作用,相信每次失败都是一堂课,珍视反馈、主动学习。因此相较于固定型思维的人,成长型思维的人更平和地看待挫折,更乐于挑战,也因此更容易获得成长和成功。

3. 热爱生活,发展多方面支持资源

从人生态度的层面上看,热爱生活反映了人生的一种基本信念,暗示了人对自己、对社会及其生活的一种积极倾向,这种倾向内在地奠定了人们正视产生任何挫折可能性的心理基础。从受挫的影响层面看,如果个体热爱生活,则可能培养多方面的兴趣和发展,某一方面的挫折不至于导致全面的击溃和坍塌。例如,事业发展遇挫,但家庭和朋友关系良好,或另有特长爱好,一方面的挫折不会带来全面的覆盖性的打击,个体仍可以良好地适应社会和实现自我发展。

【案例链接】 大学学习的适应困难

某高校大学生杰说:"我以前在高中时可以说是佼佼者,到了大学里,好像每个人都比我强,我发现自己就好像巨人堆里的矮子,老担心自己考不好。师哥师姐还告诉我们要过级,要多拿证书,要考研,现在我每天一躺到床上就做噩梦,上课也不能集中精力,书也看不下去,眼看就要期末考试了,我究竟该怎么办?"

案例分析: 能进入大学的学生,通常是中学时代的佼佼者,而大学是人才辈出、精英汇集的地方,这种反差让那些对陌生环境适应能力较差的同学无法找准自己的位置,会暂时出现一个迷茫期。一般来说,发生这种情况的都是一些平时成绩较好、对自我要求比较高、喜欢追求完美的人。因为目前在大学里,考试成绩的好坏与就业、奖学金、评优、入党等有着密切联系,如果太看重这些,就容易造成紧张心理。这种情况在刚入学的大学生中很普遍,他们对大学校园生活还不太适应。如何应对,就需要大学生改变心态,放弃之前的"优越感",放低心态,直面和接纳所谓的"不理想"方面,从而从心理纠结中挣脱出来,给自己一个重新定位。大学不是比赛的竞技场,而是学习各种技能的学习平台,因此现在的不完美很正常,需要抓紧时间努力提升自己各方面的技能,"改变可以改变的",同时建立成长型思维,将挫折看成一堂课,从中认识自己,提升自己,总有一天可以重新建立起新的发展性的自信心。

【心理测试】 自卑心理诊断量表

测验说明:下面这份"自卑心理诊断量表",有助于你了解自己是否存在明显的自卑及造成自卑的主要根源。本测验共15个问题,每个问题有A、B、C三种选择答案,请你在与自己情况较符合的答案上打"√"。

1. 你的身高与周围的人相比如何?

A. 较矮　B. 差不多　C. 较高

2. 早晨,照镜子后的第一个念头是什么?

A. 再漂亮一点就好了　B. 想精心打扮一下　C. 别无他意,毫不在意

3. 看到最近拍的照片你有何想法?

A. 不称心　B. 拍得很好　C. 还算可以

4. 如果有来世,下列三种中选哪类好?

A. 做女人够苦的,做男人好　B. 做男人太苦了,做女人好

C. 男女都一样

5. 你是否想过五年或十年后会有什么使自己极为不安的事?

A. 多次想过　B. 不曾想过　C. 偶尔想过

6. 你受周围人们的欢迎和爱戴吗?

A. 常有　B. 没有过　C. 偶尔有

7. 你被别人起过绰号、挖苦过吗?

A. 常有　B. 没有过　C. 偶尔有

8. 老师批过的考卷发下来了,同学要看怎么办?

A. 把分数折起来让他们看不到　B. 让他们看

C. 将考卷全部藏起来

9. 体育运动后,有过自己"反正都不行"的想法吗?

A. 常有　B. 没有　C. 偶尔有

10. 你有过在某件事上决不次于他人的自信吗?

A. 有一两次　B. 从来没有过

C. 在某些方面自己有这种自信,但对不是特殊的事件并不介意

11. 如果你所喜欢的异性同学与其他人更亲近，你怎么办？

A. 灰心丧气，以后尽量避开那位异性

B. 跟那位同学公开或暗地里展开竞争

C. 毫不在乎，一如往常

12. 碰到寂寞或讨厌之事怎么办？

A. 陷入深深的烦恼中　　B. 吃喝玩乐时就忘却了

C. 向朋友或父母诉说

13. 当被别人称作"不知趣的人"或者"蠢东西"时，怎么办？

A. 我回敬他："笨蛋！没有教养的！"　　B. 心中感到不好受而流泪

C. 不在乎

14. 如果碰巧听到有人正在说和你要好的同学的坏话，你怎么办？

A. 断然反驳：根本没有那种事！　　B. 担心会不会真有那么一回事

C. 不管闲事，认为别人是别人，我是我

15. 不管怎样努力学习，如果你的主要功课都输给你的竞争对手，怎么办？

A. 尽管如此还是继续挑战，今后加把劲　　B. 感到不行，只好认输

C. 从其他的学科竞争中取胜

计分表

题号	A	B	C
1	5	3	1
2	5	3	1
3	5	1	3
4	5	1	3
5	5	1	3
6	1	5	3
7	5	1	3
8	3	1	3
9	5	1	5
10	1	5	3
11	5	1	3
12	5	3	1
13	3	5	1
14	1	5	3
15	3	5	1

［计分规则］

把15题的得分加起来计算出总分，与下面的总体评价标准对照，看看自己属于哪种类型，再阅读有关四种自卑类型的说明。

类型与得分对照表

类型	Ⅰ	Ⅱ	Ⅲ	Ⅳ
得分	15 ~ 29	30 ~ 44	45 ~ 60	61 ~ 75

类型Ⅰ:环境变化造成自卑。

你平时没有自卑感,是个乐天派,而且往往很自信。你对自己的才能、外表、风度充满自信和骄傲,极少有自卑感。如果你抱有自卑感的话,那是环境起了变化的缘故,譬如你进了出类拔萃的人物相聚一堂的学校或其他场所而未能充分体现你个人价值时,才引起自卑。

类型Ⅱ:动机与期望过高引起自卑。

你有过高的追求,有动机过强、期望值过高的缺点。你不满足于现状,想出人头地以至于去追求不切实际的目标。也可以说,你过分地与周围人计较长短、得失、胜负,追求虚荣,当无法实现时,则往往陷入自卑,难以自拔。

类型Ⅲ:过早断定不行造成自卑。

你在干事情前就贸然断定自己不行,自认为不如别人。这主要是你不了解周围人们的真实情况,不清楚使你焦虑的事情的本来面目。当你搞清楚后,会恍然大悟:“怎么,竟是这么回事?!”随之则坦然自如。你的自卑感主要是因你的无知造成的,症结在于自认为不行就心灰意冷。

类型Ⅳ:性格怯懦造成自卑。

用消极悲观的眼光看待事物,也与你的自卑有关。症结在于对自身的体魄和外貌缺乏自信,仅看不足与不利之处,因而,遇事退缩胆怯。不管是与人交往还是学习功课,懦弱导致你自酿苦酒。

第七章

提升网德　远离网贷

20 世纪 90 年代中国进入了互联网时代,在 21 世纪初期互联网得到了飞速发展。无论是生活方面还是生产方面,网络的普及都为社会带来了诸多便利。国家、政府、机关单位通过互联网平台,向广大人民群众发布重要通知,让人民能够随时随地了解国家的路线、方针和政策;人们也可以使用网络来查阅自己所需要的资料,充实自己、开阔视野。大学生是网络社会的主力军,网络成为大学生认识世界、了解世界、获取信息的重要渠道;网络是大学生展现自我、互动交流、信息共享的平台。但是,网络是一把双刃剑,它给大学生的学习生活提供便利的同时,也给大学生的网络道德素质的形成带来不少负面影响。随着社会的发展,越来越多的大学生开始接触网络借贷,由于他们自身缺乏足够的偿还能力,随之而引发了很多严重的社会问题。当下亟须在大学生网络世界倡导道德规范,并对高校大学生网贷防范与教育提出对策,确保大学生网络空间风清气正、和谐有序,以促进高校大学生健康成长。

第一节　大学生网络道德的基本要求

一、网络道德概述

(一) 网络道德的含义

网络道德是指以善恶为标准,通过社会舆论、内心信念和传统习惯来评价人们的上网行为,调节网络时空中人与人之间以及个人与社会之间关系的行为规范。

要确立网络道德建设应遵循的原则:一是网络道德要反映现实社会道德规范的要求,网络道德并不是脱离现实社会的一种新的道德形式,它实际上是现实社会生活的延伸,是现实生活中人与人之间关系的折射。网络道德的基本价值与现实生活会有高度的一致性,人类社会的共有价值,如正义、公平、善良、和谐等,一定是网络世界的基本准则。人们在借助网络进行社会交往时,也只有遵守现实社会的相应准则和要求,恪守人类社会的价值理念和对美好事物的向往,才可能形成和谐的网络社会,并使网络社会与现实社会协调发展。二是网络道德一定要遵循网络自身的特点,人们在网络上的交往方式与生活中的实际情况并不完全一样,所以在构建网络道德规范的过程中,一方面要考虑现实社会的要求,另一方面也要考虑网络自身的特点。例如，交往的匿名和非匿名问题，我们只能要求注册时的实名，而不能强求每一个人在网上实名。

要逐步确立网络道德的范畴。网络道德的内容是非常丰富的，但概括地讲，依然是要围绕“人”处理几个最基本的关系。如以诚信为主要内容的与他人的关系问题，网络上的诚信并不表现在非匿名上，而更多的是表现在处事的态度以及是否对他人的利益具有侵害的倾向和情节上。再如与社会的关系，网络所形成的社会是一个虚拟社会，很多人认为，生活在纯粹的虚拟社会中是无所谓什么责任和道德的，可以为所欲为。然而，纯粹的虚拟社会是不存在的，每一个网络的终端都与现实社会相连，任何一个人网上行为的结果必定会对现实社会产生影响。如何解决好人与虚拟社会以及现实社会的关系问题，自然成为网络道德的重要范畴。又如与自我的关系，人在网络中往往会表现出一种非我的状态，他们有时并不知道自己在做些什么、为什么这样做和这样做的结果，只是凭借一时的好奇、兴趣行事，或发泄在现实生活中的郁闷、不快和不满，在网络交往中“自我”的扭曲时有发生。因此，网络道德必须规范在网络交往过程中网民与自我的关系，还有与自然的关系，在网络中人与自然的关系主要表现在运用科学技术手段的目的和方式上，正当、合理地运用先进的网络技术手段应成为网络道德规范的重要内容。

（二）网络道德的原则

1. 全民原则

网络道德的全民原则包含一切网络行为必须服从于网络社会的整体利益。个体利益服从整体利益，不得损害整个网络社会的整体利益，它还要求网络社会决策和网络运行方式必须以服务于社会一切成员为最终目的，不得以经济、文化、政治和意识形态等方面的差异为借口把网络建设成只满足社会一部分人需要的工具，并使这部分人成为网络社会新的统治者和社会资源占有者。网络应该为一切愿意参与网络社会交往的成员提供平等交往的机会，它应该排除现有社会成员间存在的政治、经济和文化差异，为所有成员所拥有并服务于社会全体成员。全民原则包含下面两个基本道德原则：第一，平等原则。每个网络用户和网络社会成员享有平等的社会权利和义务，从网络社会结构上讲，他都被给予某个特定的网络身份，即用户名、网址和口令，网络所提供的一切服务和便利他都应该得到，而网络共同体的所有规范他都应该遵守并履行一个网络行为主体所应该履行的义务。第二，公正原则。网络对每一个用户都应该做到一视同仁，它不应该为某些人制订特别的规则并给予某些用户特殊的权利。作为网络用户，你既然与别人具有同样的权利和义务，那么就不要强求网络能够给你与别人不一样的待遇。

2. 兼容原则

网络道德的兼容原则认为，网络主体间的行为方式应符合某种一致的、相互认同的规范和标准，个人的网络行为应该被他人及整个网络社会所接受，最终实现人们网际交往的行为规范化、语言可理解化和信息交流的无障碍化。其中最核心的内容就是要求消除网络社会由于各种原因造成的网络行为主体间的交往障碍。当我们今天面临网络社会，需要建立一个高速信息网时，兼容问题依然有其重要意义。“当世界各地正在研究环境与停车场的时候，新的竞争的种子也正在不断地播下。例如，Internet 正逐渐变得如此重要，以至于只有 Windows 在被清楚地证明为是连接人们与 Internet 之间的最佳途径后，才可能兴旺发达起来。所有的操作系统公司都在十万火急地寻找种种能令自己在支持 Internet 方面略占上风、具有竞争力的方法。”兼容原则要求网络共同规范适用于一切网络功能和一切网络主体。网络的道德原则只有适用于全体网络用户并得到全体用户的认可，才能被确立为一种标准和准则。要避免网络道德的“沙文主义”和强权措施，谁都没有理由和“特权”硬把自己的行为方式确定为唯一道德的标准，只有公认的标准才是网络道德的标准。兼容原则总的要求和目的是达到网络社会人们交往的无障碍化和信息交流的畅通性。如果在一个网络社会中，有些人因为计算机硬件和操作系统的原因而无法与别人交流，有些人因为不具备某种语言和文化素养而不能与别人进行正常网络交往，有些人被排斥在网络系统的某个功能之外，这样的网络是不健全的。从道德原则上讲，这种系统和网络社会也是不道德的，因为它排斥了一些人参与社会正常交往的基本需要。因此，兼容不仅仅是技术的问题，也是涉及道德的社会问题。

3. 互惠原则

网络道德的互惠原则表明，任何一个网络用户必须认识到，他(她)既是网络信息和网络服务的使用者和享受者，也是网络信息的生产者和提供者，网民们享有网络社会交往的一切权利，也应承担网络社会对其成员所要求的责任。信息交流和网络服务是双向的，网络主体间的关系是交互式的，用户如果从网络和其他网络用户处得到什么利益和便利，也应同时给予网络和对方什么利益和便利。互惠原则集中体现了网络行为主体道德权利和义务的统一。从伦理学上讲，道德义务是“指人们应当履行的对社会、集体和他人的道德责任。凡是有人群活动的地方，人和人之间总得发生一定的关系，处理这种关系就产生义务问题”。作为网络社会的成员，他必须承担社会赋予他的责任，他有义务为网络提供有价值的信息，有义务通过网络帮助别人，也有义务遵守网络的各种规范以推动网络社会的稳定有序的运行。这里，可以是人们意识到网络义务后而自觉执行，也可以是意识不到而规范“要求”这么做，但无论怎样，义务总是存在的。当然，履行网络道德义务并不排斥行为主体享有各种网络权利，美国学者指出，权利是对某种可达到的条件的要求，这种条件是个人及其社会为更好地生活所必需的。如果某种东西是生活得好、可得到且必不可少的因素，那么得到它就是一个人的权利。无论什么东西，只要它对人们的生活是必须的、有价值的，它都可以被看作一种权利。如果它不太容易得到，那么，社会就应该使其成为可得到的。

（三）网络道德的基本规范

1. 正确使用网络工具

要遵守网络法规，遵守职业道德，尊重民族感情，遵守国际网络道德公约。包括：不涉足不良网站，不浏览不良的内容；不用计算机去伤害他人；不干扰别人的计算机工作；不窥探别人的文件；不用计算机进行偷窃；不用计算机做伪证；不使用盗版软件；不使用未经别人许可的计算机资源；不当黑客；不利用网络偷窥他人隐私；不在网上发布虚假信息，实施坑、蒙、拐、骗、敲诈勒索等行为；不对英雄人物和红色经典作品恶搞；不修改任何网络系统文件；不无端破坏任何系统，尤其不破坏别人的文件或数据等行为。

2. 健康进行网络交往

网络已成为一种人际交往的媒介和工具。人们可以通过网络收发邮件、实时聊天、召开视频会议、网上留言、网上交友等。网络交往要做到诚实无欺，不应该通过网络进行色情、赌博活动，更不能在BBS或论坛上侮辱、诽谤他人。应通过网络开展健康有益的交往活动，在网络交往中树立自我保护意识，不要轻易相信、约会网友，避免上当受骗。

3. 自觉避免沉迷网络

适度的上网对学习和生活是有益的，但长时间沉迷于网络对人的身心健康有极大的损害。现实中存在着一些人上网成瘾，沉迷于网络而不能自拔，进而耽误学业，甚至放弃学业，导致家庭破裂。值得人们警惕的是，沉迷于网络尤其是游戏已成为近年来青少年刑事犯罪率升高的重要原因之一。人们应当从自己的身心健康发展出发，学会理性对待网络。

4. 养成网络自律精神

网络的虚拟性以及行为主体的匿名隐蔽特点，大大削弱了社会舆论的监督作用，使得道德规范所具有的外在压力的效用明显降低。在这种情况下，个体的道德自律成了维护网络道德规范的基本保障。"慎独"是一种道德境界，信息时代十分需要，在网络生活中培养自律精神，在缺少外在监督的网络空间里，自觉做到自律而"不逾矩"。

二、大学生网络道德现状

（一）对当代大学生网络道德失范行为的调查

某次对四川地区1～4年级的大学生采集样本，以随机抽样为原则，抽取了600名在校大学生作为测试对象后，回收有效问卷548份，有效回收率91.3%，其中男生245人，女生303人，低年级（1～2年级）311人，高年级（3～4年级）237人。问卷主要对网络德育环境，大学生网络道德认知、情感、意识和行为，高校网络道德教育建设情况等存在的问题进行调研。调查发现，大学生在网络使用过程中存在一些道德上的失范，主要表现在以下几个方面。

1. 道德虚无主义萌发，道德责任感缺失

由于受到网络社会虚拟性的影响，大学生在网络空间中自由徜徉、随心所欲查看相关信息，表达看法，纵情游乐，享受虚拟网络时空提供的种种便利的同时，也很容易忽视网络道德规范，萌生道德虚无主义。正如"在网络中无须遵守道德"一题，就有38.22%的同学选择了"符合"的答案，而39.32%的同学选择了"不确定"。可见，他们的网络道德认知和意识存在一定的偏差。由于缺失网络道德意识，大学生很容易淡漠自身的责任感，降低对自己的要求，很难用现实生活中的道德来对自己的网络行为进行约束，不仅如此，一些在现实生活中道德责任感较强的学生也容易对同学的网络失范行为视而不见，从而产生互相纵容的后果，引发网络不道德行为。

2. 两种人格冲突，两种道德标准形成

在对"在网络世界中表现出的人格状态和平常非常不一样"这道题的回答中，43.12%

的同学认为“符合”,10.34%的同学认为“不符合”。在网络虚拟环境中,人们大都互不认识,多数人也不会轻易透露自己的私人信息,通常会选择隐匿自己的真实身份,希望能在这种没有人认识自己的情况下享有更多的自由空间。但是,部分大学生由于过于依赖网络,过分沉溺于其中,上网时间和在现实中的时间逐渐趋于一致,中间能够区分“虚拟”和“现实”的时间减少,网络生活和现实生活的交融,使大学生在“两种社会”中形成完全不相同的两个自我、两种人格,甚至对自己的行为产生不同的要求,形成两种道德标准。

3. 网络道德失范的现象频繁发生

大学生在掌握了网络技术之后,如果没有遵守网络规范,很容易出现网络失范行为。调查显示,有56.67%的同学对“想尝试一下做电脑黑客的感觉”这道题选择了“符合”的答案。一些大学生剽窃他人网上科研成果,侵犯他人知识产权。有76.43%的同学在“借助网络工具可以剽窃他人的科研成果”一题中选择了“符合”。由于网络传播的广泛性,大数据和云计算的深入人心,大学生在获取网络资源和信息的同时也经常访问不良网站,这些不良网站对学习、生活以及身心健康百害无一利。对“上网时经常自动弹出色情或暴力网站”这道题,有89.36%的同学选择了“符合”,4.35%的同学选择了“非常符合”。可见,部分大学生缺乏基本的网络道德,认知度不高,也并不认为网络道德是道德的一部分,在网络中无所谓道德问题,这就会产生大量的网络道德失范行为。正是这些不良的思想和行为,导致一些大学生忽视道德的约束,从而做出不道德行为,游离在法律边缘而不自知,甚至做出违法犯罪的行为。

（二）大学生网络道德失范行为产生的原因

1. 传统道德教育乏力、宣传力度不够,导致网络道德意识浅薄

社会的转型、网络的普及让大学校园里充满了激烈的思想观念冲突,而高校传统的思想政治教育注重知识灌输,过于重视普遍化、客观化的知识,相关考试也与灌输知识相配合,忽视现实生活中的道德践履。传统的德育方式会使某些学生道德理论很丰富,却缺乏道德实践,从而导致大学生网络道德危机意识薄弱,可能会做出不道德的行为甚至是违法犯罪的行为。

2. 网络规范不健全,监管不力,较难形成网络道德意识

网络社会的虚拟性确定了网络空间具有自由与开放的特点,这可以在很大程度上容忍人们的言论自由,但也能让人们释放自己不被社会认同的部分。加上网络空间中没有健全和完善的法律法规和规章制度,监管乏力,大多数人在匿名活动中很少考虑到如何去遵守规则。如此一来,一旦进入虚拟的网络社会,许多大学生就容易将一些现实社会中需要遵循的行为规范抛之脑后,更谈不上产生任何的道德约束。

3. 网络为国内外不良文化的渗透和误导提供了便利

在全球化时代,网络使得国际间的交流和沟通日益密切,与此同时,国内外各种敌对势力也会利用互联网传播的便利输出各自的思想和观念,在思想领域对大学生进行渗透。大学生正处于价值观形成阶段,对新事物、新观点的接受性较强,若没有正确的引导,很容易受其影响,难以形成正确价值观和网络道德意识。

三、大学生正确网络道德观的内涵和基本要求

(一) 大学生正确网络道德观的内涵

大学生正确网络道德观的内涵包括:积极向上的网络信息价值观、理性的网络信息商品观、保护知识产权观、合法利用网上信息资源观、尊重他人隐私权观、净化网络环境保护观、正确网络社会观、同情和合作精神、契约精神等,大学生须自觉约束自己的网络行为,切实履行维护网络空间秩序的社会责任和义务,包括现实的和虚拟的两个方面。

(二) 大学生网络道德的基本要求

大学生网络道德的基本要求包括:

(1) 利用网络为社会和人类做出贡献,不应用计算机去伤害别人。

(2) 做到网上行为诚实守信,不在网上发布虚假信息。

(3) 尊重包括版权和专利在内的知识产权,在未经别人许可前不使用别人的计算机资源。

(4) 尊重他人的隐私,不窥探别人的文件或泄露相关秘密。

(5) 慎重使用计算机,不干扰别人的工作。

(6) 科学选择网络资源,不浏览黄色网站或反动的网络信息。

四、大学生网络道德教育策略

(一) 从理论和道德两方面加强网络道德教育

网络时代的高校道德教育必须改变其教育观念,加强网络道德教育,把道德教育融入网络环境之中。

1. 将网络道德教育引入课堂

科学技术的发展被称为社会进步的双刃剑,网络技术的发展同样是社会发展的双刃剑。如今,许多高校只重视科学技术知识的教授,却忽略了告诫学生使用该科技时应当注意的道德规范,忽略在介绍网络科学技术知识的同时,应正确引导学生认识到网络运用过程中的人与人之间、人与社会之间的互动关系。故应该教育学生学习和深刻理解网络道德规范,提升道德认知,内化道德意识,提升道德责任,杜绝网络失范行为。因此,高校应当把有关课程的教育和课堂的网络道德教育有机结合,帮助大学生在形成价值观和道德观的同时,能够深入探析网络道德的意义和价值,提升网络道德自律性。

2. 开展网络心理健康教育,塑造学生网络道德人格

大学生利用网络平台进行交流时,难免遇到鱼目混珠的网络信息,这就需要他们在心理承受和鉴别信息方面都具有较强的能力,才能把网络道德意识和规范内化。因此,将大学生的网络心理健康教育和网络道德教育有机结合,这对于尚对网络上的不良信息还缺少足够的辨别力和抵抗力的大学生来说具有现实意义。因而,高校应当加强网络心理健康教育,组织网络心理健康咨询活动,举办相关讲座和宣传等,让大学生树立健康的网络心理,增强自控能力,学会网络心理健康的维护方法和网络心理调适能力,形成健康的网络道德人格。

(二)促进网络规范认同,珍视道德、法制教育创新

1. 网络道德教育需法制约束人、道德立人

引导大学生树立正确的网络道德观念,是高校网络道德教育过程中的重要任务。在“网络社会”中,网络主体相当于社会中的公民,大学生在网络中必须遵纪守法,遵守“网络社会”共同的规则,做一名网络中的道德人。这样就必然要求大学生树立正确的网络道德法制意识,认识到网络中具有一定的道德法律规范,不仅是保护网络环境安全的需要,也是网络公民在网络环境中应该具有的立身处世之本。互联网作为20世纪最伟大的发明之一,把世界变成了“地球村”,深刻地改变着人们的生产生活,有力推动着社会发展,具有高度全球化的特性。但是,这块“新疆域”不是“法外之地”,同样要讲法制,同样要维护国家主权、安全、发展利益。这段话高度强调了国家依法治理互联网领域的必要性,也指出了网民遵守网络法规的必然性。

2. 积极建立优秀网站,开发德育软件

网络飞速发展的今天,高校网络道德教育工作必须加强对科学技术的应用,加强对网络工具使用方法的正面宣传,用前沿的方式,占领广泛的网上阵地。要充分利用网络平台的各种前沿优势和有利条件,在网络环境中开辟和占领新的道德教育阵地。例如,可以开辟多种相关网站,促进网络道德教育在大学生中的宣传和渗透;亦可开通“心理咨询”“就业指导”“学生生活”等栏目,或通过微博、微信等网络工具来加强高校的网络道德教育。通过这些渠道与学生及时展开沟通,了解学生的真实思想动态,经常就学生的思想、生活、学习等方面表现出来的问题进行及时讨论、及时解决,使学生更加信赖网上道德教育的工作,有利于道德教育工作的开展和进行。同时,高校也可利用网络优势,建立课余家长互动的平台,开发相关软件,增强学校与家长的互动,实现高校教育的社会化,力求获得社会和家庭的支持和帮助。通过学校与家长加强交流,千里之外的家长可以随时了解在校子女的学习、生活、思想等状况,借助家庭的助力,学校的德育工作将向着更有效的方向发展,以适应学生的需要和社会的需要。在学校、社会和家庭等多方努力下,把高校网络道德教育推进到一个新的阶段,从而促进大学生的健康成长。

3. 指导学生自我修养,倡导社会活动

大学生在高校的生活和学习中,自主性较强,而且其表现欲一般也较强。高校可以因势利导,根据学生的性格和兴趣,在校园中开展各种活动,用不同的形式宣传网络道德教育,在达到教育效果的同时,力求充实大学生的业余生活,并且通过校园文化艺术节以及征文、书画、摄影、艺术展览等形式的活动,转移他们对网络的沉迷心理,促使大学生走出宿舍,走进操场,开展丰富的校园生活。

(三)加强网络道德教育的管理

(1)高校应该顺应网络发展,建立完善的、科学的、具有监控能力的管理机制,在宣传网络道德教育信息时明确责任,在进行文化传播的同时,尽可能做到一体化管理。在网络道德教育责任、权利、效益相统一的基础上,网络道德教育的管理应该自上而下进行落实,在各个管理环节,都需要明确责任部门和责任人,从而建立起严密的网络道德教育信息管理和传播

机制。

(2) 完善信息中心网络技术,加强校园网络监控。用校园网"防火墙"等进行有效的防御和处理,设立专门机构、专人负责处理不健康的有害信息,在网络中对这些信息进行处理,防止扩散,使网络行为和行为者之间确立明确的对应关系,可以从行为直接查询到行为人,从而充分利用网络技术,达到规范网络行为的目的。

(3) 加强对网络规则的研究与制定。完备的网络规章制度也对高校网络道德教育起到重要的作用,因此必须加强教育者和研究者对网络规则的研究和制定,在大学生的日常行为规则和校园文明行为中增加网络道德规范。在大学生网络行为的引导和规范方面,采取"以德育人""以法治网"的手段,教育和实践相结合,使大学生网络道德意识和法律意识深入人心,形成健康的网络道德法制观。

第二节 大学生网络生活的问题应对

一、大学生网络生活存在的问题

网络是一个虚拟的世界,它摆脱了现实的一些束缚,这就意味着社会群体可以利用网络"为所欲为"。有的人利用网络这层"隐形衣"对他人进行诈骗活动;有的人在网络上随意地对某个事件发表自己的看法,有时都没有了解事情的来龙去脉就对他人评头论足,甚至侮辱诽谤;有的人造谣传谣,在网络上肆意传播虚假信息,搅得人心惶惶,扰乱社会治安;有的人长期沉迷于电子游戏,无法清楚地辨别网络社会与现实社会的差别,身体、思维、心理长期处于混沌的状态。大学生作为社会群体中的一部分,他们经常使用手机、电脑等电子设备上网,其间可能存在一些不良的网络行为。大学生网络生活主要存在以下几个方面的问题。

(一) 传播不良信息,造成信息污染

网络在提供信息资源和交流平台的同时,也会散布和传播一些不良信息。网络与现实的区别就在于网络自身的特殊性,它是造成大学生网络道德问题的主要原因。网络的隐蔽性使部分大学生网民脱离了现实的束缚,不关心是否破坏了健康的网络环境,为了一己私利,传播不良信息。网络的虚拟性和开放性使部分大学生网民做出违背道德、违背常理的行为。目前,我国有关网络方面的法律法规不够完善,网络监督制度不够健全,加上大学生群体的自律意识不强,对事物的辨别能力较弱,在使用网络的过程中传播一些无用甚至是有害的信息,其中还包含一些盲目地跟从他人转发信息的情况,这些不良信息再以很快速度传播开来,在社会上就不再构成信息资源,相反还会造成信息污染。这些垃圾信息导致大学生的道德意识下降、社会责任弱化,严重影响了大学生的身心健康。

(二) 网络言行随意放纵,语言暴力严重

网络是虚拟的、隐蔽的,它不会暴露出网民的年龄、性别、长相等外貌特征,大家可以在网络上"畅所欲言",不用担心别人能否辨认出自己,也从不担心自己的言语是否能给他人留

下不好的印象。正因如此，很多人在使用网络时会放松对自我道德的约束，言行随意放纵，甚至有的时候还会出现语言暴力的现象，大学生群体也不例外。大学生作为使用网络的主力军，他们闲暇的时候经常低头翻看手机，网络上还给这类人赋予了“低头族”的称谓。随着科学技术的发展，社交软件的数量呈现递增的趋势，如微博、贴吧、微信朋友圈等，多数大学生使用这些软件纪念美好的事情，转发有教育意义的文章，抒发自己的情感等。但是，也有部分大学生在网络上传播不良信息，对他人评头论足，甚至使用脏话或带有人身攻击性的语言。这些行为并不是当事人有意针对谁，他们只是单纯地觉得好玩、刺激，能够发泄自己内心的情绪而已。

（三）缺乏诚信，信任危机严重

古人云：“不宝金玉，而忠信以为宝。”由此可见，诚实守信是中华民族的传统美德，是做人的基本道德规范。随着科技发展步伐的加快、互联网的普及，大学生网民人数逐年增加。由于目前我国网络管理、监督、审查的机制还不够健全，加上网络自身的特殊性，大学生网民中出现知行不一、诚信缺失的现象。大学生正值情绪多变、情感丰富的青春期，在虚拟的网络世界中，容易受到各种利益、名誉和情感等诱惑，从而丧失自我意识和自律能力，做出一些违背社会伦理、违反诚信道德的行为。例如，为了得到好的工作岗位、更高的工资待遇，伪造个人简历；在网站上发布虚假信息，获取他人的信任；剽窃他人的文章等。大学生在网络上缺乏诚信的行为，会给他们的现实生活带来一定的影响。不诚信会导致社会对大学生的不信任，大学生毕业后很难在社会中立足，拥有再多的才能也无济于事。

（四）沉迷网络，不思学业

网络上充满着新鲜事物，对大学生有着极大的吸引力，往往导致他们长期沉迷于网络。经调查研究发现，大一新生是最容易沉迷于网络的。他们在进入大学之前，每天的任务就是学习，要断绝一切与网络相关的事物。经历完高考，他们完全处于放松的状态，寻找一切可以发泄长期积压在内心情绪的方法。例如，高考后，大多数学生上网聊天、玩网络游戏，补看所有错过的电视剧、电影、综艺节目等。这种情况若长期持续下去，不仅会使学生身体处于亚健康状态，还会让他们在心理上产生对网络的依赖性。进入大学后，他们就会发现大学的课程比较轻松，没有“高中式”的班主任每天督促学习，学习时间是自由的，纯靠自己的自觉性。慢慢地，很多人就会习惯于这种无拘无束的生活方式，开始沉迷于网络。有的学生甚至染上了网瘾，上网时精神亢奋，断网时精神倦怠；有的学生长期窝在网吧或宿舍里打游戏，不上课、不交作业，个别学生甚至退学。

二、大学生网络生活存在问题的原因

网络是现实生活的一个缩影，网络道德的问题折射出来的是现实道德的问题。面对大学生网络道德行为失范的现象，我们不仅要了解大学生在网络中究竟有哪些行为，还要透过现象看本质，探究导致大学生出现网络道德行为失范的原因是什么。

（一）网络行为主体因素

众所周知，我们生活在“熟人社会”中，在社会舆论力量的威慑下，依靠熟人的监督，大学生的道德意识较为强烈，行为基本符合道德规范。然而，网络是一个虚拟的世界，它为大学生提供了一个时空上无限制、道德上无约束的"完全自由"的理想环境，凭借网络技术，网络主体能够隐藏自己的身份、行为目的和行为方式，有了这层"保护衣"，部分大学生对自己的道德要求就会降低，自认为摆脱了现实社会中的各种伦理道德关系，放纵自己，忘却社会责任，在网络上为所欲为，不会考虑自己的行为是否会对他人造成伤害，致使那条由熟人的目光、社会舆论造就的防线彻底崩溃，在网络世界中失去了作用。如今，网络将多元道德观念和行为方式呈现在大学生的面前，由于大学生人生阅历浅，世界观、价值观尚未成熟，欠缺辨别是非的能力，容易将错误的道德观与传统的道德观相混淆，做出违反道德规范的行为。

（二）大学生群体的心理困境

现在的大学生多数是独生子女，有鲜明的个性，他们渴望拥有一个能够阐述自己观点、释放自我的空间。在我国现有的教育机制和以考试为主的人才选拔机制下，大学生经历十几年的寒窗苦读，长期处于紧绷的学习氛围中，精神高度紧张，又正值青春叛逆时期，性情易情绪化，心理状态尚不成熟，烦躁、困惑等情绪时常伴随着他们，同时还承受着来自父母、同辈、学校、社会以及学业、考证、就业、情感及生活等多方面的压力与担忧，由此长期郁结在心中的各种情绪和压力需要一定的方式加以缓解和宣泄。但是由于学生与家长、老师之间存在代沟，同学之间竞争较为激烈，致使大学生在进入人际关系复杂的大学后，不会轻易地对别人敞开心扉。网络的出现给大学生提供了释放压力的空间，不用担心自己的想法遭到反对，可以在网络上畅所欲言。

（三）社会管理和高校德育的不到位

随着经济全球化的发展和新技术革命的突飞猛进，网络以惊人的发展速度渗透到社会生活的每一个领域，人们在关注互联网发展的同时却忽略了对网络的管理与规划。大众传播媒体为了更好地满足人民群众的需要，设立了专门的网站，为了吸引更多的人上网，向外界只宣传网络的优点，对网络的负面影响却避而不谈。虽然互联网的功能在逐渐增加，但是对网络安全的管理却不尽如人意，以至于网络黑客的数量不断上升，他们能轻易地突破网络安全的防线，实施各种破坏活动，导致人力、物力、财力方面遭受损失。伴随着经济的发展，高校附近的网吧数量也在逐年上升，有些网吧为了招揽生意，为长期上网的大学生提供免费的食宿，甚至提供涉及色情、赌博等不健康内容的网络游戏，这些不仅耽误了学生的学业，还对他们的身心健康造成了极坏的影响。目前，各大高校虽然已经开展网络德育工作，但多数仍然采用德育的传统模式来解决网络道德问题，效果欠佳。例如，网络道德教育的途径单一；教育的内容脱离网络，缺乏针对性；道德教育方法较为落后。

三、解决大学生网络生活存在问题的对策

道德需要是道德产生的重要前提。道德需要是指道德主体基于对道德的价值性认识而产生的，完善自我道德人格的一种心理倾向。现实生活中需要道德规范来维护社会秩序，网络中的各种角色虽然是虚拟的，但是虚拟角色的背后是现实中的人在操纵着，所以网络世界同样也需要道德。

（一）加强道德自律，提升自我道德人格

道德是一种自律行为，不管是传统道德，还是网络道德，都需要人们自觉地去遵守。大学生之所以会在网络上做出一些道德失范的行为，主要原因就是缺乏道德自律意识，而加强大学生网络道德意识的关键就是“从我做起”。平日里只浏览合法的网站，拒绝涉及暴力、色情、赌博的非法网页，不要做散播垃圾信息的帮手。自觉维护网络秩序，不要随意盗取他人账号，伪装身份对他人进行诈骗，要营造一个安全的网络环境。网络是一个复杂的“大熔炉”，面对那些是是非非，大学生们要有坚定的自控能力，对自己不熟知的事物不要妄下断言、随意评判，更不能因为自己的喜好就对他人恶语相向。大学生是未来社会主义事业的接班人，要自觉地掌控上网的时间，不要过分地沉溺于网络，以免耽误学业。

（二）加强对大学生进行网络道德教育

大学生是掌握先进科学文化知识的特殊群体，他们的思想道德素质直接关系到中国特色社会主义事业的兴衰，所以高校要加强对大学生的网络道德教育。首先，高校要开设相关课程，教育和引导大学生确立信息的选择意识。随着互联网的高速发展，网络上的信息良莠不齐，引导大学生如何分辨信息，往往要比如何获取信息更为重要。其次，高校应该为大学生提供学术研究的网络资源平台，大力宣传有益的网络资源，培养学生选择正确、有用的网络资源平台。最后，高校应该培养大学生树立“诚实守信”的网络道德观念，使大学生懂得网络与现实并无差别，不能因为网络自身的虚拟性就抛弃传统道德，在网络上恣意妄为，做出违反伦理道德甚至是违法的行为。

（三）加强社会监管，营造良好的网络环境

在网络社会中，维护网络道德不仅需要网络主体的自律意识，还要依靠外界的力量。首先，应该健全与网络相关的法律法规。法律具有强制性，它可以有效地防御大学生在网络上做出违法的行为。道德与法律是相辅相成的，当大学生感受到法律的威慑力时，在上网的过程中就会自然而然地遵守道德规范。其次，强化政府管理功能。互联网发展步伐的逐渐加快，网民人数逐年增加，网络开发商为了谋取更大的利益，只考虑如何吸引玩家、如何快速回本等问题，而忽略了网络游戏中所涉及的人文文化。面对这种情况，需要政府出面加以管理，并且协调各职能部门定期进行整顿治理，为大学生创造一个良好的网络环境。最后，开设对外热线，接受投诉。由于互联网具有隐蔽性，即便有着健全的法律法规和政府强制性的管理，也会有涉及不到的地方。此时，我们就需要借助群众的力量，通过开设热线，用户可以向相关机构举报一些不良信息或不良网络。

第三节　大学生网络贷款危害的防范

一、大学生网络贷款概述

网络贷款又称网络借贷，是指借助电子商务网络平台实现借贷双方的信息对接并完成交易的借贷模式。它其实是民间借贷的网络版，网站作为一个中介平台为资金提供方和需求方搭建桥梁。形形色色的网贷平台在银行专业人士看来更类似于一种非法集资。首先，所谓“网贷平台”上的资金来源并不明确，背后可能存在其他非法组织，对借贷者危害巨大。其次，银行正规贷款利率一般在10%以下，但是校园网贷的利率则可能在30%以上。最后，根据国家有关法律规定，正规贷款时，需要调查贷款者的还贷能力以及所贷款项的用途，而网络贷款并不会进行前期调查，不考虑借贷者是否有还款困难，再加上利率随着时间不断增加，学生会无力偿还贷款，最终酿成了一个又一个的悲剧。

大学生网络贷款，是指一些网络贷款平台面向在校大学生开展的贷款业务。本文中的大学生网络贷款，专指非正规金融机构借助网络平台，以大学生等群体为主要借贷对象，非法开展以谋取高额利息为目的的借贷行为。无须任何担保，只需动动手、填张表，就能贷款几千甚至更多。由于受市场经济发展中不良因素的影响，尤其是受享乐主义等的侵蚀，高校大学生超前消费的现象常有发生，不少大学生视网贷为一种校园新时尚。然而，由于大学生普遍缺乏社会经验，在网贷行为中很容易出现诸多问题。

据了解，部分非法的网络借贷平台不属于金融机构，目前并没有纳入银监局的监管范围。这些非法的网络借贷平台实际上是“三无产品”：无准入门槛、无行业标准、无机构监管。那么面对不良的网贷环境，大学生该如何有效规避风险呢？一是树立理性消费观。不攀比、不炫耀，做到合理消费、适度消费，拒绝盲目跟风。二是不帮他人做任何信用担保。作为在校学生，经济尚未独立，在同学或朋友请求帮忙时务必保持清醒的头脑，不能意气用事。三是注意保护个人信息。对于接收到的网贷平台验证短信，一定要保持警惕，严防他人盗用自己的身份信息谋取利益。

二、大学生网络贷款的原因

（一）网贷平台大肆兴起

根据报道，我国大学生网贷平台的数量直线增长。网络贷款平台最早起源于美国，其主要途径是通过网络平台让一些资金富余的人借贷给需要融资的人，这样不仅仅可以使得闲置的资金流动起来，还能让一些没有资金的投资者有融资渠道，这种金融模式确实促进了很多人的生活改善。然而，随着网贷平台如雨后春笋般出现，不少网贷机构开始将借贷目标锁定在大学生身上。这些非法的网络平台主要目的就是通过对大学生进行网络借贷来获取高额回报。网贷平台的快速增长，让经常接触网络的大学生有更多的机会与网贷结上关系。

（二）网贷门槛低

网贷平台的快速增长使得网贷机构之间的竞争异常激烈，目前仅仅P2P网贷平台就有2 000多家，网络借贷之间的实力参差不齐，都想在互联网金融模式下分一杯羹，如此多的网贷机构在利益的驱使下，要想实现盈利，纷纷放低借贷门槛。正如借贷广告所言，网贷平台对借贷对象审查程序非常简单，很多大学生在进行网络借贷时，根本不需要提供担保等其他烦琐的手续，只需要提供身份证、学生证等证件，填写相关资料，即可快捷地获得贷款。这种低门槛的借贷方式自然会受到没有自主偿还能力的大学生们的追捧和青睐。

（三）互联网金融的兴起

互联网金融是指借助于互联网技术、移动通信技术实现资金融通、支付和信息中介等业务的新兴金融模式，它是既不同于商业银行间接融资，也不同于资本市场直接融资的融资模式。互联网金融背景下人们的融资模式发生了很大的变化，在传统的金融模式下，人们要得到资金支持，大多选择到银行贷款。然而，在互联网金融模式背景下，人们可以通过网络来得到资金支持，这就为善于使用网络的大学生提供了网贷的可能性。因此，互联网金融的兴起为大学生网贷的出现起了一定的作用。

（四）大学生缺乏风险意识

大学生作为网络借贷的当事人，家长对其行为并不知情，在很多网络贷款中网络借贷公司在借贷中甚至怂恿学生通过"裸照"进行裸贷，这种行为其实是一种极端不负责任的行为，更是缺乏职业道德的表现，已经早已违背了网贷的初衷。大学生尽管接受了高等教育，在文化、知识等方面有了很大的提升，然而在思想方面还不够成熟，对于一些社会上的是非对错还缺乏理性的判断。再加之学生与网贷公司之间信息的不对称，大学生对网贷的一些条款没有读透，在借贷之前没有深思熟虑，对于一些金融机构本身的陷阱并不能做出科学的判断，在金钱的诱惑下通过白条、裸照等进行借贷，在借贷到期之后方知问题的严重性，很多网贷的利息额度与高利贷差不多。因此，大学生缺乏网贷风险意识也是造成网贷问题严重的原因之一。

（五）大学生价值观扭曲

随着社会的发展和社会上拜金主义的兴起，当代大学生的价值观发生了极大的变化，这种思想上的认识误区一旦存在，必然会影响学生今后的发展。一些大学生进入大学后，受虚荣心和攀比心理的影响，在家庭无法满足的情况下，他们不是很好地考虑自身和家庭的实际，而是打起了歪门邪道的主意，缺乏最基本的风险意识。据统计，有很多网贷事件起源于分期付款，而分期付款的商品当中又以昂贵的电子产品居多，而真正能够负担得起这些昂贵的电子产品或奢侈品的家庭并不多见。因此，学生价值观的变化是学生网络借贷事件发生的主要诱因之一。

三、大学生网络贷款的危害

（一）利用网络贷款进行诈骗

一些不法分子将目标锁定高校，抓住大学生社会经验贫乏、防范意识弱的特点，进行短期、小额的贷款活动，表面上看这种贷款盈利甚微，但实际上他们获得的利率是银行的 10 倍甚至更多。更有甚者利用"高利贷"进行其他犯罪活动，比如，诈骗学生的抵押物、保证金，或利用大学生个人信息进行电话诈骗等。

（二）会滋生大学生的恶习

大学生由于家庭背景等不同，经济条件、消费水平难免存在差异。大学生的思想尚未完全成熟稳定，很容易形成盲目的攀比心理。由于他们的经济来源主要靠父母提供，平时消费就会受限，一旦有网贷公司利用“零利息”“快速到账”等口号向他们宣传，他们很容易被吸引。据调查统计，在校大学生网贷消费的物品主要是手机、电脑、相机等数码产品，另外，旅游、服饰等也是他们的主要消费内容。攀比心理导致了大学生养成高消费的恶习。

（三）大学生人身安全无法保证

部分贷款机构在开展业务时，经常会要求大学生提供有价值的东西作为抵押，还要收取学生证、身份证等证件，借此全面掌握大学生的个人信息。一旦大学生不能及时还款，他们则会通过威胁、恐吓、殴打等方式进行催款，对大学生人身安全、家庭关系等造成极大威胁。

（四）影响大学生的学业和将来

由于申请条件便捷，网贷切实为大学生提前消费创造了有利条件，但还是有不少学生消费失控，深陷负债泥潭，严重影响学业。更有甚者，一旦出现逾期未还款的情况，将会影响学生个人信用，严重的还会面临被起诉的危险。一旦个人信用受损，大学生将来步入社会后会寸步难行。

（五）对大学生个人生活产生影响

网贷会给大学生自身心理产生极大的压力，让大学生陷入网贷的沼泽不可自拔；使原本幸福的家庭陷入网贷的阴影，增加了家庭的经济负担以及父母的心理压力；在同学及朋友中的信誉也会受损，影响个人正常的人际关系。

四、大学生网络贷款的预防措施

通过上述分析不难看出，大学生网贷所带来的问题日益严重。政府、高校、社会等要多方联动，引导学生树立正确的消费观有效地防范网贷给大学生带来的各种困境。

（一）政府部门应加大对网贷的监督管理

在政府的统一协调下，组织工商、银监等相关部门加大对网贷公司、平台的监管力度，出台严格的业务审批及监管制度，严厉打击高校校园内的各类非法网贷行为，采取坚决的态度大力整治，彻查经营者的不良行为，对涉嫌违法犯罪的行为严惩不贷；同时，还要出台对校园网贷的监管规定，确保其经营在各个环节均符合相关法律的规定。

（二）高校应完善对大学生的教育管理内容

针对大学生网贷现象，高校有关部门、思想政治教育者应重点从以下几方面开展工作，进一步完善教育管理内容。

（1）大力开展校园网贷的教育引导工作。积极发挥辅导员的带头作用，定期召开“拒绝校园网贷、提高安全意识”的主题班会，让学生充分认识校园网贷的危害性，提高防范意识；组织学生党员、干部队伍密切关注同学异常消费行为，及时发现学生在消费中存在的问题。

（2）广泛开展拒绝校园网贷的宣传活动。利用校园网站、微信、校园广播等渠道，向大学生推送校园网贷的宣传图片、视频和典型案例，让他们切实明白网贷的危害性。在大学生中积极开展以“理性消费、拒绝网贷”为主题的宣传活动，让大学生远离网贷，树立正确的消费观。

(3) 拓宽帮扶渠道,加大精准扶贫力度。各高校要切实加大对经济困难大学生的帮扶力度,认真了解他们在生活和学习等方面存在的困难,对其进行生活帮扶、就业指导等。

(4) 做好大学生的风险提示工作,提醒大学生严密保管个人证件及信息,不要将个人信息随意泄露给他人,更不要做贷款担保人。

总而言之,尽管大学生网贷还属于新兴事物,但由此引发的多种问题不容小觑。除了政府部门需要加强对贷款机构的监管力度外,各高校更应该加大对大学生的日常思想政治教育,引导学生树立正确的消费观,杜绝非法网络贷款对大学生的侵害。

【案例链接】 **千名大学生贷款"被套路" "套路贷"里"套路深"**

——兰州警方盘点近千名大学生贷款"被套路"案例

"套路贷"里"套路深"

在看到女儿李某的绝笔信后,家住甘肃省定西市的老李再也坐不住了。他拽上女儿,前往公安局报案。在过去一年多里,因为李某在大学期间一笔3 000元的"贷款",老李一家原本平静的生活被彻底打乱。他们收到了来自陌生电话号码的恐吓信息,也收到了女儿的不雅照,连家门口都被人泼上油漆,写上"欠债不还,天理不容"的字样。邻居们围上来,相互打听到底发生了什么事,一辈子老实做人的老李连头都不敢抬。他抵押了房子,又向亲戚朋友借了一圈钱,先后帮女儿还掉58万元的贷款,但剩下的11万,他再也凑不齐了。此时,贷款的违约金、滞纳金与日俱增。深深懊悔中,李某想到了一死了之。

被套住的大学生

出生于1997年的李某,就读于山东某高校。一次意外中弄坏了室友的手机,因为担心父母责怪,李某决定自己处理这件事情。通过手机广告推送,李某找到一个名为"分期乐"的线上贷款平台,业务员陈某也主动加了她的微信。很快,第一笔数额为3 000元的贷款顺利下放。一个月后,除了每月生活费,没有其他收入来源的李某开始违约,"分期乐"的催收员便将这笔债务"转让"给了另一家贷款公司。在"套路贷"的专业术语中,这一操作叫作"平账"。实际上,两家公司之间存在千丝万缕的联系,有时甚至是同一个老板。此后,这样的"转让"在55家公司一再上演,而原本3 000元贷款,也像雪球一样越滚越大。从2017年3月至2018年6月的15个月里,3 000的贷款增长到69万元。在提交给警方的材料中,李某写下10多位经手业务员的名字,并陈述了这样的事实,如"借9 000元还6万元,只因逾期1小时""胡某与胡某是一家,孟某介绍的吴某""刚开始是小额,之后就是大额,还不清就有'过桥'(高利息)"。由于害怕,李某一直捂着这件事,直到恐吓信息接连出现在家人、朋友的手机上。"我们这几天就开始收拾他(她),让你还在外面躲着可以,家里留人我们收尸。""你孩子借外面的钱再不还,我们捉到他,把他(她)舌头割了,腿打折了,让他(她)乞讨。"看到这样的短信,远在老家的老李被吓坏了,他四处筹钱,想填补这个窟窿。但一系列恐吓、羞辱,并没有就此停止。甚至在报案后,他还陆续收到了催收信息。

层层设计的圈套

接到报案后，兰州市公安局刑警支队反电信网络诈骗侦查大队迅速展开调查，走访全国多个地市，并一举打掉位于合肥、天津的两家贷款公司。根据“反电诈”侦查大队赵队长的介绍，天津这家名为恒逸建筑工程咨询有限公司（以下简称“恒逸”）虽然打着咨询公司的名号，实际上却拥有“米贷金融”“租租侠”两个线上贷款平台。从2017年11月25日办理第一笔贷款开始，短短一年时间，“套路”了960多名在校大学生，其中18～23岁的本科生占到90%以上。“套路贷”如此猖獗的原因，在于高额回报率。一位犯罪嫌疑人详细记录了每笔贷款的提成。例如，一笔3 000元的贷款，加上人力成本是3 450元，而4 735元是最低回收限额；而另一笔4 100元的贷款，最终回收了10 620元，催收员拿到了1 601元的奖金。在抓捕20余名嫌疑人后，赵队长和同事总结出套路贷的常见“套路”，具有严密的层级。据介绍，一个贷款平台一般分为5个层级。第一层是中介人员，通过网络发放各类贷款广告；第二层是客服人员，需要了解贷款学生资金需求，收集个人信息；第三层是审核组，确认贷款学生身份的真实性，核实父母的电话以及每月固定生活费；第四层是合同制作组；第五层是财务放款组。这些平台会看人下单。赵队长介绍，他们不会借给农村单亲家庭的孩子，不会借给公检法院校的学生或父母是公检法单位工作人员的学生。与此同时，一些网络平台的信用积分也成为套路贷审核放款的重要依据，“一般要求芝麻信用在550分以上”。为了洗清“高利贷”的嫌疑，“套路贷”会在合同制作上“煞费苦心”。最早借助“阴阳合同”“虚增债务”“制造资金走账流水”“转单平账”等方式“洗钱”，现在已经将借贷合同伪装成租赁合同。

学生只是诱饵，家长才是目标

在5个层级的紧密配合下，有资金需求的大学生很快会钻进“套路贷”的圈套。1个月后，便是贷款平台的“收网”时间。超过还款时间1分钟，就收取至少500元的滞纳金，此后，每天加收5%的利息。为了催款，这些非法网贷平台会对贷款学生频繁进行电话、短信骚扰，并向其父母朋友发送催款信息。在另一位受害人张某提供的资料中，她就先后遭遇各种“软暴力”，有被技术合成的与陌生人亲热的照片，还有摆在灵堂上的“遗照”。甚至有群发信息，上面写着“得了性病，需要捐助医药费”“爸爸死了，到某地吃丧酒”等内容。同时，催收组还会强制贷款学生说出手机的客服密码，通过通信公司调取通话记录，确认学生的主要联系人。他们一般在手机通讯录上查找10个号码。5个是最常联络的人，另外5个是‘豹子号’。“套路贷”公司的催收组总结出规律。“豹子号”就是与贷款学生不会经常联络，但拥有“6”“8”等吉祥数字的号码。被骚扰久了，常用联系人或许会变更号码，但‘豹子号’的主人不会轻易换号码，而他们的身份大都也是受害学生父母的同事、朋友。此时，网贷公司催收人员会购买手机轰炸服务，最终迫使“豹子号”的机主向贷款学生的父母施加压力。这一招屡试不爽，爱面子、珍惜孩子前途的家长大都会“乖乖”还钱。但在贷款本金与利息陆续回流时，“套路贷”的套路还没有走到尽头。撤销借条费、撤销资料费又是新的支出，从300元到无限多。赵队长说，这笔收费属于敲诈勒索。“学生只是诱饵，等他们上钩，钱就由父母来还了。”一位犯罪嫌疑人告诉办案民警。有时，他们甚至会用“提起诉讼”的方式逼迫贷款学生还钱。“制作合同时，已经将借款合同变成了租赁合同，在双方明晓利害的前提下，这份合同具备法律效力。法官再同情你，也只能相信证据，而不是你的眼泪。”

从受害者到加害者

在兰州警方盘点的近千例大学生贷款“被套路”案例中，受骗大学生分布在各大高校，贷款的理由五花八门。有人贷款深造，有人贷款创业，有人贷款看病，但更多人写的是周转与个人消费。

就读于江苏某高校的王某贷款是为了交学费。由于家境贫寒，上大学后，王某不想给家庭增加负担。一次偶然机会，他接触到网贷平台，并顺利贷出3 000元。一开始，王某计划通过勤工助学还清贷款，但很快这笔钱变成了9万元。在陆续还掉4万元后，王某的父母再也拿不出多余的钱。为了能将剩下的欠款一笔勾销，在贷款平台业务员的游说下，王某于2018年5月办理休学，加入了恒逸公司。直到前不久，王某被刑事拘留后，他的父母才知道儿子早已辍学。“原本是来报仇，现在反而被抓进来。”反电信网络诈骗侦查大队刑警焦某转述了王某的供词。在2018年12月20日，警方打掉天津这一犯罪窝点的当天，还有一名大学生在应聘这家公司的中介人员。“拉1个算1个挣提成，慢慢抵消自己所欠的贷款。”但大多“套路贷”机构的存活寿命都极为短暂。一些工作人员会觉得‘昧良心’而迅速辞职，公司也会屡屡变换名称和办公地点。经过警方长达半年的侦查，李某接触过的55家公司，不少已经“人去楼空”。然而，“套路贷”仍以网状结构不断扩散。有打出低息广告、专门收集信息、转卖信息的平台，也有蜂拥而来的业务员，更有在借款人无法偿还贷款情况下，推荐新平台的金融中介。“就像一个筛子，对贷款学生层层盘剥。”赵队长打了一个比方。即便还清贷款，“套路贷”造成的影响也不会完全消除。在报警后，李某暂时打消了自杀的念头，却一直敏感、多疑。她在与焦某的交流中，说自己“心都凉了”“是人是鬼分不清”。

目前，兰州市公安局刑警支队反电信网络诈骗侦查大队对于多家网络贷款的侦查正在加紧推进中。但在赵队长看来，“套路贷”在短时间内还将盛行，“学生想要脱离父母的诉求没有变，鱼目混珠的商家出现了，他们会钻一切空子，将你套进去。希望大家擦亮眼睛，选择正确的贷款机构”。“有17%的电信诈骗，借助代办贷款、网上办理信用卡的名义进行。”兰州市反电信网络诈骗中心印发的《反诈攻略》给出了相应数据。

为此，赵队长建议，广大青年学生要树立正确的消费观，不攀比、不虚荣。在日常学习生活中，如有资金需求，首先和父母多沟通，其次要到正规的金融机构办理贷款业务，“一定不要轻信所谓的无抵押贷款”。此外，要谨慎签订借款合同，留存证据。在遭遇诈骗后，第一时间报警，注意防范对方暴力恐吓、骚扰滋事等讨债行为并取证。在赵队长看来，彻底根除“套路贷”亟待多方努力，监管部门也要提高开办贷款公司的门槛，关停虚假广告、将不符合资质的贷款平台纳入黑名单，进行取缔、追责。

（本文来自正义网）

案例分析： 非法校园贷，套路深似海。随着互联网金融的发展，部分非法校园贷鱼目混珠，打着“0首付”“无抵押贷款”的旗号，形成了中介人员、客服人员、审核人员、合同制作人员、放款人员、催收人员等分工鲜明的非法产业链，专门瞄准暂无独立经济能力、有一定消费需求、有较稳定家庭经济支持的大学生群体为放贷对象。“学生只是诱饵，等他们上钩，钱就由父母来还了。”一旦学生落入非法校园贷的陷阱，就将面临滚雪球般的还款金额，这些还款金额远远超过他们及其家庭的还款能力。还有很多非法校园贷具有涉黑性质，往往采用暴力催债的方式,恐吓、骚扰学生及其父母、亲朋,导致部分大学生蒙受巨大的经济损失受到心理威胁、人身安全威胁,甚至导致学生退学、家破人亡的惨剧。抵制非法校园贷,既需要政府金融部门、监管部门整顿金融市场、关停非法校园贷平台,更需要广大青年学生树立理性的消费观,不攀比、不虚荣,如确有资金需求,到正规金融机构办理贷款业务,从思想上、根源上杜绝网络校园贷对大学生群体的侵害。

第八章
优化形象　和谐交往

社交能力越来越成为人们心目中衡量个人能力的一项重要标准。作为21世纪的大学生，应学会交往、学会协作。良好的心理素质是高职大学生进行广泛社交活动的必要条件。高职大学生在学习生活中应该注重自身修养，不断增强自己的人际交往能力。

第一节　大学生人际交往的基本概述

【阅读思考】

社交恐惧的大学生

王某，女，大学二年级在校学生。由于总担心自己在众人面前脸红，前来咨询老师。据王某自诉，自己在众人面前就感觉非常不自然、紧张、脸红，走进教室时，她会感觉别人都在关注自己，越紧张脸越红；在校园里走路时也会担心别人看到自己因紧张而涨红的脸，感觉非常尴尬。

据王某自诉，高中时，曾参加了一次演讲比赛，台下有一个评委是她的亲戚，那次她准备得不充分，上台后特别紧张，脸涨得通红，仓促逃走，从此以后在众人面前她就会感到紧张。

案例分析：王某比较追求完美，演讲失利逃走对她是一次心理挫折，由于王某存在脸红很丑这样的绝对化认知，这使她在以后的人际交往中，特别在公众面前出现了人际交往恐惧症。

一、大学生人际交往概述

当今社会是一个人际交往、合作与竞争的社会，对大学生人际交往能力提出了很高的要求。可以说，人际交往能力已经成为大学生最重要的基本素质之一。因此，掌握良好人际交往的基本规律和技巧，提高人际交往能力，建立良好的人际关系是大学生心理健康教育的重要内容。

（一）人际交往的内涵

交往是两个或两个以上的人为了交流有关认识性与情绪评价性的信息而相互作用的过

程。大学生人际交往指的是大学生之间以及与其他人之间沟通信息、交流思想、表达感情、协调行为的互动过程。交往具有以下特点：

（1）人际关系是在人与人的交往活动或互动过程中发生的。

（2）人际关系可以被人们真实地感受到，它是一种心理状态，而并不仅是对客观地位或身份的描述，虽然人际关系没有脱离开社会关系，但并不完全等同于社会关系。

（3）人际关系带有浓厚的感情色彩，不同的人在交往过程中，由于个体的差异会产生心理吸引或排斥的现象。

（二）大学生人际交往的意义

1. 人际交往是大学生身心健康的需要

美国人本主义心理学家亚伯拉罕·马斯洛（A. H. Maslow）认为，归属和爱的需要，仅次于生理需要和安全需要，是人的基本需要之一。人际关系是否良好是诊断心理是否健康的重要标准之一。研究表明，健康的心理状况总是与健康的人际交往相伴随。心理健康水平越高，与人交往就越积极，越符合社会的期望，与别人的关系也越深刻。相反，如果一个人长期缺乏与别人的积极交往，缺乏稳定的良好人际关系，那么这个人往往有明显的情绪困扰。生活中我们也能感受到，人际关系紧张时，常常伴有压抑、敏感、自我防卫、低落等情绪感受和反应方式，这些深深影响着我们的生活和身心健康。新精神分析学家霍妮认为，神经症是人际关系紊乱的表现。

【阅读思考】

人能承受多少孤单

1954 年，美国做了一项“人能承受多少孤单”的实验。

实验者将学生关在有防音装置的小房间里，让他们戴上半透明的保护镜以尽量减少视觉刺激。又让他们戴上棉手套，并在其袖口处套了一个长长的圆筒。为了限制各种触觉刺激，又在其头部垫上了一个气泡胶枕。除了进餐和排泄的时间以外，实验者要求学生 24 小时都躺在床上，营造出了一个所有感觉都被剥夺了的状态。

结果，尽管报酬很高，却几乎没有人能在这项孤独实验中忍耐 3 天以上。最初的 8 个小时还能撑住，之后，学生就吹起了口哨或者自言自语，开始烦躁不安起来。在这种状态下，即使实验结束后让他做一些简单的事情，他也会频频出错，精神也集中不起来了。实验后需要 3 天以上的时间才能恢复到原来的正常状态。实验持续数日后，人会产生一些幻觉。

案例分析：这个实验让我们明白了，人的身心要想正常工作，就需要不断地从外界获得新的刺激。

2. 人际交往是大学生成长的需要

马斯洛的需求层次理论（图 8.1）认为，人人具有 5 种需求，从低到高依次是：生理需求、安全需求、归属和爱的需求、尊重的需求、自我实现的需求，其中归属和爱的需求表明，个体需要将自身归属于一定的社会团体，需要得到他人的接纳与尊重。大学生踏出家门，远离了昔日的师长、同学，只身在外求学，面对完全陌生的环境，处于心理断乳时期的大学生，心理上更有种不踏实感，这一切使他们更怀念昔日的亲情、友情，这种环境刺激了大学生人际交往的需求，他们渴望在新的环境中获得归属感和安全感。

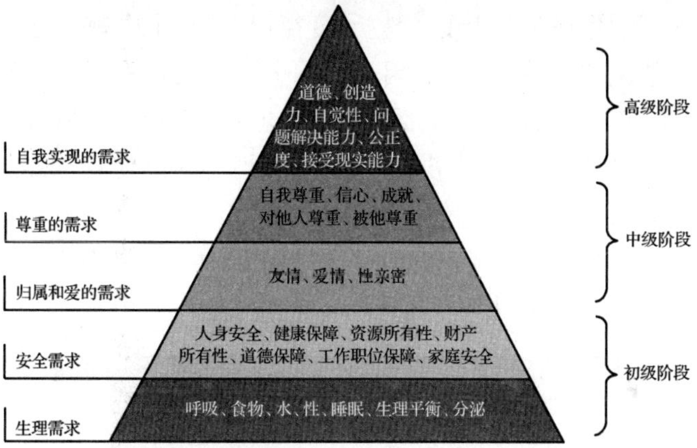

图 8.1　马斯洛的需求层次理论（Maslow's Hierarchy of Needs Theory）

3. 人际交往是大学生自我完善的需要

卡耐基曾说："一个人事业的成功，只有百分之十五是由于他的专业技术，另外百分之八十五要靠人际关系和处世的技巧。"大学时期是人的个性定型的关键时期，大学生在人际交往过程中，逐渐学会与他人交往，学会如何评价自己和他人，逐渐理解和掌握一定的社会规范、价值观念，并且以社会公认的准则来调整自己的认识和行为方式。积极的人际交往、良好的人际关系可以使人精神愉快、情绪饱满、充满自信、保持乐观的人生态度，有助于大学生个性的发展和优化。

（三）大学生人际交往的主要类型

1. 同学关系

同学关系是大学生人际关系的主要内容。同学关系又分为同宿舍、同班、同系、同学校等关系。大学校园的同学关系总体来说是和谐、友好的。同学在日常生活、学习中容易形成一种如同亲属的关系。

2. 师生关系

学校的任务是教书育人，教师担任着培育学生成长、成才的重任，师生关系也是学生在校期间的主要人际关系。一方面，学生要尊敬师长；另一方面，大学生在学习中不能盲从，应该敢于创新、向权威挑战。师生关系的疏密，可通过学生遇到问题时是否寻求老师帮助而得到印证。

3. 网络人际关系

随着科学技术和互联网技术的发展，网络人际关系成为大学生人际关系的新内容。大学生通过聊天软件（QQ、微信）、游戏、E-mail、BBS、微博等建立网络人际关系。这种人际关系呈现角色的虚拟性、主体的平等性、心理的隐蔽性、动机的多样性、过程的弱社会性和弱规范性等特点。学校应引导学生建立正确的网络价值观。

【阅读思考】

网络成瘾的大学生

一名姓吴的大三学生在学业上受了挫折,变得很内向,无法融入同学中去,便整日在网络里寻求安慰。他说:“我喜欢上网,因为在网上可以给我自重感,没有人看不起我。我交了许多朋友,甚至有的朋友会打电话来找我,说我有个性,说我幽默,虽然在现实中我并不是这样的,但我似乎找到了我要找的东西,又担心这会使我更加脱离现实。”他还说:“我不知道网络对人格发展究竟有没有影响?在网络上,一方面,一个人的性格可以得到极致的张扬;另一方面,一个人很多时候表现出来的又不是现实生活中真实自我的性格。我们不能否认它的真实,却更不能否认它的虚拟。”

4. 社会关系

大学生社会关系包括在社会实践或者兼职、创业过程中形成的人际关系。大学生社会关系范围通常比较狭窄,然而社会关系对于大学生求职、职业发展都有重要意义。大学生在校期间,可以有计划地认识在本专业具有一定知名度的人,或去认识自己感兴趣专业的相关人士等,在与前辈的交往中了解专业发展情况,开展职业生涯规划。

(四) 大学生人际交往的层次

有的大学生感慨“大学里没有真正的友谊”“知音难觅”,大学里真的没有真正的友谊吗?

人际关系具有层次性。第一层次的人际关系范围很广,人数通常很多,互相之间不一定认识,也没有深入的了解;第二层次的人际关系范围较宽,人数较多,学校社团、班级同学多是这一层面的人际关系;第三层次是朋友,交往范围缩小,人数较少,朋友之间有较为深入的了解和沟通,通常具有相同的兴趣、爱好,在较多问题上能达成共识,能够提供一定的帮助,但也存在一定的差异,不能完全分享内心的想法;第四层次是挚友,人数很少,通常1~2个,他们有相同的价值观,能够分享内心的想法,彼此能接受对方的优缺点,可以相互信赖,愿意帮助彼此成长,彼此能够在这种人际关系中找到归属感和安全感。

二、大学生常见的人际交往问题及影响因素

大学生来自五湖四海,个性、脾气、习惯千差万别,在集体中学习和生活,难免出现人际交往方面的矛盾。大学生间的矛盾主要表现为:在学习竞争中,学习不相上下的同学之间的矛盾;能力不相上下,表现机会不同而产生的同学间的矛盾;与异性交往时,同性之间出现的竞争和矛盾;宿舍中因性格、家庭背景和生活方式不同引发的矛盾;学生干部与同学之间的矛盾等。

（一）大学生人际交往问题的类型

大学生人际交往问题的类型如表 8.1 所示。

表 8.1　大学生人际交往问题的类型

类型	具体表现
知音难觅型	一般均能与人正常交往，人际关系不错，但自感缺乏心心相印、倾诉衷肠的知心朋友，有孤独感
个别不适型	与多数人交往良好，与个别人（可能是室友、同学或者父母等自己关系比较近的人）交往困难。由于与某些人相处不好，经常影响情绪，导致出现“心病”。之所以如此，是由于自身的认识障碍，当别人与自己观点不一致时，总想试图改变对方。另外，可能还存在一些人格不足，比如自卑、以自我为中心、易激动等
平平淡淡型	这些大学生能与他人交往，但总感到与人相处的质量不高，缺乏影响力，没有亲切的朋友，难以保持和发展良好的人际关系。这些同学往往缺乏较强的交往能力，无法使交往深入，只能停留在较浅的水平
交往困难型	渴望交往，但交往能力有限、方法欠妥或者个性缺陷、交往心理障碍等原因，致使交往不尽如人意，很少有成功的体验，他们往往会苦恼，希望改变现状
社交恐惧型	对人际交往特别敏感，害怕、极力回避与人接触，不得不交往时则紧张、恐惧、心跳加快、面红耳赤，难以自制。为此，常陷入焦虑、痛苦、自卑中，严重影响身心健康和日常生活。其原因大部分是有某种顾虑，缺乏相应的知识、社交技能和经验或者遭遇某种心理创伤而产生的自卑感
拒绝交往型	这类学生为数较少，他们不愿意与人交往，自我封闭、孤芳自赏，往往存在某种怪癖

【阅读思考】

宽　容

刘某，男，大学三年级在校学生。高中时学习成绩很好，考入了理想的大学。进入大学校园后，在新的环境中，没有能够尽快地去适应，而是与同学相处不融洽，学习成绩一再下降。父母看到下滑的成绩非常失望，刘某也很痛苦。情绪一直低落、压抑，一度丧失了自信心，极其自卑，甚至引起了严重的头痛。

刘某自诉高中时学习方法比较灵活，学习成绩较好，自己较单纯，在与别人交往方面没有经验。进入大学后，整日与同学相处，有了更多的接触机会，起初与一些同学关系很好。随着接触的增加很快发现同学身上的一些缺点，慢慢地就与他们疏远了。并且，随着交往范围的扩大，他看不惯许多同学为人处世的原则，久而久之郁闷就全都郁积在心里，想要发泄也发泄不出来。

案例分析：要宽容别人对你的不理解的想法或意见，宽容别人的缺点，宽容自己的一些力所不能及的事情。

（二）大学生人际交往的影响因素

1. 认知因素

认知是人际关系的前提，在人与人的交往过程中，通过彼此相互感知、识别、理解而建立关系。心理学研究表明，认知直接影响人际关系的性质和发展趋势。认知包括对自我的认知、对他人的认知和对交往本身的认知。

常见的认知效应有以下几种：

（1）首因效应。

首因效应，又称“第一印象”，是指最初接触到的信息所形成的印象对我们以后的行为活动和评价的影响，实际上指的就是“第一印象”的影响。第一印象效应是一个妇孺皆知的道理，为官者总是很注意烧好上任之初的“三把火”，平民百姓也深知“下马威”的妙用，每个人都力图给别人留下良好的“第一印象”。

【阅读思考】

首因效应

《三国演义》中庞统当初准备效力东吴，于是去面见孙权。孙权见到庞统相貌丑陋，心中先有几分不喜，又见他傲慢不羁，更觉不快。最后，这位广招人才的孙仲谋竟把与诸葛亮比肩齐名的奇才庞统拒于门外，尽管鲁肃苦言相劝，也无济于事。众所周知，礼节、相貌与才华绝无必然联系，但是礼贤下士的孙权尚不能避免这种偏见，可见第一印象的影响之大！

（2）近因效应。

近因效应与首因效应相反，是指在多种刺激出现的时候，印象的形成主要取决于后来出现的刺激，即在交往过程中，我们对他人最近、最新的认识占了主体地位，掩盖了以往形成的对他人的评价，因此，也被称为“新颖效应”。多年不见的朋友，在自己的脑海中的印象最深的，其实就是临别时的情景；一个朋友总是让你生气，可是谈起生气的原因，大概只能说上两三条，这也是一种近因效应的表现。心理学的研究还表明，在人与人的交往中，交往的初期，即在延续期彼此还生疏阶段，首因效应的影响重要；而在交往的后期，就是在彼此已经相当熟悉时期，近因效应的影响也同样重要。

（3）晕轮效应。

晕轮效应又称光环效应，是指人们对他人的认知判断，首先，主要是根据个人的好恶得出的，然后，再从这个判断推论出认知对象的其他品质的现象。如果认知对象被标明是“好”的，他就会被“好”的光环笼罩着，并被赋予一切好的品质；如果认知对象被标明是“坏”的，他就会被“坏”的光圈笼罩着，他所有的品质都会被认为是坏的。

【阅读思考】

晕轮效应

美国心理学家戴恩等人曾用实验证实了晕轮效应的存在。他们给被试者看一些人的照片,这些人分别是看上去很有吸引力的人、没有吸引力的人和一般的人。然后要求被试者评定这些人的一些特点,而要评定的这些特点与有无吸引力没有丝毫关系,分别是这些人的婚姻状况、结婚幸福程度等。结果发现,有吸引力的人得到的评价最高,而没有吸引力的人得到的评价最低。戴恩的研究表明,如果一个人有魅力,那么他的其他特点往往也被认为是具有积极意义的了。这显然是由晕轮效应引起的认知偏见。中国有一句话叫作"情人眼里出西施",这也是一种晕轮效应,一个如花似玉的姑娘嫁给一个身材不高、其貌不扬的男子,因为姑娘看中的是他的才华,被他的才华深深吸引,从而就觉得他整个儿都美,看哪儿都"顺眼";一个各方面条件都很不错的小伙子,追求他的姑娘亦不少,他却偏偏看上一个长相很一般的姑娘,因为他看中了她优雅的气质,为她的气质所倾倒。这些生活中的现象,都是晕轮效应的反映。

(4) 投射效应。

投射效应是指以己度人,认为自己具有某种特性,他人也一定会有与自己相同的特性,把自己的感情、意志、特性投射到他人身上并强加于他人的一种认知障碍。"以小人之心度君子之腹"就是一种典型的投射效应。当别人的行为与我们不同时,我们习惯用自己的标准去衡量别人的行为,认为别人的行为违反常规;喜欢忌妒的人常常将别人行为的动机归纳为忌妒,如果别人对他稍不恭敬,他便觉得别人在忌妒自己。

(5) 刻板印象。

刻板印象又称定型化效应。按照性别、种族、年龄或职业等进行社会分类形成的关于某类人的固定印象,是关于特定群体的特征、属性和行为的一组观念或者说是对与一个社会群体及其成员相联系的特征或属性的认知表征。

【阅读思考】

刻板印象

苏联心理学家曾做过这样一个实验:研究者向参加实验的两组大学生出示同一张照片,但在出示照片前,对第一组学生说,这个人是一个十恶不赦的罪犯;对第二组学生却说,这个人是一位知识渊博的科学家。然后他让两组学生各用词汇描述所见照片上这个人的相貌。第一组学生描述为:仇恨、绝望……第二组描述为:深邃、坚强……对于同一个人,仅仅因为先前得到的提示不同,就在描述时用了差别如此之大的词汇,可见,定型化效应的力量真的很大。

在人际交往中，大学生往往不能正确运用认知效应，从而出现认知偏差，影响人际关系；反之，如果能够合理地利用认知效应，可以在人际交往中给人留下良好的印象，有助于大学生在人际交往中调节自己的认知偏差，建立良好的人际关系。

2. 性格因素

(1) 自卑。

有自卑倾向的同学在人际交往中缺乏自信，对别人的言谈举止特别敏感，容易从他人的言行中发现对自己不利的评价，处事过分谨慎，常常避开人群；还有一部分自卑的同学对自己要求很高，以一种盛气凌人的姿态出现，掩盖自卑，这种孤傲心理在人际交往中容易摆出“目中无人”的姿态，对别人吹毛求疵。

(2) 忌妒。

忌妒具体表现为：心胸狭窄，看不得别人比自己好，害怕别人比自己强，当别人取得成绩时，往往表现出忌恨、挑剔、压制、排斥，甚至用流言蜚语或其他手段加以否定。

(3) 以自我为中心。

以自我为中心表现为：很少关心别人，与他人关系疏远；固执己见，唯我独尊；自尊心过强，过度防卫，有明显忌妒心。

(4) 猜疑。

猜疑是指人际交往中对别人不信任、猜测、揣度、估摸、疑惑、疑心。猜疑产生的主要原因：主观臆断、性格多疑、错觉反应。解决猜疑的方法：在交往中，产生矛盾是不可避免的，关键是要“对事不对人”！

【阅读思考】

皮格马利翁效应

皮格马利翁是古希腊神话里的塞浦路斯国王，他爱上了自己雕塑的一个少女像，并且真诚地期望自己的爱能被接受，这种真挚的爱情和真切的期望感动了爱神阿芙狄罗忒，就给了雕像以生命。虽然这只是一个神话传说，但它说明的是期望对于人的行为的巨大影响。积极的期望促使人们向好的方向发展，消极的期望则使人向坏的方向发展，人们通常用这样的话来形象地说明皮格马利翁效应：“说你行，你就行；说你不行，你就不行。”要想使一个人发展得更好，就应该给他传递积极的期望。

(5) 自闭。

自闭的同学通常有清高、自负等认知偏见，也有的同学自我保护意识太强。要树立与时俱进的新理念，充分认识到人际交往能力是衡量一个人是否具有适应开放社会的能力的标准之一。同时要解除思想顾虑，克服孤僻、封闭的心理定式，积极主动地与人交往，要敢于让别人了解自己。

3. 人生观的影响

人生观的某些差异导致了大学生对同一社会问题或现象看法不同甚至相悖，也导致同学间生活、学习、为人处世的方式不同。青年人喜欢热烈讨论甚至激烈地争辩某一社会现象或问题，一旦观点不同，在谁也不能说服谁时，就可能言辞尖刻，不欢而散。于是，矛盾就可能出现。其实这个问题非常好解决，就是每个人都要培养人际交往的灵活性，具体是指良好的人际关系中允许有争论和争吵的出现，但是不影响关系的维系。人际交往中争论和冲突等是不可避免的，这是交往的一种形式，它不代表本质发生了变化，也就是不代表彼此的关系恶化了，只要每个人都允许人际交往中可以有争论甚至争吵存在，争吵的存在只是为了让彼此更好地了解对方，同时彼此的关系完全可以继续维持和发展，彼此在这段感情中会更真实，感情也会更加亲近和牢固。

4. 缺乏人际交往与沟通的技巧

真诚待人、修炼自身是良好人际关系的基础，同时，人际交往也是一门艺术。人际交往和沟通需要学习和实践。有的大学生不懂得人际交往的艺术，在与人交往过程中不尊重他人，不懂得基本的人际交往礼仪，常常受到别人的冷落。还有的大学生在人际交往中不会倾听、不能很好地表达自己的想法。大学生可以通过人际交往和沟通技巧的学习，积极参加社团和社会实践活动，在人际交往过程中提高人际交往能力。

第二节　大学生人际交往的能力培养

一、大学生人际交往的原则

（一）尊重原则

【阅读思考】

人际交往中的尊重

有的人在与人交谈中东张西望，眼睛看别处，显示出不耐烦的神情，虽然这是无意识的举动，事实上却造成了对别人的不尊重。有的人在聚会时总是姗姗来迟，与别人多次交往却记不住别人的名字；别人谈兴正浓时，却打断对方，乱发评论，这些都是对人的不尊重行为，不知不觉中就会影响人际交往。

被尊重是每个人最基本的心理需求，在马斯洛的需求层次理论中，尊重的需求是人的五大基本需要之一，它分为尊重自己与尊重他人两个方面。尊重自己就是尊重和维护自己的人格，自重自爱。尊重他人是尊重他人的人格，尊重他人的处世风格，尊重他人的感情、愿望、习惯和爱好。如果交往双方缺乏相互尊重就谈不上理解，甚至会出现曲解，不利于人际交往。

（二）真诚原则

真诚待人是人际交往得以延续和发展的保证。实践证明，人们在交往中最喜欢的品质就是真诚。真诚使人在交往时有明确的可知性和预见性，而不真诚则意味着与之交往的人可能会受到蒙骗或侵害，会使人产生不安全感。

（三）宽容原则

宽容就是与人交往时在非原则问题上不斤斤计较。容人者，人容之。人们由于出身不同、经历各异、文化程度高低、气质性格存在差异，在交往中难免出现一些过错，也希望能得到对方的宽容和谅解。宽容是人际交往的“润滑剂”，可以减少人际交往中不必要的摩擦和纠纷。讲究宽容，要待人以宽，充分理解人，尊重别人的优点和长处，不苛求、不挑剔；要大度，容得下别人的过失，甚至是对自己的无礼；要严于律己，发生矛盾时，多想想自己的不足，主动承担责任，诚恳地进行自我批评。

（四）交互原则

社会心理学家强调，人们在人际关系的确立和维持过程中，必须遵循交互原则。“爱人者，人恒爱之；敬人者，人恒敬之。”心理学家福阿夫妇发现，任何人都有着保护自己心理平衡的倾向，都要求自身同他人的关系保持某种适当性、合理性，并根据这种适当性、合理性使自己的行为与他人的关系得到解释。

【阅读思考】

人际交往问题

你喜欢我，我才喜欢你。值得拥有的程度 = 外表的吸引力 × 被接受的可能性。在威斯康新大学和得克萨斯大学男生中所做的调查显示，如果他们发现一个漂亮的女子，在拿不准那女子的反应之前，只有 3% 的人会邀请她约会。这些男生大多表示，他们或者会再等一等，看对方是否有同样兴趣，或者因缺乏自信，干脆什么都不做就放弃了。

（五）信用原则

信用是建立良好人际关系的关键因素，它对确立人际关系具有决定性的作用。古人云：“言必信，行必果。”“言必信”就是与人交往，说话一定要守信用。“行必果”就是做事要遵守诺言，实现诺言。一个讲信用的人才能做到言行一致、表里如一。“人而无信，不知其可也。”人际交往中常遇到不守信的情况：爽快答应的事情，转过身去便抛在脑后，不再提起；到期该归还的物品，到时候却闭口不提等。大学生人际交往中应遵循信用原则，切忌失信于人。

二、大学生人际交往的艺术

（一）学会倾听

印第安人谚语道，我们要学会听别人说话，否则你的耳朵则成了摆设。

最有价值的人，不一定是最能说的人。老天给我们两只耳朵和一个嘴巴，本来就是让我们多听少说。善于倾听，才是成熟的人最基本的素质。倾听必须站在对方的立场，仔细地倾听他所说的每一句话，不要用自己的价值观去指责或评判对方的想法，要与对方保持相互理解的态度。当我们用心倾听对方时,自然会给予对方心理上的极大满足,这时候我们才能集中心力去解决问题。当然,倾听也不是被动地接受,需要在倾听中给予对方信息反馈,如果对方一味高谈阔论那些你不感兴趣或者反感的话题,对你的暗示置之不理时,你也可以拒绝倾听。

倾听是沟通的基础。但在现实生活中,很多人并没有真正掌握“听”的艺术。据分析,“倾听”是有层次之分的。第一是“听而不闻”:如同耳边风,有听,但完全没有听进去。第二是“敷衍了事”:嗯……喔……好好……哎……略有反应,其实心不在焉。第三是“选择地听”:只听合自己的意思或口味的,与自己意思相左的一概自动消音过滤掉。第四是“专注地听”:某些沟通技巧的训练会强调“主动式”“回应式”的聆听,以复述对方的话表示确实听到,即使每句话或许都进入大脑,但是否都能听出说者的本意、真意,仍值得怀疑。第五是“同理心的倾听”:一般人聆听主要是为了做出最贴切的反应,根本不是想了解对方;而同理心的倾听的出发点是为了“了解”而非为了“反应”,也就是通过交流去了解别人的观念、感受。

当我们能用同理心去倾听别人说话时,自然能给对方提供心理上的极大满足,这时你才能真正理解对方,在此基础上集中心力去解决问题或发挥影响力、领导力。

【阅读思考】

倾听的小窍门

◇倾听时一定要凝视说话者。

◇向对方表示你关心他说话的内容。

◇和对方说话时身体向前倾。

◇掌握时机,提出问题。

◇不要中途打断。

◇配合对方语气,提出自己意见。

(二)学会换位思考

【阅读思考】

小　幽　默

妻子正在厨房炒菜。丈夫在她旁边一直唠叨不停:“慢些,小心!火太大了。赶快把鱼翻过来,油放太多了!”妻子脱口而出:“我懂得怎样炒菜。”丈夫平静地答道:“我只是要让你知道,我在开车时,你在旁边喋喋不休,我的感觉如何……”

人际交往中的摩擦和冲突常常使我们耿耿于怀、心情烦躁,换位思考可以给人更宽阔的视野、更宽容的心态、更平和的心境。所谓“换位”,就是常说的“将心比心”“感同身受”,即走出自我,设身处地站在别人的立场看问题。

（三）学会赞美

1. 赞美的技巧

（1）赞美出于真诚。

（2）赞美时不失良机。

（3）力争第一次发现。

（4）与对方的内心好恶相吻合。

（5）寻找对方最希望被赞美的内容。

（6）间接恭维。

（7）背后赞扬。

（8）含蓄性赞美。

（9）直观性赞美。

2. 给自己列个赞美计划吧

（1）我要在未来一周内观察别人的优点，并把它列出来。

（2）我要用语言和非语言的方式，直截了当地表达我对别人的欣赏。

（3）我要经常用“你真棒”“你真行”“做得很漂亮”等口头语鼓励同学。

（4）要把赞美别人当作一种习惯，而非达到某种目的的手段。

3. 一周后总结

（1）同学对你的态度变化了吗？

（2）当你赞美同学的时候，他们有反应吗？

（3）当你赞美别人后，你自己的感觉如何？

（四）学会说不

现实生活中，我们总会遇到要拒绝别人的时候，如果不妥善采取拒绝方式，就会导致人际关系的破裂，甚至会引起更大的纷争，所以如何拒绝他人是一门艺术。

【阅读思考】

拒绝练习

1. 一位朋友多次向你借钱。
2. 朋友请你帮忙，但是你今天已经有了安排。
3. 同宿舍的同学让你在英语四级考试中替他考试。

（1）用和蔼可亲的方式拒绝。我们在拒绝他人的同时，也要给对方留下好的印象，所以采取和蔼可亲的方法，是首要条件。

（2）拒绝他人的时候要先倾听他人。不等听完他人的话，就急忙拒绝他人是不礼貌的行为，我们任何时候都要先倾听他人，然后委婉地拒绝，务必解释拒绝的原因。

（3）关注对方的情绪。有时候我们的拒绝会让对方很不爽，这时候我们就要客气地对对方表达自己的意思。让对方在遭受拒绝的同时，也缓解了情绪。

(4) 关键时候要果断地说“不”！明白地对对方说“不”,让对方明白你的意思。

(5) 条理清晰地向对方说明理由。

(6) 不要伤害对方的自尊心。

(7) 给对方一个退路。

(五) 沟通的艺术

沟通包括语言沟通和非语言沟通。调查研究显示,在人的沟通过程中,影响沟通效果的因素依次是身体语言、语音语调、说话的内容。

人际沟通仅有一成经文字来表述,三成取决于语调及声音,六成通过人类变化丰富的肢体语言表达,所以同理心的倾听要做到“五到”,不仅要“耳到”,更要“口到”(声调)、“手到”(用肢体表达)、“眼到”(观察肢体)、“心到”(用心灵体会)。

三、人际交往常见问题及解决对策

(一) 自卑造成的人际交往问题

1. 自卑的形成原因

自卑主要是以下几方面原因造成的。

(1) 过度的自我否定。每个人都有优缺点,自卑的人往往有消极的自我心理暗示,只看到自己的不足而忽视了自己的优点,形成了过多的自我否定。下面案例中的大学生看不到自己的优点,过度寻找自己的劣势。

【阅读思考】

自卑引发的人际交往问题

王某家在广东的一个小镇,父母只有一个孩子,从小学到高中王某一直都在子弟学校上学,学习成绩较好。可是,由于高考时发挥失误,王某很不情愿地来到高职学院就读。上学前,父母一再告诫他要处理好同学之间的关系,王某也深知人际关系的重要性,但不知从何做起。刚入校的时候,王某想要给同学留个好印象,所以凡事都抢着做,比如,打扫卫生、打开水等。刚开始,大家还说声谢谢,后来就习以为常了。王某很寂寞,觉得没有人喜欢自己,认为可能是自己太普通了。如他身高只有 1.68 米,比较矮小,长相普通,家境也很普通,没钱请大家吃饭。他很羡慕那些在人际交往中如鱼得水的人。

案例分析: 案例中的王某在人际交往中存在自卑心理。需提高自尊和自我价值感。只有个体觉得自己与别人是平起平坐的,是平等的,是有同样高自尊的,才不需要讨好别人,才不觉得自己比别人低,才会不那么敏感和多疑。

(2) 过强的自尊。过强的自尊和过度的虚荣心也是不自信的表现。中国传统的家庭教育中,父母望子成龙、望女成凤,总会给子女树立各种各样的榜样,让子女向其看齐。对子女过分的期望容易让自卑感成为固定的、消极的自我暗示，且会日益加深。

2. 自卑心理调适

（1）正确认识自我，提高自我评价，不要事事处处以超越别人为目的，关键是要把握自己的长处，按照自己的目标去交际、去生活。

（2）调整心态、积极与他人交往，要看到自己在交往中的长处，增强自信，消除自卑。

健康的自尊能让你与人平等轻松相处！自尊能让你发挥最大的潜能！拥有健康的自尊的人能够诚实地对自己说："我真的很喜欢我自己。我很高兴我就是我。我宁愿做我自己，而不是活成现在或历史上的任何其他人。"

健康的自尊≠利己主义，健康的自尊≠傲慢，健康的自尊≠自负，健康的自尊≠自恋，健康的自尊≠优越感。有后面这些特征的人可能有时试图掩盖他们的低自尊。当你拥有健康的自尊时，你会认清，谁也不比你拥有更高或更低的价值和重要性。因此，具有健康的高自尊者在人际交往中能真实轻松地做自己，并且不卑不亢，平等待人。

3. 提高自尊的途径

（1）调节自我期望。自我期望是对自己将会实现目标的期待。例如，甲同学拥有自己的目标，将来要成为一名高级技师（高级工程师），那么他某门课程考得稍差些，他会非常在意而产生很大失败感吗？别的同学获奖学金会让他有很大的失败感吗？甲同学应该既在意自己某门课程或奖学金评选的失利，又要尽快确立其他目标，及时弥补过失。

（2）学会喜欢自己。对自己的优缺点进行分析，优点要得到足够的肯定和欣赏，将缺点分为可以改变的缺点和不可改变的缺点。对可改变的缺点要求自己努力改变；对不可改变的缺点要完完全全接纳它们，不再为此而有一点点的烦恼和自责。

（3）分清楚自己的理想和现实，接纳现实。例如，王某是一名大学生，他希望自己能成为校园的明星，各方面出众，才华横溢，鹤立鸡群，而现实状况却离理想差距甚远，这让他苦恼不已。我们每个人都有理想的自我，真实自我与理想自我之间的差异激励我们不断改善自身。但是，如果真实自我与理想自我差距太大，那就可能侵蚀我们的自尊。正确的做法应先面对现实，接纳现实，放下幻想，放下纠结与执念，从现实做起，努力改变可以改变的方面，从每天的小小进步中体会成就感，而不是沉溺于幻想中，毫无进步。

（4）允许自己犯错。犯错误或未能成功时，告诫自己："我允许自己犯错误，我能从这个错误中学习些什么教训，下次不要再犯。"

（5）对待别人的批评。第一步，承认事实。例如，批评者："你太懒了。整个周末都在看电视。""你是对的，本周末我花了许多时间看电视，但这并不意味着我懒！"第二步，接受建设性意见。如果自己确实有点懒惰，那需要积极改正自我。第三步，保持积极心态和高自尊。即使存在懒的缺点，自己总体还是很棒的。

（二）孤独心理造成的人际交往问题

1. 孤独心理的主要原因

（1）性格所致。有的人生性内向，不屑于交流，也会产生孤独的心态。

（2）过于自尊而孤独。过于自尊的人，往往存在虚荣心，要面子，不肯低头，不屑于调节矛盾,也容易导致人际交往问题。

(3) 挫折所致。人际交往挫折,也可能造成人际交往的回避,从而出现孤独心态。

(4) 害羞。经常害羞的人一般会特别频繁地感到孤独。害羞是对社会环境的焦虑,它源于担忧其他人对自己的看法。低自尊的人通常会忍受害羞之苦,他们自我感觉不舒适,也难以对周围的其他人感觉舒适,他们甚至逃避每天的社会情境,避免暴露和被批评。

2. 孤独心理的调适

(1) 和集体融为一体。在现实的大学生心理咨询中,不少大学生是因为与同学有些小摩擦,便自动疏远同学,引发人际关系问题,被同学孤立。属此类原因的同学,需要向身边人际关系良好的同学学习,他们是如何处理人际摩擦的,多增加自己的人际交往的灵活性和技巧性。小摩擦其实不影响关系,关键在于你是否能以平和心态看待摩擦和争论,同时继续维持良好关系。

(2) 真诚、坦率地面对同学。人际交往的动机和态度非常重要。出现人际关系问题的大学生自身往往存在一些问题,比如,在人际交往中的多疑、忌妒等,要真诚交往,关心人、帮助人,在给予的过程中享受关爱。

(3) 发展社会支持系统。那些帮助我们感觉被重视、被关注和与人群相联系的人的话语和行为,即社会支持。社会支持是自尊的驱动力。社会支持分为两种基本形式:情感支持和工具支持。情感支持是给予信任、同情、关心、热爱、关注和无条件的认可。给予你情感支持的人会倾听你的想法和感觉,鼓励你,拥抱你,提醒你所拥有的价值。工具支持是给予资源,如金钱、劳动、时间、建议和信息等。给予你工具支持的人在你需要建议、工作指导、贷款、搭车或找工作时,会帮助你解决问题。发展社会支持系统第一步是伸出自己的双手——不是等待别人对你产生兴趣,而是表现出你对他们的积极兴趣。例如,更多地了解朋友、熟人或家庭成员的状况或兴趣等。多参加集体活动,主动为他人提供社会支持,如班级一位同学某天生病在家,那就给他或她一份你的笔记副本。

(三) 忌妒心理造成的人际交往问题

【阅读思考】

忌妒心理引发的人际交往问题

某大学学生小红有幸获得美国明尼苏达州立大学的全额奖学金,对方发来邮件时,她正好离开电脑,同宿舍的小霞看到了这封邮件内容。她当时也申请了这所学校,但并没有获得批准,看到小红收到邮件,小霞非常眼红又气愤,就以小红的名义写了拒绝信。此举引起公愤,小霞也被勒令退学。忌妒害人害己!

【阅读思考】

孤独心理引发的人际交往问题

小红是来自农村的一位女大学生。新的环境中,她觉得自己跟其他人想法不一样,与其他人没有共同语言,变得独来独往,不与同学沟通。一位同学的MP3丢了,偶然的机会,他们发现小红的书桌下放着一个一模一样的MP3,大家便对小红冷嘲热讽。小红辩解无效,更加压抑自己,封闭自己。同学的MP3失而复得,大家知道冤枉了小红。班主任后来告诉同学们,小红从小是在单亲家庭的环境中长大,希望大家给予她更多关心和帮助。小红在生日的时候,意外地收到全班同学精心为她准备的生日礼物,热泪盈眶。

案例分析:案例当中的小红性格比较内向,她在遇到与自己不同意见的时候,不善于表达与沟通,导致自己与同学间产生误会、隔阂,产生孤独的心态。好在日久见人心,善心换得真情。

忌妒心理产生的原因主要是心胸狭窄,容不得别人优秀,把别人的优势视作对自己的威胁。法国文学家巴尔扎克曾经说过,忌妒者比任何不幸的人更为痛苦,因为别人的幸福和自己的不幸,都将使他痛苦万分。

双赢思维利人利己。双赢思维的基本原则是相互获益能建立有效长久的人际关系。主要的思维是:我寻求别人的利益,也照顾自己的利益;要得到更佳的成果,我以互相合作代替独立竞争。双赢思维与忌妒心理实质是富足与匮乏两种心态。富足的心态相信宇宙有足够的资源提供给每个人;匮乏的心态认为资源不足够供给每个人,我一定要先得到。建议每位大学生都能重视此思维的重建,要想做大做强,靠自己的力量是很难达到的,要打破WIN—LOSE和LOSE—LOSE观念,强调WIN—WIN,消除敌对因素,建立信任,把注意力放在双方的利益上,而不是只考虑自己的利益。

美国著名的心理学家爱利克·伯奈依据自己和他人所采取的基本生活态度,提出人际交往四种心理模式:

1. 我不好—你好

表现为自卑,甚至是社交恐惧,根源于童年的无助感,这种态度如果没有随年龄的增长而改变,长大后就容易放弃自我或顺从他人,这些人喜欢以百倍的努力去赢得他人的赞赏。

2. 我不好—你也不好

不喜欢自己也不喜欢别人,看不起自己也看不起别人,常放弃自我,极端孤独和退缩。

3. 我好—你不好

以自我为中心,自以为是,总认为自己是对的,而别人是错的,把人际交往中的失败的责任推在他人的身上,常导致自己固执己见、唯我独尊。

4. 我好—你也好

相信他人,能够接受自己和他人,并努力去改变他们能改变的事物,善于发现自己和他人的优缺点,从而使自己保持一种积极、乐观、进取的心理状态,是一种成熟、健康的人际交往的心理模式。

（四）宿舍人际交往问题

1. 如果自己被宿舍全体同学排斥，那么需要反省自己

如果你在寝室里比较孤立的话，那么就必须检讨自己了，不要一味地抱怨别人。为什么其他人都那么“齐心协力”地孤立你一个人呢？也许是你的行为太“以自我为中心”了——凡事很少为别人着想，自己想怎样就怎样，如大家休息的时候发出些声音影响别人休息，或对寝室的公共事情不关心，打扫卫生不积极，只顾及自己的那块小空间，有东西从不与人分享而对别人的东西却毫不客气，等等。要想与室友相处好，只有改变自己，从小事做起，主动与别人交往，主动关心别人，手脚勤快一点，提水扫地等杂事要表现得积极一点。当然，做这些事情时要表现出诚心，而且需要坚持下去，凡事多为别人着想一点，自然会改善与室友之间的关系，并可以结交很多的朋友。

2. 如果仅与某位室友闹矛盾，要学会大度、宽容

对于室友不良的生活习惯，不妨开诚布公地跟他谈谈。因为有的时候是他没有意识到而妨碍了别人，如果有人给他提出来他可能就会注意；人与人之间有矛盾冲突很正常，需要沟通，了解彼此的底线和妥协的范围。对于在宿舍中很容易受伤害的同学，有个方法可以有效地帮助你，即建立适当的交往“边界”，人际边界类似于国家的“国防线”。每个人就像每个国家一样，都有能力保护自己不受外界的影响或伤害。并不是说别人的嘲笑或攻击可毫无阻挡地直射你的内心，对你造成伤害；而是你有“国防线”，你可以决定是否受外界的影响，如何抵挡伤害，等等。有了边界，你就有了安全的心理空间，而不是时刻担心被伤害。另外，要想让关系长久维系，需要扩大关系的容量，这是指两人交往时，不仅允许有爱（关爱）出现，也允许有恨（不满）出现，可以表达多方面的真实感受，且不影响关系的继续发展，这段关系就是非常健康和可持续发展的。与室友相处，要掌握“对事不对人”的原则！事情过去后要能和好如初，这是人际交往的灵活性，也是交往的重要能力。如果你跟某位室友实在无法相处，闹到无法挽回的僵局，这时只希望能不受对方的影响，那么需要从时刻提防对方的一举一动的关系中退出来，主动拉远与敌对者的心理关系，想象对方是马路上的陌生人，他的一举一动跟你毫无关系，让自己从带有敌意的关系中退出来，恢复平静的心情。

第三节　大学生恋爱交往的正确对待

一、正确认识爱情

爱情是古今中外人们关心的永恒的主题之一。人们渴望爱情，几乎在所有的文化中，最美丽的故事和传说都是有关爱情的，那么爱情到底是什么呢？这是个很难回答的问题。在20世纪70年代以前的很长时间里，爱情基本上都是文学歌颂的主题，而不是科学的研究对象。

（一）爱情的内涵

20世纪70年代，美国心理学家鲁宾开始对爱情进行学术研究。他认为，爱情是一个人对另一个人的某种特殊的想法和态度，它是亲密关系的最深层次，它不仅包含审美、激情等心理因素，还包含生理唤起与共同生活愿望等复杂的因素。

恩格斯指出，所谓爱情就是建立在传宗接代的本能基础上的，基于一定的社会关系和共同生活理想，男女双方产生的特别强烈的肉体和精神享受的相互仰慕，并渴望对方成为自己终身伴侣的高尚感情。

处于恋爱状态的男女通常会体验以下九种情感：①生理上的冲动。希望彼此有身体上的接触。②美感。爱上对方时，会觉得对方最美丽。③亲密感。会产生一种亲切的感觉，亲密和温馨。④羡慕和尊敬。欣赏对方内在和外在的条件和优点，以对方为荣。⑤赞许。喜欢夸奖对方，尤其喜欢在他人面前夸奖对方。⑥提高自尊。生活因为有了爱而更有意义，爱使人感受到无可比拟的独特性和尊重感，生命因此而富有价值。⑦占有欲。恋人常会戒备对方会被别人抢走，有独占对方的欲望。⑧行动自由。如果个人有正当的理由，其行动的自由一定要受到尊重，才不会破坏两人之间的爱情关系。⑨深厚的同情心。我们对深爱的人常会有怜惜的感情，经常会为对方考虑，如果对方受到挫折，我们会非常愿意与对方分担痛苦和挫折，把对方的苦难当作自己的苦难一样，或者更胜于自己的苦难，因为我们愿意为对方而牺牲自己的利益。

（二）爱情的理论

1. 爱情类型理论

美国著名政治学家拉斯韦尔和罗布森茨把爱情分为六种类型，称为爱情类型理论。

（1）浪漫式爱情：这种爱情有强烈的情绪体验，强调形体美，追求肉体和心灵融合为一的境界。最典型的是一见钟情。

（2）占有式爱情：占有式爱情的特点是对所爱的对象倾注了极其强烈的感情，希望对方以同样的方式来回应。对爱人占有欲极强，容易妒忌。

（3）游戏式爱情：玩弄爱情就像玩游戏一样，只求个人需要的满足，对恋爱对象不肯负责任，可以轻易地变更恋爱对象。

（4）友伴式爱情：又称为友谊式爱情，这种爱情是经由友谊、共同爱好及逐步自我展露而慢慢成长起来的、令人愉快的亲密关系。其特点是温存多于热情，信任多于妒忌，平淡而深厚。

（5）奉献式爱情：这种爱情意味着无条件的关怀、付出和谅解，甘愿为爱人付出一切，而不求回报。

（6）现实式爱情：这种爱情追求满足对方的基本需要，不求理想的追求，将爱情视为生活之应用。其典型的是“男子娶妻，煮饭洗衣；女子嫁汉，穿衣吃饭”。

2. 斯腾柏格爱情三因论

爱情的类型理论硬性地把爱情分为六种不同类型，但实际上任何一种爱情形式都只能偏重某种形式，而不能绝对排除其他特性。因此，美国心理学家斯腾柏格提出爱情三元论（图8.2）。

这种理论认为爱情有三种基本组成成分，即动机成分、情绪成分和认知成分。斯腾柏格将激情、亲密和承诺称为爱情的三个基本成分。激情是指身体魅力与性吸引；亲密是指恋爱双方紧密、接近和信任的感觉，重视彼此的喜欢、理解与期待；承诺是指双方决定发展稳定的关系，重视彼此对对方的责任。依照三部分的不同组合，爱情可分为以下七种爱情形式。

迷恋之爱：主要是激情，没有亲密和承诺，如初恋。

友谊之爱：主要是亲密，没有激情和承诺，如友谊关系。

空洞之爱：以承诺为主，缺乏激情和亲密，如纯粹为了结婚的爱情。

浪漫之爱：有亲密和激情，没有承诺。

伴侣之爱：有亲密和承诺，没有激情。

愚蠢之爱：只有激情和承诺，没有亲密，如闪婚。

完美之爱：激情、亲密和承诺三者都有，且合而为一。

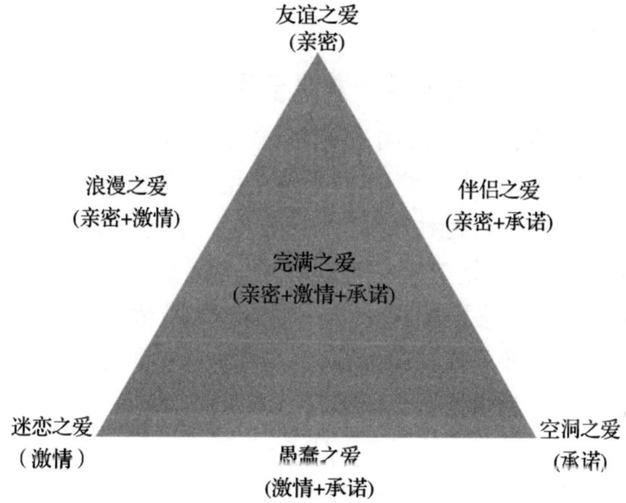

图 8.2　斯腾柏格的爱情三元论

3. 激情之爱、浪漫之爱和伴侣之爱的讨论

激情之爱是一种基于强烈性欲望的常见的爱的形式。它被形容为“一种狂野的情绪状态。温柔的和带有性欲的体验、狂喜和痛苦、焦虑和解脱、利他和忌妒同时并存，形成了复杂的情绪体验”。具体而言，激情之爱伴随强烈的性吸引，可以体验生理的觉醒（会有失眠、心跳加快等生理反应），渴望与爱的对象有身体的亲密接触。此外，在强烈渴望对方给予同等爱的同时，也担忧关系能否顺利进展。这种感情一旦产生，很难克服。我们为激情所控，不可抗拒地被引至爱人的身边。

浪漫之爱，它常见于各种文学和影视作品中，是对现代社会产生重大影响的爱情形式。尽管转瞬即逝的两性吸引也是浪漫之爱的主要成分，但是它必须与激情之爱的性欲的强烈冲动区分开来，不过分强调性的重要性。在浪漫之爱中，一见钟情不是性的吸引，而是一种交流的姿态，是对另一个人人格的直觉把握，它是心灵的撞击、灵魂的沟通，而主要不是性吸引。浪漫之爱使人痴迷并达到喜悦的巅峰，双方深受对方吸引，并充满感情，关心对方幸福，极愿意为其献身，希望能为对方的快乐与成长付出一切。个体通过浪漫之爱而变得完整。浪漫之爱可能具有排他性和占有性，可能终伴一生，也可能转换成其他类型的爱，自然也有可能稍纵即逝。

激情之爱、浪漫之爱由于其强烈的情绪特征，故很难持久。伴侣之爱是一种感到自己的生命和爱人的生命密不可分地交错在一起时的爱情，其情感基础相对较为温和，温暖和柔情多于激情，是一种更为现实的爱情。通常情况下，恋人们大都在经历一段时间的恋爱（激情之爱、浪漫之爱）之后，培育出“伴侣之爱”的亲密关系。它强调信任、关心和对伴侣缺点和习惯的容忍。伴侣之爱是一种非常重要的爱的形式。“促使人们结婚的爱并不是使他们在几十年后依旧牵手同行的爱。”马克·吐温曾说：“没有一个人会真正理解爱情，直到他们维持了四分之一个世纪以上的婚姻以后。”伴侣之爱的两性在感情稳定的基础上也会经常创造激情和新奇感，从而进一步提高感情的质量，为爱情保鲜。

【阅读思考】

爱情是一种化学反应？

美国心理学家辛蒂·哈赞提出疑问：为什么爱情会由最初的激情转化为平淡？他们调查了5 000对夫妻，并进行了医学测试，得出一个结论：激情的存活期是18～30个月，在此之后，一般就不会再出现看到对方心跳加速、手心出汗的情况了。她的这一观点对传统的浪漫思想提出了挑战。她指出，有证据证明，爱情是大脑中的一种“化学鸡尾酒”激发出来的，这些化学物质是多巴胺、苯乙胺和催产素。抗体与它们的分泌同时释放，23个月以后，它们的作用便失效了。超过这段时间，男女双方要么分手，要么心平气和地一起过日子。爱情成为习惯，特别是有了孩子以后。即使双方想生更多的孩子，这三种化学物质也不再起作用了。然而，当第三者出现，这三种化学物质还会“死灰复燃”，然而，与第三者的“纯真爱情”同样不会超过30个月。面对同一个对象，化学物质不可能分泌第二次。

科学家发现，任何外在刺激的出现都会引发脑细胞兴奋，但如果刺激持续存在，该兴奋点会疲倦。同样地，当人们面对长期、无休止出现的刺激物时，周期性的疲倦将是无法避免的。“审美疲劳”“左手摸右手”，由于夫妻长期的共同生活，体内就会产生类似镇静剂的内啡肽的化学物质，它能使夫妻之间平衡、安全、互相依靠，甚至不能分离，使爱深化。

二、大学生的择偶观

（一）成熟之爱的特征

《爱的艺术》作者、美国伟大的哲学心理学家弗洛姆认为，成熟之爱应具备下列五大特征：给予、关心、责任、尊重和了解。

1. 给予

成熟之爱的首要特征是给予。在许多文学和艺术作品中，爱往往被描述成一种被动的情感。但弗洛姆指出,爱是给予,是一种主动和积极的能力,而不只是接受。给予并不意味着丧失和牺牲,而是一种奉献,是个人潜力的最高体现。因为我是能干和富有的、我的灵魂很丰满,所以才有能力赋予他人爱,并在给予的过程中实现自我。但必须指出的是,在爱的领域里,奉献的主要不是物质财富,而是一种精神上的关怀。我们为爱奉献自身、奉献生命。当然,奉献并非一定指要为所爱的人牺牲生命,而是指把自身最有活力的东西给予对方,给他(她)以快乐、理解、知识、兴趣、美感、幽默和伤感。

2. 关心

成熟之爱的第二个特征是关心。关心指对所爱对象的生命和成长的积极关心。缺少这种积极关心就根本没有爱。就好比一位新生儿母亲,标榜自己非常爱自己的孩子,但是对婴儿的喝奶、换尿布等的需求丝毫不关心,更不会付出努力让孩子满足,那很难让人相信其真正爱自己的孩子。

3. 责任

成熟之爱的第三个特征是责任。责任是爱的道德基础,爱上他(她)意味着必须对他(她)负责任。有些人将责任等同于职责,认为一旦相爱,对方就必须对自己负责,不管合不合适,都必须和我结婚,这不能算作责任。责任指我们在爱上一个人后,决定将其视作爱人,不论是否告诉我,我都愿意分享和分担爱人的快乐与忧愁,随时准备对他(她)的需要做出反应。所以,责任不同于职责。它是一种完全出于自愿的行为,是我对另一个人表达或没有表达的需要的反应。成年人的爱中,责任主要指对精神需求的关怀。如果责任缺乏尊重的话,便很容易转化成为支配。

4. 尊重

成熟之爱的第四个特征是尊重。尊重意味着按其本来面目发现一个人,认识其独特个性。尊重意味着没有剥削,让被爱的人为他(她)自己的目的去成长和发展,而不是为我服务。

5. 了解

成熟之爱的第五个特征是了解。了解具有双重含义。第一,作为爱的主要特征,"了解"不是表面的理解,而是本质意义上的了解。它超越了对自己的关心,并能够按其本来面目去发现对方。因此,我们可以发现其他人无法察觉的爱人的独特性。第二,"了解"还包含另一层意思,即渴望了解"人类的秘密"。弗洛姆认为,人具有探究人类自身秘密的强烈的好奇心。有两种途径可以揭开这一秘密。其一,就是全部能力都超过另一个人的方法。这种能力可以使他为我之所为,想我之所想。这种能力把他变成一种物,变成我的财产,弗洛姆认为这是了解人类秘密的极端途径。这种对了解的渴望达到登峰造极时,便会成为虐待狂。其二,了解秘密的另一个途径就是爱。爱是一种主动的洞察力,在这种洞察中,我通过与爱人的结合而平息对了解的渴望。在爱的行为中,当我们感受到全身心与爱人融为一体时,我找到了自己,我发现了自己,我发现了我们两个人,我发现了人类。

(二) 大学生的择偶标准

近年来有研究者调查了大学生的择偶标准。我国学者秦季飞在1995年对武汉地区大学生择偶标准的调查中发现,大学生在择偶时最看重的前十个因素是:品性、感情、才能、相貌、学历、年龄、职业收入、贞操、家庭背景、地域。2000年,学者钱兰英对厦门大学生的择偶标准进行了调查,结果表明,大学生择偶时最看重的前十个因素为:人格特征、所具备的美德、身体健康、智慧、兴趣、教育水平、外表、贞操、经济收入、家庭背景。仔细比较我们可以发现,大学生的择偶标准具有一定的跨时间稳定性和跨地域一致性。个人的性格品质一直都是大学生择偶考虑的首要因素,才智、外貌、学历、经济收入、家庭背景等也是重点考虑的因素。

其实择偶标准的建立一般蕴含了两个规律:相似性和互补性。年龄、肤色、宗教、民族、社会经济地位、智力、性格特征等方面相近的异性容易相互吸引。一来,人们几乎都有自恋的倾向,相似的对方更符合主体的自我形象,所以容易从爱自己推广到爱与自己相似的人。二来,相似的人在兴趣爱好、价值观点、信仰等方面会有更多的一致性,因而容易形成相互肯定和支持,而几乎每个人都需要这种肯定和支持。

如果一方的表现正好能满足对方的需要,也能产生相互吸引,即互补性,也就是前文所说的"完整之我"的追寻。互补性不仅能使理想自我的心理需求得到满足,而且在对方身上可以学到自己所欠缺的方面,使自己更加完整起来,这种双方都能从这段关系中获益的关系是最稳定和最长久的。同时,互补的双方组成的家庭其社会功能会更加健全和稳固。

(三)大学生择偶前的准备

1. 心理发展相对成熟

大学生的情绪波动比较明显,这是他们的一个显著心理特征。情绪的不稳定性、挫折承受能力弱反映了大学生不成熟的心理状态。大学生在心理发展不成熟的情况下恋爱,容易将恋爱简单化、片面化、理想化和浪漫化,并造成许多令人担忧的问题。如精力投入过多,影响学业;恋爱受挫时不能自拔,进退两难;恋爱中因忌妒等心理情绪波动大,影响正常生活;等等。因此,心理发展相对成熟是当代大学生恋爱的必备条件。

2. 人生观相对稳定

人生观是人生目的、人生价值和人生态度的统一,是人对自己的人生目的和意义的根本看法和态度。人生观决定恋爱观,不稳定的人生观将导致不正确的恋爱观,容易使大学生在恋爱时对爱情与事业、爱情与集体、爱情与道德的关系等问题缺乏科学的认识,对恋爱行为要承担的社会责任、家庭义务及恋爱的道德要求等缺乏充分的思想准备和心理承受能力。因此,人生观相对稳定是大学生恋爱时机成熟的标志之一。

3. 学业基础相对扎实

在大学里,爱情固然重要,但不可因此荒废了学业,因为学业是大学生的首要任务。很多大学生在恋爱中投入过多的时间和精力,将生活、学业搞得一塌糊涂,到头来一无所获。是否已经具备了扎实的学业基础,能否处理好爱情和学业的关系,是大学生恋爱的前提。

三、学会分手和正确面对失恋

(一)学会分手

感情有好有坏,对不好的感情要学会分手,分手不等于是坏事。有时候分手比结婚后再离婚所付出的代价小得多。分手常常被认为会造成痛苦,所以有些人不惜任何代价地去避免它,但当我们发现我们拥有的并不是我们内心真正需要的,那分手就成了唯一的好办法。分手需要拿出勇气。

【阅读思考】

分手的技巧

当你发现……开始不相信对方的想法、价值观、情感时,

两个人的关系好像成为累赘时,

愉快的感觉和幽默感变得难以实现时,

双方开始不断地索取而非给予时,

强迫对方满足自己的需要(性)时,

忽略对方以外的任何人或事时,

慢慢地忽略对方,开始不关注对方的需要时,

一方被另一方所控制时,

缺乏信任,有保留地交流时,

怀疑两个人的关系,并总将疑问挂在嘴边时……

假想分手:我们在一起已经有段时间了,这段时间不知道你的感受是什么,我只感到____

____

____

________我想我们还是分手吧。

例如,可以按照以下表达方式表明态度,表明态度时要坚定,语气要婉转:我们在一起已经有段时间了,这段时间不知道你的感受是什么,我只是感到有些疲惫,我觉得这不是我想要的感情和经历,我感觉我们不适合对方,我们并不是真正需要对方,我不想为我们都不喜欢和接受的生活,付出这样的代价。我很珍惜我们的这段时间,但是现在应该结束了。谢谢你陪我度过这段时间,也希望你能够尊重我的选择,就像当初一样。我想我们还是分手吧。

(二)正确面对失恋

一般来说,失恋是痛苦的,尤其是被动结束关系的那一方。失恋也就意味着缺失,恋爱时间越长,失恋带来的缺失就越大。首先是生活内容的缺失。恋爱时候两人可能养成了很多习惯,如一起吃饭、一起自习、周末一起看电影等,恋爱关系一旦结束,这些生活内容也就随之消失了。生活中熟悉的东西,拥有时未必觉得有多可贵,一旦丧失,很容易引起心理和行为的失调。其次是感情寄托的丧失。恋爱时双方在感情上相互关注、相互依赖,愉快烦恼都可以向对方倾诉。关系结束后,关注可能就成为单方面的,遇事也无人可说。有人甚至会有精神支柱崩塌的感觉。再次是个人价值的缺失。尤其是被动结束关系的那一方,对方提

出分手,可能就意味着对自身的否定,由此带来的挫折感会导致自我评价的降低和自信的缺失。我们应当如何调整自己的心态,摆脱失恋的痛苦呢?

1. 要明白失恋未必是坏事

要明白磨砺会有助于我们成长,深深的痛苦也会带来深深的自我反省,从中更深地认识自己的缺陷面,并有所改变和成长,从而在下一次的恋爱中避免同样的错误发生。从成长的角度来看,失恋未必不是一件好事。另外,失恋时务必要继续认可自己,这点很重要。即使别人不爱自己了,也要自己爱自己。爱别人首先要学会爱自己,有时分手也是在爱自己。

2. 解放心灵,走出困惑

面对失恋,同学们不需要着急让自己快速从痛苦中脱离出来,也不需要在人前强颜欢笑,若做到以下几点,有助于从痛苦中慢慢恢复。

(1) 避免长期陷溺在幻想、自责中。

(2) 不需在人前强颜欢笑。

(3) 投注心力在有意义的事上。

(4) 培养有益身心的兴趣。

(5) 与人保持接触。

(6) 适度地表达情绪。

(7) 保持规律生活。

3. 克服抑郁

(1) 每天洗澡。

(2) 每天运动。

(3) 增加户外活动时间。

(4) 进行知觉训练。

(5) 接受专业治疗。

(6) 取代非理性的思考方式。

4. 疏导怒气

(1) 倾诉。

(2) 利用写作、画画、唱歌等方式表达自己。

(3) 进行专业咨询。

(4) 积极思考,消除负面的情绪。

(5) 以勇气战胜仇恨。

【阅读思考】

放弃的寓言:蜜蜂与鲜花

玫瑰花枯萎了,蜜蜂仍拼命吮吸,因为以前它从这朵花上吮吸过甜蜜。但是,现在蜜蜂在这朵花上吮吸的是毒汁。

蜜蜂知道这一点,因为毒汁苦涩,与以前的味道有天壤之别。于是,蜜蜂愤不过,它吸一口就抬起头来向整个世界抱怨,为什么味道变了?

终于有一天,不知道是什么原因,蜜蜂振动翅膀,飞高了一点。这时,它发现枯萎的玫瑰花周围处处是鲜花。

案例分析:爱情是两个人的事情,两个完全平等的、有独立人格的人的事情。你可以努力,但不是说,你努力了就一定会有效果,因为另一个人,你并不能左右。

所以,无论你多么在乎爱情,如果另一个人坚决要离开你,请尊重他的选择。

并且,还要记得,你不再是小孩,只能听凭痛苦的折磨。你已成人,你有一双强有力的翅膀,你完全可以飞出一片崭新的天地。

四、大学生性冲动困惑及调适

性冲动是男女大学生生理、心理的正常反应,并不是不纯洁、不道德或可耻的。有调查数据显示,多数大学生产生过性冲动。

(一)大学生应对性冲动的方式

大学生应对性冲动的可选方式主要有以下几种。

首先是适度的压抑,这是最常用的方式。适度的压抑是社会的需要,也是一个人性心理健康的反映。适度的压抑不妨碍心理健康,不妨碍人的社会功能。不过,过度的性压抑对两类人的身心健康影响比较大,一类是性冲动明显、心理素质较弱的人,他们往往焦虑不安,性冲动会导致心理异常,还可能出现生理上的病变,男生出现这种情况的比较多;另一类是对性抱有反感、厌恶的人,精神上对性的反感导致生理上的感应失灵,从而在婚后无法获得性满足,引起性冷淡等一系列问题,这在女生中更为多见。

其次是升华,即用一种积极的、富有建设性的、能为社会所接受的方式来取代性欲,转移性欲。一些学者认为,强烈的性冲动可以转化为高水准的情绪活动和理智活动。

再次是宣泄,即以某种性的方式获得性冲动的满足。对大学生来讲,性自慰或运动等行为,是宣泄性欲的较常见的方式。要教育大学生懂得,性自慰是性宣泄的一种方式,只要适度,对身体是无害的。另外,性宣泄还可通过运动等方式宣泄,运动也有益于身心健康。

最后是陶冶情操、接受科学的性教育,这对于调节性冲动也有很大的帮助。

(二)正确把握爱情与性的关系

爱情与性的关系是大学生难以回避而又敏感的一个问题。性是爱情的生理基础,同时,性的满足又是爱情的一种渴望。爱情以性生理发育为基础,爱情渴望有身体的亲密接触,但是有爱不一定有性关系,有性关系不一定代表就有爱。过于追求形式上的爱情,比如,不分场合的拥抱、接吻甚至更亲密的行为,并不说明一定有爱或彼此爱得有多深。我们对归属感和与别人连接的渴望是可以在没有性的前提下形成的。

性成为依附或控制的工具。不少男女发生了性关系后,男方便以为“她再也离不开我了”“非我莫属了”,故对女方开始态度随便、任意支配。反之,女方则因把贞节已交给他了,自认“已经是他的人了”,可又担心男方改变初衷,唯恐被抛弃,于是对男方一再迁就、忍让。另外,也存在由于发生了婚前性行为,即使双方不再相爱了,男方因为责任和同情,强迫自己和对方结婚,结果爱情变成了同情的案例;婚后女方容易产生给了他就要跟着他的念头,即使不再爱他了,也勉强维持婚姻,这也是很多婚姻痛苦的原因之一。

性会带来早孕的危险,性会带来疾病的危险。你能为自己的行为负责吗?很难!因为你很难全面地了解“责任”意味着什么。性是美好的,是值得期待的。正如卡达拉特所言,爱绝不是让对方冒险,我们建议秋天的果实不要拿到春天来吃。

(三)性传播疾病与性道德

1. 性传播疾病

性传播疾病(Sexually Transmitted Disease,STD),过去是指以性行为为主要传播途径的一些慢性传染病。传统所称的性病主要是梅毒、淋病、软下疳、性病性淋巴肉芽肿。1975 年,世界卫生组织常任理事会通过决议,用“性传播疾病”代替“性病”这一旧称,其范围扩大了,除包括因性行为引起的性器官直接接触而传染的疾病外,还包括性行为时因性器官以外的皮肤和皮肤、皮肤和黏膜、黏膜和黏膜的直接接触而传染的疾病。

2. 艾滋病

艾滋病(AIDS)是一种新的性传播疾病。它的全称为“获得性免疫缺陷综合征”(Acquired Immune Deficiency Syndrome),它的特点是患者的免疫功能出现严重缺陷,失去对外界感染的抵抗能力,容易发生条件性感染和罕见的恶性肿瘤,最后因无法治疗而死亡。预防和控制艾滋病已成为世界性的难题。2018 年上半年中国艾滋病发病数为 27 243 例,2017 年艾滋病发病数为 57 194 例;从 2011 到 2017 年,中国艾滋病发病数增长了 36 744 例,增长率高达 179.68%,其中 2012 年增长最多。2018 年上半年中国艾滋病死亡人数为 7 524 人,2017 年中国艾滋病死亡人数为 15 251 人。预防艾滋病的一个根本性措施在于提高大众的性健康意识,养成遵循性道德、洁身自爱的生活方式。

大学生往往认为艾滋病与自身关系不大。然而近年来,大学生群体感染艾滋病的形势日渐严峻。例如,北京 2015 年 1 月至 10 月新增艾滋病病例 3 000 余例,青年学生感染人数上升较快。近两年,北京市大学生感染艾滋病每年新增 100 多例,以男男同性性行为传播为主;上海 2015 年报告发现青年学生感染者 92 例,较去年同期上升 31.4%,其中 88% 为男男同性性传播;湖南大学生艾滋病患者 8 年竟上升 37 倍。根据国家卫生健康委员会公布的数据,性传播是感染艾滋病的主要途径,在青年学生中通过男男性传播感染已达 81.6%,形势非常严峻。

3. 性健康

怎样才算性健康呢？从心理学上讲，“性健康”指个体具有正确的且成熟的性意识、科学的性知识、和谐的性生活、合乎社会发展要求的性道德，而没有异常的性心理和性行为。性道德是性健康的核心，是人们在两性方面应遵守的行为规范和准则。性道德，主要涉及两个方面：一是在两性的性关系上的道德问题，主要是在恋爱、婚姻和性行为上要求两性平等、婚姻自由；二是性行为与社会的关系上的道德规范。人类的性行为，并不只是两个人之间的事，它还会对社会带来一定影响。违背性道德的性行为会污染社会环境，败坏社会风气，毒害周围的人，特别是毒害青少年的身心健康，还会带来一系列社会问题，如未婚先孕、婚内出轨、性传播疾病、性犯罪等，从而破坏社会安定。

4. 道德的性行为

道德的性行为有什么特征呢？首先，一切性行为必须有利于行为所涉及人的身心健康和人的自由与全面发展。不管采取什么样的性行为方式，都必须有利于或至少不损害所涉及人的身心健康。这就要求性行为必须建立在双方自愿的基础之上，任何违背当事人意愿的性行为，不管它是发生在婚前还是婚后，都是损害当事人身心健康的，都是不道德的。其次，作用于他人身体的性行为必须建立在爱情的基础上。因为道德的性行为不仅是全身心投入的生理反应，更应该是全身心投入的生命交流。最后，性伴侣应该有一定的稳定性和专属性。

性爱是“天使与魔鬼的集合体”，它既能带给人愉悦、幸福和活力，也会带给人焦虑、疾病和灾难，尤其是女生，如果轻易地尝试性行为，很可能造成早孕和早育的问题，这将极大地损害她们的身心健康。亲爱的大学生们，当你们面对性的诱惑时，请慎重处理。

大学生风华正茂，处于性生理发育成熟、性心理逐渐趋向成熟的时期。回避、压抑、否定都不能解决问题，科学、理性、审慎、负责任才是应有的态度。

【案例链接】 **是危机也是转机**

——苏格拉底与失恋者的对话

苏：孩子，你为什么悲伤？

失：我失恋了。

苏：哦，这很正常。如果失恋了没有悲伤，恋爱大概也就没有什么味道。可是，年轻人，我怎么发现你对失恋的投入甚至比对恋爱的投入还要多呢？

失：到手的葡萄给丢了，这份遗憾，这份失落，您非个中人，怎知其中的酸楚呢？

苏：丢了就丢了，何不继续向前走，鲜美的葡萄还有很多。

失：我要等到海枯石烂，直到他回心转意向我走来。

苏：但这一天也许永远不会到来。

失：那我就用自杀来表示我的诚心。

苏：如果这样，你不但失去了你的恋人，同时还失去了你自己，你会蒙受双倍的损失。

失：踩上他一脚如何？我得不到的别人也别想得到。

苏：可这只能使你离他更远，而你本来是想与他更接近的。

失：您说我该怎么办？我真的很爱他。

苏：真的很爱？那你当然希望你所爱的人幸福？

失：那是自然。

苏：如果他认为离开你是一种幸福？

失：不会的！他曾经跟我说，只有跟我在一起的时候他才感到幸福！

苏：那是曾经，是过去，可他现在并不这么认为。

失：这就是说，他一直在骗我？

苏：不，他一直对你很忠诚。当他爱你的时候，他和你在一起，现在他不爱你，他就离去了，世界上再也没有比这更大的忠诚。如果他不再爱你，却还装得对你很有情意，甚至跟你结婚、生子，那才是真正的欺骗呢。

失：可我为他所投入的感情不是白白浪费了吗？谁来补偿我？

苏：不，你的感情从来没有浪费。因为在你付出感情的同时，他也对你付出了感情，在你给他快乐的时候，他也给了你快乐。

失：可是他现在不爱我了，我却还苦苦地爱着他，这多不公平啊！

苏：的确不公平，我是说对你所爱的那个人不公平。本来，爱他是你的权利，但爱不爱你是他的权利，而你却想在自己行使权利的时候剥夺别人行使权利的自由。这是何等的不公平！

失：可是您看得明白，现在痛苦的是我而不是他，是我在为他而痛苦！

苏：为他而痛苦？他的日子可能过得很好，不如说你为自己而痛苦吧。明明是为自己，却还打着为别人的旗号。

失：依你的说法，这一切倒成了我的错？

苏：是的，从一开始你就犯了错。如果你能给他带来幸福，他是不会从你的生活中离开的，要知道，没有人会逃离幸福。

失：可他连机会都不给我，您说可不可恶？

苏：当然可恶。还好你现在已经摆脱了这个可恶的人，您应该感到高兴，孩子。

失：高兴？怎么可能呢，不管怎么说，我是被人抛弃了。

苏：被抛弃的并不就是不好的。

失：此话怎讲？

苏：有一次，我在商店看中一套昂贵的西服，爱不释手，营业员问我要不要。你猜我怎么说，我说质地太差，不要！其实，我口袋里没有钱，年轻人，也许你就是这件被遗弃的西服。

失：您真会安慰人，可惜您还是不能把我从失恋的痛苦中引出。

苏：时间会抚平你心灵的创伤。

失：但愿我也有这一天，可我的第一步该从哪里做起呢？

苏：去感谢那个抛弃你的人，为他祝福。

失：为什么？

苏：因为他给了你忠诚，给了你寻找幸福的新的机会。

案例分析：失恋是一种伤痛的心理感受，让人与所爱的人分离并感到痛苦。但换个视角看，失恋让人们与不太合适的恋人告别，给你未来带来更大的选择空间和寻找幸福的新机会。因此，失恋虽是情感的危机，处理得当的话，将成为人生的转机、获取幸福的契机。

【心理测试】 大学生人际关系综合诊断量表

这是一份人际关系行为困扰的诊断表，共28个问题，在每个问题上，选"是"的打"√"，计1分；选"非"的打"×"，计0分。请你认真完成，然后对照后面对测验结果做出的解释，检查自己的人际关系是否和谐。

1. 关于自己的烦恼有口难言。（ ）
2. 和生人见面感觉不自然。（ ）
3. 过分地羡慕和妒忌别人。（ ）
4. 与异性交往太少。（ ）
5. 对连续不断的会谈感到困难。（ ）
6. 在社交场合感到紧张。（ ）
7. 时常伤害别人。（ ）
8. 与异性来往感觉不自然。（ ）
9. 与一大群朋友在一起，常感到孤寂或失落。（ ）
10. 极易受窘。（ ）
11. 与别人不能和睦相处。（ ）
12. 不知道与异性相处如何适可而止。（ ）
13. 当不熟悉的人对自己倾诉他的生平遭遇以求同情时，自己常感到不自在。（ ）
14. 担心别人对自己有坏印象。（ ）
15. 总是尽力使别人赏识自己。（ ）
16. 暗自思慕异性。（ ）
17. 时常避免表达自己的感受。（ ）
18. 对自己的仪表（容貌）缺乏信心。（ ）
19. 讨厌某人或被某人所讨厌。（ ）
20. 瞧不起异性。（ ）
21. 不能专注地倾听。（ ）
22. 自己的烦恼无人可申诉。（ ）
23. 受别人排斥与被冷漠对待。（ ）
24. 被异性瞧不起。（ ）
25. 不能广泛地听取各种意见、看法。（ ）
26. 常因受伤害而暗自伤心。（ ）
27. 常被别人谈论、愚弄。（ ）

28. 与异性交往不知如何更好地相处。(　)

[测量结果的解释与辅导]

如果总分在0~8分,那么说明你与朋友相处困扰较少。你善于交谈,性格比较开朗,主动关心别人,对你周围的朋友都比较好,愿意和他们在一起,他们也都喜欢你,你们相处得不错。而且,你能够从与朋友相处中得到许多乐趣。你的生活是比较充实而且丰富多彩的,你与异性朋友也相处得很好。一句话,你不存在或较少存在交友方面的困扰,你善于与朋友相处,人缘很好,获得许多人的好感与赞同。

如果总分在9~14分,那么说明你与朋友相处存在一定程度的困扰。你的人缘很一般,换句话说,你和朋友的关系并不牢固,时好时坏,经常处在一种起伏波动的状态之中。

如果总分在15~20分,那么说明你与朋友相处存在较严重的困扰;如果分数超过20分,则说明你与朋友相处存在很严重的困扰,而且在心理上出现较为明显的障碍。你可能不善于交谈,也可能是一个性格孤僻的人,不开朗,或者有明显的自高自大、讨人嫌的行为。

第九章

锻炼能力　丰富自我

高等学校承担着人才培养、科学研究、服务社会、文化传承创新和国际交流合作的职能。素质教育是21世纪教育改革的旗帜，加强大学生的素质教育，培养跨世纪的创新性、复合型人才，是21世纪高等教育的根本目的。多年来，高等学校的课外学生活动与其他教育形式一样，为实现教育目标、培养学生的创新精神和实践能力服务，已然成为塑造优秀的高素质大学生的重要途径，是大学生进行素质拓展的又一片天空。

第一节　大学生参与党团组织

一、高校党团组织概述

（一）高校党团组织是高校思想政治工作的传统载体

2013年，习近平总书记在同各界优秀青年代表座谈时的讲话中指出：要用中国梦激发广大青少年的历史责任感，发扬'党有号召、团有行动'的光荣传统，在党和国家工作大局中找准自身工作的切入点和结合点，组织动员广大青少年支持改革、促进发展、维护稳定。

大学生是社会未来的栋梁，是中国共产党的后备力量，是建设社会主义的基石，对大学生进行思想政治教育是我党的优良传统。大学生具备了较高的文化水平和技能水平，要保障党的长远发展和社会的长治久安，就必须关注大学生的精神面貌和思想状态。高校党团组织是高校加强思想政治工作的重要力量之一。

在各个历史阶段都发挥着重要作用的高校党团组织，是高校思想政治工作的传统载体。现今，在新的历史条件下，我们更要从加强党的执政能力建设的高度，深入认识高校党团组织对于大学生思想政治教育的重要职责，要从加强和改进大学生思想政治教育的迫切需要出发，充分发挥高校党团组织在大学生思想政治教育中的重要作用。

（二）高校党团组织建设现状

我国高校大学生党团组织主要包括学生党组织、学生团组织、学生会、团支部与班委会，这些都是高校思想政治教育的传统载体，各自发挥着重要作用。

1. 学生党组织

学生党组织是大学生信仰的风帆。作为代表中国先进生产力的发展要求、代表中国先进文化的前进方向和代表着中国最广大人民根本利益的中国共产党，无论是在腥风血雨的革命时期还是朝气蓬勃的社会主义建设时期，都发挥着不可替代的决定性作用。学生党组织的一个突出特点是它的先进性，每年都有成千上万的大学生努力提升自己，并积极向党组织靠拢，争取加入中国共产党的大家庭。在大学里，学生党组织的重要载体和形式是学生党支部，主要由学生党员和少量教师党员组成，承担着对学生党员的培养、考察、教育和发展等基础性工作，以及对党的政策路线和上级决议的传达、学习和贯彻，掌握学生思想动态等职责。

学生党支部可以建在系、专业、年级、班级或学生公寓，具体情况根据党组织的规定和要求，因学校和院系的实际情况而有所差异。学生党支部的日常工作通常在学校党委组织部和党委学生工作部的指导下，在院系分党委（党总支）的直接领导下开展工作。

学生党支部作为党在大学生中的基层组织，有其自身的特殊性，因此要加入其中成为党员自然有很多的标准和条件，具体要求可在入学后向学校或院系的组织部门详细询问了解。学生党支部中的领导骨干通常包括党支部书记、组织委员和宣传委员，根据各校情况不同，也可以适当增加纪律委员等岗位。由于学生党支部的特殊性，这些学生干部与其他学生干部有很大的不同，如更为严肃、正规的选聘过程，较高的思想觉悟和政治理论要求，严谨的办事风格和良好的群众基础等。但无论如何，能够成为学生党组织的一员，尤其是成为一名学生党员干部，是一件非常光荣而有意义的事情。

2. 学生团组织

学生团组织是大学生的青春之歌。共青团是中国共产党领导下的先进青年的群团组织，是广大青年在实践中学习共产主义的学校，是青年朋友畅想未来、实践创新、携手共进的大舞台。

学校团委是学校团工作和活动的基本单位，它负责指导学校团的组织建设和思想建设，是团员管理和教育、学生科技文化等活动指导、社会实践活动开展的工作部门，同时负责对学生会工作、学生社团活动的指导工作。团委由团员代表大会选举产生的委员组成，一般下设组织部、宣传部、社会实践部、团刊团讯编辑部等。

大学里共青团的组织机构通常有三个层次：学校团委、院系分团委（团总支）和班级团支部。学校团委是学校党委和行政领导下的职能部门，而院系分团委则是在学校团委的指导下，负责分管各学院学生的思想教育引导、素质拓展深化、校园文化建设、团的组织建设和学生成才服务等工作。一般而言，院系分团委除团委书记由教师任职外，团委副书记及各部门成员均由学生组成。高校共青团组织一直是高校进行思想政治教育的重要前沿阵地，充分发挥共青团组织的生力军作用，也是高校党建团建工作的重要渠道。

3. 学生会

高校学生会是大学生自己的组织，学生会的一个突出特点是它的自主性。清华大学学生会于 1919 年 12 月 23 日成立，它诞生于五四运动爱国、进步、民主、科学的洪流中。学生会的历史渊源也决定了它自治与民主的性质。

4. 团支部与班委会

团支部、班委会的一个突出特点是它的灵活性。团支部是团组织工作和活动的基本单位，它处于团的思想教育工作的第一线。团支部建设的根本任务是围绕成才这个中心，团结全班同学努力建设一个团结友爱、健康向上、朝气蓬勃的集体。班委会是一个班级学生自我管理的最基层的群众组织，其主要作用是具体贯彻落实学校和本院系的各种决议、决定和精神，并在上级组织的领导下，团结带领本班同学进行自我教育、自我管理、自我服务和自我约束。

二、党员、团员组织发展程序

（一）党员组织发展程序

中国共产党是中国工人阶级的先锋队，同时也是中国人民和中华民族的先锋队，是中国特色社会主义事业的领导核心，代表中国先进生产力的发展要求，代表中国先进文化的前进方向，代表中国最广大人民的根本利益。发展党员工作应当按照“控制总量、优化结构、提高质量、发挥作用”的总要求，坚持党章规定的党员标准，始终把政治标准放在首位；坚持发展程序和纪律，严格执行大学生党员发展“三投票三公示一答辩”制度；坚持慎重发展、均衡发展，重视在本科生中发展党员，按照本科生低年级有党员、高年级有党支部的目标，及时把品学兼优的大学生发展成党员；坚持入党自愿原则和个别吸收原则，成熟一个，发展一个。禁止突击发展，反对“关门主义”。

1. 培养、考察发展对象

（1）要求入党的申请人，向党组织递交入党申请书之后，成为入党申请人。党支部应从政治上关心、帮助他们，并加以教育引导。

（2）党支部根据培养情况选送入党申请人参加业余党校初级班学习。

（3）对表现突出的入党申请人，经党小组讨论、支委会审查同意后，可以列为入党积极分子，填写《入党积极分子培养考察表》，并指派正式党员对其进行培养教育，每季度填写一次《入党积极分子培养考察表》，并向党支部汇报。

（4）履行团组织推优程序。党支部根据团组织推荐意见进行讨论，条件成熟的可以确定为重点培养对象，列入发展计划，并报党总支。条件尚不成熟的，可以继续培养。

（5）经党组织一年以上的培养教育，党支部讨论同意后，可以确定为重点发展对象。党支部应让其参加业余党校学习，并对其进行政审。同时，重点发展对象应写出详细的《个人自传》。

（6）征求党内外群众意见，并详细记录，形成书面材料。

（7）整理好发展对象材料，须经党总支预审、公示后，报党委组织部审查备案。

（8）党委组织部审查备案后，可以让其填写《入党志愿书》。

2. 履行发展手续

（1）发展对象填写完《入党志愿书》后，经党支部委员会审查手续齐备后，即可提交党支部大会讨论。

（2）党支部召开接收新党员大会，讨论通过并形成决议，对其既要肯定成绩，也要写明存在的不足。

（3）将材料上报党总支，由党总支安排谈话，并填写谈话人意见。

（4）党总支审批后，填发批复通知书，同时报党委组织审批。

（5）党支部接到批复通知书，及时向党内外群众宣布新党员名单，将其编入党小组，参加党内活动。

（6）党总支要适时组织预备党员进行入党宣誓。

3. 预备党员的考察教育与转正

（1）对预备党员继续进行培养教育和考察，注意听取党内外群众意见，半年要做一次考察鉴定。预备党员应定期向党组织汇报思想。到期后由本人向党支部提出书面转正申请。

（2）履行公示程序。

（3）党支部广泛征求党内外群众意见后，召开党员大会，讨论通过并形成决议，将材料上报党总支。

（4）党总支审批后，填发批复通知书，同时报党委组织部备案，加盖授权章。

4. 有关规定

（1）各党总支、党支部要严格把好预审、公示关。

① 政审及有关材料不全或不符合要求的不批。

② 列为入党积极分子培养考察不足一年的不批。

③ 未经业余党校学习培训的不批。

④ 未经过推优、公示程序的不批。

（2）支部大会必须按照党章要求“坚持个别吸收的原则”，成熟一个，发展一个。对新党员进行审查，要让与会党员充分发表意见，认真听取群众意见，使支部大会真正起到审查、教育新党员的作用。应杜绝一次支部大会发展过多党员的现象。

（3）介绍人意见和支部大会决议必须实事求是，肯定成绩，明确指出缺点。

（4）在毕业生离校前三个月内，一般不办理接收为预备党员的手续。

（5）在预备党员转正决议中，应说明该同志在预备期间对原有缺点的改正情况。

（二）团员组织发展程序

高等职业院校承担着向高校和社会各界输送合格团员的重要任务，因此，在建设团员队伍时必须强调规范化建设。从入团前教育到团员管理必须依照程序严格进行，做到入团程序的规范化。

发展团员的程序主要包括确定发展对象，培养、考察发展对象，接受发展对象入团三方面的内容。

1. 确定发展对象

以各班级团支部为单位，要求入团的学生必须向团支部委员会提出书面申请。由各团支部初步确定名单，并交给本班班主任审核，再由各班团支书将本班名单与入团申请书交给校团委。对受过处分的学生，予以一票否决，校团委再进行进一步考察，最终确定发展对象。

2. 培养、考察发展对象

（1）团前教育阶段。

确定为团员发展对象的学生，将参加团校学习。团校每学期开展一期，做到有组织、有师资、有教材、有大纲。这些学生将接受马克思主义、毛泽东思想、邓小平理论、“三个代表”重要思想、科学发展观和习近平新时代中国特色社会主义思想的系统教育。学习内容以团章、团史为主，学习过程中要注重理论联系实际。入团青年必须参加团校考试并且合格。

(2) 考察、培养阶段(这一过程可与团校学习同步进行)。

① 入团前一个月为考察期。凡申请入团的学生，必须有本支部两名团员做介绍人。介绍人可由申请人自己选择，也可由团支部指定。

② 在团活动中吸收发展对象共同参加，并有意识地分配社会工作。

③ 介绍人每月对发展对象进行一次谈话，向被介绍人说明《团章》。

④ 介绍人应负责向团组织说明被介绍人的经历、表现以及培养、考察情况。

3. 接受发展对象入团

(1) 填写《入团志愿书》。

校团委经过对发展对象的培养、考察，认为其具备入团条件、达到入团标准时，将组织一次团章考试，考试合格者，发给《入团志愿书》。《入团志愿书》要求申请人认真、实事求是地填写，不能涂改。

(2) 各班由团支书主持召开支部团员大会。

① 申请人在支部大会上宣读《入团志愿书》。

② 介绍人介绍申请人的情况。

③ 全体团员就申请人是否具备入团的条件进行讨论。

④ 有表决权的学生进行表决(要求有 2/3 以上的学生通过，才准予其入团)。

(3) 团委会批准阶段。

① 团委组织部在团委会上介绍发展对象情况。

② 在充分发表意见的基础上进行表决。

③ 在《入团志愿书》中填写团委的决议，加盖公章，注明时间。

④ 填写《新团员批准通知书》，下发团徽、团员证。

⑤ 将《入团志愿书》存入本人档案。

⑥ 将新团员编入团小组，开始组织生活，从批准之日起开始缴纳团费。

(4) 入团宣誓仪式。

① 团委组织安排，选择合适的场所进行全校入团仪式。

② 团委干部宣读新团员名单。

③ 新团员宣誓。

④ 校党支部代表勉励新团员佩戴团徽。

⑤ 新团员代表表态发言。

⑥ 老团员代表讲话。

⑦ 全体团员高唱团歌。

第二节 大学生参与学生社团

如今,在各大学校园里都活跃着很多社团组织。学生社团是经过学校批准,由本校学生自愿组成,为实现成员共同意愿,按照其章程开展活动的学生组织。目前,高校的学生社团在加强校园文化建设、提高学生综合素质、引导学生适应社会、促成学生成才就业等方面发挥着重要作用。各高等学校的学生社团活动均十分活跃,越来越多的大学生参加了各种不同类型的社团活动,这成为他们课余学习、生活的重要组成部分。每当秋高气爽的季节,又一群新生们走进校园,社团组织也开始了又一轮的招新。面对各种各样令人眼花缭乱的社团组织,新生们该如何做出自己的选择呢?

一、学生社团的类型

目前,全国高校的学生社团总数达到2万多个,而且社团类别丰富,涉及面广,有的社团成员多达几百人甚至上千人。一般而言,按照性质和功能,高校学生社团大致分为以下几类。

(一)理论研究型社团

它是以理论学习、宣传、研究为主要内容和目的的社团。此类社团高举红色旗帜,强调理论传播,积极研究马克思主义、毛泽东思想、邓小平理论、"三个代表"重要思想、科学发展观和习近平新时代中国特色社会主义思想,充分调动了青年学生理论学习的积极性,提高了大家的政治修养和思想道德水平,同时也在广大学生中起了积极的引导和示范作用,成为开展政治理论学习和形势政策教育的重要平台。这些社团强调理论学习与社会实践相结合、丰富灵活的活动形式与明确的思想主题相结合,注重实践创新,带领广大社团成员面向社会、自觉实践,走出校园、深入社会,在建设基层、繁荣地方、推动城市现代化建设方面发挥积极的作用。例如,北京大学的"青年马克思主义发展研究会"、北京科技大学的"求是学会"、无锡职业技术学院的"习近平新时代中国特色社会主义思想青年学社"等。

(二)专业知识型社团

它是以专业学习、交流、实践为主要活动内容的社团。此类社团以满足成员对专业知识的需求为基础,以提高学术水平和实践能力为共同目的,通常与专业学习和学术研究结合较紧,带有较强的专业实践性质和多学科交流的特点,是第一课堂专业学习的有益延伸。这些社团强调专业兴趣,社团成员通过论坛、讲座、展览等学术交流活动,通过调研、走访、服务社会等学术实践活动,通过各个级别和类别的学术科技比赛,真正达到拓展专业知识面,将专业知识有效地运用于实践的目的。此类社团因涉及的专业领域不同而呈现出广泛的多样性,如无锡职业技术学院的科技协会、计算机协会、汽车技术协会等。

(三)文学艺术型社团

它是依据学生的文学艺术特长和共同的兴趣爱好而组建的社团,以注重追求文学艺术享受、提高艺术素养为主要特征。因这类社团的活动形式活泼，大都以演出、展览、观摩、交流等方式进行，内容轻松、自由、富有青春朝气，具有较强的文学性和娱乐性，更贴近年轻人，因此在高校社团中处于主体地位，呈现数量大、种类多、参与群体广泛的特点。例如，无锡职业技术学院的听雨诗词文学社、读者协会、口才协会、冰雨艺社、蠡溪书画协会、元素动漫协会、魔术社、大学生艺术团等。

（四）体育健身型社团

它是根据学生的体育特长和共同兴趣爱好而组建的社团，以体育运动、技能比赛为主要特征。通过组织活动和比赛，社员得以互相切磋技艺，强身健体，同时社团还在广大学生中起到了普及体育运动、弘扬体育精神的作用。例如，橄榄球协会、篮球协会、武术协会、跆拳道协会、轮滑协会、太极协会、网羽协会等。

（五）社会服务型社团

它是以服务社会、锻炼自我为宗旨的团体。服务领域涉及绿色环保、法律援助、济困助学、社区义工以及大型活动志愿服务等多个方面。此类社团作为高校青年体现社会责任感、奉献社会的有效载体，正在大学校园乃至全社会发挥越来越大的作用，产生越来越大的影响。例如，青年志愿者协会、创业者协会、环保协会、心理协会等。

（六）信息传递型社团

它主要以传递校内外信息为主要内容，如青年通讯社、记者团、新媒体中心等。

二、大学新生如何选择社团

（一）兴趣很重要

社团的种类多种多样，但并非所有的社团都适合自己。很多大学生当初选择社团时首先考虑的是自己是否擅长和是否感兴趣。每个人的兴趣、爱好是不同的。擅长文艺的学生可以到话剧团、合唱团或舞蹈团；喜欢演讲的学生可以进演讲协会、文学社；爱好运动的学生可以选择自行车协会、拳击协会等作为发挥兴趣的天地，珍惜环境、喜爱大自然的学生可以参加环保协会；乐于助人的学生可以参加红十字会、青年志愿者协会；喜欢新闻采编的，校记者团、广播站则给了他们施展才能的机会。如此之多的社团，只要感兴趣，总能找到最适合自己的一个。

（二）自信是关键

大多数学生在进入大学之前除了学习之外，很少参加社团活动，所以有些人在报名面试时显得唯唯诺诺，很不自信，生怕自己干不好，于是选择放弃。其实这是完全没有必要的。自信是做好事情的前提，每年招新成员时一般都会问报名者如果入选能否做好分内工作，一些学生很小声地回答“可能”或“试试看吧”，显得过于谦虚谨慎，往往不被录取；而有的学生则回答得很干脆，如“能”或“保证做好”，这种状态就非常难得。所以新生在社团面试时要对自己有信心，因为社团工作其实很大众化，并没有想象得那么难，只要认真对待，肯定能干得很出色。

（三）选择不草率

选择社团时要综合多方面因素和条件，考虑清楚后再做决定，切不可草率。一些学生匆匆忙忙地选了一个社团，待了一段时间后觉得不合适，很快就放弃了，可谓“来也匆匆，去也匆匆”。结果不仅自己一无所获，而且影响了社团正常的工作。

（四）数量勿贪多

参加社团固然很好，但其前提是不要与正常的学习相冲突。有的人觉得社团活动丰富多彩，很有意思，就参加了好几个社团，整天不是到这个社团开会，就是去那个协会值班。如此忙碌，难免顾此失彼，更有甚者严重影响学业，得不偿失。因此，建议选择一个自己最感兴趣、最擅长的社团即可，毕竟学生还是以学习为主。

（五）不可太功利

抱着功利性的想法去参加社团是非常不可取的。有的学生觉得参加社团可以在每年的综合测评或品德考评时得到加分，从而获得奖学金；有的学生希望能够在社团中混个“一官半职”，以此来提高自己的知名度；还有的学生认为如果不参加社团，怕自己的经历太单调，将来的毕业简历上内容不够丰富。这些无疑会使原本纯洁的社团文化蒙上一层不太纯洁的色彩。

那么参加社团到底为了什么？社团为大学生提供了一个与人和社会接触的机会，从中可以提高自己的社交能力、实践能力、自制能力、生存能力，弥补某些性格上的缺陷，也可以增进同学之间的相互了解，结识更多的新朋友。另外，更重要的是，在社团活动中能够服务他人，提高服务意识和实践能力，更好地在服务他人、奉献社会中实现自己的人生价值。

（六）认真来参与

一旦入选某个社团，就得认真去做好社团的每一项工作，坚持到底。自己心里要清楚在社团中应该做什么，以及怎样培养自己的社会实践能力，不要把自己在社团中的职位看得过重，要知道不论做什么工作都是对自己很好的锻炼。

三、走出参加大学社团的误区

（一）大学社团与我无关

大学社团是新形势下培养全面发展人才的一所“学校”，是一个锻炼人、提高人的各种能力和综合素质的“熔炉”。大学生应充分利用学生社团这个第二课堂，丰富自己的课余文化生活，锻炼自己的各种能力。不要认为学生社团与我无关，与学习和毕业无关，参不参加无所谓。

（二）四面出击，贪多求大

许多新生在选择社团时并没有一个明确的立场和方向，有的学生参加社团仅凭三分钟热情，不能持之以恒；有的学生在参加社团之前对其并没有充分了解，哪里热闹往哪去；也有的学生本来没想参加社团，但看到别人都参加了，也一起报了名；还有的学生甚至报了四五个乃至更多的社团。这样非但不能发挥自己的特长和锻炼自己的能力，反而会造成混乱，甚至影响到学习。

（三）不愿付出，只求回报

只为索取，不愿付出，这是一些参加社团的学生的想法。学生社团是一个自发组织起来的群众性组织，很少有自己的经费来源，它靠的是大家的热情和奉献来维持“生计”。因此，许多时候不仅要付出时间、精力，甚至要搭进钱物。可有的学生认为这是别人的事，不愿付出，只关心在社团中自己有什么权力，可得到什么好处。一无所获，顿感失望，便怨天尤人，产生消极思想，抱着“混”的态度在其中打发日子。岂不知有付出才有回报，要想达到锻炼自己的目的，先得去“耕耘”才行。

（四）社团重要，学业荒废

许多人确有组织才能，也有一腔热血，把社团搞得红红火火。可是有的学生不注意调节学习与社团工作的主次关系，为了忙某个大型活动，将自己的学业抛在脑后，造成成绩下降，甚至有的科目不及格，后果严重。因此，要正确处理好社团工作与学业间的关系。作为学生，无论何时，都应将学习放在首位。社团工作应放在课余时间来做，否则，就得不偿失了。

四、如何开展大学生社团活动

现在的高校中有不少学生社团组织的活动相当丰富，给大学生的业余文化生活及大学校园涂上了亮丽的色彩。但要进一步提高学生社团活动的质量，真正吸引广大学生更多的关注乃至积极参与，恐怕还要做一些更扎实有效的工作。

（一）必须精心策划社团活动

无论什么活动，都应事先拟订一个切实可行的计划。在实施一个具体活动之前，必须有一个通盘的考虑，精心筹划好每个步骤、每道程序，然后才能按部就班、有条不紊地展开，去实现预期的目标。

（二）要做好充分准备

要使活动圆满成功，就必须做好充分准备，按岗位责任制的要求，投入人力、物力、精力和时间，考虑周全，计划周到，组织周密。

（三）要实行目标管理

搞每项具体活动都得考虑好要实现的工作目标，这是组织活动的方向。对广大学生而言，参与活动后就应该有认识的提高、素养的提高或学业知识的提高；对组织者而言，还有一个组织协调能力的提高。总之，每场活动都要达到培养人、锻炼人、造就人的目的，使每个参与者都有所收获。

（四）要总结、提高

对社团活动而言，要不断总结、反思，做到既有一定的模式，又有突破和创新，而非一直在一个套路中打转。不开动脑筋，不去创造一些学生喜闻乐见的新形式，社团活动就会缺乏吸引力、缺乏新意。要使社团充满活力，一定要解放思想，在实践中摸索，与时俱进，开拓创新。这样的社团才会永葆生机，活动才能凝聚人心、汇聚人气，学生的社团之路才会越走越宽广。

五、大学社团与能力锻炼

学生社团活动在培养学生的能力、素质方面起了突出的作用，主要表现在以下几个方面。

（一）组织能力

学生社团活动要求全体成员参与，各自担任自己的角色，这样锻炼了学生的计划、组织、控制、协调、指挥和领导的能力，以及团结协作、共同攻关的能力。

（二）自学能力

社团成员大都是对某一方面很感兴趣的同学，通过社团创造一个良好的自学环境，进一步激发学生的学习兴趣，从而提高学习的积极性。

（三）思维、创新能力

社团活动可以调动起学生的积极性，激发他们的灵感，这种灵感来自自身的兴趣和社团成员之间的合作与激励作用。

（四）表达能力

学生在社团活动中各抒己见，充分表达自己的观点，提出自己的主张和建议，无形中语言表达能力和书面表达能力都得到了锻炼。

（五）实践能力和适应社会能力

社团活动为学生提供了走出校园、深入社会、接触社会、了解社会的机会，学生通过各种实践活动，可以锻炼实践能力与社会适应能力。

第三节　大学生参与竞赛实践

一、"挑战杯"——中国大学生科技的"奥林匹克"盛会

挑战杯是"挑战杯"全国大学生系列科技学术竞赛的简称，是由共青团中央、中国科协、教育部和全国学联共同主办的全国性的大学生课外学术实践竞赛，竞赛官方网站为 www.tiaozhanbei.net。"挑战杯"竞赛在中国共有两个并列项目，一个是"挑战杯"全国大学生课外学术科技作品竞赛，另一个是"挑战杯"中国大学生创业计划竞赛。这两个项目的全国竞赛交叉轮流开展，每个项目每两年举办一届。

（一）"挑战杯"全国大学生课外学术科技作品竞赛

"挑战杯"全国大学生课外学术科技作品竞赛（以下简称"'挑战杯'竞赛"）是由共青团中央、中国科协、教育部、全国学联和地方政府共同主办，国内著名大学、新闻媒体联合发起的一项具有导向性、示范性和群众性的全国竞赛活动。自 1989 年首届竞赛举办以来，"挑战

杯”竞赛始终坚持“崇尚科学、追求真知、勤奋学习、锐意创新、迎接挑战”的宗旨，在促进青年创新人才成长、深化高校素质教育、推动经济社会发展等方面发挥了积极作用，在广大高校乃至社会上产生了广泛而良好的影响，被誉为当代大学生科技创新的“奥林匹克”盛会。历经十余届，“挑战杯”竞赛已经成为：

（1）吸引广大高校学生共同参与的科技盛会。从最初的19所高校发展到1 000多所高校参与；从300多人的小擂台发展到200多万大学生的竞技场，“挑战杯”竞赛在广大青年学生中的影响力和号召力显著增强。

（2）促进优秀青年人才脱颖而出的创新摇篮。竞赛获奖者中已经产生了两位长江学者，6位国家重点实验室负责人，20多位教授和博士生导师，70%的学生获奖后继续攻读更高层次的学历，近30%的学生出国深造。他们中的代表人物有：第二届“挑战杯”竞赛获奖者、国家科技进步一等奖获得者、中国十大杰出青年、北京中星微电子有限公司董事长邓中翰，第五届“挑战杯”竞赛获奖者、“中国杰出青年科技创新奖”获得者、安徽中科大讯飞信息科技有限公司总裁刘庆峰，第八届和第九届“挑战杯”竞赛获奖者、“中国青年五四奖章”标兵、南京航空航天大学2007级博士研究生胡铃心，等等。

（3）引导高校学生推动现代化建设的重要渠道。成果展示、技术转让、科技创业，让“挑战杯”竞赛从象牙塔走向社会，推动了高校科技成果向现实生产力的转化，为经济社会发展做出了积极贡献。

（4）深化高校素质教育的实践课堂。“挑战杯”竞赛已经形成了国家、省、高校三级赛制，广大高校以“挑战杯”竞赛为龙头，不断丰富活动内容，拓展工作载体，把创新教育纳入教育规划，使“挑战杯”竞赛成为大学生参与科技创新活动的重要平台。

（5）展示全体中华学子创新风采的亮丽舞台。香港、澳门、台湾众多高校积极参与竞赛，派出代表团参加观摩和展示。竞赛成为海峡两岸暨香港、澳门青年学子展示创新风采的舞台，增进彼此了解、加深相互间感情的重要途径。

（二）“挑战杯”中国大学生创业计划竞赛

创业计划竞赛起源于美国，又称商业计划竞赛，是风靡全球高校的重要赛事。它借用风险投资的运作模式，要求参赛者组成优势互补的竞赛小组，提出一项具有市场前景的技术、产品或者服务，并围绕这一技术、产品或服务，以获得风险投资为目的，完成一份完整、具体、深入的创业计划。

竞赛采取学校、省（自治区、直辖市）和全国三级赛制，分预赛、复赛、决赛三个赛段进行。

大力实施“科教兴国”战略，努力培养广大青年的创新、创业意识，造就一代符合未来挑战要求的高素质人才，已经成为实现中华民族伟大复兴的时代要求。作为学生科技活动的新载体，创业计划竞赛在培养复合型、创新型人才，促进高校产学研结合，推动国内风险投资体系建立方面发挥出越来越积极的作用。

二、"互联网+"创新创业大赛——中国大学生创新创业的盛会

(一)"互联网+"创新创业大赛的发展历程

为加快培养创新创业人才,持续激发学生创新创业热情,展示创新创业教育成果,搭建大学生创新创业项目与社会资源对接平台,根据习近平总书记系列重要讲话精神,李克强总理亲自提议举办的2015年首届中国"互联网+"大学生创新创业大赛在吉林长春举行。经校级初赛、省级复赛,共300支团队进入全国总决赛,最终产生金奖34名、银奖82名。浙江大学智能视力辅具及智能可穿戴近视防控设备团队、北京航空航天大学Unicorn无人直升机系统团队并列摘得桂冠,华南理工大学广州优蜜移动科技股份有限公司团队获得亚军,西安电子科技大学Visbody人体三维扫描仪团队获得季军。

自此,该赛事每年举办一次,2018年由教育部等13个部委和福建省人民政府共同主办、厦门大学承办的第四届中国"互联网+"大学生创新创业大赛总决赛开赛。本届大赛以"勇立时代潮头敢闯会创,扎根中国大地书写人生华章"为主题。大陆(内地)共有2 278所高校的265万名大学生、64万个团队报名参赛,超过以往三届的总和。经激烈角逐,共有400多支队伍参加总决赛。港澳台项目方面,共有近百个项目参赛,从中产生20支队伍参加总决赛。国际赛道方面,来自全球50个国家的600多支队伍参赛,最终60支队伍参加总决赛,8 000余名师生、376支创新创业团队角逐总决赛,分别参与了主赛道金奖争夺赛、"青年红色筑梦之旅"赛道金奖争夺赛、铜奖晋银奖复活赛、国际赛道金奖争夺赛、国际赛道三进一争夺赛、主赛道银奖晋金奖复活赛、"青年红色筑梦之旅"赛道银奖晋金奖复活赛、五强争夺赛,共产生金奖96个(其中包含主赛道50强、港澳台地区5强、"青年红色筑梦之旅"赛道15强、国际赛道15强以及银奖晋金奖主赛道复活8项和"青年红色筑梦之旅"赛道复活3项)、银奖211个、单项奖6个。

2019年,第五届全国"互联网+"创新创业大赛通知已下发,总决赛将在浙江大学举办,各高校都在紧锣密鼓的准备之中。

2015年,在首届"互联网+"创新创业大赛举办之际,李克强总理批示:大学生是实施创新驱动发展战略和推进大众创业、万众创新的生力军,既要认真扎实学习、掌握更多知识,也要投身创新创业、提高实践能力。中国"互联网+"大学生创新创业大赛,紧扣国家发展战略,是促进学生全面发展的重要平台,也是推动产学研用结合的关键纽带。教育部门和广大教育工作者要认真贯彻国家决策部署,积极开展教学改革探索,把创新创业教育融入人才培养,切实增强学生的创业意识、创新精神和创造能力,厚植大众创业、万众创新土壤,为建设创新型国家提供源源不断的人才智力支撑。2017年,习近平总书记参加第三届中国"互联网+"大学生创新创业大赛"青年红色筑梦之旅"的大学生的回信中写道:祖国的青年一代有理想、有追求、有担当,实现中华民族伟大复兴就有源源不断的青春力量。希望你们扎根中国大地了解国情民情,在创新创业中增长智慧才干,在艰苦奋斗中锤炼意志品质,在亿万人民为实现中国梦而进行的伟大奋斗中实现人生价值,用青春书写无愧于时代、无愧于历史的华彩篇章。正是党和国家领导人的高度重视、各个高校的积极组织和全体青年大学生高涨

的创新创业热情，让全国“互联网 +”创新创业大赛的影响力、含金量不断攀升，俨然成为当前创新创业类顶级赛事。

（二）“互联网 +”创新创业大赛的赛项设置

2018 年，第四届中国“互联网 +”大学生创新创业大赛举办了“1 +5”系列活动。“1”是主体赛事，在校赛、省赛基础上，举办全国总决赛（含金奖争夺赛、四强争夺赛和冠军争夺赛）。“5”是 5 项同期活动，具体包括：

（1）“青年红色筑梦之旅”活动。在更大范围、更高层次、更深程度上开展“青年红色筑梦之旅”活动，推动创新创业教育与思想政治教育相融合，创新创业实践与乡村振兴战略、精准扶贫脱贫相结合，打造一堂全国最大的思政课。组织理工、农林、医学、师范、法律、人文社科等各专业大学生及企业家、投资人等，以“科技中国小分队”“幸福中国小分队”“健康中国小分队”“教育中国小分队”“法治中国小分队”“十九大宣讲小分队”或项目团队组团等形式，走进革命老区、贫困地区，接受思想洗礼、学习革命精神、传承红色基因，将高校的智力、技术和项目资源辐射到广大农村地区，推动当地社会经济建设，助力精准扶贫和乡村振兴。

（2）“21 世纪海上丝绸之路”系列活动。主动服务“一带一路”建设，推动教育先行，实现创新创业教育交流合作从“丝绸之路经济带”到“21 世纪海上丝绸之路”的全面布局，为民心相通、合作共赢铺路搭桥。建立创新创业教育共同体，成立“21 世纪海上丝绸之路”大学联盟、举办“一带一路”大学校长创新创业教育论坛，深化“一带一路”沿线国家双创教育合作和青年交流，为国际高等教育发展贡献新经验。

（3）“大学生创客秀”（大学生创新创业成果展）。在大赛总决赛期间举办“大学生创客秀”，在承办校厦门大学设置项目展示区、项目路演区、投融资对接区、合作签约区、交流分享区、创意产品体验区等，开展投资洽谈、创新创业成果展以及团队展示等活动，为各方人员提供开放参与的机会。

（4）改革开放 40 年优秀企业家对话大学生创业者（“互联网 +”产学合作协同育人报告会）。邀请改革开放 40 年来涌现出的有影响力的企业家、投资人、行业领军人物、技术专家与大学生创业者对话，在总决赛期间开设报告会或主旨演讲，围绕产业发展趋势、行业人才需求和产学合作协同育人等主题进行交流，传播成功经验，共享创新创业理念，助力大学生成长发展。

（5）大赛优秀项目对接巡展。在 2018 年“数字中国”建设峰会、第二十二届中国国际投资贸易洽谈会和大赛总决赛期间设立专区，开展优秀项目展示交流和投融资洽谈对接活动，进一步推动大赛成果的转化和应用。实施国际优秀创新创业项目落地计划，举办地方政府与双创项目对接巡展，推动科技含量高、市场潜力大、社会效益好、具有明显投资价值的优质项目落户中国。

2019 年，第五届中国“互联网 +”大学生创新创业大赛将举办“1 +6”系列活动。“1”是主体赛事，包括高教主赛道、“青年红色筑梦之旅”赛道、职教赛道、国际赛道和萌芽版块。其中职教赛道和萌芽板块是今年首次出现的赛道，普通高中生、中职、中专、高职学生均可参赛。“6”是 6 项同期活动，包括“青年红色筑梦之旅”活动、大学生创客秀（大学生创新创业成果展)、大赛优秀项目对接巡展、对话2049未来科技系列活动、浙商文化体验活动、联合国教科文组织创业教育国际会议。

三、“三下乡”大学生社会实践活动

为了让大学生走出校门,走上社会,深入基层,向工农学习,在为社会服务的过程中受到生动、深刻的教育,树立为人民服务、为社会做贡献的思想,团中央于1984年号召全国大学生开展暑期社会实践活动,至今已开展了30余年。

(一)大学生社会实践的总体要求和工作原则

1. 大学生社会实践的总体要求

以党的十九大精神和习近平新时代中国特色社会主义思想为指导,认真贯彻以人为本、全面协调可持续的科学发展观,全面贯彻党的教育方针,遵循大学生成长规律和教育规律,以了解社会、服务社会为主要内容,以形式多样的活动为载体,以稳定的实践基地为依托,以建立长效机制为保障,引导大学生走出校门、深入基层、深入群众、深入实际,开展教学实践、专业实习、军政训练、社会调查、生产劳动、志愿服务、公益活动、科技发明和勤工助学等,在实践中受教育、长才干、做贡献,树立正确的世界观、人生观和价值观,努力成长为中国特色社会主义事业的合格建设者和可靠接班人。

2. 大学生社会实践的工作原则

(1) 坚持育人为本,牢固树立实践育人的思想,把提高大学生思想政治素质作为首要任务。

(2) 坚持理论联系实际,提高社会实践的针对性、实效性和增强实践的吸引力、感染力。

(3) 坚持课内与课外相结合、集中与分散相结合,确保每一个大学生都能参加社会实践,确保思想政治教育贯穿于社会实践的全过程。

(4) 坚持受教育、长才干、做贡献,保证大学生社会实践长期健康发展。

(5) 坚持整合资源,调动校内外各方面积极性,努力形成全社会支持大学生社会实践的良好局面。

(二)不断丰富大学生社会实践的内容

1. 进一步加强以教学实践、专业实习为主要内容的实践教学

把实践教学作为课堂教学的重要组成部分和巩固理论教学成果的重要环节,使大学生在参与实践教学的过程中,深刻体会蕴含在各门课程中反映人类文明成果、弘扬民族精神、体现科学精神、揭示事物本质规律的内容,培养大学生的创新精神和实践能力。要把实践教学的要求落实到每一个部门、每一门课程和每一位教师,体现在专业培养计划、课程教学大纲和教师的岗位职责中。要着重解决好实践教学经费投入、实验教学资源、实习教学质量、毕业设计质量、实践教学管理等方面存在的问题和不足。

2. 认真组织军事技能训练

要把军事技能训练作为必修课,纳入学校整体教学计划,认真组织实施,使大学生在军事技能训练中提高思想政治觉悟,增强国防观念和国家安全意识,培养爱国主义、集体主义、

社会主义和革命英雄主义精神，加强组织纪律观念，发扬艰苦奋斗、吃苦耐劳的作风。要积极争取解放军和武警部队的支持，选派优秀指战员组织指导大学生军事技能训练。

3. 深入开展社会调查

组织大学生围绕经济社会发展的重要问题，开展调查研究，提出解决问题的意见和建议，形成调研成果。高校要加强对大学生社会调查的选题、途径、过程的管理和指导，开设社会调查课程或讲座，帮助大学生正确认识社会现象，掌握科学研究方法，提高分析问题和解决问题的能力，努力把握事物的本质和规律。本、专科生和研究生在校期间每人至少要开展一次社会调查，写出一篇较高质量的社会调查报告。

4. 广泛开展生产劳动和社会服务

高校创造条件，引导大学生参加生产劳动，培养大学生的劳动观念和职业道德。大力倡导大学生参加志愿服务等公益活动，引导大学生运用所学知识和技能服务人民，奉献社会，培养为人民服务的道德观，弘扬社会主义道德风尚。要拓展社会服务的新领域、新载体、新形式，鼓励大学生参加志愿服务西部计划、贫困地区支教计划、青春红丝带志愿行动等活动。要把大学生志愿者纳入中国青年志愿者规范管理的范畴，激发大学生参与社会服务的热情，带动更多大学生参与到志愿服务中来。

5. 大力开展科技发明

引导大学生在社会实践中参与技术改造、工艺革新、先进适用技术传播，为经济社会发展献计出力，不断提高大学生的科学素养，培养良好的学术道德，弘扬求真务实、开拓创新的科学精神。要规范和促进大学生科技成果转化，鼓励大学生开展创业实践，提高创业技能。

6. 扎实开展勤工助学

为大学生参加勤工助学创造条件，建立规范有效的勤工助学管理制度，鼓励大学生在完成学业的同时，积极参加勤工助学活动。各级政府要广开渠道，努力帮助经济困难的大学生参加勤工助学，取得合理的经济收入，增进对社会和国情的了解。要加强大学生参加校外勤工助学活动的管理，维护大学生的合法权益。坚决禁止大学生参与传销等非法活动。

7. 积极开展“红色之旅”

组织大学生到革命纪念地、改革开放前沿和经济社会发展成效显著的地方学习、参观，了解中国革命、建设和改革开放的历史和成就，增强大学生对党的感情，对中国特色社会主义的热爱，激发他们全面建成小康社会、实现中华民族伟大复兴的责任感。要充分发挥博物馆、纪念馆、展览馆、烈士陵园等爱国主义教育基地的教育作用。学习、参观要突出教育主题，增强教育效果，力戒形式主义。

（三）深入开展“三下乡”和“四进社区”活动

（1）文化、科技、卫生“三下乡”和科教、文体、法律、卫生“四进社区”活动，是新形势下大学生参加社会实践的有效载体。广泛发动大学生利用寒暑假等时间开展“三下乡”和“四进社区”活动。高校要更加主动地与地方沟通，进一步明确实践服务的内容，根据需求选派相关专业的大学生组成团队，为群众办实事、做好事、解难事。当地团组织要在党政的领导和支持下，与有关部门协调配合，安排好活动的时间、地点和具体内容。活动所在单位要对大学生的表现做出鉴定。

（2）高校根据年度大学生思想政治教育的重点和不同年级、专业大学生的具体情况，像组织课堂教学一样，精心设计、周密安排大学生参加“三下乡”和“四进社区”活动。高校团委要根据计划负责具体组织和实施。本、专科生和研究生在校期间至少参加一次“三下乡”和“四进社区”活动，开展活动的时间不少于两周，并在开学初，以团支部、班级等为单位进行总结交流。

（四）探索建立大学生社会实践的长效机制

（1）探索建立社会实践与专业学习、服务社会、勤工助学、择业就业、创新创业相结合的管理体制。把社会实践纳入学校教学计划，规定学时学分，对大学生参加社会实践提出时间和任务要求。要把大学生社会实践作为对高等学校办学质量和水平评估考核的重要指标，纳入高等学校党的建设和教育教学评估体系。要制定行之有效的考核办法和激励机制，把大学生参加社会实践的情况记入《大学生素质拓展证书》，定期评选、表彰先进集体和个人。

（2）建立多种形式的投入保障机制。对教学实践、专业实习、军事技能训练，要在学校教学经费中做出安排，确保人人参加；对“三下乡”和“四进社区”活动，学校要建立专项经费，地方政府要给予大力支持；对社会调查、生产劳动和社会服务、科技发明、勤工助学、“红色之旅”，要大力提倡和引导大学生自愿参加，政府和社会各方面予以一定支持。

（3）把大学生社会实践与教师社会实践结合起来，组织高校干部教师参加、指导社会实践。学校党政干部和共青团干部、思想政治理论课和哲学社会科学课教师、辅导员和班主任都参加大学生社会实践活动。鼓励专业教师参与、指导大学生社会实践。要把干部、教师参加和指导大学生社会实践计入工作量，作为考评的重要依据，调动干部、教师参与社会实践的积极性。

（4）建立相对稳定的大学生社会实践基地。高校要主动与城市社区、农村乡镇、爱国主义教育基地、企事业单位、部队、社会服务机构等联系，本着合作共建、双向受益的原则，从地方建设发展的实际需求和大学生锻炼成长的需要出发，建立多种形式的社会实践基地，力争每个学校、每个院系、每个专业都有相对固定的基地，长期坚持，使学生受锻炼，当地见效益。定期评选、表彰大学生社会实践示范基地和优秀基地。

【案例链接】 教育部关于举办第五届中国“互联网＋”大学生创新创业大赛的通知

教高函〔2019〕8号

各省、自治区、直辖市教育厅（教委），新疆生产建设兵团教育局，有关部门（单位）教育司（局），部属各高等学校、部省合建各高等学校：

为深入贯彻落实全国教育大会精神，全面落实习近平总书记给中国“互联网＋”大学生创新创业大赛“青年红色筑梦之旅”大学生的重要回信精神，按照《国务院办公厅关于深化高等学校创新创业教育改革的实施意见》等文件要求，加快培养创新创业人才，持续激发大学生创新创业热情，展示创新创业教育成果，搭建大学生创新创业项目与社会资源对接平台，定于2019年3月至10月举办第五届中国“互联网+”大学生创新创业大赛。现将有关事项通知如下。

一、大赛主题

敢为人先放飞青春梦　勇立潮头建功新时代

二、大赛目的与任务

以赛促学，培养创新创业生力军。大赛旨在激发学生的创造力，培养造就“大众创业、万众创新”生力军；鼓励广大青年扎根中国大地了解国情民情，在创新创业中增长智慧才干，在艰苦奋斗中锤炼意志品质，把激昂的青春梦融入伟大的中国梦，努力成长为德才兼备的有为人才。

以赛促教，探索素质教育新途径。把大赛作为深化创新创业教育改革的重要抓手，引导各地各高校主动服务国家战略和区域发展，开展课程体系、教学方法、教师能力、管理制度等方面的综合改革。以大赛为牵引，带动职业教育、基础教育深化教学改革，全面推进素质教育，切实提高学生的创新精神、创业意识和创新创业能力。

以赛促创，搭建成果转化新平台。推动赛事成果转化和产学研用紧密结合，促进“互联网+”新业态形成，服务经济高质量发展。以创新引领创业、以创业带动就业，努力形成高校毕业生更高质量创业就业的新局面。

三、大赛总体安排

第五届大赛将力争做到“五个更”。一是更全面，做强高教版块、做优职教版块、做大国际版块、探索萌芽版块，探索形成各学段有机衔接的创新创业教育链条，实现区域、学校、学生类型全覆盖。二是更国际，拓展国际赛道，深化国际交流合作，深度融入全球创新创业浪潮。三是更中国，以大赛为载体，推出创新创业教育的中国经验、中国模式，提升我国高等教育的影响力、感召力、塑造力。四是更教育，促进创新创业教育与思想政治教育、专业教育、体育、美育、劳动教育紧密结合，构建德智体美劳“五育平台”，上好一堂最大的创新创业课；深入开展“青年红色筑梦之旅”活动，上好一堂最大的国情思政课。五是更创新，广泛开展大学生和中学生创新活动，助推科研成果转化与应用，服务国家创新发展。

第五届大赛将举办“1+6”系列活动。“1”是主体赛事，包括高教主赛道、“青年红色筑梦之旅”赛道、职教赛道、国际赛道和萌芽版块。“6”是6项同期活动，包括“青年红色筑梦之旅”活动、大学生创客秀（大学生创新创业成果展）、大赛优秀项目对接巡展、对话2049未来科技系列活动、浙商文化体验活动、联合国教科文组织创业教育国际会议。

四、组织机构

本届大赛由教育部、中央统战部、中央网络安全和信息化委员会办公室、国家发改委、工业和信息化部、人力资源和社会保障部、农业农村部、中国科学院、中国工程院、国家知识产权局、国家乡村振兴局、共青团中央和浙江省人民政府共同主办，浙江大学和杭州市人民政府承办。

大赛设立组织委员会（简称大赛组委会），由教育部部长陈宝生和浙江省委书记袁家军担任主任，有关部门负责人作为成员，负责大赛的组织实施。

大赛设立专家委员会，由中国工程院原常务副院长潘云鹤担任主任、国家知识产权局原局长田力普担任副主任，行业企业、投资机构、创业孵化机构、大学科技园、公益组织、高校和科研院所专家作为成员，负责参赛项目的评审工作，指导大学生创新创业。

大赛设立纪律与监督委员会，对大赛组织评审工作、协办单位相关工作进行监督，对违反大赛纪律的行为予以处理。

大赛总决赛由中国建设银行冠名支持，各地教育部门可积极争取中国建设银行分支机构对省赛的赞助支持。大赛由相关组织参与协办（名单经大赛纪律与监督委员会认可后另发）。

各省（区、市）和新疆生产建设兵团可根据实际成立相应的机构，开展本地初赛和复赛的组织实施、项目评审和推荐等工作。

五、参赛项目要求

1. 参赛项目能够将移动互联网、云计算、大数据、人工智能、物联网、下一代通信技术等新一代信息技术与经济社会各领域紧密结合，培育新产品、新服务、新业态、新模式；发挥互联网在促进产业升级以及信息化和工业化深度融合中的作用，促进制造业、农业、能源、环保等产业转型升级；发挥互联网在社会服务中的作用，创新网络化服务模式，促进互联网与教育、医疗、交通、金融、消费生活等深度融合（各赛道参赛项目类型详见附件）。

2. 参赛项目须真实、健康、合法，无任何不良信息，项目立意应弘扬正能量，践行社会主义核心价值观。参赛项目不得侵犯他人知识产权；所涉及的发明创造、专利技术、资源等必须拥有清晰合法的知识产权或物权；抄袭、盗用、提供虚假材料或违反相关法律法规一经发现即刻丧失参赛相关权利并自负一切法律责任。

3. 参赛项目涉及他人知识产权的，报名时需提交完整的具有法律效力的所有人书面授权许可证书、专利证书等；已完成工商登记注册的创业项目，报名时需提交营业执照及统一社会信用代码等相关复印件、单位概况、法定代表人情况、股权结构等。参赛项目可提供当前财务数据、已获投资情况、带动就业情况等相关证明材料。已获投资（或收入）1 000 万元以上的参赛项目，请在全国总决赛时提供相应佐证材料。

4. 参赛项目根据各赛道相应的要求，只能选择一个符合要求的赛道参赛。已获往届中国“互联网+”大学生创新创业大赛全国总决赛各赛道金奖和银奖的项目，不可报名参加第五届大赛。

5. 各省（区、市）教育厅（教委），新疆生产建设兵团教育局，各有关学校负责审核参赛对象资格。

六、比赛赛制

1. 大赛采用校级初赛、省级复赛、全国总决赛三级赛制（不含萌芽版块）。校级初赛由各院校负责组织，省级复赛由各地负责组织，全国总决赛由各地按照大赛组委会确定的配额择优遴选推荐项目。大赛组委会将综合考虑各地报名团队数、参赛院校数和创新创业教育工作情况等因素分配全国总决赛名额。

2. 全国共产生 1 200 个项目入围全国总决赛（港澳台地区参赛名额单列），其中高教主赛道 600 个、“青年红色筑梦之旅”赛道 200 个、职教赛道 200 个、萌芽版块 200 个。此外，国际赛道将产生60个项目进入全国总决赛现场比赛。

3. 高教主赛道每所高校入选全国总决赛项目总数不超过4个，“青年红色筑梦之旅”赛道、职教赛道、国际赛道（国内外双学籍类）、萌芽版块每所院校入选全国总决赛项目各不超过2个。

七、赛程安排

1. 参赛报名（2019年4—5月）。参赛团队通过登录“全国大学生创业服务网”（cy.ncss.cn）或微信公众号（名称为“全国大学生创业服务网”或“中国‘互联网+’大学生创新创业大赛”）任一方式进行报名。报名系统开放时间为2019年4月5日，截止时间由各地根据复赛安排自行决定，但不得晚于8月15日。

2. 初赛复赛（2019年6—8月）。各地各院校登录cy.ncss.cn/gl/login进行大赛管理和信息查看。省级管理用户使用大赛组委会统一分配的账号进行登录，校级账号由各省级管理用户进行管理。初赛复赛的比赛环节、评审方式等由各院校、各地自行决定。各地在8月31日前完成省级复赛，遴选参加全国总决赛的候选项目（推荐项目应有名次排序，供全国总决赛参考）。

3. 全国总决赛（2019年10月中下旬）。大赛专家委员会对入围全国总决赛项目进行网上评审，择优选拔项目进行现场比赛，决出金奖、银奖、铜奖。

大赛组委会将通过“全国大学生创业服务网”为参赛团队提供项目展示、创业指导、投资对接等服务。各项目团队可以登录“全国大学生创业服务网”查看相关信息。各地可以利用网站提供的资源，为参赛团队做好服务。各院校还可以通过腾讯微校平台进行赛事宣传，腾讯云将根据参赛团队的组别提供不同级别的免费云服务支持，给予项目激励和孵化指导。

八、评审规则

请登录“全国大学生创业服务网”（cy.ncss.cn）查看具体内容。

九、大赛奖项

大赛设金奖、银奖、铜奖和各类单项奖；另设高校集体奖、省市组织奖和优秀导师奖。

十、宣传发动

各地各校要认真做好大赛的宣传动员和组织工作。各省级教育行政部门要做好统筹协调，高教、职教和普教职能处室共同参与，组织做好省内比赛和项目推荐工作。各校要认真组织动员团队参赛，为在校生和毕业生参与竞赛提供必要的条件和支持，做好学校初赛组织工作。鼓励教师将科技成果产业化，带领学生创新创业。根据情况组织师生观看大学生创新创业题材电影《当我们海阔天空》，激励更多学生了解“双创”、投身“双创”。

各地各校要坚持以赛促学、以赛促教、以赛促创，积极推进学生创新创业训练和实践，不断提高创新创业人才培养水平，厚植“大众创业、万众创新”土壤，助力“双创”升级，为建设创新型国家提供源源不断的人才智力支撑。

十一、大赛组委会联系方式

1. 大赛工作QQ群：460798492，请参赛省（区、市）和新疆生产建设兵团指定两名工作人员加入该群，便于赛事工作的沟通和交流。

2. 大赛组委会联系人：

全国高等学校学生信息咨询与就业指导中心　石锦澎

联系电话:010－62111870,传真:010－62111780

电子邮箱:jybdcw@chsi.com.cn

地址:北京市海淀区北三环西路甲18号大钟寺中坤广场

邮编:100098

浙江大学　张良　刘鹏

联系电话:0571－88981829　88981236

传真:0571－88981106

电子邮箱:cxcy@zju.edu.cn

地址:浙江省杭州市余杭塘路866号

邮编:310058

教育部高等教育司综合处　吴维东

联系电话:010－66097850,传真:010－66020758

电子邮箱:internetplus@moe.edu.cn

地址:北京市西城区大木仓胡同37号

邮编:100816

附件:1. 第五届中国"互联网＋"大学生创新创业大赛高教主赛道方案

2. 第五届中国"互联网＋"大学生创新创业大赛"青年红色筑梦之旅"活动方案

3. 第五届中国"互联网＋"大学生创新创业大赛职教赛道方案

4. 第五届中国"互联网＋"大学生创新创业大赛国际赛道方案

5. 第五届中国"互联网＋"大学生创新创业大赛萌芽版块方案

教育部

2019年3月25日

【知识链接】无锡职业技术学院学生社团发展与建设情况

无锡职业技术学院大学生社团联合会(以下简称社联)是由全校学生社团自愿组成的学生社团联合组织,是学校以及社会联系广大学生的桥梁和纽带,是发展校园精神文明建设、发展先进文化的重要力量,是全校所有学生社团的忠实代表。

1. 社团基本情况

截至2019年2月,我校社联共有54个社团,共有在校会员3 680余人,全校每学年参与社团活动10 000人次左右,每年9月社联统一组织各社团进行会员招募。社联组织机构情况如下:

社联设主席一人,秘书长一人,副主席三人,委员若干,主席团成员由团委提名并经学生社团代表大会民主选举产生,其余各委员在团委的指导下由主席提名并经学生社团代表大会民主选举产生,任期一年,可以连任;主席团下设各职能部门,有秘书处、外联部、外宣部、文艺中心等。

各类社团构成情况如下：

学习类社团：如习近平新时代中国特色社会主义思想青年学社、数学建模协会等。

文艺类社团：如冰雨艺社、六弦吉他协会、蠡溪书画协会、民族器乐协会、神幻魔术社、曳步舞社团、元素动漫协会等。

体育类社团：如橄榄绿协会、篮球协会、凌云台球协会、武术协会、跆拳道协会、毅行社、骑行社、龙狮社、乒乓球协会、足球协会、轮滑协会、网羽协会、太极协会等。

文学类社团：如读者协会、口才协会、SEA 英语协会、听雨诗词文学社、文学联合会、《职院青年》编辑部、木樨辩论社等。

服务公益类社团：如微影协会、美妆社、青柠檬美食协会、新青年摄影协会、创业者协会、记者团、收藏协会、棋牌协会、环保协会、心理协会等。

科技类社团：如计算机协会、科技协会、汽车技术协会等。

各社团在校团委领导下，在社联主席团的统一管理下，每年组织体现社团特色的、面向全院师生的各类活动，通过各种活动，社团成员之间充分交流，让广大师生更加了解各个社团。

2. 社团经费来源

目前社团活动经费主要来源有以下几方面：

（1）学校拨款：该款项预算划入团委业务经费，主要由社联主席团负责管理，团委书记审批。

（2）会费收取：个别社团如六弦吉他协会等，在全体社团成员同意的前提下，收取50元以下会费，用于社联设备添置，会费由社团负责管理，社联主席团备案。

（3）校外赞助：社联外联部以组织某项较有影响力的活动，如迎新年文艺晚会等，争取校外赞助，一般由赞助提供活动使用灯光、音响等，不提供现金，由社联报批团委同意后进行。

3. 社团与校外组织和人员联系情况

目前我校社团不涉及境外组织，主要与在锡各高校社团联系。

4. 社团开展敏感活动情况

社团组织开展的各项活动须向社联主席团、团委进行审批，不涉及敏感活动。

5. 高校对社团的管理情况

校团委制定《无锡职业技术学院社团联合会章程》，每年组织开展对各社团进行星级评比，每月报送活动计划与总结，每学期进行两次考核等活动，对社联进行规范化管理。

第十章 安全教育 预防在先

青年是社会进步与发展的中坚力量,大学生作为接受高等教育的青年人,必将在国家建设的各个领域发挥应有贡献。大学生是一个特殊的社会群体,部分大学生的社会经验不丰富、社会阅历不深、应对挫折的能力差、分析和解决问题的能力不足,这些都会影响大学生的学习、工作和生活,这也是校园安全事故频发的主要原因。因此,对大学生进行必要的安全教育,是维护校园稳定和社会和谐的必然要求。

第一节 国防教育与军训要求

一、国防教育的重要意义

国防是为捍卫国家主权、领土完整和安全而采取的防务措施。《中华人民共和国国防法》第二条规定,国防是指"国家为防备和抵抗侵略,制止武装颠覆,保卫国家的主权统一、领土完整和安全所进行的军事活动,以及与军事有关的政治、经济、外交、科技、教育等方面的活动"。

古人说,忧劳可以兴国,逸豫可以亡身,这是一条被历史反复证明过的真理。当今世界正面临前所未有之大变局,当代中国正处于改革发展的关键阶段。在为实现中华民族伟大复兴中国梦的奋斗中,中国处于可以大有作为的重要战略机遇期,外部环境总体有利,但仍然面临多元复杂的安全威胁,遇到的外部阻力和挑战逐步增多。随着世界经济和战略重心加速向亚太地区转移,美国持续推进"亚太再平衡"战略,强化其地区军事存在和军事同盟体系。日本积极谋求摆脱战后体制,大幅调整军事安全政策,国家发展走向引起地区国家的高度关注。个别海上邻国在涉及中国领土主权和海洋权益问题上采取挑衅性行为,在非法"占据"的中方岛礁上加强军事存在。一些域外国家也极力插手南海事务,个别国家对华保持高频度海空抵近侦察,海上方向维权斗争将长期存在。这些都要求我们大学生通过深入学习国防教育,增强忧患意识和国家安全意识,把维护国家主权和安全问题摆在更加突出的战略地位。

国防教育是以建设强大国防为目的,以教育为手段,以社会主义、爱国主义、革命英雄主义、民族精神和国防知识为基本内容,有领导、有组织、有计划地对全国人民进行培养国防意识，树立国防观念，激励全国人民热爱祖国、建设祖国和保卫祖国的全民综合教育活动。《中华人民共和国国防教育法》第十三条指出："学校的国防教育是全民国防教育的基础，是实施素质教育的重要内容。"高校的国防教育是适应国家人才培养战略目标和加强国防后备力量的重要手段。高校的国防教育也是高校德育工作的重要组成部分，也是校园精神文明建设的重要内容。

《爱国主义教育实施纲要》指出："爱国主义是动员和鼓舞中国人民团结奋斗的一面旗帜，是推动我国社会历史前进的巨大力量，是各族人民共同的精神支柱。"爱国主义教育是对大学生进行国防教育的核心，要始终贯穿于大学生国防教育的整个过程。因此，在对人学生进行国防教育的应当把保卫祖国、弘扬爱国主义精神、激发爱国主义热情作为重点。

加强高校的国防教育，不仅可以培养大学生的国家主权意识和国家利益为先的意识，使公民从青年时期就形成强大的民族凝聚力和爱国主义精神，还能培养大学生的组织纪律性，提高综合素质，增强国防观念，促进德智体美劳全面发展，这对培养21世纪的人才具有重要的意义。

二、大学生军训的目的和意义

军训，是学生进入高等院校的第一堂课；军训，教我们怎样做人、怎样吃苦耐劳、怎样迎接挑战、怎样把握自由与纪律的尺度；军训，对于我们来说是增长才干的机遇，也是挑战。这要求我们坚定意志，去锻炼，去磨砺。

军训是根据《中华人民共和国兵役法》和《中共中央关于教育体制改革的决定》要求进行的，是高等院校改革教育内容，学生接受国防教育的基本形式；是培养"四有"人才的一项重要措施；是培养和储备我军后备兵源及预备役军官，壮大国防力量的有效手段。军训的目的是通过严格的军事训练，提高学生的政治觉悟，激发爱国热情，发扬革命英雄主义精神，培养艰苦奋斗、刻苦耐劳的坚强毅力和集体主义精神，增强国防观念和组织纪律性，养成良好的学风和生活作风，掌握基本军事知识和技能。

大学生军训不是短期行为，也不是权宜之计，而是一个关乎国家安全与发展的重大战略问题。军事训练是大学生掌握必备军事技能的主要手段。早在古代，统治者们就对国民进行军事训练，"兵必出于耕田"。据《周礼集说》记载，西周时由司马掌管军队，"四时教民以军旅"，平时，人们致力于耕作，农闲时，政府派人进行军训。可见，全民军事训练由来已久，大学生军训是现今许多高校进行国防教育的主要途径。

大学生不仅肩负着建设祖国的重任，而且担负着保卫祖国的光荣任务。通过军训，可以培养大学生发扬革命英雄主义、集体主义和艰苦奋斗的精神；提高大学生的政治觉悟和政治责任感，激发大学生的爱国热情，帮助大学生树立热爱祖国、建设祖国、保卫祖国的思想；造就社会主义事业的接班人和建设人才；为训练后备兵源、培养预备役军官奠定良好的基础。

三、大学生军训规定

（一）军训基本规定

《中华人民共和国兵役法》《中华人民共和国国防法》《中华人民共和国国防教育法》以

及教育部、原总参谋部、原总政治部颁发的《普通高等学校军事课教学大纲》等文件中规定："高等院校的学生在就学期间，必须接受基本军事训练""高等学校、高级中学和相当高级中学的学校应当将课堂教育与军事训练相结合，进行国防教育""军事课程是普通高等学校本、专科学生的一门必修课""军事课（含军事理论教学和军事技能训练）列入学校的教学计划，成绩记入学生档案""军事理论课教学时数为 36 学时，学校在完成规定的学时之外，应积极开展选修课和举办讲座""军事技能训练时间为 2 ~ 3 周，实际训练时间不少于 14 天"。

（二）大学生军训守则

军训期间，要按预备军人的标准和要求接受军事化管理，虚心学习部队的好思想、好传统、好作风；讲纪律、讲团结、讲文明、讲风格。

（1）热爱祖国、加强国防观念，积极参训，促进德智体美劳全面发展。

（2）继承和发扬中国人民解放军的光荣传统和优良作风，艰苦奋斗，严于律己。

（3）刻苦学习，努力掌握基本军事知识和技能，争取优异成绩。

（4）遵守各项规章制度和生活秩序，遵守纪律，服从指挥，培养良好作风。

（5）注意安全，爱护武器装备，严防枪弹丢失损坏，杜绝各类事故。

（6）积极参加竞赛活动，争先创优。

（7）虚心向解放军学习，尊师重教、尊长爱军。

（8）仪表举止，文明礼貌，讲究卫生，落实条令、条例。

（9）积极参加各项集体活动，牢固树立集体主义思想。

（三）内务卫生规定

（1）内务一般以营为单位统一规定。要求清洁、统一有序，室内卫生应按公寓化管理要求，清洁美观，便于长期坚持。

（2）床单要清洁平整，被子叠成长 50 ~ 55 厘米、宽 40 ~ 45 厘米的方块，置于床的一端中间，蚊帐按规定统一挂放，褥子下面禁止放杂物、书籍等。

（3）铺下鞋子放置在一条线上；茶缸、牙刷、毛巾、水瓶、脸盆、箱包必须统一摆放整齐。

（4）室内严禁张贴纸、画，墙面不准钉钉子。课表、作息时间表、轮流值日表应贴在门后。

（5）室内外地面清洁，严禁在室内、走廊上乱扔果皮、纸屑或燃烧废纸等，禁止向楼道和窗外泼水、倒垃圾。

（6）不准随地吐痰，严禁在桌面、室内外墙壁上乱写乱画。

（7）建立卫生清扫值日制度，保持室内外清洁整齐、美观卫生。

（四）军容风纪规则

1. 参训人员统一着装，保持军容严整，仪表整洁

（1）着军服时应按规定穿戴。

（2）必须戴正军帽，扣好衣扣，不得卷裤腿、披衣敞怀，内衣下摆不得外露。

（3）男生不准留大包头、大鬓角和胡须；女生不得烫发，抹口红，戴戒指、项链。

2. 军训着装要求

(1) 隆重集会时着军服;操课时间统一着军服或训练服。

(2) 外出时应着便服,严禁军便服混穿。

(3) 除体育活动外,离开宿舍,不得赤脚或只穿背心,不得穿拖鞋。

(五) 请销假制度

(1) 在操课期间,非伤病员不得请假;各级干部无特殊理由不得请假。

(2) 学生外出必须按级请假,按时归队销假;未经领导批准不得外出,各级领导要严格控制请事假的范围、时间和人数,不得超越权限批假。

(3) 学生请假一日内由连指导员批假;超过一日或校外住宿必须报军训营或军训办公室批准;学生请假外出时,干部应交代注意事项,规定归队时间。对不请假擅自外出或超假者,应当查明情况,严肃处理。

(4) 对病员,根据病情或医生诊断建议,给予全休或半休。

第二节　生活安全与出行安全

一、防止纠纷和斗殴

发生纠纷是大学集体生活中常见的现象,日常生活中,玩笑过度、歧视他人等都会引起纠纷,严重时甚至导致打架斗殴,造成人身伤害。

(一) 大学生发生纠纷与斗殴的原因

(1) 日常矛盾处理不好,记恨成仇。大学生来自五湖四海,每个人的性格、脾气、生活方式各有不同,个性张扬的年轻人在一起往往会因为地域文化差异发生矛盾和摩擦,如果处理不好,容易造成纠纷,严重的会引发打架斗殴事件。

(2) 因恋爱纠葛造成斗殴。由于大学生心理还没有真正成熟,爱情观尚未定型,容易发生各种恋爱问题,这些问题可能会导致学生行为过激,造成人身伤害。

(3) 因酗酒失去理智,借机寻衅。有些大学生在聚会时容易过量饮酒,造成大脑不受控制,借酒发泄自己的不满或不良情绪。

(二) 纠纷和斗殴的预防措施

古希腊思想家、哲学家毕达哥拉斯说过:“愤怒以愚蠢开始,以后悔结束。”校园内的纠纷和斗殴绝大部分都是由于学生之间的小矛盾没有及时化解酿成的,因此,面对纠纷和斗殴,及时预防和化解是十分必要的。

(1) 相互宽容,接纳他人。学生生活在校园中,难免会遇到地域差异,学生在相处过程中,应该求同存异,相互包容理解,用宽阔的心胸去对待差异,学会与不同性格的同学友好相处。

(2) 冷静克制,切莫莽撞。遇到无法避免的矛盾时,要保持冷静,不能过度激动,切莫莽撞行事，武力相向，酿成大祸。

（3）严于律己，真诚待人。遇到纠纷，应及时自我反思和自我批评，勇于承认错误，承担责任。如果不小心损害了别人的利益，要真诚地道歉。如果别人损害了你的自身利益，也不必斤斤计较，避免不必要的事端。

（4）妥善处理恋爱关系，正确对待失恋。学生情侣之间应相互尊重，尊重对方的恋爱选择，如果因为某种原因失恋，也不要一时冲动，做出害人害己的事情，应该努力控制情绪，及时摆脱烦恼，把精力转移到学习和实践中。

二、防滋扰和骚扰

（一）校园滋扰和骚扰的表现形式

（1）校内外的不法青年通过多种途径与少数大学生进行交往，如发生矛盾或纠葛，便有目的地入校寻衅滋事、伺机报复等。

（2）有的社会不法青年，在游泳、沐浴、购物、看电影、参加舞会、观看比赛，甚至走路等偶然场合，与大学生发生矛盾，有时甚至酿成冲突。

（3）有的不法青年，专门尾随女生或有目的地到学生宿舍、教室等处污辱、骚扰、调戏女生，对女生动手动脚，致使女学生受到种种伤害。

（4）青年犯罪团伙邀约到校园内斗殴滋事，使围观或路过的大学生无端遭殃。

（5）外来人员或某些法纪观念淡薄的教职工子女与学生争抢活动场地、喧宾夺主，从而引发矛盾和冲突。

（6）一些游手好闲的青年，把学校变为玩乐场所，在校园内游逛，或故意怪叫漫骂、吵吵嚷嚷，或有意扰乱秩序，以搅得鸡犬不宁为乐，显得旁若无人、不可一世。大学生作为学校的主人，与这类人员发生正面冲突的可能性很大。

（7）有的不法青年，喜欢在师生休息的时候不停地拨打电话，或者无聊地谈天说地，或者口吐污言秽语，以搅得人不能入睡为乐，即所谓的电话滋扰。

（8）少数无赖之徒，千方百计地打听异性大学生的姓名，然后不停地给其写信，不是低级庸俗地谈情说爱和造谣中伤，就是莫名其妙地恐吓和威胁，甚至敲诈勒索，造成被害人在精神上非常痛苦，即所谓的信件滋扰。

（二）处理校园滋扰和骚扰的方法

在校园内故意起哄、强要强夺、无理取闹、追逐女学生或女教师等流氓行为，不仅直接危害师生员工的人身和财产安全，而且会破坏整个校园的正常秩序。对此，除学校有关职能部门和社会的公安机关等组织力量防范和打击外，师生遇到流氓滋事，都有义务进行抵制和制止。只要有人挺身而出，发动周围的师生共同制止，流氓即使人多势众也不得不有所收敛。一般情况下，在校园内遇到流氓滋事，一方面，要敢于出面制止或将流氓分子扭送有关部门，或及时向学校保卫部门报案，或拨打 110 报警，以便及时抓获流氓分子，予以惩办；另一方面，要加强自身的修养，冷静处置，不因小事而招惹是非，积极慎重地同外部滋扰这一丑恶现象做斗争，这是义不容辞的责任。具体地说，大学生在遇到流氓滋事时，应注意把握以下几点：

（1）提高警惕，做好准备，正确看待，慎重处置。面对违法青年挑起的流氓滋扰，千万不要惊慌，而要正确对待。要问清缘由、弄清是非，既不畏惧退缩、避而远之，也不随便动手、一味蛮干，而应晓之以理、以礼待人、妥善处置。

（2）充分依靠组织和集体的力量，积极干预和制止违法犯罪行为。如发现流氓滋扰事件，要及时向教师或学校有关部门报告，一旦出现公开侮辱、殴打同学等恶性事件，要敢于见义勇为、挺身而出，积极地加以揭露和制止。要注意团结和发动周围的群众，以对滋事者形成压力，迫使其终止违法犯罪行为。那些成群结伙、凶狠残忍的滋事者，总想趁乱一哄而上，为非作歹，只有依靠群众的力量才能有效地制止其违法行为。

（3）注意策略，讲究效果，避免纠缠，防止事态扩大。在许多场合，滋事者显得愚昧而盲目、固执而无赖，有时仅有挑逗性的言语和动作，叫人可气可恼，但又抓不到有效证据。遇到这种情况，一定要冷静，注意讲究策略和方法，一方面，应及时报告并协助有关部门进行处理；另一方面，要采取正面劝告的方法，注意避免纠缠，目的就是避免事态扩大，免得把自己与无赖之徒置于等同地位。

（4）自觉运用法律武器保护他人和保护自己。面对流氓滋扰事件，既要坚持以说理为主，不要轻易动手，同时又要注意留心观察、掌握证据。比如，有哪些人在场，谁先动手，滋事者有哪些重要特征，案件大致的经过是怎样的，现场状况如何，滋事者使用何种器械、有何证件，毁坏的衣物和设施是什么，地面留有什么痕迹，等等。这些证据，对查处流氓滋事者是很有帮助的。

三、防止食物中毒

（一）食物中毒的定义和分类

食物中毒泛指所有因为进食了受污染食物、致病细菌、病毒，或被寄生虫、化学品或天然毒素（如有毒蘑菇）感染了的食物，所出现的非传染性的急性或亚急性疾病。根据如上各种致病源，食物中毒可以分为四类，即化学性食物中毒、细菌性食物中毒、霉菌毒素与霉变食品中毒、有毒动植物中毒。食物中毒发病为非传染性的急性、亚急性疾病，可区别于其他食源性疾患。

（二）食物中毒发生的原因

（1）原料选择不严格，食品本身有毒，或受到大量活菌及毒素污染，已经腐败变质。

（2）在食品生产、加工、运输、存储的过程中卫生措施不当，生熟分类不严格，造成食品污染。

（3）加工烹调不当，如加工时间不长，导致细菌未被杀死。

（4）食品加工人员携带病菌，个人卫生不佳，造成食品被污染。

（三）食物中毒的预防

俗话说，病从口入。预防食物中毒最关键的是严格把好饮食的“入口关”。日常生活中，因食用被细菌或毒素污染的食物而引发的食物中毒比较多见。因此，学生在食用食物时，应注重饮食卫生,重点预防细菌性食物中毒。

养成良好的个人饮食卫生习惯。蔬菜瓜果应浸泡洗净后食用,隔餐隔夜食物应回锅煮热后食用,尽量不要食用隔夜饭菜,肉类食品应煮透烧熟。注重个人卫生,勤洗手勤理发,勤换洗衣物被褥。尽量在学校食堂用餐,不要在街头无证摊贩处购买食品。

在冰箱中存放食物时,应生熟分类存放,避免食物交叉感染。食物存放冰箱的保存时间不宜过长,鱼和肉类夏天不宜超过5天。外带食品应尽快食用,并妥善保管,避免苍蝇叮爬。

(四) 食物中毒的应对

发生食物中毒后,要及时进行救治,最有效的救助办法是及时送医,防止出现更严重的后果。在120急救车到来之前,可采取以下急救措施。

1. 催吐

对中毒不久且无明显呕吐者,可先用手指、筷子等刺激其舌根部的方法催吐,或让中毒者大量饮用温开水并反复自行催吐,以减少毒素的吸收。如经大量温水催吐后,呕吐物已为较澄清液体时,可适量饮用牛奶以保护胃黏膜。如在呕吐物中发现血性液体,则提示可能出现了消化道或咽部出血,应暂时停止催吐。

2. 导泻

如果病人吃下去的中毒食物时间较长(如超过两小时),而且精神较好,可采用服用泻药的方式,促使有毒食物排出体外。

3. 保留食物样本

由于确定中毒物质对于治疗来说至关重要,因此,在发生食物中毒后,要保存导致中毒的食物样本,以提供给医院进行检测。如果身边没有食物样本,也可保留患者的呕吐物和排泄物,以方便医生确诊和救治。

四、交通和出行安全

(一) 大学校园交通安全事故的预防

(1) 树立安全意识,杜绝麻痹思想。许多大学生都是第一次离家,交通安全意识淡薄。在预防交通安全事故时,人是最关键的因素。因此,在进行新生入学教育时,应强化交通安全教育,使之树立安全意识,杜绝麻痹大意思想。

(2) 遵守交通法规,强化法治观念。遵守交通法规是安全出行的基本要求,大学生应时刻牢记交通法规,树立法治观念,自觉养成遵守交通法规的好习惯。

(3) 了解各种出行方式的注意事项。大学生出行基本靠步行、自行车、电动车或公共交通工具。首先应了解每种出行方式需要遵守的基本交通规则。步行出行时,要走右侧人行道,没有人行道的马路应靠右侧道行走。过马路时,要走人行横道或按照指示标志过天桥或地下通道,通过有行人信号灯的路口时应做到红灯停、绿灯行。通过没有人行横道的路口时,要看清来往车辆,不能突然横穿马路。不能擅自穿越人形护栏或道路隔离措施。不能擅自闯入高架路、高速公路及其他行人禁止进入的道路。骑自行车或电动车出行时,应检查车辆性能,确保车铃、刹车等性能完好,熟悉和遵守道路安全交通法规,在规定的非机动车道内骑行，依次行驶，按规定让行，转弯时减速慢行，注意观察来往车辆。不随便乱停车，听从交警指挥，服从管理。在叫出租车或等车时，不要在机动车道上拦乘机动车，应在人行道区域等候；乘坐公共交通工具时，如乘坐公共汽车、电车和长途汽车时，应该在停靠站或者指定地点依次候车，待车停稳后，先下后上，避免不必要的矛盾和事故。

(二) 大学生交通安全事故的处置

(1) 第一时间报案。校内一旦发生交通安全事故，应及时报案。

(2) 保护现场。相关部门对事故现场勘查是划清事故责任的重要依据。如果事故现场没有保护好，会导致大学生在交通事故处理中不能依法维护自己的合法权益。

(3) 控制住肇事者。如果交通事故肇事者想逃逸，一定要设法加以制止，若自身力量不够，应发动周围人帮忙，如果实在无法制止，应牢记肇事者及车辆特征、车牌号码。

(4) 及时救助伤员。如果交通事故中有人员伤亡，要及时拨打120进行救助。

(5) 依法处理事故。交通事故发生时，当事人不能自行协商处理，要依据法律进行处理。

五、旅游安全

(一) 旅游安全事故的预防措施

(1) 做好充分准备，合理安排安全行程。出发前要正确估计自身的身体情况，不要带病旅游，充分做好旅行计划，选择合适自己的旅行线路和交通工具。

(2) 团队出行，互帮互助。尽量不要一个人单独出行，团体出行可以减少旅行途中的不稳定因素，也有利于大学生在旅行中互帮互助，相互协作和鼓励。

(3) 购买出行保险，减少意外损失。大学生应树立保险意识，以防旅行途中的意外。与旅游有关的保险有以下三种：

① 车船旅客意外伤害保险。凡搭乘长途客车、轮船，从验票进站或中途上车(船)，到旅程终点或下车、下船为保险有效期。根据发生的意外情况，给付保险金。保险费按标价的5%计算。

② 旅客人身意外伤害保险。在保险期限内，被保险人因意外伤害事故而致身残或丧失身体机能，按规定给付全数、半数或部分保险金额。

③ 住宿旅客人身保险。保险期限15天，从住宿零时起开始算，满期可办理续保。一旦发生意外，可根据客人人身伤害情况和财产损坏情况给付保险金。

(4) 加强自我保护，谨慎出行。大学生已然成年，对自身安全负有不可推卸的责任，不要轻信陌生人，不要轻易与不熟的朋友出门，旅行途中加强自我保护，防患于未然。

(二) 旅游安全事故处置

(1) 突发疾病处理。旅游是一项有益身心健康的活动，但在旅行途中也会发生一些不愉快的事情，如由于旅途疲劳、饮食不当、水土不服等原因引起一些突发性疾病。因此，出游前应做好常用药品的准备工作，了解常见疾病的处理办法。一旦旅行途中出现问题，应冷静处理，拨打110或120求助。

(2) 突发事故处理。在旅行途中遇到突发安全事故,应立即实施自救,如果自救无法摆脱困境,要注意保持体力,坚定信念,及时向外界发出求救信号。

第三节　人身安全与财产安全

一、防盗

高校中最常见的是盗窃案件。加强对高校盗窃案件的预防,对保障学校安全、稳定教学和生活秩序、保护师生财产安全有重大意义。

(一) 校内如何预防盗窃案件的发生

1. 宿舍防盗

宿舍是大学生在校园内的家,校园盗窃案件有80%以上都发生在学生宿舍内,严重侵害着学生的财产安全。因此,宿舍防盗尤为重要。

(1) 最后离开寝室的同学要锁门,不要怕麻烦,要养成随手关、锁门的习惯。一时大意往往后悔莫及。学生短时离开宿舍不锁门引发的溜门盗窃案经常发生,一般占入室盗窃案总量的三分之一或更多。由于此类案件作案遗留痕迹较少,所以查破难度很大。同学们去串门聊天或去买饭时不锁门,睡觉时不锁门等,都会留下安全隐患。

(2) 不要留宿他人,也不可将宿舍钥匙交给他人。留宿他人是违反学校宿舍管理规定的,因为留人者无法确保留宿者不会见财起心,伺机行窃。

(3) 对形迹可疑的陌生人应提高警惕。外来人员中,有些兜售物品的商贩,见宿舍管理松懈,进出自由,房门大开,往往顺手牵羊偷走现金、衣物;有些盗贼先进宿舍"踩点",摸清了情况,看准机会,就撬门扭锁大肆盗窃;还有些是盗窃学生宿舍的惯犯,打扮成学生模样在宿舍里到处乱窜,一遇机会就大捞一把。不管是哪一类型的盗窃分子,都有在宿舍里四处走动、窥测张望等共同特点,见到这类形迹可疑的陌生人,只要同学们多问问,这类人往往会露出狐狸尾巴。即使不能当场抓住,盗窃分子也会感到无机可乘,不敢贸然动手,客观上起了预防作用。

(4) 节假日离校不要将贵重物品留在宿舍,应随身携带或寄放在老师或同学家中。因多数同学回家,留校的少数同学不上课,喜欢带社会上的朋友和外校的同学进校玩,来往人员较复杂,若不加强学生宿舍管理,容易发生盗窃案件。

(5) 做到换人换锁,并且不要将钥匙借给他人,防止钥匙失控,宿舍被盗。

(6) 宿舍中不要存放大量现金,大量现金应及时存放银行。贵重物品如手机、电脑、相机等应妥善保管,不要随意摆放,以免被他人顺手牵羊。

(7) 住一层和二层的同学要注意将衣物、钱包等物品远离窗口放置,以免被他人从窗口"钓走"。

2. 图书馆、教室防盗

在图书馆和教室时,有的学生喜欢用书包占座,人包分离的情况随处可见,这样很容易丢失钱财。因此，在教学区域、图书馆等公共区域，也应注意防盗。

（1）不要用书、书包、衣服等物品占位，这既浪费了教学资源，又使得自身的财务处在不安全的环境中，极易丢失。

（2）去图书馆查阅资料或去上课时，不要带贵重物品前往，如有事情需要离开，要随时携带好自身财物，或交由同学代为保管，离开时间不宜过长。

（3）上自习或者在图书馆阅览时，尽量不要打瞌睡，如果实在需要休息，要请身边的同学帮忙看管财物。

3. 体育馆、运动场防盗

体育馆和运动场是学生课余生活的主要场所，也是财物丢失的重灾区。因此，在体育馆和运动场运动时，也应谨慎看管好自身财物。

（1）去体育馆和运动场时，不要携带大量现金或贵重物品。

（2）书包要集中放置，最好由人专门看管，不要随意放在地上或凳子上。

（3）对形迹可疑的人要提高警惕，特别是只在运动场物品放置区逗留和东张西望的人。

（4）离开运动场时，应及时清点物品，如发现遗失，应及时向学校保卫处报告，以利于保卫处迅速组织人员进行排查和围堵，抓获盗贼，追回失窃物品。

4. 食堂防盗

食堂是学生就餐的主要场所，学生就餐时间集中，人流量大，很容易发生扒窃事件。因此，学生在就餐时也应注意防盗。

（1）尽量和同学一起去就餐，相互关照，打饭时不要将背包放在座位上。

（2）排队时要经常有意识地碰触、摸探来确认自己的财物。

（3）不要将大量现金存到饭卡内，以免丢失后被他人盗刷。

（二）校外如何预防盗窃案件的发生

1. 大众交通防盗

学生出行时免不了利用城市交通工具如公共汽车、地铁等，乘坐大众交通工具时也应注意自身的财物安全。因为小偷喜欢在人员密集、拥挤的情况下作案。

（1）上下车要注意自己随身的财物，尽量不要在外套上衣两侧的口袋中放置财物，上车前要检查口袋的纽扣或拉链，手机要放入包内，或握在手中。

（2）乘车时尽量少带现金和贵重物品，在车站和人多的地方不要显露随身财物。带包乘车时要将包的拉链拉上，并尽可能将拉链面紧贴身体。另外，要将挎包、背包放在胸前。遇到有人故意碰摸紧贴，要加倍小心。

（3）乘车时不打瞌睡，夏天随身携带清凉油、风油精等，必要时抹一些提提神，尤其在往返市郊的公交车上不要放松警惕。

（4）要将衣服的纽扣扣好，并将背包放在身前，同时多留心自己随身携带的钱、包、手机等物。遇到围挡住自己去路的可疑人员应加以警觉。

（5）备好坐车零钱，不要在公众场合翻包，以免引起扒手注意，尾随作案。

2. 购物防盗

学生在逛街购物时，由于社会经验不深，难免会疏忽大意，因此学生也成了小偷作案的目标。学生在逛街购物时,应注意如下事项。

(1) 在长途汽车站或火车站附近的商店购物时,谨防被扒手盯上。

(2) 在车站附近的商店或饭店购物就餐时,一定要谨慎,不要碰触商店内物品。如发生纠纷,立即拨打110求助。

(3) 试衣服时,一定要将背包和手机放在可以监管的范围内,不要随意将财物放置在试衣间。

(4) 在超市购物时,不要将包或衣物放在购物车里,以防被盗。

(5) 如果在街上行走时被人撞了一下,要及时查看财物。

3. 旅途防盗

学生外出求学或结伴到外地游玩,都离不开长途旅行,由于大学生的防范意识不强,在旅行途中极易被犯罪分子盯上,因此,大学生在旅行途中也应严加防范,谨防财物丢失。

(1) 乘坐火车时,一定要看管好自己的行李。切忌旅行途中携带大量现金,如果确实需要携带现金,可分散存放,将随时需要用的小额现金放在方便拿取的地方,大额现金放在贴身隐秘处。

(2) 单人旅行时,最好不要睡觉。如果三五人结伴旅行,要轮流值班,防止行李被盗。

(3) 不要在人多的地方暴露贵重财物,以防被盗。

(4) 旅途中尽量不要和陌生人讲话,不要透露自己的行程、身份,不要接受陌生人赠送的饮料或食物。

二、防火

校园防火安全也称校园消防安全,是指预防火灾和减少火灾危害,保护校园师生生命安全和财产安全所采取的一系列预防措施。校园人口众多,防火重点部位多,如果不高度重视消防安全,容易发生火灾事故。因此,学校在建立健全相关消防制度、完善相关消防设施的同时,应加强大学生消防安全常识的教育和消防演练,最大限度预防和减少火灾的发生。

(一) 校园火灾预防

1. 宿舍火灾预防

学生宿舍是学校消防安全重点单位,易发生火灾的原因有:使用违章电器,如电热毯等;宿舍内部乱拉电线;部分男生熄灯后在宿舍抽烟,不小心引起火灾;消防设施配置不到位;等等。《高等学校消防安全管理规定》第十八条要求,学生宿舍、教室和礼堂等人员密集场所,禁止违规使用大功率电器,在门窗、阳台等部位不得设置影响逃生和灭火救援的障碍物;其第十三条也要求,学生宿舍管理部门应当加强学生宿舍用火、用电安全教育与检查。宿舍是高校人员密集的最常规场所,是校园防火安全的首要管理对象。

一旦发生火灾,不能慌张,要稳定情绪,沉着冷静地选择逃生办法和途径。从楼梯向下层逃生时,要用湿毛巾捂住口鼻,用水淋湿衣服,以较低身姿快速有序冲出烟区,到达安全疏散口。如果疏散楼道被烟气污染严重不能通过时,起火楼层以上的学生可选择向上层疏散,直至楼层顶部,在楼顶等待救援。如果火势蔓延很快,未能及时撤离,可暂时疏散到未起火的房间,将房门关紧,用湿毛巾将房门和窗门的缝隙堵严,防止烟气侵入。如果火势过猛,可将床单、被套、窗帘等大件的纺织品撕成宽条,连接成绳索,将绳索一端固定住,抓住绳索由窗外墙体滑下。当无路可逃时,就待在房间内,向门窗外泼水,以减缓火势蔓延,并及时向窗外发出求救信号,如呼喊、招手、摇晃手电筒、抛掷物品等。发生火灾时切记不能鲁莽,不要轻易跳楼,不要贪恋财物。不跳即死的情况下跳楼时,应把棉被、沙发垫等松软物品裹在身上,选择往楼下的车棚、草地、水池或树上跳,以减缓冲击力。

2. 教室、实验室火灾预防

在教室、实验室上课或工作时,一定要严格遵守各项安全管理规定、安全操作规程和有关制度。使用仪器设备前,应认真检查电源、管线、火源、仪器设备等情况,如设备的放置是否妥当,操作过程是否合理,待做好准备后再进行操作。使用完毕后及时清理和归位,离开时关闭电源、火源。使用易燃物品时,一定要按照校园防火安全相关规定执行。

3. 校园公共场所火灾预防

在体育馆、报告厅、食堂等公共场所,要遵守消防安全制度和有关规定,做到不携带易燃易爆物品;不在禁烟区吸烟,不随地乱扔烟头、火柴;不使用明火照明;不随便触碰公共场所设备开关;不玩弄电线,以免触电引起短路;不要在学校草坪上吸烟、玩火,一旦发现火苗要及时扑救,并报告学校保卫处。

(二) 火灾逃生原则

(1) 保持冷静,设法报警。一旦发生火灾,首先要强令自己保持镇静,并立即按警铃或打电话报警。切不可惊慌失措,以免决断错误而贸然跳楼。

(2) 生命第一,择路逃生。身处险境,应尽快撤离,不要因害羞或顾及贵重物品,而把逃生时间浪费在寻找、搬离贵重物品上。选择逃生路线时要注意:朝指示标志所指方向迅速撤离;若在楼梯上,应选择往下跑,若被火挡住,就要通过就近窗口或阳台等往外逃生。

(3) 警惕烟雾,弯腰穿过。火场中烟的蔓延方向是上升到建筑楼层的顶部后沿墙下降至地面,最后只在走廊中心剩下一个圆形空间。一般情况下,烟把整个空间充满需要一定时间,利用这个时间可以成功逃生,所以在逃生过程中要弯腰跑,千万不要站立行走。要防止和减少烟气的吸入。应用水将毛巾等浸湿,捂住口鼻,防止吸入有毒烟气。用水浸湿毛毯等并包裹好身体,就地滚出火焰区逃生。

(4) 留意环境,依次逃离。所处的环境突发火灾而且逃生困难时,封闭楼梯间、防烟楼梯及前室、阳台等可以作为临时避难的场所。千万不可滞留走廊、普通楼梯间等烟火极易波及而又没有消防保护措施的地带。在逃生过程中,极易出现聚堆、拥挤,甚至相互踩踏的现象,造成通道堵塞和发生不必要的人员伤亡,所以在逃生过程中应遵循依次逃离原则。

(5) 不乘电梯,理智应对。在高层建筑发生火灾后,一般电梯不具有防火防水性能,火灾发生时,轿厢容易因高温而失控甚至变形卡住,不利于电梯内人员的逃生,灭火射水或高温容易引起电气故障,有的还会有触电的危险。另外,电梯口直通大楼各层,火场上极易形成"烟囱效应",烟气涌入电梯井,人在电梯里易被浓烟毒气熏呛而窒息,导致死亡。要充分利用楼内各种消防设施,如防烟楼梯间、封闭楼梯间、连通式阳台、避难层(间)等,为逃生和安全疏散创造条件。

(6) 相互救助,有序疏散。若身上着火,千万不能奔跑,因为奔跑时空气流动加快,会加速燃烧,也不可将灭火器对准人体喷射,这样可能导致身体感染或加重中毒,可以就地打滚或用厚重的衣物压灭火焰。高楼着火不要轻易跳楼。一般来说,在四楼以上跳楼生还的机会很小,所以发生火灾时不要惊慌失措盲目跳楼。当被困人员较多,特别是有老、弱、病、残、妇女、儿童在场时,要采用自救与互救相结合的方式,积极主动帮助他们首先逃离危险区,有秩序地进行疏散。

三、防诈骗

近年来,大学生被骗案件越来越多,这与大学生的生活阅历、性格特点有很大关系。因此,对大学生进行防诈骗教育,帮助其认清犯罪分子的惯用伎俩十分必要。

(一) 诈骗的主要手段

(1) 假冒身份,流窜作案。诈骗分子往往利用假名片、假身份证与人进行交往,有的还利用捡到的身份证在银行设立的账号提取骗款。骗子为了既能骗得财物又不露出马脚,通常采用游击方式流窜作案,钱财到手后立即逃离。还有人以骗到的钱财、名片、身份证、信誉等为资本,再去诈骗他人,重复作案。

(2) 投其所好,引诱上钩。一些诈骗分子往往利用被害人急于就业或出国的心理,投其所好、应其所急,施展诡计而骗取钱财,如骗取介绍费、押金、报名费等。

(3) 借贷为名,骗钱为实。有的骗子利用人们贪图便宜的心理,以高贷集资为诱饵,使部分学生上当受骗。个别学生常以急需用钱为名,向其他同学借钱,然后挥霍一空,之后又向别的同学借款补洞,拖到毕业仍不归还,最后一走了之。

(4) 以次充好,恶意行骗。一些骗子利用学生生活经验少又苛求价廉物美的特点,上门推销各种产品,使学生上当受骗。更有一些到宿舍推销的人,一旦发现室内无人,就会顺手牵羊、溜之大吉。

(5) 骗取信任,寻机作案。诈骗分子常利用一切机会与学生拉关系、套近乎,或表现出相见恨晚而故作热情,或表现得非常慷慨以朋友相称,骗取信任后再寻机作案。

(6) 利用电话、短信、网络等通信工具行骗。有以下几种具体表现:利用网络贷款、网络交易、网络拍卖、网络购物诈骗;利用取款机行骗,利用高科技控制网络,窃取密码;网络招聘诈骗,招聘过程中交纳报名费;网络交友诈骗,通过网络开展一些亲密接触,最后骗财骗色。

(二) 诈骗的预防

(1) 要有反诈骗意识。俗话说,害人之心不可有,防人之心不可无,当然防人并不是要搞得人心惶惶,关键是要有意识,对于任何人,尤其是陌生人不可随意轻信和盲目随从,对遇到的事与人应有清醒的认识,不要因为对方说了什么、许诺了什么好处,就轻信盲从。

(2) 切忌贪小便宜。对飞来的横财和好处,特别是不熟悉的人所许诺的利益要深思和调查,要知道天上不会掉馅饼,要克服占小便宜的心理,不要对突如其来的横财和好处欣喜若狂,要三思而后行。

(3) 加强自我保护。不要轻易将自己或家人的身份、通信信息等家庭、个人资料泄露给他人。对于家人或朋友意外受伤害需抢救治疗费用或求助类的短信、电话，要仔细核实，不要着急恐慌，轻信上当，更不要将“急用款”汇入犯罪分子指定的银行账户。网络购物时尽量避免在网吧等公共场所操作。

(4) 细心鉴别各类信息。对接到培训通知、冒充银行信用卡中心声称银行卡升级、虚假招工、婚介类的诈骗，要及时向本地的相关单位和行业或亲临其办公地点进行咨询、核对，不要轻信陌生电话和信息。培训类费用一般都是现款交纳或者对公转账，不应汇入个人账户，不要轻信上当。

(5) 遇事不慌张。到银行自动取款机(ATM 机)存取现金时，若出现银行卡被堵、被吞等意外情况，认真识别自动取款机(ATM 机)上的“提示”真伪，千万不要轻信和上当，最好拨打 95516 银联中心客服电话的人工服务台了解查问，与真正的银行工作人员联系处理和解决。

(6) 理智谨慎交友。对于由熟人、朋友介绍的人，要学会听其言、观其行，不能以“一是朋友，都是朋友”的心态交友。对于上门推销的人，不能给他单独活动的空间和时间，以免来者顺手牵羊。此外，同学之间借钱也是需要注意的。有些同学在借钱之前会对“借钱对象”异常客气和大方。得到了人家的无偿好处之后，一旦人家开口向你借钱，你将很难拒绝。这一类“借钱户”会用同样的方法在同学当中“遍地开花”。故要提倡同学之间没有什么特别情况不相互借钱。

(三) 诈骗的应对

(1) 观察判断，辨别真伪。在遇到诈骗时，如果发现了对方的疑点，要保持清醒的头脑，仔细观察对方的神态举止，核实所持证件和材料，辨别真假。必要时找家长、老师、同学商量，听取他人意见，或通过对方提供的资料和信息进行查证核实。

(2) 巧妙周旋，有效制止。在无法确定诈骗者提供的信息真假又难以拒绝时，要有礼有节，把握谈话策略，注意发现破绽，必要时可以采取一些强硬言辞，使对方心存顾忌，不敢贸然行事。

(3) 及时报案，回归现实。在确认自己被骗后，要平复心情，从受骗的噩梦中回到现实，吸取教训，及时报案。切勿“哑巴吃黄连，有苦肚里吞”。

(4) 提供线索，配合调查。遇见诈骗类电话或者信息，及时记下诈骗分子的电话号码、电子邮件地址、QQ 号、微信号及银行卡账号，并记住诈骗分子的口音、语言特征和诈骗的手段、经过，及时向学校保卫处和公安机关报案，积极配合公安机关开展侦查破案和追缴被骗款等工作。

(5) 通过合法渠道，冻结资金。向诈骗分子转账后发现被骗，可以通过电话银行、网上银行冻结诈骗分子账户。电话银行冻结止付的方法是：拨打该诈骗账号归属银行的客服电话，根据语音提示输入该诈骗账号，然后重复输错五次密码，就能使该诈骗账号冻结止付，时限为 24 小时。若被骗大额资金，在报案件后的凌晨 00:00 后再重复上述操作，则可以继续冻结止付 24 小时。该操作仅限制嫌疑人的电话银行转账功能。网上银行冻结止付的方法是:登录该诈骗账号归属银行的网址,进入“网上银行”界面,输入该诈骗账号,然后重复输错五次密码,就能使该诈骗账号冻结止付,时限也为24小时。如需继续冻结止付,则可以在凌晨00:00后重复上述操作。该操作仅限制嫌疑人的网上银行转账功能。

四、防抢劫抢夺

(一)抢劫抢夺案件的主要形式

(1)拦路抢劫。拦路抢劫案一般集中在晚上行人稀少、灯光昏暗的偏僻地方,选择单身的行人或者情侣为作案对象。团伙作案并手持凶器进行威胁恐吓,受害人若反抗,往往会受到人身伤害。

(2)突然抢劫。作案分子一般看准目标,采用套近乎的方式,趁人不注意时装作不小心制造身体冲撞,或者趁人注意力转移,进行突然袭击,明目张胆抢劫,等受害人冷静下来时一般为时已晚。

(3)麻醉抢劫。麻醉抢劫案一般由三个阶段组成:一是投石问路,选定目标;二是设法接近,选择时机;三是摸清钱财,下手作案。从作案手法上看,多是利用事先准备好的掺有麻痹药品的饮料、茶水,使受害人在不经意间被麻醉。

(4)入户抢劫。此类案件为恶性案件,多为团伙集体作案,犯罪分子一般分工明确,提前踩点,携带凶器,危害极大。

(5)飞车抢夺。此类案件中,一般两人同骑摩托车作案,其中一人负责驾车,另一人负责抢夺。有时也有多组人员、多辆摩托车一同作案。作案手法通常有三种:一是流动作案,两人共骑一辆摩托车寻找目标,一旦锁定目标便迅速靠近,趁其不备抢走财物;二是定点作案,一人在车站或候车点抢夺后,马上乘摩托车逃离现场;三是流动和定点相结合作案,先寻找目标伺机作案,一人抢夺,一人接应,随后一起驾车逃离。作案时间多选择在晚上,侵害对象大多是女性,地点多在路况好、行人少、易于逃跑的地段,有红绿灯的十字路口、金融网点门口也是案件多发地。

(6)尾随抢夺。此类案件中,犯罪分子一般提前选好目标,目标大多是单独行走的女性或从银行取款的个人,先徒步尾随、靠近,趁目标不备,上前抢夺首饰、皮包等物品后逃离。

(7)阻车抢夺。此类案件中,犯罪分子通常使用钢丝、毛巾、布条、绳子等工具将被害人自行车后轮卡住,在被害人下车排除故障时,趁机拎(夺)走其篮中的包后飞速逃离。

(8)“拉车门”抢夺。此类案件近年来发生较多,犯罪分子多为两人或多人合伙作案,侵害对象是单独驾车人员,尤其是女性,作案目标是车主放在车内特别是副驾驶座上的手袋或拎包。犯罪分子一般选择车速慢、人车流量大、交通情况复杂、逃离便利的道路或者路口,有的直接强行拉开车门抢夺财物;有的则由一个人敲窗搭讪,另一个人伺机拉开副驾驶车门,实施抢夺。

(二)抢劫抢夺案件的预防

(1)增强自我防范意识,保护好个人信息,财不外露。学生外出时不要携带大量现金,平时将多余的现金及时存入银行,不要在公众场合夸大、炫耀自我,不要向外界透露随身携带的贵重物品或现金。到银行取款时,应有人陪同,输入密码时,应防止他人窥探,离开银行时,应警惕是否有可疑人员尾随。

(2) 尽量不要在夜深人静或午休时独自外出。必须外出时,应结伴同行;夜间出行时,应走大路或有路灯的道路,不要独自走偏僻路段;夜间独行的女生着装要尽量低调,手提包、首饰等物品不带或少带,佩戴的贵重饰品不宜外露。发现有人尾随时,不要露出紧张胆怯的神色,要加快步伐走到有人、有灯的地方,及时甩开可疑人员,或者用手机通知人接应。

(3) 遵守校纪校规,不要随意让陌生人进入宿舍。对到宿舍声称是进行促销活动的人员,应先查明身份,如果只有一个人在宿舍,不可盲目接待,防止其入室抢劫。

(三) 抢劫抢夺案件的应对

(1) 尽量抗衡,巧妙周旋。遇到抢劫时,要克服畏惧恐慌情绪,冷静分析所处的环境,对比双方的力量,若自己具备反抗的能力或有利时机,应及时机智反击制服罪犯,使其丧失继续作案的心理和能力。

(2) 寻机逃跑,牢记特征。在无力抵抗、无人求助的情况下,应放弃财物,确保人身安全,牢记犯罪分子的体貌特征,防止与犯罪分子对抗,避免造成不必要的人身伤害,可把握时机向有人、有灯光的地方奔跑或大声呼救。

(3) 遇事冷静,及时就医。若遇到人员受伤,当事人一定要沉着冷静,尽快拨打 120,清楚说明地点。伤势较轻者在对自己进行简单处理后,要迅速向路过人员求救,并及时对重伤者实施救护。

(4) 间接反抗,及时报案。如果无法与作案者抗衡时,应趁作案者不注意时在其身上留下暗记,如在其衣服上擦点暗土或血迹,在其口袋中留下标记等,等到处于安全状态时及时报警,向警方提供作案者的特征及潜逃方向等重要线索,协助警方抓获不法分子。

【案例链接】 20 例大学生受骗案件

为了培养大学生的防范意识,增强防骗能力,在真实案例中获得经验,识破骗局,避免损失,编者搜集了近年来较有典型示范作用的 20 例大学生受骗案件,整理如下:

1.【网络爱情靠不住,女大学生被骗卖淫】襄阳某高校女生 A 因受就业与失恋的双重打击,整日沉迷于网络。某日一名网友主动加好友,在聊天中该好友自称是"高富帅",家里有门路,能为 A 解决就业问题。见面后,A 深深被"高富帅"的英俊外表吸引,不久 A 随"高富帅"南下游玩,"高富帅"在两人的钱花光后撕下伪善的面具,没收了 A 的身份证、银行卡等,并以 A 家人的人身安全为要挟,胁迫 A 卖淫。

2.【擦亮眼睛找工作,毕业生签约要慎重】即将毕业的女大学生 A 应聘了一家企业并签订了三方协议。后从往届应聘该公司的大学毕业生那里得知该公司条件艰苦,没有双休假日。当初去该公司面试的很多人都赔钱走人了。如果现在毁约,要交毁约金 2 000 多元。如果实习后不想在此公司工作,要交毁约金 10 000 元。

3.【淘宝刷信誉赚钱】正在读大学的小姚在网上看到淘宝刷信誉的兼职信息后,与招聘者取得联系。招聘者自称是一家淘宝专业代刷公司，专门为淘宝网店刷信誉，应聘者只要填一张申请表就可以开始工作。工作流程是：小姚在淘宝上拍下货物，用支付宝付款后，淘宝店主就会将货款和佣金一并打入小姚的支付宝账户，小姚确认收货，给卖家好评就可以了。小姚被推荐购买了1 200元的游戏点卡，在下单支付后，却迟迟没有收到卖家的返款，小姚急忙申请退货，谁知，由于游戏充值卡属于充值业务，卖家无法退货。

4.【志愿服务做幌子，大学生成廉价劳动力】江苏某大二学生A是学校志愿者协会的会长，2017年12月份接到电话，称有一项既能服务残弱者又能获得社会实践证书的活动，这个活动吸引了该校150多名学生报名，实际有34人参加。活动开始后，志愿者们才发现他们被骗了，做家政服务的没有一个是残疾人和贫困家庭，都是家政公司的客户，公司给学生每小时18元的工钱，而客户支付给公司的却是每小时35元。

5.【黑驾校玩失踪，报驾校要慎重】某地大学生小A等30余名同学在学校附近的一家驾校报名，并交了3 400元到5 000元不等的报名费。学习了几个月后，一直不被安排参加驾照考试，再次找到驾校时，驾校已经关门。

6.【迷信招聘广告骗局，漂亮女大学生被骗】某高校大四女学生A非常漂亮且自视甚高，在就业问题上高不成低不就，毕业后一直在家待业。一日，A上街时看到了一则著名外企招聘年轻女秘书的招聘广告，月薪过万。A在与对方取得联系后，对方询问了A的情况后对A非常满意并要其尽快参加面试。A去了约定好的地点，经面试后被录用，但面试人员称要A交5 000元保证金，在工作后再返还给A。A与家人协商后交了5 000元，第二天当A兴冲冲去"上班"时才发现早已人去屋空。

7.【美容店拉客称免费体验，多名女大学生受骗】湖北某高校女大学生A与B在逛街时碰到某美容店店员，该店员告诉二人，母亲节期间美容店针对新老顾客推出了一项免费体验、免费试用化妆品的活动。二人随后跟着店员来到该美容店，在涂抹了部分化妆品后，美容店要求二人交120元费用才会涂抹剩下的化妆品。二人拒绝后，店员称如果出现皮肤过敏等症状，该店概不负责，二人随后交了120元。后二人又被分开劝说交480元办理季卡，在拒绝店员的要求后，二人被单独告知对方已经办理了季卡。在无法证实的情况下，二人每人又办理了一张480元的季卡。

8.【"高科技橡皮"能作弊？】2008年，正当重庆某大四学生赵某因担心英语四级考试不过影响毕业之时，一份传单发到了寝室。"金牌服务，考试之后再收钱，零风险、反探测、反屏蔽的新型高科技'橡皮擦'考试作弊器。押金500元。"在与传单上的联系人取得联系后，赵某与一位"墨镜男"见了面。"墨镜男"向赵某展示了一块"高科技骨导传音接收作弊器"的橡皮，并演示了操作过程。最终，赵某等60余名大学生上当受骗。所谓的"高科技作弊橡皮"其实就是一块价值两元的普通橡皮。

9.【盗取QQ号冒充熟人诈骗】2016年1月6日，某高校学生张某报警称其于当日15时在QQ上收到一个初中同学的消息，对方称自己银行卡遗失，想借用张某银行卡存钱，于是张某按照对方要求，将自己银行卡号、取款密码、手机号以及后续收到的手机验证码都告诉了对方。当晚22时，张某发现自己支付宝内2 000元余额被转入自己的银行卡后，被他人取出。

10.【涉卡诈骗】2016 年 3 月 25 日，某高校学生潘某报警称：当天下午 3 时 52 分接到一个电话，对方讲有人用其身份信息办理一张社保卡，里面有 3 000 多元，可能影响其信用，对方帮转接报案电话，骗取潘某的信任，并要求潘某到银行去操作，潘某来到学校对面农行 ATM 机按对方所指示进行操作，向对方提供的账号分两次汇款 11 338 元，后发现被骗。

11.【警惕网购退款陷阱】2017 年 5 月 12 日，某高校学生陈某报警称：当天晚上 9 时 30 分，他接到自称是天猫商铺客服的电话，说有一笔钱要退款，让他按照要求操作，过后对方又给他发了一条短信，内有一条网址，他按照对方的要求在网址上输入了个人银行账号信息，后又输入了对方发来的验证码，发现卡内的 1 000 元被转走。

12.【警惕涉诈骗虚假短信】2018 年 9 月，刚入校的黄某接到一条短信称她涉及一起金融诈骗案，银行卡因涉案已经被冻结，需要再汇款到一个账户上解冻。随后一个自称是银行工作人员打电话给黄某，黄某深信不疑，将钱转到对方账户，之后才发现被骗。

13.【冒充国家资助人员骗取学费】考上大学的山东女孩徐某 19 日接到了一通自称教育部门的诈骗电话，让她办理了助学金的相关手续，说钱过几天就能发下来。因为之前曾接到过教育部门发放助学金的通知，徐某信以为真，就按对方的要求赶到附近一家银行，通过自动取款机领款。结果被骗走了上大学的费用 9 900 元。得知被骗后，徐某伤心欲绝，郁结于心，最终导致心脏骤停，虽经医院全力抢救，但仍于 21 日不幸离世，让人扼腕。

14.【远赴外地见女网友，深陷传销组织脱身困难】无锡一高校学生小万半年前认识了一位女网友。对方主动和小万在 QQ 上聊天，之后女网友主动提出来让他去西安见面，小万未向学校请假，偷偷摸摸跑到了西安，而该女网友又说去了咸阳，小万跑到咸阳后，女网友就把他带到一老旧小区，进了室内才发现是一传销组织。根据小万描述，在陷入传销组织的一星期当中，对方用各种方法对小万进行身体和心理上的摧残，幸运的是，该校老师发现小万连续多日未上课后，及时报警，后成功解救出小万。

15.【远离“套路贷”】2016 年 8 月，在杭州做服装生意的郑女士急需借 3 万元，经中介介绍，郑女士认识了某寄卖行老板朱某、吴某。朱某了解到郑女士名下有多套房产时，答应提供借款服务。郑女士当即向朱某借款 3 万元，约定保证金是本金的 20%，逾期每天违约金为 20%。最后，加上 10 天利息、中介费、家访费等费用，共计 5 万元。但朱某要求郑女士在借款条上写下金额 8 万元，并解释说这是“行规”。经不住朱某的诱骗，郑女士签下了 8 万元的借款合同，但实际到手只有 3 万元。同年 9 月，为偿还之前本息，郑女士再次向朱某借款。依然按照“行规”，借款合同写着 25 万元，实际到手 12.5 万元。同时，郑女士还签署了一份长达 20 年的租房协议、房屋腾退协议和代为开锁委托书作为贷款的担保。经过不断“借新补旧”，郑女士的债务后来滚成 800 万元，变卖了房产都没有还上贷款。

16.【恶意索债】2019 年 5 月，在甘肃酒泉某医院工作的小徐急需用钱，恰好接到小额网贷推介电话，他当即按照平台要求提供了个人身份信息、手机通讯录、三个月通话记录以及亲朋领导的联络方式，申请贷款 1 500 元，对方扣除各种手续费 450 元，实际借款 1 050 元。一周后，该公司刻意制造小徐违约，以每天 20% 以上的违约金虚增债务，致小徐深陷“套路贷”泥潭。在不到 2 个月的时间里，小徐被该公司介绍与多家网贷公司签订借款协议，先后支付借款本金 10 万余元，仍负债 18 万余元。其间，网贷公司采取频繁骚扰、电话“轰炸”亲朋好友、敲诈勒索、恐吓威胁等多种手段逼其还款,小徐走投无路,向公安机关报案求助。

17.【警惕校园贷】武汉某大学大三学生张某因欠下“校园贷”4 000元,一年时间借款滚到50余万元,家人倾尽所能凑还了20万元,还欠下30万元左右。面对每天被讨债公司穷尽方法地折腾,家人苦不堪言,无奈报警。毛某在一网络平台贷款7 000元,实际拿到手4 500元。为了偿还贷款,毛某只有拆东墙补西墙,陷入了“以贷养贷”的恶性循环,最终毛某所贷的7 000元变成了债务36万元。毛某每天都不敢出门,因无力偿还债务还受到网络贷款平台催收人的电话滋扰、恐吓、诽谤等不法侵害。无奈之下,毛某只好向警方报警求助。

18.【假冒快递售后服务】犯罪分子通过非法渠道购买大量快递公司单据信息,从中筛选出有退换货需求的顾客之后,假冒售后人员、公司经理等身份与顾客联系,以帮助退换货等名义,要求被害人打入400元左右不等的退换货保证金,收款后又以银行扣除手续费、公司会计开票面额不同等为由诱骗被害人继续汇款。

19.【虚构慈善捐款】犯罪分子假扮富商,通过QQ聊天交友寻找被害人并获取其信任。在以“慈善捐款”为诱饵钓得被害人后,其他同伙扮演富商身边的“知名律师”,以代为办理相关捐赠手续为由,要求被害人缴纳税金、手续费、公证费等各类费用。待被害人上当受骗打款后,犯罪嫌疑人通过网络快速转移至自己的“安全账户”。

20.【发送电子邮件,以虚假信息引诱用户中圈套】不法分子大量发送欺诈性电子邮件,多以中奖、顾问、对账等内容引诱用户在邮件中填入金融账号和密码,或以各种紧迫的理由要求收件人登录某网页提交用户名、密码、身份证号、信用卡号等信息,继而盗窃用户资金。

案例分析:大学生因为思想单纯、社会阅历少,往往成为诈骗分子的重要对象。大学生要具有反诈骗和自我保护意识,不要轻易相信网友或陌生人,在就业签约中多征求家长、辅导员、班主任意见,在网络购物、网络行为中不贪小便宜、不被小优惠诱惑,不要透露个人身份信息,遇到朋友借钱要电话确认,并请对方开具借条,若有正当的资金需求,通过父母或正规金融机构解决,杜绝非法校园贷的套路。

2016年,一位北京大妈为广大群众总结的《防骗打油诗》,希望对大学生预防电信诈骗有所帮助。

不怕骗子套路深,就怕您呐太天真。陌生电话和短信,甭管是谁不轻信。
警惕心咱要提高,冷静沉着细推敲。勤听多问少不了,刨根问底才最好。
网站短链绝不点,回拨电话靠边闪。要想转账和汇款,不急不忙先放缓。
远程视频或约见,核实无误才安全。电话网站官方查,绝口不提各种码。
馅饼不会天上掉,都是挖坑让你跳。再大便宜咱不占,不让骗子有空钻。
心存侥幸最危险,无知贪婪爱受骗。无时无刻要提防,安全意识常相伴。
如若被骗怎么办,别慌别乱快报案。骗子信息保存好,追回损失才有招。
亡羊补牢虽不晚,不如防患于未然。诈骗招数要谨记,财产保护齐努力。

第十一章
自强不息　资助育人

高等教育资助让更多的孩子拥有了平等接受教育的机会，给他们创造了良好的学习环境。改革开放40多年来，党和国家积极完善资助管理体制，积极推进资助管理工作的有效开展，帮助家庭经济条件困难的孩子实现大学梦。随着改革的深入与社会经济的发展，对资助体系的发展目标提出了更高的要求。我们不仅仅是为了资助困难学生完成大学学业，更是要为社会培养自立自强、诚实守信、心怀感恩、勇于创新的社会主义接班人。因此，如何实现资助与育人的完美对接，日益成为高校资助管理工作者需要思考的重要问题。

近年来，国家出台了不少资助管理方面的政策，2007年5月，国务院出台《关于建立健全普通本科高校、高等职业学校和中等职业学校家庭经济困难学生资助政策体系的意见》（国发〔2007〕13号），对高等学校家庭经济困难学生资助政策体系做了总体架构。2010年《国家中长期教育改革和发展规划纲要（2010—2020）》颁布实施后，教育部和财政部会同有关部门相继制定了一系列资助高校经济困难学生的政策和措施，在我国高校中逐步建立起了以奖学金、学生贷款、勤工助学、特殊困难补助和学费减免（简称“奖、贷、助、补、减”）为主体的多元化的资助经济困难学生的政策体系，这在制度上保障了高校家庭经济困难学生顺利入学并完成学业。2018年教育部、财政部修订《高等学校勤工助学管理办法》，这是高校资助方式多元发展的一种体现。认定家庭经济困难学生是实现精准资助的前提，是做好学生资助工作的基础，2018年10月，教育部等六部门出台了《关于做好家庭经济困难学生认定工作的指导意见》，这一政策的出台给予了各高校家庭经济困难学生认定工作更明确的指导意见。

第一节　高校资助工作发展历程

高校资助工作发展历程经历了四个阶段，一是助学金为主的阶段，二是奖学金与助学金并存阶段，三是贷学金与奖助学金并存阶段，四是“奖、贷、助、补、减”多元混合阶段。本节主要介绍各阶段资助工作主要内容与实施依据。

一、助学金为主的阶段

（一）助学金的概念与属性

助学金是国家为帮助经济困难的在校大学生完成学业设立的一项资助资金。助学金出现在二战后的30年左右，是国外大多数国家运用的资助大学生的主要方式。虽然各国对助学金的称呼不尽相同，英、美称之为“grant”，有些法语国家称之为“bourse”。但是其属性大体一致，主要表现在以下几方面：

1. 助学金的资助对象具有唯一性

助学金的资助对象非常明确，即家庭经济条件困难的学生。这也是助学金设立的最初目的。因此，所有符合资助条件的在校大学生均可申请助学金，高校通过助学金的发放帮助家庭经济困难的学子完成大学学业。由于资助对象具有唯一性，因此高校应进行严格的家庭经济困难学生认定工作，调查每位资助对象的家庭经济情况，并参照家庭经济困难学生认定标准筛选出符合标准的资助对象。经济状况是评定助学金等级最为重要的参考指标。

2. 助学金的无偿性

助学金具有无偿性，即无须归还的性质。这是国家社会给予贫困学子最好的“礼物”，通过赠予方式帮助学生解决生活上的经济困难，为贫困学子缓解燃眉之急。几乎所有采用助学金方式的国家都迅速地扩大发放范围，提高发放标准。经过几十年的应用，以资助家庭经济困难的学生为初衷的助学金，为实现机会均等而设立的助学金，在许多国家都蜕变为在校学生利益均沾、平均主义的“资助均等”。

3. 助学金的持续性

助学金的资助模式是持续的、发展的，完全以输血模式发放。国家每年都需要投入大量资金来维持这样的资助方式，这种资助方式给财政带来了不小的压力与负担。家庭经济困难的学生希望成为助学金的受助对象。这也要求政府不能中断助学金的资金拨付。

（二）助学金的种类介绍

1. 国家助学金

国家助学金用于资助各年级学习勤奋、积极上进、家庭经济困难、生活俭朴的在校大学生。国家助学金平均资助标准为每生每学年3 000元，根据学生实际情况，高校分2 000元、3 000元、4 000元三档发放。国家助学金每学年进行申请和评审，原则上按月发放。

2. 校内助学金

校内助学金也称校内励志助学金，用于资助家庭经济有困难，经申请生源地国家信用助学贷款后仍不能支付在校学习期间的全部或部分学习生活费用的学生。优先考虑烈士子女、孤残学生、下岗职工子女、老少边穷地区学生、父母患重病或丧失劳动能力的学生。校内助学金分为二个等级，一等每人每年1 000元，二等每人每年500元。

3. 学生临时困难补助

学生临时困难补助是学生在校期间遇到临时困难，可申请临时困难补助。补助范围包括家庭经济特别困难学生的冬天寒衣补助；学生因病住院期间的生活困难补助；家庭发生灾变等意外补助;家庭经济困难学生寒暑假路费补助等特殊情况。临时困难补助的补助标准分为500元、300元、200元三个等级。

二、奖学金与助学金并存阶段

(一) 奖学金的概念

奖学金是政府、高校及社会其他资助机构为奖励优秀在校大学生设立的奖项。奖学金在世界范围内的高校中都较为普遍,也是世界最早的资助大学生的方式之一,并受到各国高校学子的欢迎。奖学金项目推行的初衷是奖励学业优秀的学生,鼓励大学生们奋发图强、积极上进,在经济上支持优秀学子完成大学学业。英国设立了“英国皇家学会奖学金”“英国皇家工程科学奖学金”;美国设立了“美国全国科学奖学金”“美国总统学者奖学金”;法国设立了“埃菲尔奖学金”等。在各国设立的不同奖学金中,奖学金一般具有如下特性。

1. 奖学金申请具有竞争性

奖学金设立的宗旨是激励优秀学生,奖学金不同于助学金的特征之一就是它只是给予优秀学生的奖励,与学生自身家庭经济情况没有任何关系。学生获得奖学金的等级与自身学业优秀程度应匹配,越是优秀,越能申请到高级别的奖学金。受奖学金名额的限制,这一环节需要申请者公开展示自己的优秀成果,所申请该奖学金的优秀学子需要通过竞争来争取获奖资格。

2. 奖学金设定需要明确的规范性

奖学金的种类繁多,针对各个领域表现优秀的学子,高校会设立不同类别的奖学金项目。这就需要针对不同类别的奖学金,高校应明确评定条件。如学习优秀奖学金,是针对学业测试优秀的学生所设立,评定的范围、条件、标准应该有明确的规范。如单项奖学金,是针对在科技创新等领域有突出表现的学生,并设立相应的评定范围、条件及标准。

3. 奖学金在资助体系中不具主导性

奖学金的受惠范围只在于优秀学子,无法兼顾家庭经济条件贫困的学生,这与实现高等教育均等的理念不相符。为了保障全国贫困学子的受教育机会,奖学金在资助体系中并不占据主导地位,但在资助体系中仍然发挥重要的作用。

(二) 奖学金的种类(以无锡职业技术学院所设立的为例)

1. 国家奖学金

国家奖学金用于奖励学习成绩优异以及社会实践、创新能力、综合素质等方面特别突出的二年级以上(包括二年级)学生,奖励标准为每人每学年8 000元。国家奖学金每学年申请和评审一次,奖学金一次性发放,并颁发教育部印制的《国家奖学金荣誉证书》,记入学生学籍档案。

2. 国家励志奖学金

国家励志奖学金用于奖励学习成绩优秀、家庭经济困难、生活俭朴的二年级以上(包括二年级)学生,奖励标准为每人每学年5 000元。国家励志奖学金按学年申请和评审一次,一次性发放,并记入学生学籍档案。

3. 学习优秀奖学金

学习优秀奖学金是为了奖励热爱所学专业，勤奋学习，成绩优秀，课程学习成绩测评合格，无补考课程的学生。其中，一等奖学金获得者课程学习成绩测评分位居同年级、同专业前4%；二等奖学金获得者课程学习成绩测评分位居同年级、同专业前10%。学习优秀奖学金分一、二等，其奖学金额、获奖比例分别为一等奖学金1 000元/(人·学期)，占参评学生数的3%；二等奖学金600元/(人·学期)，占参评学生数的5%。

4. 单项奖学金

单项奖的设立是为了激励广大学生积极开展学术创新、科技发明和创业实践活动，全面提高大学生创新水平、创业能力，培养具有社会责任感、创新意识、创业精神和实践能力的优秀人才。单项奖学金包括科技成果奖、科研实践奖、学科竞赛奖、文体竞赛奖。

5. 企业奖学金

企业奖学金的设立是为进一步促进学院产学合作，引导学生树立良好的道德风尚，刻苦学习文化知识，积极锻炼体质，培育学院满意、企业称心的有用之才。学校与企业签订设立企业奖助学金协议，明确奖助学金的使用范围、确定奖助学金的金额等。学校在此基础上给予1∶1的配套资金，此配套奖金与企业奖助学金同时发放。

（三）助学金与奖学金并存后的主要效果

助学金输血式的资助方式只能一次性地缓解贫困学子的经济压力，不能激发他们的学习热情，更不能有效激励贫困学子努力拼搏，最终实现脱贫。奖学金的设立改变了这一困境，奖学金以优异为基础，激发了广大在校生的学习热情，有效弥补了助学金仅资助家庭经济条件困难的学生所留遗憾。但奖学金在资助体系中并不占主导地位，许多国家也在探寻更科学的资助方式，既可以使更多家庭经济困难学生受到资助，又可以激励他们积极向上、奋发图强。如国家设立了励志奖学金，这类奖学金的评定条件中就提到奖励学业表现优秀，但家庭经济困难的学生。这部分受表彰的学生，不仅代表优秀学生，还能代表贫困学生，极大地激发家庭经济困难学生的学习热情。此外，美国学者鲍姆认为，现在比较成功的办法是把奖学金融进一个“资助包”，奖学金可以包含在具有奖学金、助学金、贷学金、校园工读等多种成分的“资助包”中，以优化助学金的构成成分。

三、贷学金与奖助学金并存阶段

（一）贷学金的概念及特性

贷学金是由政府提供贷款，让贫困学生求学深造。最早使用贷学金资助方式的国家是丹麦和瑞典。在我国，贷学金演变为生源地信用助学贷款。生源地信用助学贷款是指国家开发银行等金融机构向符合条件的家庭经济困难的普通高校新生和在校生发放的，学生和家长（或其他法定监护人）向学生入学户籍所在县（市区）的学生资助管理中心或金融机构申请办理的，帮助家庭经济困难学生支付在校学习期间所需的学费、住宿费的助学贷款。生源地信用助学贷款为信用贷款，不需要担保和抵押，学生和家长（或其他法定监护人）为共同借款人，共同承担还款责任。贷学金区别于奖助学金，有如下几个特性。

1. 贷学金更具灵活自主性

贷学金由学生自主选择，灵活、便捷，免去了很多复杂的申请流程，更不需要担保和抵押。贷款额度可根据自身家庭经济情况以及所需学费、生活费，由学生自主选择，最高不超过8 000元/年。此外，生源地信用助学贷款的期限按学制加10年确定，最长不超过14年，学生在校期间和毕业后2年为“不还本金、只付利息”的宽限期。学制超过4年或应届毕业生攻读研究生学位、第二学士学位的，相应延长宽限期但不调整贷款期限。

2. 贷学金是推迟付款性资助

贷学金区别于奖助学金的最大特性就是奖助学金是对学生的赠予性资助，不具有附加条件。而贷学金是需要支付贷款本息的，需要学生在校期间按期还利息，这大大减轻了借款人的经济负担，又不会影响其正常的学习生活。

3. 贷学金更具公平与效率性

助学金只能一次性地资助学生，贷学金的推行不仅解决了学生入学时不能支付学费、生活费的困境，还起到了为下一代肩负起社会责任的积极作用。贷学金的推行大大减轻了财政压力，又可在资助体系中形成良好循环，保证了资助体系的正常运转。

（二）贷学金与奖助学金并存后的主要效果

贷学金与奖助学金的并存，大大弥补了奖助学金一次性资助效果的缺憾，贷学金具备几大优势：第一，贷学金可以有效地节省开支，减轻纳税人的负担。贷学金的推行可以将政府的资助资金有效回收，进而帮助更多的贫困学子完成学业，改变了以往奖助学金投入大、负担重、一次性的资助困境。第二，贷学金比奖助学金更具公平性。贷学金在特性中显示出了灵活自主性、公平效率性，奖助学金只能惠及一部分资助对象，而贷学金的惠及面更广，且申请环节灵活、简单。第三，贷学金更能激发资助对象的社会责任意识。这一点是奖助学金无法比拟的，贷学金要求资助对象毕业后返还资助本息，这是从实际操作上要求资助对象分担教育成本。毕业工作后的资助对象已然具备还款能力，他们也更愿意为资助事业贡献自己的力量。

四、“奖、贷、助、补、减”多元混合阶段

（一）大学生资助多元混合阶段的内涵与特征

大学生资助是指政府、企业、团体以及个人利用一定的资源，通过特定的手段，支持教育、帮助家庭经济困难的学生顺利完成学业的政策。资助以保障家庭经济困难大学生顺利完成学业为起点，以培养素质全面的高级专门人才为目标，具有很强的政策性，同时又具有公共性、导向性和救助性。国家助学体系包括奖学金、学生贷款、勤工助学、特殊困难补助、减免学费、绿色通道等内容。我国很多高校也已形成了“奖、贷、助、补、减”的助学资助体系。

除了奖学金、助学金、贷学金外，各高校内还有学费减免、应征入伍资助、退役士兵教育资助、勤工助学等资助方式。学费减免主要是针对一些建档立卡未脱贫的家庭经济困难学生，减免其学费，帮助他们完成大学学业。应征入伍资助主要是为鼓励高校学生积极应征入伍服役，提高兵源征集质量，推进国防和军队现代化建设，国家对应征入伍服义务兵役的高

校学生，在入伍时对其在校期间缴纳的学费实行一次性补偿或获得的国家助学贷款（或生源地信用助学贷款）实行代偿；应征入伍服义务兵役前正在高校就读的学生（含按国家招生规定录取的高校新生），服役期间按国家有关规定保留学籍或入学资格、退役后自愿复学或入学的，国家实行学费减免。从 2014 年起，本专科生每人每年最高不超过 8 000 元，实际缴纳学费或国家助学贷款高于上限的按 8 000 元补偿，实际缴纳学费或国家助学贷款本息低于上限的则在 8 000 元以下按两者就高原则补偿。退役士兵教育资助主要指为提高退役士兵就业能力，使更多士兵在退出现役后能够接受系统的高等教育，提高知识和技能水平，由军事专业人员转变为经济建设人才，财政部、教育部、民政部、原总参谋部、原总政治部印发了《关于实施退役士兵教育资助政策的意见》（财教〔2011〕538 号），明确从 2011 年秋季学期开始，对考入全日制普通高等学校的自主就业退役士兵实施教育资助政策。学费资助金额以主管部门审批确定的高校收费标准为依据，按学生实际应缴纳学费计算，每学年最高不超过 6 000元（超过部分由学生本人承担，从 2014 年起调整为 8 000 元）。资助经费由中央财政按隶属关系下达到退役士兵所在高校。勤工助学是高等学校组织学生利用课余时间参加校内助教、助研、助管、实验室、校办产业生产活动、后勤服务等社会实践活动，学生通过自己的劳动取得合法报酬，改善学习和生活条件。勤工助学是学校学生资助工作的重要组成部分，是提高学生综合素质和资助家庭经济困难学生的有效途径。这一系列的资助方式都是完善大学生资助体系的有效补充。

（二）对大学生资助多元混合阶段的评价

在资助体系发展的几十年中，我们已经受到了许多的考验。高等教育并非义务教育，高等教育的利益由社会和个人共享，因此，需要各方利益主体来共同分担教育成本。大学生资助多元混合阶段正是经过几十年的探索，以及吸收世界各国资助改革的经验与教育发展演变至此，国家资助政策转变为目标性资助，更加注重资助的“效能”，更强调贷学金的资助方式，我们正朝着建立一个公平、有效的大学生资助体系不断迈进。

但现行资助体系仍然存在许多问题。第一，各种资助方式的配比需要不断调适，以弥补不尽合理的地方。其中奖助学金在资助总额中占大比例。第二，贷学金占比较小，并未发挥应有作用。贷学金的规模小，尚未形成健全的贷学金管理办法。第三，高等教育规模的不断扩大，与现行资助规模体系不相适应。伴随着高等教育发展规模的扩大，学生数量的增加，现行资助体系如何实现收入与支出的平衡，是亟须思考的问题。

第二节　高校资助工作发展趋势

2016 年，教育部发布了《关于进一步加强和规范高校家庭经济困难学生认定工作的通知》，提到要进一步完善认定办法、改进认定方式；及时修订认定办法，合理确定认定标准；健全工作机制，强化责任意识；精准分配资金名额，明确重点受助学生；开展调查研究工作，保护受助学生尊严。2018 年 10 月，教育部等六部门出台了《关于做好家庭经济困难学生认定工作的指导意见》,明确了认定对象、基本原则、组织与职责、认定依据、工作程序和具体要求,特别是实现精准资助的前提在于做好家庭经济困难学生的认定工作。可见,关注大学生资助精准化工作,尤其是资助对象实施精确识别、精细管理、精准资助等方面,已然成为当前和今后一段时期做好学校学生资助工作的重要内容。

一、大学生资助的精准化

(一) 资助对象的精准化

按照政治文化的类型,可以将资助对象分为村民型、臣民型、参与型三类。村民型资助对象并不要求大学生资助体系能为他们带来什么改变,对大学生资助体系并没有太多深入的认识,仅是缺乏主观能动性地被动接受资助。臣民型资助对象的取向是情感的和规范的,而非认知的。这类资助对象更服从于现行的大学生资助体系,但缺乏对现行资助体系的参与度。对于现行资助监管体系缺乏有效的、合理的评价反馈,没有任何的输入结构。参与型资助对象往往取向于作为“积极”参与者角色的自我,这类资助对象对现行资助体系有赞成或不赞成的态度,并能主动参与到大学生资助监管过程之中。精准识别资助对象是大学生资助工作得以有效开展的重要环节,在当下的大学生资助生态环境下,村民型、臣民型、参与型的资助对象都存在,针对不同类型的资助对象,应该予以不同的资助方式。因此,有效开展大学生资助工作的首要前提是精准识别这三类群体,明确三类不同资助对象在大学生资助体系中的地位与作用,从而不断推进大学生资助体系的完善。

(二) 资助方式的精准选择

大学生资助方式可以分为直接性资助和间接性资助两类。直接性资助又可分为赠予性资助与推迟付费性资助。当前赠予性资助是指学生可以无偿地使用资金,日后无须归还所获资金的本息。传统的赠予性资助包括奖学金、助学金及勤工助学。推迟付费性资助是指以帮助学生暂时解决困难,以便学生先求学,待毕业以后用未来的收入偿还教育成本的资助,主要包括助学贷款及雇主资助。助学贷款这类资助方式有利于实现成本—收益公平,减少纳税人负担,但这是在助学贷款管理机制健全的前提之下才能起到效果。目前来说,助学贷款在大学生资助体系中具有重要作用,不仅可以有效资助贫困学生,还能增强学生的责任感,实现资助育人的积极效果。间接性资助包括减免学费以及通过学校、社会与家长给予的伙食补贴、交通补助、医疗补助等内容。

(三) 资助环节的精准监管

在此我们主要考察奖助学金操作等环节,高校奖助学金操作流程主要包括认定、申请、评审、公示、异议、资金发放等环节。首先,在资助对象认定环节,专业成绩是各高校奖学金评定的重要指标。助学金申请需要先进行家庭经济困难学生认定工作,家庭经济困难学生每年需要经高校认定后方能进入家庭经济困难学生库,只有在家庭经济困难学生库中的学生才有资格申请各类助学金。其次,奖助学金申请环节,奖学金申报主要参考专业成绩来申请,在名额限制的情况下,参照教务处成绩单排名来申报,一般申报环节无异议。助学金申请在名额限制的情况下参照贫困程度来申请,这一环节需要学生对自身贫困程度有客观的认识,实际助学金申报环节主观性强、弹性大,不易操作。再次,奖助学金评审环节,奖学金主要考察以专业成绩为主的综合素质,助学金主要参照贫困程度来评定。在此重点分析助学金评定环节,实际操作中在学生贫困程度相差不大的情况下,如何选定助学金获得者,各高校一般的处理方式是征询班主任、辅导员、宿舍同学等相关知情者的意见,或采取班级投票等方式产生最终资助名单。最后,奖助学金公示与异议环节,奖助学金评定结束后有一个公示期,在此环节就会出现学生个人信息隐私保护的问题。江苏省要求公示结束后要及时删除公示名单,谨防个人信息泄露。在公示过程中,如果存在异议,应根据反馈情况进行核查,如存在虚假信息或操作失误等问题,应予以及时纠正。

二、无偿资助比例的递减化

(一) 创新直接资助方式

传统的大学生资助方式主要是狭隘的经济资助,如助学金、助学贷款等方式。新时期,大学生资助方式是多元化的,可以依托校内开展的各类捐赠活动,不仅在经济上给予直接资助,还可以选择物资捐赠等方式。如在校内开展冬衣捐赠、学习资料(专业书籍、复习资料)捐赠、爱心义卖等活动形式,不仅可以解决家庭经济困难学生生活、学习中物资缺乏等困境,又可以在校园内传递崇尚节俭、绿色低碳的正能量,促进校园文化的健康传播。

(二) 增加教育资助力度

大学生资助不仅仅是停留在直接的经济资助层面,如何"育人"以及如何帮助家庭经济困难学生从心理上"脱贫"是资助工作应该探讨的重要议题。首先,给予家庭经济困难学生更多的教育资源。家庭经济困难学生由于家庭经济条件的限制,缺乏良好的教育条件,许多家庭经济困难学生无法自如地应对学业压力。因此,学校专业课老师应该给予家庭经济困难学生更多的学业指导,帮助家庭经济困难学生更好地完成学业。学校可以通过免费开放机房,为来自偏远地区生源地的学生提供免费上网服务,帮助家庭经济困难学生提升计算机操作应用水平。此外,学校心理健康中心可以为家庭经济困难学生提供心理疏导、压力释放等服务,帮助家庭经济困难学生从心理上真正"脱贫"。

(三) 孵化家庭经济困难学生创业项目

孵化家庭经济困难学生创业项目是大学生资助精准化由"输血"转为"造血"的重要路径之一。高校在创新创业教育过程中,尤其要重视对家庭经济困难学生的创新创业教育工作,将社会主义核心价值观融入创新创业教育之中,引导家庭经济困难学生树立正确的人生观、世界观、职业观,努力培养职业精神、职业素养,并动员家庭经济困难学生积极参与创新创业项目,在同等条件下优先孵化家庭经济困难学生创业项目,如在创业指导、硬件设施配备等方面向家庭经济困难学生倾斜,帮助有创业意向的家庭经济困难学生找到合适的创业道路。

三、资助对象的跟踪帮扶周期化

(一) 形成大学生资助三级监测与跟踪体系

大学生资助精准化需要对资助对象获得资助后的情况进行跟踪调查,这对于资助政策、资助方式的调整具有指导意义。与三级民主评议小组一样,形成大学生资助三级监测与跟踪体系。首先,班主任或辅导员对班级内的资助对象受资助情况有个全面的了解,这可以依托校内的学工系统,展示每位资助对象已获得资助项目、资助金额。基于此,对资助对象受助后在学业、生活等方面展开跟踪调查。其次,二级学院根据班主任或辅导员提供的资助对象受助后情况,进一步梳理,并将资助对象进行精准分类,可参考班主任或辅导员提供的资助对象表现,适时调整后期的资助方向。最后,学校可根据二级学院提供的全校资助对象受助后情况,进行全面梳理,并选取资助典型案例进行深入跟踪,为学校资助政策、资助项目的调整提供依据。

(二) 注重资助对象跟踪帮扶的周期化与完整化

大学生资助并不是一次性的帮扶,而是配套长期、完整的跟踪调查。因此大学生资助三级监测与跟踪小组对资助对象应该形成完整、周期性的跟踪帮扶。大学生资助跟踪帮扶不仅局限于在校期间,还延伸至家庭经济困难学生毕业后的就业阶段,旨在帮助每一位资助对象完成大学学业,找到工作,真正实现脱贫。跟踪小组会长期关注他们的就业信息,关心他们是否找到合适的工作岗位,对于其就业环境、就业待遇都有整体的评估与指导。尤其是对有意愿创业的家庭经济困难学生,跟踪小组也会给予创新创业方面的指导,帮助家庭经济困难学生实现经济上的脱贫。

第三节 高校资助与育人的协同

高校资助与育人工作应是一个整体,不可人为割裂,应坚持资助的育人导向,并将"以德树人""以人为本"重要思想深入贯彻到高校资助育人工作之中,不断探索多元化育人的资助体系。

一、坚持资助的育人导向

(一) 资助育人的重要意义

1. 进一步推进资助育人工作是对高校提出的政治要求

党和国家时刻牵挂困难群众的就业、教育、住房等民生问题,如何消除贫困、改善民生、逐步实现共同富裕是党的重要使命。高校党委应始终把资助育人放在重要位置,在校家庭经济困难生的教育培养对高校稳定发展具有重要意义。把高校资助育人作为国家攻坚扶贫战的最后一棒,资助育人工作不仅努力做到帮扶一个学生、脱贫一个家庭,而是从精神上帮助家庭经济困难学生脱贫,树立自立自强的精神理念,传递奋发图强、自力更生的正能量,最终服务于“两个一百年”奋斗目标和中华民族伟大复兴“中国梦”的实现。

2. 资助育人工作是对高校人才培养能力的重要检验

资助育人工作的贯彻程度可以反映一所高校对于人才培养的能力。无锡职业技术学院一直把资助育人工作放在学生管理工作的首要位置，开设绿色通道，争取不让任何一位学生因为经济问题辍学。学校资助管理中心已建设了“奖、助、贷、补、勤、免”的资助管理体系，帮助在校家庭经济困难学生完成大学学业。学校还从家庭经济困难学生中评选出“励志之星”作为榜样。励志之星是家庭经济困难学生中品学兼优、自强励志、创新发展的典型代表，他们虽然出身贫困，但是并没有影响他们积极进取、奋发图强，他们的优秀事迹可以有效激励家庭经济困难学生。

3. 资助育人工作是深入贯彻高校思想政治工作的有效抓手

资助育人的工作重点不仅落在“资助”上，而且要落在“育人”上。高校应该如何培养学生，培养什么样的学生，都是高校资助育人工作的重要内容，同样地，这也是高校思想政治教育工作的重要内容。高校资助育人工作旨在提高学生的思想政治素养，引导他们形成正确的世界观、人生观、价值观，培养他们怀有感恩之心、感恩之情，不忘学校、社会和国家对他们的资助与教育。资助育人工作的深入开展是高校思想政治工作的有效落实，等这批受助学生走出校门、踏入社会，他们将是社会主义核心价值观的坚定信仰者、积极传播者和模范的践行者。

（二）坚持“以人为本”的育人理念

1. “以人为本”思想的缘起与内涵

在中国历史上，以实物形式体现“以人为本”思想源于西周。而以文字形式记载，“以人为本”最早源于春秋时期齐国名相管仲，当时他提出的以人为本，即以民为本。在中国的古代典籍中常常将“人”与“民”两字混用，古代提到的以人为本，都是以民为本的意思。如孟子曰，“民为贵，君为轻”。西方“以人为本”思想最早可追溯到古希腊，是作为哲学问题提出的。到文艺复兴时期，人们把目光从对神的崇拜转向对人自身的崇尚。费尔巴哈提出唯物主义思想，逐步研究人与人之间的社会关系，这是马克思主义以人为本思想的源头。

“以人为本”思想的重要内涵主要可以从两方面来入手。

第一，“以人为本”的重点是在“人”上，无论从中国古代还是西方早期，人类不再主张神本主义，研究重点转向人类自身上，人们不再强调神权，继而用人权所代替。人们更加重视人自身的价值地位，而不再一味崇拜神。古有云，“天生万物唯人为贵”（刘向《说苑·杂言》），这是“人”比“物”更重要的体现。《论语》提到马棚失火后，孔子更关心的是有没有人受伤，而不是关心马。可见当时，人们认为人比动物更重要。这些典故都可反映“以人为本”思想的内涵与本质。以人为本的提出也正是对以物为本、以神为本的否定。

第二，“以人为本”的“本”字是根本的意思，而非本源的意思。“以人为本”是从价值论视角提出的，我们需要论证的不是起源，而是我们的最终落脚点，我们讨论什么是我们最关注的、最有价值的、最关键的、最根本的。“以神为本”最根本的是“神”，“神”是不可侵犯、不可妄论、不可揣测的。那同样，“以人为本”最关注的、最有价值的是“人”，我们把“人”放在首要位置，更加强调对人价值的尊重，对人的作用的重视。

2. 资助育人中“以人为本”理念的重要体现

第一，资助育人以学生为根本。在我们日常的资助育人工作中，能够坚持“以生为本、服务学生”的宗旨，能够做到尊重每位资助对象的需求，选择适当的资助方式，不仅在经济上给予学生个性化的贴心的资助，还在思想上引领资助对象树立正确的世界观、人生观、价值观，帮助他们从思想上真正脱贫。

第二，资助育人以学生为依托。资助育人体系的不断发展与完善，依托学生的需求，学生在资助体系中不是被动的资助对象，而是在整个资助体系改革过程中起到推动作用。现行资助体系也是为资助对象而打造的，为资助对象开拓更多的资源，更强调资助育人的实践效果。

第三，资助育人以学生发展为目标。资助育人的最终目标是引导学生的励志成才，资助育人通过给予资助对象经济上、精神上的帮扶，最终落脚点是在育人。我们不能仅停留在帮助贫困学子完成大学学业，更希望他们踏入社会后能独立自主、自立自强，用自己的双手创造未来，并能做到回馈社会、回馈学校，加入资助体系之中，帮助更多的家庭经济困难学生渡过难关。

（三）将“立德树人”理念融入资助工作之中

1. “立德树人”理念的内涵

习近平总书记强调，我们的教育必须把培养社会主义建设者和接班人作为根本任务，培养一代又一代拥护中国共产党领导和社会主义制度、立志为中国特色社会主义奋斗终身的有用人才，这进一步肯定了立德树人在教育过程中的中心地位和根本任务。立德，就是坚持德育为先，通过正面教育来引导人、感化人、激励人；树人，就是坚持以人为本，通过合适的教育来塑造人、改变人、发展人。

“立德树人”理念的内涵我们可以分别从立德树人的主体、对象、目标等几方面来解读。

第一，教师是立德树人的先驱。习近平总书记曾说过，教师是人类灵魂的工程师，是人类文明的传承者，承载着传播知识、传播思想、传播真理，塑造灵魂、塑造生命、塑造新人的时代重任。进一步明确了教师的先导作用及身上肩负的立德树人艰巨使命。当然，立德树人对教师队伍提出了更高要求，学校应该培养一批“德才兼备，以德为先”的高水平的师资和管理队伍，“立德”不仅仅是对学生的要求，更是对教师的标准。

第二，学生是立德树人的重要主体。学生是立德树人的教育对象，在整个教育体系中占有重要地位。办好人民满意的教育需要不断地推进与改革，学生可以作为监督者与评价者，为现行教育体制提出自己的建议。此外，教育者们是否能以德服众、以德润才，需要得到学生们的认可，他们的一言一行也需要监督与调整。

第三，立德树人的目标是为新时代培养社会主义接班人。立德树人最终落脚点是为新时代培养社会主义接班人，引导教育学生形成坚定的理想信念，树立共产主义远大理想和中国特色社会主义共同理想；培养学生的爱国主义情怀，引领他们热爱祖国，拥护中国共产党；加强思想道德品质修养，树立和践行社会主义核心价值观；教育他们要努力学习专业知识，为社会主义建设奉献自己的力量；养成艰苦朴素、崇尚劳动等良好品质。

2.“立德树人”理念在资助工作中的体现

第一，坚定信仰，帮助资助对象树立社会主义核心价值观。学校在开展资助工作中，不仅注重物质上的帮扶，更加重视家庭经济困难学生的思想引领，能够深入开展爱国主义、优秀传统文化等主题教育活动，并积极开展中国特色社会主义核心价值观宣传教育。此外，学校系统宣传马克思主义理论知识，帮助学生深入认识马克思主义理论体系及中国特色社会主义理论体系。学校还要加强校园文化建设，形成良好的校园文化氛围。借助校园文化的引导作用，帮助学生坚定信仰立场，树立社会主义核心价值观。

第二，人文关怀，帮助资助对象形成健全的人格。学校在开展资助工作中，要注重对学生的诚实守信、尊重他人、感恩回馈良好品质的培养。此外，学校坚持以美育人、以美暖心、以美知心，重视对学生美好心灵、审美观念方面的培育，旨在培养学生成为品行高洁的人。最终可以让资助对象转变为资助者，将爱的力量传递下去，帮助更多需要资助的人。

第三，素质拓展，帮助资助对象发展能力。学校资助工作的开展已经从输血式演变为造血式，不仅是一次性的资助学生，更是帮助他们培养专业发展能力，提升他们的核心能力，增强就业竞争力。学校也会积极搭建校企合作平台，为学生争取更多的就业机会。尤其是有意于创业的学生，学校也会给予一定的创新创业指导，帮助学生实现创业梦想，真正脱贫致富。

二、以资助促进学生成人成才

（一）重视学生的励志教育

当代大学生有其鲜明的特点，大多为独生子女，出生于较为优越的环境，父母给予了很多物质上的关怀。他们不仅面临社会中的各种诱惑，也背负了升学、工作等许多的压力。他们时常感到迷茫无助，找不到奋斗的目标。在这样的社会背景下，还存在一部分家庭经济困难学生群体，由于自身家庭经济情况的特殊，显得与这个社会格格不入，他们不仅没有充足的物质保障，还对现实生活缺乏信心，不知该何去何从。

当前，学校的资助工作面对的正是这类家庭经济困难学生群体，我们应该了解他们的性格特点与现实困境，帮助他们重拾信心，积极应对生活中的各项困难，一步一步朝着成长成才的目标迈进。因此，我们在资助工作中应重视对大学生的励志教育。什么是励志教育？通俗地说，就是用鲜活的例子激励、唤醒、激发学生内在的正能量，引导他们热爱生命、热爱生活，乐于体验、乐于学习，勇于探索、勇于挑战，一步步达到成才的目标。

励志教育的主要内容包括以下几方面。

第一，提升大学生的自我管理能力。新时代的大学生应该具备良好的自我管理能力，具备较强的自律性、良好的行为习惯、坚强的品质、科学的人生规划等。但现实情况下，大学生存在一系列自我管理能力缺失的问题。而励志教育的开展可以很好地改善大学生自理能力问题，帮助他们增强自律意识，养成良好的行为习惯，树立坚强不屈的可贵品质，逐步确立科学、合理的职业生涯规划，为之后步入社会做好充分准备。

第二,引入挫折与失败教育。“只能成功,不能失败”成了现代大学生认知观念,“失败是成功之母”的简单道理已然被许多学生所忘记,当今大学生缺少“从哪里摔倒,就从哪里爬起来”的坚强品质。很多大学生有一颗玻璃心,脆弱的内心世界无法承受失败的打击。励志教育正是针对此类情况,将挫折与失败教育引入日常的教育管理之中,让大学生们培养越挫越勇的精神品质。

第三,充分利用榜样的积极力量。在大学校园里,有许多励志榜样,榜样力量的传递能带动更多的学生积极上进、奋发图强,这是励志教育的重要内容。寻找校园中的励志之星,为他们制作展板,宣传个人励志事迹,营造良好的校园文化环境。在正能量包围的良好氛围下,可很好地激励广大在校学生学习榜样、争做榜样。

(二)深化学生的感恩教育

在当前的资助体系下,大部分家庭经济困难学生在社会、学校的关怀帮助下,自立自强、成长成才,吃水不忘挖井人,他们知道回馈社会、回馈学校,并对帮助资助过他们的人心怀感恩。但也有部分家庭经济困难学生,受社会上传播的一些腐朽落后的思潮和不良信息的影响,心灵受到污染,变得自私冷漠,只知索取不知回报,更有甚者认为社会、学校、爱心人士给予他们的资助是天经地义,不仅觉得受之无愧,还不思进取、肆意挥霍、索求无度。对于广大学生来说,应该知道感恩,并学会感恩,其中不仅包括回报父母的养育之恩,还有社会、学校、爱心人士给予的关怀与支持。常怀感恩之心,这是一种美德,更是一种生活态度,也可升华为一种责任担当,这是新时代大学生的精神风貌、道德修养的重要体现。当下,你接受了他人的资助,今后,等你有了经济能力,也应该继续帮助其他的家庭经济困难学生,应该让这根爱心接力棒不停地传递下去,让资助力量越来越壮大。

因此,高校在资助工作中应该不断深化对学生的感恩教育,主要表现在以下几个方面:

第一,弘扬中华传统美德,唤醒学生的感恩之心。中华传统美德源远流长,尤其在感恩方面的教育范例数不胜数,如“谁言寸草心,报得三春晖”“投桃报李”“涓滴之恩,当以涌泉相报”“漂母一饭之恩”等典故都蕴含着深刻的感恩文化。高校可通过文化讲座、主题演讲等方式,在校园内开展系列感恩教育活动,让学生们从古典文化中寻找感恩元素,唤醒学生们的感恩之心。

第二,开展感恩主题活动。学校可在重阳节、端午节、清明节等有意义的节日,开展系列感恩主题活动。如开展“一封家书”活动,回忆一下亲人对自己的无私付出,将自己的感恩之情寄托在这封家书上。或开展感恩主题演讲比赛,可以讲述自己受助经历,也可以介绍你发现的身边那些有关资助的感人事迹,还可以组织革命烈士陵园祭扫活动,感受革命烈士为中华人民共和国的成立和建设做出的伟大贡献,珍惜今天幸福生活的来之不易。通过多样化的感恩主题活动,将感恩教育落到实处,深入学生的内心,触动他们、感化他们,最终达到资助育人的目的。

第三,利用“互联网+”方式开展感恩教育。伴随着新媒体的发展,感恩教育的开展途径也可借助新媒体的力量,可以通过 QQ 群、微信群、微博等新平台开展感恩教育。一系列励志成才典型也可做成微视频在网络平台中传播。同时,一系列的金融知识、法律知识、校园贷危害信息也可迅速在网络平台中得到推广。感恩教育的发展可以充分利用网络平台信息传播速度快、覆盖面广等特点,让更多的学生深入学习感恩教育的具体内容。

(三) 强化学生的诚信教育

诚信是中华民族的传统美德,也是我国社会主义核心价值观的重要内涵之一,而当前部分家庭经济困难学生在接受国家、社会、学校的资助时,存在诚信缺失问题,从而导致资助分配的不公平、不合理、挥霍浪费情况,这与我国资助育人的初衷相悖,也是高校资助工作中应该引起充分重视的一大问题。部分家庭经济困难学生诚信缺失的表现主要包括以下几个方面:一是家庭经济困难学生认定材料存在造假现象,或随意夸大家庭经济贫困程度。二是享乐主义占上风,恣意挥霍资助经费,并未将资助金用于日常的学习生活之中。三是恶意拖欠助学贷款,个人贷款信誉缺失。针对当下学生存在的诚信意识缺失等问题,应该在学校内广泛开展诚信教育。

第一,开展诚信教育主题活动。开展诚信教育主题班会,引入诚信缺失的案例,让学生们在分析案例的同时,学会讲诚信、守信用。充分挖掘古今中外有关诚信方面的故事、案例,或身边发生的诚信事例,举办诚信教育故事会,让学生在分享故事的同时也可以获得许多感悟。除此之外,还可以通过组织征文比赛、主题演讲等方式,让诚信理念深入人心,起到良好的教育效果。

第二,开展诚信教育的社会实践活动。发挥第二课程的积极作用,可以组成诚信宣讲团,到社区内开展宣讲活动,制作"讲诚实、守信用"等宣传画、宣传海报,让学生们在社会实践活动中传递正能量,让更多的社会人士感受到诚信教育的力量。当然,要让学生们在社会实践活动中,培养诚实守信的责任意识,并能真正落实于行动,做一名诚实守信的好学生、好公民。

三、构筑多元化育人的资助体系

(一) 打造一支强有力的资助工作队伍

第一,提升资助工作者的思想政治素养。资助工作的有效开展需要资助工作者具备较高的思想政治素养以及良好的师德师范,"德才兼备、以德为先"是对资助工作者的基本要求。资助工作者要能够深入贯彻立德树人、以人为本的教育理念,承载着传播知识、传播思想、传播真理,塑造灵魂、塑造生命、塑造新人的时代重任。

第二,加强资助工作者的职业能力。资助工作任重道远,大学生资助工作具有较强的政治性、技术性与规范性。资助工作者不仅需要具有良好的思想政治素养,还需要具备资助工作的专业素养,准确解读国家有关资助工作的相关政策,并能很好地贯彻执行。同时,还要考虑资助工作者能否融入资助体系之中,资助工作烦琐、细致,这需要考验资助工作者的决心与耐心,是否对资助工作充满热情,对家庭经济困难学生充满爱心,能够设身处地地为他们的发展考虑,这一系列要求同样是选拔资助工作者的重要指标。

第三,建设学生资助工作服务团队。高校资助体系离不开学生主体的参与,他们中也可以包括资助对象。他们更能了解自己的资助需求,也更具有创新精神,能够为资助工作的开展贡献力量。学生资助工作服务团队在资助体系中起到辅助作用,他们可以是资助育人政策宣传队的后援团,也可以是资助育人新媒体服务的主力军。大学生资助育人体系可以充分利用学生服务团队的力量,鼓励热心公益的学生参与到学生资助管理工作之中,尤其是宣传国家资助政策、学校资助信息等方面,可以充分发挥学生服务团队的积极作用。

(二) 打造家校互动的资助育人体系

大学生资助工作离不开家庭教育的支持,孩子的成长成才需要父母的教育引导。资助对象的家庭经济条件贫困,有些家庭的父母没有工作能力,日常生活甚至还达不到温饱水平。这种家庭中的部分父母存在消极、自卑、压抑等不良情绪,自身存在心理问题,并不能给予孩子们正确的教育引导,帮助他们形成健全的人格。在这种情况下,资助工作范围可以延伸至家庭经济困难学生的原生家庭,高校开展资助工作不仅仅是与家庭经济困难学生建立联系,更应该与家庭经济困难学生所在家庭保持良好的沟通交流,为家庭经济困难学生家庭建立资助档案。可以定期家访,实地考察、了解家庭经济困难学生的需求,也可以邀请家庭经济困难学生家长来学校交流,帮助家庭重建信心。资助工作的推进从来不能只依托学校一方的力量,当学校与家庭建立起沟通桥梁后,家庭成为学校资助工作的亲密伙伴,最终一起为推进学生成长成才做贡献。

(三) 鼓励社会机构参与资助育人体系之中

当前,资助工作主要还是以政府投入为主导,但每年大批资助专项经费的拨付也给政府带来了巨大的财政压力。如何缓解财政压力,又能有效地保证资助金额的到位,也是资助工作应该重点思考的问题。伴随社会经济的快速发展,越来越多的成功人士热心公益事业,许多企业家选择到高校设立奖助学金,如无锡贝斯特精密机械有限公司曹余华夫妇,捐资百万在无锡职业技术学院设立曹余华·谢似弦奖助学金。此外,还有许多非政府组织、民间机构、社会公益组织都热心资助事业,这一系列社会资金的加入为家庭经济困难学生们带来了更多的资助资源,更好地保证了家庭经济困难学生们的资助金额。

同时,我们也应该规范社会机构有序参与,为这些机构设立资助基金会,制定基金会章程,并组织资助工作管理小组负责基金会内的各项活动。资助工作者们严格按照政策要求评选资助对象,合理使用专项资助经费,不可乱用专项经费,造成资源浪费。

【案例链接】 **奋斗的青春最精彩**

——选自《国家奖学金获奖学生风采录》

个人简介

小迪,女,汉族,1995 年 8 月生,中共预备党员,无锡职业技术学院汽车与交通学院汽车技术服务与营销专业 2013 级学生。在读期间学习成绩优异,曾获国家奖学金、国家励志奖学金、校级励志奖学金、2015 年全国大学生数学建模竞赛全国二等奖、2015 年五一数学建模联赛二等奖、2014 年全国大学生数学建模竞赛江苏省一等奖、江苏省第十二届高等数学竞赛三等奖、苏南地区高校大学生心理征文优秀奖、校学习优秀奖学金一等奖、校三好学生等荣誉。

事迹正文

我是一名来自无锡职业技术学院的普通学生，秉承“严谨治学，崇尚实践”的校训，以提高自身综合素质为目标，以全面发展为方向，在提升自己科学文化素质的同时，努力提高自己思想道德修养，力争使自己成为21世纪所需的复合型人才。在学校浓厚的学术氛围熏陶下，在老师的谆谆教诲中，我时时以高标准严要求来约束自己，立志成为一名积极进取的优秀大学生，在思想上积极向党组织靠拢，不断反思自己的不足之处；在学习上发奋努力，探索钻研，积极参加学科竞赛并多次获奖；在课余生活中博览群书，努力拓展自己的知识面。

生活是一种感悟

出生在农村的我，爸妈都是普通老百姓，艰苦的日子和严格的管教使我从小养成了艰苦朴素的作风和勤俭节约的习惯。在生活中我性格开朗、热情大方，尊敬老师、团结同学，平时主动和同学沟通，乐于帮助同学，在生活中建立了很好的人际关系。出于对生活的热爱和拓展自己的兴趣爱好，我经常参加一些校园集体活动，努力在其中锻炼自身的团队合作精神与社交能力。在业余时间里，我经常做一些校外兼职，以自己的双手来为家庭减轻负担，通过劳动来体会父母对自己的付出。在大学的两年多来，我的大学生活里有艰辛和苦楚，但更多的是汗水和欢笑。我相信生活中只要不断去充实和完善自己，努力去用青春描绘梦想，必将为自己的人生添上浓厚的一笔。

工作是一种态度

作为班级的一名学生干部，我事事以班级为出发点，努力配合辅导员做好班级的各项事务。在担任班级心理委员一职期间，积极地融入班集体，团结关心班级每一位同学，在日常交流中注意了解同学们的生活和心理状况，及时做好小结上报。为了丰富同学们的课余生活，减轻同学们的学习压力，我多次组织班级心理主题班会和心理活动，让大家相互沟通，增进友谊，提升班级凝聚力。经过两年多的学生工作锻炼，我的综合能力得到了增强，学到了许多在书本和课堂上学不到的东西，也收获了老师的认可和同学们的敬重。

学习是一种修行

刚进大学时因受到高考失利的影响，相当长时间沉浸在自卑里，不敢与老师同学交流。在老师的耐心开导下，我逐步树立起一分耕耘一分收获的信念，重拾自信。我始终把学习放在自己全部生活的重要位置上，时刻提醒自己，努力保持积极向上的心态、谦虚谨慎的作风和永不服输的精神。在近三年里，我系统全面地学习了本专业的理论基础知识，扎实掌握了本专业的各项技能，学习成绩始终名列年级前茅，连年获得校学习优秀奖学金一等奖、校三好学生，并在2015年里获得了国家奖学金。为了充实和提高自己，我在课余时间积极参加了校数学建模兴趣小组。在一群志同道合同学的共同协作下，我们参加了各种类型的数学建模比赛，取得了较为优异的成绩，先后获得2014年全国大学生数学建模江苏赛区一等奖、五一数学建模联赛二等奖、2015年全国大学生数学建模竞赛全国二等奖等荣誉。

实践是一种升华

作为一名大学生，参加校园活动是实现全面发展的必不可少的途径。每参加一次活动，就接受一次考验，自己也得到了一次升华。最初参加校园活动是因为偶然在校园宣传栏上看到了征文活动，我抱着试试的心态就参加了。在这次并没有太在意的征文活动中，我竟然获得了二等奖，这让我备受鼓舞，极大地提升了自信心。之后我参加了校园“萌芽杯”演讲比赛，经过认真的准备和一次次的考验，我最终获得了第一名的好成绩。那一刻我的泪水夺眶而出，我相信我是可以的，只要努力，什么都是可以改变的。为了锻炼自己的英语口语，我参加了校园英文演讲比赛。为了训练自己的应变能力，我参加了学院大专辩论赛。只要是能够提升自身能力的活动，我都积极地参与，因此我常常被其他同学戏称为职院最忙碌的人。通过这些校园活动的实践，我成功地克服自身的弱点，提高了语言表达能力、适应环境的能力以及团队合作的能力等，让自己变得更加阳光自信。

总　结

时光飞逝，岁月如梭，我已度过了两年多的大学生活，它不仅给我演绎了一场多彩的“幕”剧，更让我一天天沉淀着知识、阅历和对人生的感悟。感谢学校、老师和同学为我提供了各种接受考验、挑战的机会，让我在思想境界、知识水平、工作能力等方面都能迈上一个新的台阶。虽然我还存在很多不足，但我会更加努力，更加乐观地面对学习、生活，保持勤奋上进的信念，一如既往地努力和付出，踏实走好人生道路。路漫漫其修远兮，吾将上下而求索。希望在不久的将来我能为国家和社会贡献自己的力量，谱写出一曲属于自己的华丽篇章。

案例分析：小迪同学真诚、热情、刻苦，对学习的认真态度能够让师长为之惊叹，对生活的奋斗精神更被同学们视为楷模，能在艰难之境做无限努力，能在有限时间充分汲取知识。奋斗的她取得了一系列的成绩，这是她付出努力和艰辛的必然结果。她的成长值得广大同学学习，相信她在今后的道路上一定会继续勇往直前，用努力和拼搏铺就自己灿烂的人生路。

第十二章 生涯规划 导航人生

第一节 职业生涯规划的步骤

古人云,凡事预则立,不预则废。一个人今天站在哪里并不重要,但是下一步迈向哪里却很重要。成功的职业生涯需要正确的规划,因此,作为一名大学生,从现在开始,对自己的职业生涯进行规划是非常必要的。职业生涯规划,就是对一个人职业生涯的主客观条件进行测定、分析、总结的基础上,通过对职业兴趣、职业价值观、个性、语言能力、动手能力、社交能力、组织管理能力等综合因素进行分析,结合自己专业特长和时代特点,根据自己的职业倾向,对将来从事工作所做的方向性的方案,确定最佳的职业奋斗目标,并为实现这一目标做出行之有效的安排。

学校是我们即将开始的职业生涯的起跑线,在校学习是为成功职业生涯奠定基础的关键阶段。只有珍惜现在,才会有美好的明天。职业生涯规划中的措施和安排,能帮助人们学会控制自己,经常地提醒我们珍惜现在,不断地鞭策自己,督促我们为职业理想的实现做出努力。

成功的职业生涯规划不是凭空臆造的,符合社会经济发展需要是个人职业理想实现的前提。大学生要在职业认知、职业素质、职业道德及职业道德规范、职业个性、职业选择过程中,从各种角度了解社会、了解职业,在职业生涯规划中,按照社会经济发展要求来确定、调整自己的职业理想。

一、职业生涯规划的意义

《现代汉语词典》(第7版)将生涯定义为:从事某种活动或职业的生活。职业规划里程碑大师舒伯(Super,1910)对生涯的定义是:生涯是生活里各种事态的演进方向和历程,统合了人一生中的各种职业和生活角色,由此表现出个人独特的自我发展形态。职业生涯是指一个人生活和工作相关的各个方面,具体是指一个人在人生中所经历的一系列职位和角色,它们和个人的职业发展过程相联系,是个人接受培训教育及职业发展所形成的结果。职业生涯规划是指个人结合自身情况,为自己确立职业方向和目标、选择职业道路、确定教育和发展计划、为实现职业生涯目标而确定的行动时间和行动方案。孔子曰:“吾十有五而志于学，三十而立，四十而不惑，五十而知天命，六十而耳顺，七十而从心所欲，不逾矩。”个人的职业生涯规划是一个动态变化的过程，随着个体价值观、家庭环境、工作环境和社会环境的变化，每个人的职业期望都会有所变化。大学生尽早制订一个方向正确、目标明确、符合实际、内容确实、措施具体的职业生涯规划，对今后的职业发展有着十分重要的意义。

1. 对学生来说，有利于帮助自身确定职业发展目标

职业理念的实现不能依赖“明天”，而是要踏踏实实地从现在做起。职业生涯发展规划对于学生个人来说，可以用科学的方法确定自身的职业兴趣、职业目标，使自身的学习更有针对性，投入和产出的比例更高，充分提升个人的职业竞争力，从根本上掌控自己的职业生涯。

2. 对学校来说，有利于提高人才培养质量

学校以就业为导向培养人才。为在校学生提前规划职业生涯，可以帮助学生从观念上树立就业意愿，指导自身的学业发展规划，使得学校的教育教学更具有日的性。

3. 对企业来说，有利于企业人力资源的优化和利用

通过职业规划，可以有效促进企业的快速发展，帮助企业快速选拔真正适合的人才，释放员工潜力，提升员工的工作积极性，提高生产效率和对企业的忠诚度，实现人力资源的最大化利用，真正让员工与企业共赢发展。

4. 对国家来说，有利于从根本上解决求职就业难题

近年来，政府工作报告曾多次明确提出，国家要实现充分就业，实施积极的就业政策，以解决就业难题，巩固“民生之本”。2019 年的政府工作报告更是在“2019 年经济社会发展总体要求和政策取向”部分，首次将就业优先政策置于宏观政策层面。在当前经济增速放缓、经济结构加快调整的关键时期，就业的稳定器作用尤为重要。国家除了要创造更多的就业机会之外，还要激发大学生的个人求职动机，提升个人的就业意愿。对大学生来说，认真规划自己的职业生涯，不但有利于个人职业理想的实现，也能够使个体适应社会、融入社会，推动社会发展。职业生涯规划可以激发大学生的求职意愿，从根本上解决求职就业难题。

二、职业生涯规划的步骤

职业规划的本质就是找到自己最适合的职业，通过职业活动来表现真实的自我。在人生的职业生涯规划中，更应该深思熟虑，精心筹划自己的目标后再出发。一个人将要成为什么样的人，取决于他选择了什么样的路。每个人都必须为自己的职业生涯做好规划，有了第一步，就会有第二步、第三步……这样不断地走下去，就会离目标越来越近，将目标转化为现实。

（一）自我评估

自我评估包括对自己的职业兴趣、特长和性格的了解，也包括对自己的学识、技能、智商、情商的测试，以及对自己思维方式、思维方法、道德水准的评价，等等。自我评估的目的是认识自己、了解自己，从而对自己的职业和职业生涯目标做出合理的抉择。

自我评估是进行职业生涯规划的第一步，也是职业生涯规划中的一个重要环节，充分地认识自我是成功地进行职业生涯规划的前提和基础。因为只有正确地认识了自我，才有可能对自己未来的职业发展做出正确的分析，对自己的职业生涯目标做出最佳的选择，最终确

定适合自己发展的职业生涯路线。

自我评估的内容主要包括四个方面。

（1）生理自我：自己的相貌、身材和穿着打扮等。

（2）心理自我：自己的个性、兴趣、能力、价值观等。兴趣是职业选择的重要依据，是取得职业成就的动力。

（3）理性自我：自己的思维方式、思维方法、道德水准、情商等。

（4）社会自我：自己在社会中所扮演的角色，自己在社会中的责任、权利、义务和名誉，他人对自己的看法以及自己对他人的看法等。

这四个方面涉及的因素很多，其中重点要分析自己的价值观、兴趣和个性心理特征，而个性心理特征又包括性格、能力和气质。

（二）确立职业目标和规划

目标就是我们期望达成的成果，行为所指向的终点。愿景就是所向往的前景，是我们为之奋斗希望达到的图景。愿景可以让人具有向上的动力，形成一种自发的、发自内心的强大力量。梦想是人类对美好事物的一种憧憬和渴望，一个人要度过成功、快乐的一生，就必须在奋斗过程中有清晰的方向、明确的目标，然后做出有效的行为。因此，可以将人生成功的步骤，归纳成三点：一是确定想要的到底是什么；二是清楚知道现在的行为模式能否得到它；三是找出更有效的行为模式去实现它。

目标是非常重要的，更重要的是目标必须明确。用简单的数学知识来说，两点之间，直线最短。确立目标是制订职业生涯规划的关键，通常的目标有短期目标、中期目标、长期目标和人生目标之分，因而职业规划有短期规划、中期规划、长期规划与人生规划四种类型。

（1）短期规划：2 年以内的规划，主要确定近期目标，规划近期要完成的任务。例如，对专业知识的学习，2 年内掌握哪些业务知识等。

（2）中期规划：一般为 2 ~ 5 年内的目标与任务。例如，规划到不同业务部门做经理，规划成为大型公司部门经理或小公司总经理等。

（3）长期规划：5 ~ 10 年的规划，主要设定较长远的目标。例如，规划 30 岁时成为一家中型公司的部门经理，40 岁时成为一家大型公司副总经理等。

（4）人生规划：整个职业生涯的规划，时间长至 40 年左右，设定整个人生的发展目标。例如，规划成为一名酒店经理。

（三）职业生涯规划的可行性研究

职业生涯规划的可行性研究包括环境分析和职业探索两个方面。

1. 环境分析

职业生涯环境分析，主要是了解各种环境因素对自己职业生涯发展的影响。每一个人都处在一定的环境之中，离开了这个环境，便无法生存与成长。所以，在进行个人的职业生涯规划时，要分析环境条件的特点、环境的发展变化情况、自己与环境的关系、自己在这个环境中的地位、环境对自己提出的要求以及环境对自己有利的条件与不利的条件等。只有对这些环境因素充分了解，才能做到在复杂的环境中趋利避害，寻找和抓住各种发展机会，使自己规划的职业生涯具有实际意义。

2. 职业探索

在进行职业生涯规划的可行性研究时，还要进行职业探索。职业探索主要包括职业定位、行业分析和企业分析。职业定位是寻找自己适合和喜欢的职业类型。行业分析是对目前所在行业和将来想从事的目标行业的分析，内容包括行业发展现状，国家政策对该行业的影响，国内外重大事件对该行业的影响，目前的行业优势与劣势，行业发展前景预测等。进行行业分析时要从自己所学专业出发，看本专业能够从事什么职业，自己准备向哪个行业发展。确定行业后，就要确定目标企业并对企业进行分析，企业分析包括该企业在本行业和新的发展领域中的地位和发展前景，以及企业产品在市场上的发展前景。可以采用生涯人物访谈法，对感兴趣的行业人物进行访谈，以便对职业进行有效探索。

（四）制订行动方案

在确定了职业生涯的计划、措施和目标后，行动方案便成了关键的环节。没有行动，各种目标就难以实现，也就谈不上事业的成功。正如每一场足球比赛都需要确定作战计划一样，有效的职业生涯规划也需要有具体的、确实能够执行的行动方案，这些会帮助我们一步一步走向成功，实现目标。行动方案主要包括工作、训练、教育、轮岗等方面。例如，为达到目标，在工作方面，计划采取什么措施提高自己的工作效率；在业务素质方面，计划学习哪些知识、掌握哪些技能来提高自己的业务能力；在潜能开发方面，计划采取什么措施开发自己的潜能；等等。这些都要有具体的计划与明确的措施，并且这些计划要特别具体，以便定期检查。

根据舒伯的生涯发展理论，人生的主要发展阶段分为成长期、探索期、建立期、维持期、衰退期。成长期相当于儿童期，年龄跨度为出生至十四岁。探索期相当于青春期，年龄跨度为十五岁至二十四岁。建立期相当于成人前期，年龄跨度为二十五岁至四十四岁。维持期也称为中年期，年龄大致为四十五岁至六十五岁。衰退期也叫老年期，年龄为六十五岁以后。本书根据高职院校学生的特点，将探索期进行了细分。

一年级为试探期：要初步了解职业，特别是自己未来想从事的职业或自己所学专业对口的职业，提高人际沟通能力。可多和师哥师姐们进行交流，尤其是毕业生，询问他们的就业情况。大一学习任务不重，可多参加学校活动，增强交流技巧，学习计算机知识，争取可以通过计算机和网络辅助学习。为可能的转专业、创业、留学等做好资料收集和课程准备，查阅学生手册，了解当地政府对大学生优惠扶持政策等。

二年级为定向期：应考虑清楚未来是否深造或就业，做好相关的准备活动，并以提高自身的基本素质为主，通过参加学生会或社团等组织，锻炼自己的各种能力，同时检验自己的知识和技能；可以开始尝试兼职、社会实践活动，并长期坚持，最好能在课余时间长时间从事与自己未来职业或本专业有关的工作，以增强自己的责任感、主动性、受挫能力、英语口语能力和计算机应用能力，通过英语、计算机、相关职业资格证书考试，培养职业核心能力。

三年级为冲刺期：因为临近毕业，所以目标应锁定在提高求职技能、搜集公司信息等方面。有意向准备继续深造的同学，要为专转本考试做坚实的备考工作。在撰写专业学术论文时，可大胆提出自己的见解，锻炼自己独立解决问题的能力和创造性；参加与专业有关的实习工作，和同学交流求职工作心得体会；学习写简历、求职信，了解搜集工作信息的渠道，并积极尝试加入校友网络，和已经毕业的校友、师哥师姐进行生涯人物访谈，了解往年的求职情况，加强求职技巧训练。计划出国留学的学生，可多接触留学顾问，参与留学系列活动，准备相关语言水平考试，注意留学考试资讯。

在明确了大学各个阶段的不同特点后，可以结合自身职业兴趣、职业发展目标制订一个详细的职业发展方案。比如在哪个时间段内，要完成什么任务，实现什么目标，这样不但有利于分阶段、有目的地完成计划，也有利于时刻检验目标完成情况。

（五）评估与反馈

制订了具体的实施方案后，看似制订职业生涯规划的步骤就到此结束了。其实不然，职业生涯规划是一个动态发展的过程，评估与反馈也是其中一个不可或缺的关键环节，是我们达到预期目标、圆满完成规划的另一大保障。正所谓计划赶不上变化，制订的实施方案不可能是一成不变的，应该结合外部环境、个人价值观的变化进行适时调整。在职业发展的道路上，只有懂得适应职业，客观分析行业发展和个人现状，及时调整自身的职业发展规划，才可能获得更大的成功。

第二节　就业面试的前期准备

机遇总是垂青有准备的人。一个人的文化知识素质如何，将决定他在求职择业时的自由度和取得职业岗位的层次。求职准备不是在毕业阶段仓促准备的，而是贯穿大学生活的始终。因此，大学生应自觉地把大学生活同求职择业乃至将来的职业生活紧密联系在一起，努力做好知识技能方面的准备。针对当前的实际情况，各级政府的各类法规政策相继而出，用人单位纷纷筑巢引凤，广纳贤才，而优胜劣汰的自然法则将决定一切。对大学生来讲，应该丢掉陈旧的就业观念，把当今面临的就业压力转为学习的动力，做好准备，去应对明天的就业压力。

一、就业知识与能力的准备

（一）知识准备——构建合理的知识结构

现代职业对就业者文化素质、知识结构的要求受多种因素的影响，尤其受到当代科学技术与社会生产发展状况的影响与作用。随着当今科学技术的飞速发展，社会生产正发生着天翻地覆的变化。与此同时，各类现代职业对于就业者文化素质和合理知识结构的要求愈来愈高。就知识结构而言，一方面，对知识技能共性的要求越来越多；另一方面，对就业者知识和技能的适应性要求也越来越强。不同类型的职业对求职者知识结构的共性要求主要有以下几种。

1. 宽厚扎实的基础知识

基础知识是知识大树之躯干，是知识结构的根基。大学毕业生无论选择何种职业，也不管要向哪个专业方向上发展，都少不了宽厚扎实的基础知识，就像万丈高楼平地起，全靠基础来支撑。特别是随着科技和经济的高速发展，社会的产业、行业、职业结构调整的速度必然加快，大学毕业生在择业、就业上已经不可能再从一而终，职业岗位随时变动不可避免，要适应这种变化，必须靠扎实宽厚的基础知识。著名数学家苏步青教授讲过一段极为深刻的话，他说，现在的学生一进大学即分系，分专业，由于急于求成，急于专业化，学生仅学到限于本专业的一些基础知识，只能"单打一"，将来毕业后适应性很差，只会守住自己的一个"小摊子"，换一个方向（更不要说换专业）就晕头转向，不知所措，这怎么能适应社会建设的需要呢？大学教育的根本一点，是要扩大学生的知识面，把基础知识的面开拓得尽可能宽一点。这样，学生就有了"后劲"。苏步青教授的这段话应当说是很有见地的。

2. 广博精深的专业知识

大学毕业生是将要从事专业性较强工作的高级专门人才。因此，专业知识是知识结构的核心部分，也是科技人才知识结构的特色所在，无专业特色，也就不能称其为科技人才。所谓广博精深，是指大学生对自己所要从事专业的知识和技术，具有一定的深度、一定的范围，有量和质的要求，对概念体系、理论体系、研究方法、学科历史和现状、国内外最新信息等都要了解和把握，同时，对邻近领域的知识也要有所了解和熟悉，善于将其所专的领域与其他相关知识领域紧密联系起来。专博相济、专深博广已成为当前人才素质的重要要求。

3. 大容量的新知识储备

现代各类职业都要求从业者的知识"程度高、内容新、实用强"。"程度高"指知识量大，面宽；"内容新"指从业者的知识结构应以反映当今科学技术发展状况的新知识、新信息为主；"实用强"指从业者的知识在生产工作中有很强的使用价值。反映上述要求的一个很明显的例子是，目前用人单位普遍要求毕业生除了能熟练运用所学专业知识的同时还要能熟练地运用一门外语和计算机操作技术，具有可迁移的职业核心能力。

建立合理的知识结构，目前还无定型的适合于每一个求职者的方法，一般来说，可借鉴以下这样一个程序：首先，要根据准备选择的职业目标确定自己知识结构的类型；其次，根据拟建立的知识结构类型将所具备的知识按系统、层次进行优化组合；再次，根据组合后的知识结构中的情况，决定需要补充的学习内容，进一步使之完善；最后，在就业前还要根据社会与科学技术的发展，根据将从事的职业在其所属社会组织中的具体层次进一步调整知识结构。

建立合理的知识结构，没有捷径可走，基本途径是学习和积累。建立合理的知识结构也绝非一劳永逸，必须持续不断地付出艰辛的劳动。每一位求职者只要采取适合自己的科学方法，并且不断努力，刻苦耕耘，就一定能建立和完善自己的知识结构，为顺利地择业成才打下良好的基础。

（二）能力准备——重视职业核心能力的培养和训练

大学毕业生无疑具有了相当的知识积累，但并不等于有了较强的实践能力。知识并不能简单地与能力画等号。如果让自己的头脑成为一座单纯的知识仓库，而不注意在理解、掌握和运用知识过程中自觉锻炼、发展能力、开发智力，那么知识将会变得无用。知识与能力是辩证的关系。在一定意义上说,能力比知识更重要。那职业核心能力是什么呢?职业核心能力是人们职业生涯中除了岗位专业技能之外的能力,当职业种类发生变化,这种能力依然有效。概括来讲,职业核心能力是一种可以携带的、具有通用作用的、可以适应环境变化、伴随人终生的可持续发展能力。职业核心能力是职业能力的重要组成部分,它与职业的专业技能是有机统一的整体。目前来说,主要的职业核心能力有以下几种。

1. 学习能力

我们处在一个信息化的学习型社会,现代教育学理论认为,信息时代下学习的特点为:学习是个体建构的过程,个体在社会文化背景下,在与他人的互动中,主动建构自己的认知与知识。社会学大师马克斯·韦伯所说的"人类是生活在自己编织的意义网上的动物",是对这一理论最好的解释。所以,信息社会的学习是一个充分发挥个人主动性和弥补个人思维缺陷的过程,人人都拥有难测量的多种潜能,人的求知方法也拥有多种多样的风格,表现为各种不同的广度和深度,我们必须珍视所有这一切求知的方法,并尽可能地借助他人的力量。同时现代的信息技术为信息化的学习型社会的形成创造了条件。变单一、被动的学习为自主的探索和合作型的学习。要培养密切关注社会、关注人生、关注科学的人生态度,要增强心理上对正在变化的环境的适应性。我们在认识事物的时候,要注重对前后流程和背景的解读、直觉性理解,对创造活动和操作活动加以掌握,同时要注意克服学习中的机械主义、绝对科学主义和任何的功利主义倾向。

2. 创新能力

创新是指思想的产生、深化、交流并应用于产品或服务中,以促使企业获得成功,其核心是科学技术的创新。创新是知识经济发展的基础。广义来说,创新还是一种对新思想、变化、风险乃至失败都抱积极态度的行为方式。有创新意识、思维开阔的人才将在企业的知识创新机制中大展才能,为企业带来难以预料的生机和活力,因此最受青睐。

创新能力是在多种能力发展的基础上,利用已知信息,创造新颖独特,具有社会价值的新理论、新思维、新产品的能力。它是一种综合性的、高层次的思维能力和行动能力。从社会来讲,经济的发展、科技的进步离不开发明创造。对个人来说,成功、成才依赖于发展创造。用人单位更需要具有发明创造能力的大学生。创新能力包含多方面的内容,如强烈的好奇心,细微的观察力,深刻的洞察力,大胆设想、勇于探索的精神以及提出问题、研究问题、解决问题的能力等。大学生要自觉培养这些能力,为走上工作岗位后从事创造性的工作打下扎实的基础。创新在知识经济时代中具有举足轻重的地位,它不仅是知识经济时代经济发展、财富增长的源泉,也是知识经济社会全面发展、文明进步的重要推进器。创新不仅具有重要的经济价值和功能,而且对社会发展与进步起到重大的推动作用。求职者必须是具有创新精神和创新能力的高素质人才。而健康的人生价值取向与崇高的献身精神将是青年成功的基础,是有志青年成才道路上必备的一种非常重要的思想品德和品质。

还有一种提法,创新是指敢于冲破旧思想、旧观念、旧模式的束缚,具有解决问题、获得新成果、开拓新局面的思想的主动精神,在复杂、迷茫、艰苦的情形中有所开发、有所突破。它是一种积极主动的追求,是一种内在品质的追求,是外力无法强迫的。根据马斯洛的需求层次理论理解,它是青年一种自我实现的需求,是人的最高层次的、真正意义上的"第一需要”。

3. 适应社会能力

一个人适应社会能力是其素质、能力的综合反映,适应社会能力的强弱是与他的思想品德、知识技能、活动能力、创造能力、处理人际关系的能力以及健康状况等密切相连的。一般来说,一个素质比较高、各方面能力比较强、身心健康的大学毕业生走上社会后,很快就能适应环境,适应工作,即使是在比较困难的条件下和比较差的环境中,也能通过自己的努力取得好的成绩,或者变不利的环境为有利的环境。适应社会,正是为了担当社会赋予的职责与使命。适者生存,生存正是为了发展。大学毕业生只有注意培养自己适应社会的能力,走向社会后才能尽可能地缩短自己的适应期,充分地发挥自己的聪明才智。需要指出的是,对社会、对环境的适应,是积极主动地适应,不是消极地等待和对困难的屈服,更不是对落后、消极现象的认同。适应要同发展结合起来,要同改造联系起来。如果只讲适应,不思进取和改造,社会和个人都得不到进步。

4. 信息处理的能力

我们正处于大数据时代,大量、高速、多样、价值就是大数据时代的显著特点。这必然要求当代大学生具备良好的信息处理能力。良好信息能力的培养至少包括这样几个方面:一是个体应在心理结构上建立一个开放的、全方位的信息接受机制,对过去、现在、未来的信息,纵向与横向信息都加以筛选、接纳和捕捉;二是个体从新的需要的角度,对原有的信息、知识进行叠加、重组,或进一步系统化;三是熟练运用电脑。我国的政治、经济、文化各方面的发展和人的发展都离不开信息化,整个社会的信息化已成为必然之势。挑战不言而喻,机遇则在于可以避免少走弯路而“后来居上”,与之相应,年轻人的成功也面临着巨大的机遇和挑战。机遇在于大数据时代提供更多的成功机会,在于社会对他们的成功提出了更高的要求。

5. 团队协作能力

一个好的团队并不是说每一分子各方面能力都特别棒,而是能够很好地借物使力,取团队其他成员的长处来弥补自己的短处,也把自己的长处优点分享给大家,互相学习交流,共同进步。沟通协调能力与团队协作能力越来越为用人单位看重,大学毕业生在求职过程中应该做到有的放矢,针对用人单位的需求,更多展现自己在这些方面的经验特长。

从调查反馈回来的信息来看,平时在学校组织策划过某些项目的大学生最受用人单位的欢迎,而且“这些大学生到了新的工作环境后,上手很快,不久就能承担一些重要的工作”。进入单位后,还要与领导、同事们配合工作,一个容易与人沟通协调的求职者可以说已有一半获胜的希望。“团队合作(Teamwork)是非常重要的”,真正的团队合作必须以别人“心甘情愿与你合作”为基础,而你也应该表现出你的合作动机,并对合作关系的任何变化抱着警觉的态度。团队合作是一种永无止境的过程,因为合作的成败取决于各成员的态度,所以,维系成员之间的合作关系也是每个人责无旁贷的工作。

有一个招聘过程的事例很能说明这一点。有一年,某公司上海办事处要招聘一名销售助理(相当于秘书),在前来竞聘的200多人中,挑来挑去,好中选优,最后剩下5个女孩参加面试。5个女孩在面试开始前,相互致意表示准备友善地公平竞争,这个场面让招聘者很感动。为了缓解紧张气氛,招聘者说:“你们想喝点什么,请随便来。”有3个女孩说要咖啡。当一个销售代表拿来了第一杯咖啡时,有一个女孩说:“哎呀!这个放了糖也放了奶,我喝咖啡不加糖也不加奶。”第二个女孩说:“我只喝不加糖的咖啡。”第三个女孩说:“那给我吧,我无所谓,怎么样都行。”这个时候正式面试还没有开始,但是招聘者已在面试评价表上划去了前两个女孩的名字了。招聘单位说:“在我们这样的公司里,团队合作是非常重要的。秘书实际上是一个很基层的位置。这个职位决定了必须能忍耐并具有较强的协调能力。这几个女孩的专业能力都不错,她们不仅计算机应用水平、英文水平很好,而且熟知国家相关政策,她们的知识面是令人满意的。但是,拒绝第一杯咖啡的那两个女孩,对这样的小事都这么挑剔,如何让招聘者相信她们能够与办事处其他员工合作好呢。”如果你曾有社团活动的丰富经验,可尽量举例说明,以争取主考官的青睐。

6. 语言表达能力

语言表达能力是指运用语言阐明自己的观点、意见或抒发思想、感情的能力。它包括口头表达能力、文字表达能力、数字表达能力、图示表达能力等。对于大学生来说,表达能力的重要性是不言而喻的。他们不仅在参加工作走向社会后,会立即强烈地意识到这一点,而且在求职择业的时候就会有深切的感受。比如求职自荐信的撰写、个人材料的准备、回答招聘人员的问题、接受用人单位的面试等,每一个环节都需要较强的语言表达能力。

培养表达能力,关键在于提高表达的准确性、鲜明性和生动性。准确,是对人们表达能力最基本的、最首要的要求。不能准确表达,信息就不能如实地传递出来,表达也就失去了应有的作用。但同时,表达又需要有人来接受。只有鲜明、生动地表达,才能更好地排除人们接受信息时的各种障碍,有利于表达目的的实现。因此,大学生在培养表达能力时要尽可能地向准确、鲜明、生动的方向努力。

7. 人际交往能力

人际交往能力实际上就是与他人相处的能力。社会上的人际关系远不如学校中的同学、师生关系那么简单。大学毕业生步入社会后,要与各种各样的人发生这样和那样的关系。能否正确、有效地处理、协调好职业生活中人与人的各种关系,不仅影响一个人对环境的适应情况,而且影响着他的工作效能高低、心理健康与否、生活愉快与否及事业的成败。大学毕业生在刚刚走上岗位时,由于初谙世事,阅历较浅,缺少经验,往往感叹“工作好搞,关系难处”。因此,大学生自觉地培养良好的人际交往能力非常重要。

8. 决策能力

决策能力就是对未来行为目标进行决断和选择的能力。良好的决策能力有助于我们选择最佳的实现手段,从而少走弯路、少犯错误,以较小的代价取得进步与成功。人的一生往往会碰到各种需要自己当机立断、痛下决心来决断的事情。对于即将毕业的大学生来说,走向社会,这是人生的一大转折点。面临求职择业,何去何从,别人的意见和忠告各种各样,最终要靠自己拿主意。显然,这是对自己决策能力的一次检验。在未来的工作中,他们会面临各种问题,都需要自己迅速做出反应,及时予以处理。因此,训练和培训自己的决策能力是十分重要的。培养决策能力要从日常小事做起,不要事事请别人为自己拿主意,要养成多谋善断的习惯。这样日积月累,以后遇到重大事情时,才不至于无所适从。

9. 动手能力

动手能力其实也就是实际操作的能力，它是人的智力转化为物质力量的凭借，是专业工作者必须具备的一种实践能力。在现实生活中，尤其在教学、科研、生产第一线，大学毕业生实际操作能力的强弱，将直接影响到其作用的发挥。比如，作为一名科技人员，只懂得技术原理不行，没有操作能力，在很多情况下是不能完成技术任务的；作为一名教师，只有丰富的知识是不够的，还要有把自己的知识传授给学生的能力；等等。大学生必须重视动手能力的培养，注意克服注重理论学习、轻视实践操作的倾向。

10. 管理能力

尽管不是每个大学生毕业后都会从事管理工作，但是每个人在将来的工作中都不同程度地需要组织管理才能。现代社会表明，组织管理能力不仅是领导干部、管理人员应当具备的，其他专业人员也应具备。随着时代的发展，纯“书生型”的人才不再适应社会的需要。不论哪个专业的毕业生，都必须既有精深的专业知识，又有一定的组织管理能力，这不仅是顺利就业的需要，也是时代的客观要求。

二、就业材料的准备

在求职择业过程中，自荐材料有着举足轻重的作用，是联系单位的“敲门砖”，推荐、面试、录用都离不开它。自荐材料做得好坏直接影响着就业。

因此，求职材料又被人力资源专家称为“通往面试的护照”。每个同学都要秉持诚信的原则，精心打造自己的那本“护照”，顺利地踏上成功求职之路。

（一）撰写求职自荐信

求职信的功能是引起简历筛选人的兴趣。因为用人单位一般出于节约人力、物力和时间的考虑，多数不采用大面积直接面试的形式，而是要求求职者先寄送自我介绍材料，由他们进行比较筛选，然后才通知求职者是否参加面试，因此写好求职自荐信十分重要。

（1）说明个人的基本情况和用人信息来源。首先，介绍个人的基本情况，如姓名、性别、年龄、政治面貌、就读学校和专业等，注意详略得当，最好能附上近期证件照片。其次，说明用人信息的获知来源，做到师出有名。假如你没有掌握某用人单位需求信息，而你又非常希望到该单位工作，也可写自荐信投石问路，但必须表明你对该单位的印象和您愿意到该单位从事某种工作的强烈愿望。

（2）说明能胜任某项工作的条件。这是自荐信的核心部分，主要是向对方说明你有知识、有经验、有专业技能、有与工作要求相符合的特长、性格和能力。特别要突出你胜任所求岗位的特长和个性，不落俗套，自荐信要能起到吸引和打动对方的作用。

（3）介绍自己的潜能。比如，向用人单位介绍自己曾经担任过的各种社会工作及取得的成绩，预示着自己有管理方面的才能，有发展、培养的前途。比如，谋求会计岗位时，介绍自己可熟练使用和操作算盘、计算机，预示着自己可以承担会计信息化的重任；再如，向宣传和公关部门推荐自己时，介绍自己的文艺、绘画、摄影、书法和口才的特长，预示着自己可以承担各种技能的工作任务；等等。

（4）附上有关材料或文件。自荐信上应当说明信中所附的有关资料文件，如毕业证书、学位证书、获奖证书的复印件，发表作品的影印件，学校的推荐信或毕业生推荐表等，给对方以办事认真、考虑周全、有诚信的印象。

（5）表达面谈的愿望。最后要表达出希望得到回信，并且热切地希望有面谈的机会。要写清楚自己的详细通信地址、邮政编码和电话号码，必要时还应说明何时打电话较为合适等，以便相互联系。

写好求职自荐信的要求：态度真诚，以诚取信；整体美观，言简意赅；富于个性，有的放矢。

【范例】

尊敬的领导：

您好！感谢您能从百忙之中抽出时间阅读我的自荐材料。

我是××大学××专业××级毕业生，我很荣幸向您呈上我的个人资料。请允许我做一下自我推荐。

作为一名××专业的学生，我刻苦钻研，勤勉求学，系统地学习了××方面的专业知识。通过这些方面的学习，我对这一领域的相关知识有了一定程度的理解和掌握。在与课程同步的专业实践中，我具备了一定的实际操作实践能力。并且我在学校积极参与学生会、社团等活动，提升了人际交往和团队管理能力。

我是个踏实肯干的人，极强的责任心驱使我尽可能地将工作完成得尽善尽美。因此，我相信，在今后的工作中，我会始终不渝地致力于本职工作，只要您给我这个机会。

为了不干扰您的日常工作，也为了让您对我有个初步了解，我首先向您寄来这份简历。未尽事宜可面谈或来函来电联系。热切企盼您的回音！

祝工作顺心！

自荐人：×××

××××年×月×日

（二）打造完美个人简历

简历，是个人工作经历、学习成绩的概括集锦。简历的格式相对固定，信息量全面而且集中，是用人单位分析、比较、筛选和录用应聘者的主要依据。一份合格的简历要尽可能突出个人强项和优势，在有限的空栏里，传达给招聘单位最需要的人才能力信息，满足其对人才的需求，为自己打下初步的认识与评估基础。

1. 个人基本情况

个人基本情况指姓名、年龄、性别、出生地（籍贯）、最高学历、政治面貌等。

2. 教育程度

按照简历表的次序，写明所读学校名称、专业、学习年限及相关证明等，让招聘单位了解个人学历背景，以判断与应聘工作的关联性。

3. 工作或社团经验

大学生一般都没有正式的工作经验，但常利用假期等空闲时间勤工俭学、兼职或积极参加各类性质的社团活动。可充分提供在校期间的打工经验、社团经验，说明自己担任的工作、组织的活动以及特长经验，这些经验可能是短期的、幼稚的，但或多或少突出了个人的一些特点，如志趣、合群性、组织能力、协调能力、领导能力、成熟度等，所以备受招聘单位的重视。

4. 专长

无论是与你的所学专业有关或是单纯从个人兴趣发展出来的专长，只要是与工作性质有关的，都应在简历表上一一列出。这将有助于招聘单位评估应聘者的专长与应聘工作的要求是否相符，这些专长是否能给工作的顺利开展带来推动作用。如同样应聘总经理助理这一职位的两个人，其他条件相同，外语或计算机水平高者则占优势。每位求职者列出个人专长要注意实事求是，避免夸大其词，但也不要掩盖自己的长处。

5. 外语水平

在现代经济发展中，招聘单位向国际化迈进已成为不可阻挡的世界性发展趋势。国家干部、企事业单位的工作人员具有外语能力也因此显得日益重要，尤其在某些规模大的跨国公司、涉外单位，具备良好外语才能的人员很受欢迎。如果你曾参加过校外的特殊训练、在交易会中做过翻译等，有与应聘工作相关的经验，应认真填写。

6. 求职目标

求职简历上一定要注明求职的职位，以便于招聘单位了解你的志向追求，从而做出正确的选择。每份简历都要根据您所申请的职位来规划，突出你在这方面的优点，但不能把自己说成是一个全才，任何职位都适合。要根据工作性质有侧重地表现自己，如果你认为一家单位有两个职位都适合你，可以向该单位同时投两份简历。

7. 联系方式与备注

同上面所要突出的内容一样，要清楚地表明怎样才能找到你，要将最固定的联系方式告诉对方，如手机号、E-mail、微信号、QQ 号等。

三、就业面试与笔试的技巧

在大学生求职过程中，面试和笔试等环节往往是不可缺少的，用人单位常常希望通过这些方式来进一步了解求职者的能力与素质，从而决定是否录用。主要面试流程有自我介绍、互动问答及深度交流三个部分。

（一）面试准备

面试准备主要包括心理准备、资料准备和礼仪准备。

1. 心理准备

面试前要保持良好心态。心态关系到求职者能否在面试现场正常发挥。紧张的心态会抑制思维的活跃性，平和的心态有助于求职者正常发挥。因此，毕业生在面试前应该充分认识面试的重要性，并保持良好的心态和恰当的自信，把自己的优势充分展现出来。切忌瞻前顾后，思虑过多。

2. 资料准备

资料准备包括自我介绍和了解用人单位。

（1）自我介绍。许多用人单位在面试时，首先都要求求职者做一个自我介绍。这个自我介绍大概一分钟较适宜，应聘者应充分利用这宝贵的一分钟，将自己最美好的一面毫无保留地展现出来，创造一个良好的第一印象。自我介绍的要点如下：

① 要简明扼要地介绍自己的基本情况，在这一点上要注意简练，以便为后面重要的内容留出时间。

② 根据对方的需求，发掘自己的潜力，有选择性地介绍自己的优点、技能、突出成就、专业知识、学术背景等，不能空讲白话，必须有事实加以证明。最理想的就是能够“展示”自己过去的成就。如果是去一家网络公司求职，就应该说些与网络技术研发相关的话题；如果是去一家生产企业求职，便可说些产品开发、生产管理方面的事，必须表明自己能给对方做出什么贡献，如开发新产品、降低成本、发掘新市场等。

③ 自我介绍的次序也非常重要。排在首位的，应是你最想让对方记得的事，然后站在对方的角度考虑，按重要性依次排列。

有了精彩的内容，还要加上漂亮的包装。对自我介绍的内容熟记之后，在现场发挥时，要以谈话的方式向对方陈述，切忌以背诵、朗读的口吻介绍自己，要留意自己的声音，注意音量和声调，说话要流畅自然、充满自信。还要注意自己的身体语言，尤其是眼神，要正视对方，和对方进行眼神交流，最好先找朋友做练习对象，演练一下。

（2）了解用人单位。在面试前了解用人单位可以更好地帮助求职者找到面试的“窍门”。对用人单位的性质、业务范围、企业文化等深入了解后，求职者可以做到心中有数，对于面试官提出的问题，也可以从容应对了。

3. 礼仪准备

随着社会的发展，人类文明程度越来越高，许多企业都越来越重视企业文化和企业形象，所以企业在招聘人才时都比较重视应聘者的礼仪和风度，并且一个人的礼仪和风度也可反映出一个人的素质。

（1）准时赴约。守时是职业道德的一个基本要求，从中还可以看出你的信用程度。面试者最好在通知面试时间之前 10 分钟到达面试会场，过早到达或迟到都不好，因为从求职者到达面试会场的时间可看出其对时间的管理观念。如果临时发生不可抗拒的意外情况不能按时赴约，应及时通知用人单位，并表示歉意。

（2）礼貌通报。到达面试地点后，应先在门外冷静一会儿，缓解一下紧张情绪，整理一下衣服。进门前，一定要有礼貌地通报负责面试的人员，如果门关着，应先轻轻敲门，得到许可后，方可进入面试室。如果主考人员安排你在某处等待，则要听从安排，耐心等待。

（3）正确打招呼。进入面试室后，主考人员就会开始考察你，即可视为面试的开始。你首先就要注意有礼貌地和主考人员打招呼，可点头微笑，也可问候，如“上午好”“下午好”“各位领导好”等，如果知道对方的姓氏和职务，也可采用姓氏加职务的称呼形式和对方打招呼。如“刘总,你好!”“李处长,下午好!”等。如果主试没有主动与你握手,就不要自作多情去握手。

4. 谈吐文明

(1) 要注意讲话的语调、声音的高低、语速等。

(2) 谈话时做到真诚、乐观、热情、大方,要条理清楚,不卑不亢,不可用自负的方式和语气说话,话不要说过头,当然,也不必太谦虚。

(3) 不要随便打断对方的话,必要时,先说声“对不起,我想打断您一下”,然后再插话。

(4) 不要轻易反驳,要不时点头表示赞同。

(5) 讲话时不可有太多的手势或口头禅,让人看了或听了会不舒服,谈话中更不可出现不文明的词语。

(6) 讲话时普通话力求标准,最好不用方言,若是涉外单位,要做好用外语面试的准备。

5. 适时告辞

当主考人员示意面试结束时,应微笑起立,感谢用人单位给予你面试的机会,然后道“再见”。

(二) 面试技巧

1. 倾听技巧

学会倾听是交流中一种重要的技巧。在面试中倾听主考人员谈话时要做到以下几点:

(1) 目光要专注,并不时地与之进行目光交流,要让自己的视线停留在对方鼻以下胸以上的范围内。

(2) 面带微笑,用点头来对主考人员的谈话做出反应,并适时说些简短而肯定对方的话语,如“对”“可以”“是的”,等等。

(3) 身体要稍稍前倾,手脚不要随便动。

(4) 偶做笔记,一方面可记住一些重要的内容,另一方面会让对方觉得高兴。

(5) 边倾听边思考。待对方说完后,立即提问,这样可显示你思维敏捷,并且重视对方的谈话内容,可给主考人员留下深刻而良好的印象。

2. 语言表达的技巧

在语言表达方面要做到两点:一是表达清楚准确,通俗易懂;二是语言动听,富有真实感和吸引力。应聘者在面试谈话中要注意掌握以下几种语言表达技巧:

(1) 简明扼要。抓住要点,简单明了,是参加面试的一个重要技巧,也可在主考人员心目中留下一个思维清晰、办事干练的印象。

(2) 通俗朴实。所谓“大巧若拙”,在面试中语言一定要通俗易懂,不要卖弄文采,弄得文绉绉、酸溜溜的,既让人不明白,又让人反感。另外,说话要实在,不要夸夸其谈,把话说得太过头,会给人留下华而不实、浮躁的坏印象。

(3) 生动幽默。幽默是人际交往中最佳的润滑剂。用生动幽默的语言营造融洽和活跃的谈话气氛,可为你的面试大大地加分。

(4) 注意语调、语速、音量。要注意语调和谈话内容相配合,该升时升,该降时降。语速要适中,既不能像打机关枪,也不能慢条斯理,而应该不快不慢。音量要适中,要根据你和主考人员的距离决定音量大小,以每个招聘者都能听清你的讲话为原则。

(5) 适当运用手势。在谈话过程中适当运用手势可加强语言的感染力,加深印象,但手势幅度不宜过大,手势要简练,不要太频繁。

3. 问答技巧

问答技巧包括应答技巧和提问技巧两方面。

(1) 应答技巧。

① 审清题意,先思考再回答。弄清楚对方究竟问的是什么问题,容许自己思考片刻,组织谈话要点,再从容作答。不要答非所问,慌慌张张,语无伦次。

② 先说论点再说论据,注意谈话的逻辑性。首先提出你对问题的基本观点,然后再逐一用资料论证、解释。也可用“第一、第二……”的方式说明基本论点,在每个论点后面紧接着陈述论据。这样既有利于应试者自己组织语言,又显得头脑清晰。

③ 正确举例,具体量化,强调成果。在回答问题时不要空谈,要注意讲自己曾做过的具体实例。只要有可能,要用数字来描述你做过的具体事情。例如,你在大学期间×次被评为三好学生,获得×项专利,发表×篇论文等。

④ 扬长避短,显示潜力。每个人都有自己的长处和短处。现在的用人观念是,用人如用器,各取所长。许多公司都喜欢有个性、有特长的人,如果他们欣赏你的长处,也就可以接受你的短处,甚至会忽略你的短处。大学毕业生在应聘时要注意强调自己的长处,通过一些事例、材料向对方证明自己的长处,而谈到短处时,注意适当避开。如你的性格有些内向,活动能力不强,但专业成绩好,在专业技术方面有特长,当对方问到你的性格特征时,你可先坦率承认自己性格有些内向,但可马上把话题转到内向型性格的人有耐心、有韧性,做技术工作常常比较出色,而自己正是在专业技术方面有特长,大学期间得过××奖,发表过×篇论文等,这样你的性格内向的弱势可自然地转移到擅长做技术工作的强势上来,对方可能会因此而欣赏你的内向性格。

⑤ 遇到不便回答的问题可以拒绝回答。有的主考人员出于某些特殊工作的要求,或是出于其他原因,可能会提出一些棘手的问题。出现这种问题时,不要支支吾吾,含糊其词,而应直截了当地说:“对不起,我不愿回答这个问题。”这样反而能显示出你的魄力和果敢精神。

(2) 提问技巧。

① 巧妙地双向沟通。如针对主考人员的谈话内容进行提问,提主考人员感兴趣的问题等,不要提一些令对方尴尬的问题,也不要提一些莫名其妙的问题。

② 把握提问的时间。要把不同的问题安排在谈话进程中的不同阶段提出。

③ 注意提问的方式和语气。有些问题,可以直截了当地提出来,如用人单位的人员结构、岗位设置等,有些问题则要婉转、含蓄、间接地提出来,如用人单位的薪水情况等。提问的语气要诚挚、谦逊,不能让对方感觉你在质问他。

④ 注意提问的内容。问题要围绕应聘单位和职位展开,回避敏感问题,如工资、福利等,不提幼稚的问题,不提刁钻的问题。

⑤ 考虑提问的对象。面试前要弄清主考人员的职务,要提一些适合对方回答的问题。

如果对方是公司的老总,你可提一些公司发展前景方面的问题;如果对方是人事部经理,则可提有关组织机构和岗位职责等方面的问题。

（三）面试之后的工作

1. 及时总结,以利再战

面试结束后,要及时总结面试表现。要回忆面试过程,分析自己的表现情况,可向老师和同学请教,分析自己在面试中给对方的印象如何,哪些问题回答欠佳,有哪些重要情况遗漏了或未说清楚,可采取哪些补救措施,对方单位会对你采取什么态度,若还要进一步面试,你如何应付,等等。

2. 加强联系,建立交情

面试之后应聘者不能静静等待,而应加强和用人单位的联系,与用人单位主动沟通。可以在面试后的一两天内,给面试负责人撰写致谢信,在信里感谢他为你所花费的时间和精力,感谢他为你提供的信息。如果在一个星期内,没有收到音讯,可以致电负责人,问他“是否已经做出决定了?”这个电话可以表现出你对工作的兴趣和热情,你还可以从人事的口气中察觉自己是否有希望入职。

3. 补充信息,强化优势

有位大学毕业生在应聘某市公交公司时,非常紧张,表现不佳。面试结束后,他回忆整个面试过程,感觉自己被录用的可能性很小,他记起在面试过程中,总经理问他能否规划一个公交线路运筹模型,他当时无言以对。他并没有就此放弃,决定努力一搏,他参考了许多书籍,并到该市公交系统进行了实地调查,规划了一个公交线路运筹模型,用快件寄往公司,并附上一封信,在信中对公司领导表示感谢,并请他们原谅自己的胆怯和紧张。没想到由于他的这一举动,公司改变了对他的看法,破格录用了面试表现不佳的他。

在面试之后,要继续采取措施让自己“引人注目”,让用人单位在做出聘任决定时能够关注你、重视你、记住你。具体的方法是,把面试时未传达的信息、资料和个人情况加以补充说明,重复和强调已传达给对方的信息中对你有利的信息;消除用人单位对你可能有的疑虑,要诚恳地表达你的敬业精神和你对招聘单位企业文化的认同。如果能对用人单位的工作提出合理化建议,能对对方在面试时提出的某个重要问题提出解决方案,将能得到用人单位的青睐。

4. 实地考察,争取试用

到用人单位现场参观、调查研究、顶岗实习都是向用人单位推销自己的好方法,面试之后,如果能采取这些方法继续向用人单位展示自己的能力和才华,将大大增加用人单位录用你的概率。要在这个过程中尽可能表现自己的专业技术能力,多向领导和员工请教,多和他们沟通,博得他们的好感,促使用人单位试用并最终正式聘任你。

第三节 创业选择与人生实践

创业在《现代汉语词典》(第7版)里的定义是“创办事业”,具体是指在社会主义市场经济条件下,劳动者独立地调动、发挥生产力诸要素的功能,在市场规律的制约下,建立生产经营组织,所创造的财富属于资产所有者和劳动者的经济活动。从范围上讲,创业有广义和狭义之分。广义的创业是指人类的创举活动或带有开拓、创新意义的积极的社会活动。只要是人们以前没有做过的对社会产生积极影响的事业,都可以说成是创业。狭义的创业是指个人或小规模的群体所从事的具有创新或创造性的以增加财富为目的的活动过程。这种活动过程也许早有人从事过,但对于创业者本人或创业小群体也许是第一次。

当前,国家积极鼓励大众创业、万众创新。这为创业者提供了前所未有的优越条件和比较宽松的外部环境。许多学校也都采取了相应措施,开展创业教育,支持创业活动。面对严峻的就业形势,学生自主创业将成为重要的就业方式。大学毕业生创办“民营性质”的中小企业,既是毕业生就业的重要渠道,又是发展经济、为社会创造就业岗位的重要途径。大学毕业生将不仅是求职者,而且是工作岗位的创造者。

高职院校毕业生由学校步入社会,面临着人生的重大转折,每个人都应思考自己在社会大舞台上的生活坐标。如何择业,是就业、创业,还是先就业后创业,将成为每个高职院校毕业生面临的抉择。我们认为身怀一技之长、具有创业先决条件的高职毕业生更应勇于创业,做生活的强者。本节重点与大家讨论关于创业素质与创业能力、创业实践方面的内容。

一、创业者的素质要素

创业者成功的途径各有千秋,有关创业者素质的界定也不尽相同,但纵观中外成功创业者走过的路,创业者应具备下列基本素质。

(一) 较强的创业动机

创业者首先要有创业动机。创业动机是发自内心的一种创业渴求。创业动机是创业者首先需要具备的条件。创业是一种自主行为,创业动机来自创业者自身。创业者的创业目的不尽相同,但创业动机一定要有。没有谁强迫你去创业,而是你自己要去创业,从你内心里就有一种强烈的欲望。从大的方面说,为了国家,为了民族,为了大多数人的利益去创业;从小的方面说,为了家庭,为了个人,为了自己的前程去创业。

(二) 良好的心理素质

创业过程中会遇到很多困难,面对巨大压力,创业者要有承受压力的心理素质以及广阔的心胸。良好的心理素质包括自信心、坚强的意志、坚韧的品质、善于调控情绪、保持乐观心态、理性而不盲目。

在创业过程中,每一项投资都要承担失败的风险,每一笔生意都有可能遇到麻烦,还充满了大大小小的困难。这种在市场经济大潮中的沉浮,对创业者是严峻的考验。一个没有充分自信的人是难以创立大事业的。有志于创业的学生,一定要注意自信心的培养,自信来源于对自己真实的肯定,自信来源于成功的经验。戴尔·卡耐基认为,发展自信心的方法就是做你所怕做的事,从而得到一个成功经验的记录。

创业时从挫折失败中重新站起来是成功的一个重要的因素。创业者如果具有坚强的意志,在整个创业过程中就能调节自己的行动和精神状态,克服困难,战胜挫折,最终取得成功。在创业过程中恒心也是非常重要的,有的浅尝辄止,有的小富即安,有的主意多变,这些都是缺乏恒心和毅力的表现。对于创业者来说,坚定的恒心和坚强的意志同样重要,成功意味着日积月累的艰苦劳动。

创业者在创业之初会面对许多棘手的问题,如项目的选择、市场的开发、资金的周转以及暂时的失败等。这就要求创业者善于调控自己的情绪,保持乐观的心态,只有这样才能在竞争的环境压力下泰然自若、举重若轻。

市场是有情的,也是无情的。面对市场,创业者要理智,对于各种经营活动都必须在理性的思考之后才能采取行动,切忌盲目冲动。要保持事业之树常青,就一定要谨慎从事。

(三)良好的思想素质

思想素质一般集中体现在思想道德、专业知识、人文知识和思维方式上。创业者在创业过程中必须具备一定的道德修养,鄙视虚伪,尽心竭力做事。恪守信约,遵守诺言,说到做到,言而有信。不能为了赚钱而不讲诚信、不择手段,甚至做损害公共利益的事。创业者应该明白,只有在实现社会价值的过程中才能实现自身的价值。知识是能力的基础。只有博学,知识信息储备量大,才能对事物进行科学的综合分析、判断。而据专家研究,经常使用的知识一般只占人的知识总量的10% ~15%。专业知识对于创业者来说是十分重要的,大学生利用专业知识创业有利于形成自己的核心竞争力,有利于在竞争中处于主动地位。人文知识是关于理想人性和如何实现理想人性的知识,即如何做人的知识。商场上有一句格言:商道即人道。有志于创业的大学生在自我塑造过程中,要努力学习人文知识,学会做人。思维方式是文化素质的最终表现方式。创业者要勇于打破自己的思维定式,冲破原有的思维约束,敢想敢做,否则会错过宝贵的机会。

(四)较好的管理才能

创业者的管理才能主要表现在以下三个方面:第一,与人沟通的能力。沟通是事业成功的推进器。沟通能力是指在创业过程中,必须要和各种人打交道,团结一帮人共同合力完成一件事。通过沟通,理解对方的心理,化解对方的误会,建立理想的人际关系,推动事业的和谐迈进。第二,建立具有激励机制的人事管理制度的能力。管理的目标是激励别人。构建有激励功能的管理制度主要是指在管理过程中推行各种管理手段,如建立奖罚制度,对下属的业绩做出科学的评价,对员工进行培训等。其目的都是激励下属,使团队更有活力,提高工作效率。第三,科学有效的企业管理能力。在激烈的市场竞争中,企业的目标是要追求利润的最大化。在这一目标的引导下,企业不仅要靠产品、技术来追求效益,更要靠科学管理来提高效益。因此,创业者必须掌握现代管理的理念和方法,能从系统整体观念出发,统筹、协调、控制和优化各项资源。综上所述,大学生创业者要想在市场竞争中站稳脚跟,就必须先练好“内功”，努力提高自己的管理水平。

（五）灵活的信息捕捉能力

由于创业活动是在一定的社会环境中进行的，而社会环境是在不断变化的，因此无论是何种行业的创业者，都要有极强的信息意识和捕捉信息的能力，尤其是要善于捕捉政策信息，以便把它转化为商机，并做出正确的经营决策。在政策信息方面，要高度关注政府行为，根据政府的有关产业政策、发展战略目标来确定投资方向。要了解政府的政策，就必须关心政治，了解时事，并要学习一些政治学、经济学知识。当然，从政策中捕捉商机，说起来容易，做起来难，大学生创业者要具有辨别真假信息的能力，就必须积累社会经验，培养感悟能力和洞察能力。在社会化大潮的背景下，其实很多创业者们需要的资源都是现成的，这比创业者们自身去创造资源要节省成本得多，因此，创业者们一定要有整合资源的意识，善于整合现有资源，并使其为己所用，统筹好人脉、钱脉的相互关系。

（六）科学的经营头脑

科学的经营头脑包括敏锐的商业意识和较强的经济意识。商业意识是人们在经营实践中，在获取信息的基础上，把握市场趋势的一种思维活动方式。它对创业者捕捉商机有至关重要的作用。大学生如何才能培养出良好的商业意识呢？第一，拓宽知识面，特别是要加强企业管理和市场营销方面知识的学习。第二，要多研究市场，只有搞清楚市场运行的基本规律，才能在经营中有创意和创新，才能游刃有余。大学生可以利用假期去从事有关实践活动。第三，要善于收集和利用信息，重要的商业信息是经营决策的重要依据，它隐含了大量的商业机遇，是经营者取胜的重要武器。第四，要积极主动出击去寻找和创造商业机会，不能等待机会上门。

（七）持续学习的能力

学习能力主要体现在阅读能力、理解能力、归纳分析能力、记忆力、注意力、思维能力、创造力、写作能力、时间管理能力、自我管理能力等方面。创业需要学习的东西非常之广，对于不同层面创业的人来说，需要学习的东西也不尽相同，我们不可能面面俱到。但要把握创业领域的基本面以及市场趋势，了解经济冷暖，把握消费者心理，这仅仅是外部因素；在内部因素上，如何找准自己的定位，填补市场空白，产品如何定标准，渠道怎么建设，成本如何控制，团队怎么管理，每一项都需要创业者不断地学习和实践，然后再调整。只有把持续的学习能力转化为能得心应手地应付各种复杂局面的能力时，创业者才能在市场中有立足之地。

二、创业目标的确立

（一）确立创业目标要考虑到社会的总体需求

社会是一切创业者的大舞台，每个创业者都是这个舞台上的一个角色，是否能够赢得观众的认可，就要看角色的表演是否符合观众口味，换句话说，创业者的创业活动能否得到社会认同，关键是看创业者的创业活动是否对社会发展和人们生活有意义，是否能够满足社会发展的需求。

（二）确立创业目标要注意发挥自己的优势

在选择创业目标时一定要切合自身实际，不能人云亦云，更不能赶潮流、追时尚，而应结合自己的实际情况，尽力从自己的优势出发去确立创业目标。

（三）确立创业目标要符合自己的兴趣

有的学生在选择创业目标的时候根据自己的兴趣确定，这种选择是比较合理的。这无疑是对自己的一种开发和展露，对工作也是一种促进。因为，兴趣是做好一件事情的动力，根据自己的兴趣确立创业目标而成功的例子不胜枚举。当然人的兴趣并不是绝对固定不变的，兴趣是可以培养的。由于诸多原因，有时创业目标的确定与自己的兴趣不完全符合，在这种情况下，就应当从与自己兴趣相近的职业中选择，并培养起自己的职业兴趣。否则，完全拘泥于自己现有的兴趣，反而会作茧自缚，不利于创业目标的确立。

（四）确立创业目标要做到专业对口

成功创业者告诉我们，专业是事业的原始积累。因此，在选择创业目标时，尽量将“专业对口”作为创业的起点，追求学以致用和才能的施展。这样，对所从事的行业了如指掌，很容易成为行业内的专家并取得成功，否则就容易出问题。例如，某同学毕业后一时没有具体的创业项目，家人一致动员他去学木工手艺。迫于家庭压力，他干了两年木工，但始终提不起精神，原因是他所学的应用美术专业没有派上用场。后来经过反复思考，他毅然放弃了木工行当，选择了广告行业。由于他具有业务专长，又善于钻研，不到两年的时间就顺利地打开了创业局面，承揽了干不完的广告制作业务，其创业成效令人刮目相看。

三、创业目标的论证

目标确立后，创业者要想知道自己确立的目标是否符合实际，就要对目标进行科学论证，即目标是否具有科学性和现实性。论证目标的意义在于使创业者了解自己目标定位的高低。目标定高了，脱离了创业者的客观实际，不但不容易实现，而且易使创业者产生挫折感，甚至丧失信心；相反，把目标定得过低，又往往使创业者自身的内在潜力得不到充分的发挥。所以，目标论证对创业者来说是在创业实施之前不可缺少的一个必要环节。

目标的科学性和现实性是密不可分的，目标的科学性是指目标的内容符合社会需求，经过创业者的主观努力是可以实现的；而目标的现实性即目标的可操作性，是指在目标的内容具有科学性的基础上，创业者根据自己的创业能力，通过一系列的创业活动是可以实现目标的。创业者在进行目标论证时，首先要对目标的科学性进行论证。创业目标切合实际，主要是指符合社会发展需要的实际，即能够满足广大消费者的合法的正当利益需求，符合已经具备的和能够争取到的创业条件的实际。如果目标的内容缺乏科学性，即使创业者进行创业实践活动，到头来，这一活动对创业者的回报率也只能是零。

在论证创业目标的科学性的基础上，还要对创业目标的现实性即目标的可行性进行论证。就创业目标而言，有的创业目标对有些创业者来说具有可行性，但对有些创业者来说则不具有可行性。为什么会出现这种情况呢？原因很简单，因为创业者的自身创业能力和创业环境不同。比如，一个创业者确立的创业目标是发明或创造一种生产或生活领域的高科技产品，以解决人们在生产或生活中的许多难题。这对于一个具有专业素质的科技人员来说，也许通过他的不懈努力能够实现其目标；但如果对于一个只具有小学或初中文化水平的农村青年来说，难度就会很大，创业的成功率也极低，尽管创业者付出了艰苦不懈的努力，但有时目标仍难实现。可行性论证主要是指论证创业目标是否脱离或者超越创业者的创业基础或创业环境，是否能够发挥创业者的独到优势。例如，一个创业者想开办一个高尔夫球场，就其创业的内容来说，在国内已不是先例，难度不是很大，如果条件具备也是可行的。如果创业者自身资金不足（此项目需要大量资金），又选择了这个高投入的创业项目，本身就增加了很大的风险性；如果他又将球场选择在一个交通闭塞、人们生活还处在温饱阶段的偏远农村，其创业成功的可能性很小。为什么这样说？是他的创业目标不科学还是当前人们不需要这项体育活动呢？显然都不是。那么失败的原因在哪里呢？是创业目标缺乏可行性。首先，资金不足本身就不宜从事高投入的创业项目，否则，会给创业者带来高贷高息的金融风险。其次，球场的地理位置选择也很关键，大家都知道，能够经常参加此项活动的人，本身要具备一定的经济实力。换句话说，此项活动是一项高消费活动。就目前而言，多数人还不具备参加这项活动的经济条件。如果再把球场选在一个消费水平低且交通条件不是很好的山区农村，那就更是错上加错了。当然，对于类似这样的创业目标，稳健的创业者是不会确立的，更不会去付诸实践的。原因很简单，创业目标缺乏可行性。所以，创业者在论证创业目标时一定要论证充分，绝不能只论证其一而忽视其二。

四、创业计划书的制作

创业目标确立并经过充分论证后，创业者就应着手制订创业计划。创业计划是创业者实现创业目标过程中，合理规划创业步骤的总体安排。创业计划的合理制订对于创业者分步骤、分阶段地实施创业目标作用很大。一个成功的创业者，不仅要确立合理的创业目标，同时还应学会科学制订创业计划，没有规划的创业目标往往易使创业者忽视了创业的时间观念和创业过程的实效性。所以，把创业目标逐步分解，准确地把握每个创业阶段的不同任务，从而最终实现创业目标。

创业计划书的内容大致包括如下方面：

（一）计划摘要

计划摘要一般包括以下内容：公司介绍、主要产品、业务范围、市场概貌、营销策略、销售计划、生产管理计划、管理者及其组织、财务计划、资金需求状况等。在计划摘要中，企业必须要回答下列问题：① 企业所处的行业，企业经营的性质和范围；② 企业的主要产品；③ 企业的市场在哪里，谁是企业的顾客，他们有哪些需求；④ 企业的合伙人、投资人是谁；⑤ 企业的竞争对手是谁，竞争对手对企业的发展有何影响。

（二）业务介绍

通常业务介绍应包括以下内容：服务或产品的概念、性能及特性，主要服务及产品介绍，产品的市场竞争力；产品的研究和开发过程；发展新产品的计划和成本分析；产品的市场前景预测；产品的品牌和专利。

产品介绍必须回答以下问题:(1) 顾客希望企业的产品能解决什么问题,顾客能从企业的产品中获得什么好处?(2) 企业的产品与竞争对手的产品相比有哪些优缺点,顾客为什么会选择本企业的产品?(3) 企业为自己的产品采取了何种保护措施,企业拥有哪些专利、许可证,或与已申请专利的厂家达成了哪些协议?(4) 为什么企业的产品定价可以使企业产生足够的利润,为什么用户会大批量地购买企业的产品?(5) 企业采用何种方式去改进产品的质量、性能,企业对发展新产品有哪些计划?

(三) 人员及组织结构

有了产品之后,创业者第二步要做的就是结成一支有战斗力的管理队伍。企业管理的好坏,直接决定了企业经营风险的大小,而高素质的管理人员和良好的组织结构则是管理好企业的重要保证。企业的管理人员应该是互补型的,而且要具有团队精神。一个企业必须要具备负责产品规划与开发、市场营销、生产作业管理、企业理财等方面的专门人才。在创业计划书中,必须对主要管理人员加以阐明,介绍他们所具有的能力,他们在本企业中的职务和责任,他们过去的详细经历及背景。此外,在部分创业计划书中,还应对公司结构做一简要介绍,包括公司的组织结构、各部门的功能与责任、各部门的负责人及主要成员;公司的报酬体系;公司的股东名单,包括认股权、比例和特权;公司的董事会成员、各位董事的背景资料;等等。

(四) 市场预测

进行市场预测时,首先,要对需求进行预测:市场是否存在对这种产品的需求?这一需求程度是否可以给企业带来所期望的利益?新的市场规模有多大?需求发展的未来趋向及其状态如何?有哪些因素影响需求?其次,市场预测还包括对市场竞争的情况——企业所面对的竞争格局进行分析:市场中主要的竞争者有哪些?是否存在有利于本企业产品销售的市场空当?本企业预计的市场占有率是多少?本企业进入市场会引起竞争者怎样的反应?这些反应对企业会有什么影响?等等。在创业计划书中,市场预测应包括以下内容:市场现状综述、竞争厂商概览、目标顾客和目标市场、本企业产品的市场地位、市场区隔和特征,等等。

(五) 营销策略

营销是企业经营中最富挑战性的环节。在创业计划书中,营销策略应包括以下内容:① 市场机构和营销渠道的选择;② 营销队伍和管理;③ 促销计划和广告策略;④ 价格决策。对创业企业来说,由于产品和企业的知名度低,很难进入其他企业已经具有稳定地位的销售渠道中去。因此,企业不得不暂时采取高成本低收益的营销战略,如上门推销,大打商品广告,向批发商和零售商让利,或交给任何愿意经销的企业销售。

(六) 生产计划

创业计划书中的生产计划主要是针对产品制造中的厂房、设备、人员、技术等方面的要求所做的计划。一般来说,生产制造计划中应回答以下问题:企业生产产品所需的厂房、设备情况如何;怎样保证产品在进入规模生产时的稳定性和可靠性;设备的引进和安装情况,谁是供应商;生产线的规划与产品组装是怎样的;生产周期标准的制定以及生产作业计划的编制;物料需求计划及其保证措施;质量控制的方法是怎样的以及其他相关的问题。

(七) 财务预算

创业计划要说明创业工作需要的财务总预算。预算要分项列出,包括建设厂房的总造价、生产设备的总投资、为创办企业应缴纳的各种费用、创业产品的原材料价格、生产工人和管理人员的工资、生产流动资金等。财务预算要对创办企业所需要的全部资金进行分析、比较、量化,制订资金需求和资金分阶段使用计划。制订财务预算计划时要尽可能做到细致、准确、不漏项、不低算、不高估。分阶段资金使用计划要详细,还要适当考虑一些不可预见的因素。

(八) 机会和风险

对于一个新创的企业来说,其未来所面临的情况总是未知的,这也正是创业的魅力所在。对于缺乏社会经验和必要的工作经历而又要尝试创业的大学生来讲,主要需要考虑以下问题:公司在市场、竞争和技术方面有哪些基本的风险?公司准备怎样应对这些风险?公司还有一些什么样的附加机会?如何在资本基础上进行扩展?在最好和最坏的情形下,公司未来5年计划表现如何?如果可能的话,对公司一些关键性参数做最好和最坏的设定,估计出最好的机会和最大的风险。

五、创业资金的筹备

刚从学校毕业的大学生,资金问题是他们创业的最大顾虑,因为无论做什么生意都需要本钱,而创业伊始,多数人积蓄较少,启动资金成为创业的“瓶颈”。在这种情况下,如何筹集资金,成为广大创业者最为关心的问题。筹集资金主要有以下几种途径:

(1) 寻求亲朋好友的支持。从身边的亲戚朋友中借钱来创业,有些人虽然没有钱,但有好的思路、好的想法,可以将这些思路和想法变成现实,创造商业价值。

(2) 与几位志同道合者共同投资创业。这是共享利润与风险的一种做法。

(3) 以技术入股,争取企业投资,这是目前比较流行的也是比较容易成功的一种融资做法。不过在得到资金的同时,也得受他人的约束。如果你在大学期间拥有发明专利,即可利用专利去寻找投资人,有些人还能获得风险投资家的青睐。

(4) 从银行获得创业的启动资金,现在国家鼓励创业,各大类银行也有相应的创业扶持政策,可以帮助创业者,为他们提供一笔创业启动资金,但需要创业者满足申请条件。

(5) 向有些投融资机构申请帮助,当然这不是无偿的,也不是很容易就可以得到它们的扶持,自身需要满足很多条件,需要创业项目有可行性和发展性。

六、创业机构的组建与经营

创建企业,人是决定的因素,物是创建的基础,注册是创业的前提。所以,创建企业要认真、准确注册,招聘精兵强将,购置设备、物品,快速创建,建章立制,稳妥运转。

（一）组建合作团队

团队是由基层和管理层人员组成的共同体，有共同的目标和愿景，愿意共同承担责任，形成一个主动、高效、合作、有创意的整体，共同解决问题，达成目标。首先，合作团队要实现人尽其才，优势互补。人是第一位的，最简单的个体户也许能在开业之初一个人先干起来再说。其实创业规模再小也必须招募、组建优势互补的合作团队，合作队伍中必须要有人具有专业技术，要有公关营销人员、财务管理与财会人员等岗位的人才，这是创业必须重视的关键环节。其次，创业团队必须与公司的规划密切结合。不同的公司应有不同的侧重，有的公司重营销，有的公司重技术，有的公司重创业规划。新公司的创办者没有经验，团队中必须要有具备创新精神的人，能善于捕捉机遇，开发出适合自己公司的工作程序和工作方法。再次，组建的团队必须要具有高度团结一致的合作精神。创业艰难百事多，在创业路上有太多的艰难险阻，创业集体必须同舟共济，方能渡过一个个难关。高职毕业生创业，联络一两个同学合伙是个不错的主意，一方面，可减轻与创业相关准备的压力；另一方面，几年同窗，相互间比较了解，在创业前的学习、模拟、调研中相互帮助，容易取得共识。

（二）注册创业

创业者创办的企业要具有法人资格，必须进行企业法人登记注册。注册包括企业法人名称、住所、经营场所、法定代表人、经济性质、经营范围、经营方式、注册资金、从业人数、经营期限和分支机构等。

1. 确定企业法人名称

名称一般由字号（商号）、所属行业（经营特点）、组织形式三部分组成，前面可以是所在地行政区域名称。

命名企业应注意以下几点：

（1）必须是自己喜欢的名称；

（2）公司的名称要给人们正面的印象；

（3）公司的名称不应有消极的影响；

（4）公司的名称应为员工所喜欢和接受；

（5）公司的名称中尽量避免字母和数字，字数不应太多，公司名称应易读易写，不要过于专业化，要便于公众理解。

2. 确定经济性质（选择公司的法律形式）

公司的法律形式一般分为无限责任公司（以出资方式、利润方式和风险承担方式的不同来划分的公司，一般指合伙制公司）、责任有限公司（是指两个以上股东共同出资、共同承担责任的公司）、股份有限公司（注册资本由等份构成，并通过发行股票筹集资本，股东及所有股份对公司承担有限责任的公司）。

3. 确定经营范围

经营范围包括企业法人生产经营的商品类别和服务项目，反映生产经营的方面，同时也是企业法人业务活动的范围，是体现企业法人民事权利的核心内容，要根据创业者的业务而定。

（三）办理营业执照

办理个体营业执照和企业营业执照的流程分别如下：

1. 企业营业执照办理手续

（1）核准名称。

时间:1～3个工作日。

操作:确定公司类型、名字、注册资本、股东及出资比例后,可以去工商局现场或线上提交核名申请。

结果:核名通过。若失败,则需要重新核名。

（2）提交资料。

时间:5～15个工作日。

核名通过后,确认地址信息、高管信息、经营范围,在线提交预申请。在线预审通过后,按照预约时间去工商局递交申请材料。

结果:收到准予设立登记通知书。

（3）领取执照。

时间:预约当天。

操作:携带准予设立登记通知书、办理人身份证原件,到工商局领取营业执照正、副本。

结果:领取营业执照。

2. 个体工商户营业执照办理手续

（1）本人身份证及复印件(外来人员另需要暂住证及复印件)。

（2）经营场所的房屋租赁合同或者房产证及复印件。

（3）本人一寸免冠彩色照片两张。

（4）如果是国有和集体企业下岗人员、特困户,还需要带上失业证、失业人员优惠证、特困证等及相应材料的复印件,这样可以依照国家有关规定享受减免管理费的政策优惠。

（5）从事饮食、化妆品等特殊行业的人员,还要准备健康证件等及相应材料的复印件(涉及前置审批行业,需要提供审批意见)。

携带上述文件到当地所属的工商所,向工作人员说明要办理哪一类的营业执照。检验过有关文件后,工作人员会提供需要填写的表格。

（四）创业组织的经营管理

经过以上步骤,创业组织组建完毕,可以正式对外从事经营活动了。接下来要做的工作:一是为了谋求公司的发展,维护股东利益,必须建立公司治理机构,即建立公司的领导体制和管理制度;二是为了提高员工的积极性和对组织的归属感,必须建立良好的激励机制,即采取各种有效的激励措施来鼓舞员工士气;三是公司的工作千头万绪,为提高工作效率,必须有一套科学的管理办法,即生产、人力资源、物资、设备和产品质量等方面的管理;四是为赢得竞争激烈的市场,必须制定有效的营销策略,如产品策略、定价策略、分销渠道策略和促销策略等。这一切都需要有志于创业的大学生认真学习和深入思考。

七、创业的误区

大学生创业要避免失败，首先就要认清创业中存在的几个误区。

(一) 忽视创业风险

风险，是投资出现困难的时候才会想到的事情。刚毕业的大学生大多充满了理想，踌躇满志，创业计划很宏大。然而一个人的精力是有限的，一个公司的能力也是有限的，摊子铺得越大，力量越分散，失败的可能性就越大，即欲速则不达。即使不失败，由于精力分散，也会失去深度开发的机会和能力。

(二) 行业选择草率

在朝阳行业、日不落产业、夕阳产业的比较和选择中，大学生往往轻率决策，做出和当前处境相符但和个人及团队意志不相符的抉择。这样的决策，是不能支持企业长期发展的。大学毕业生容易好高骛远，总想做大事，不愿从小事入手。实际上任何一个成功的企业都是从小做到大，从最底层做起的。

(三) 创业目的不明确

赢利是创业生存的基础，但不能为了赢利而"东一榔头西一棒槌"。今天看到网络不错，便想做网络；明天看到广告挣钱，就想去做广告。企业的发展应有一个长期的规划，不能为了赢利而放弃自己坚持的目标和核心业务。要反复权衡，找准适合自己的行业。

(四) 市场认识浅薄

市场是生产或生活资料由生产者向消费者转移的一个交易平台。随着经济的发展，消费者的个性化需求日益明显，如何赢得消费者的青睐？如何让消费者了解自己的产品或服务？如何让消费始终钟情于你的产品？很多年轻人凭着创业的冲动、对风险的无知、个人自信心的膨胀，在没有进行市场分析、市场环境扫描、消费市场细分和定位的情况下，盲目采购原材料、安装机械设备、招募员工等，最终赔得一塌糊涂，先期投入全部消耗殆尽。

【案例链接】 职场生存指南四则

1. 尊重前辈、团队合作的重要性

案例：A 是一家公司的销售经理，公司要举办大规模促销活动，由于急缺市场促销人员，他找到了招聘主管 B，他很着急地说："B，我急需大量的促销人员，你尽快招到！这里很急。"A 和 B 平时的关系一般，甚至有时连招呼都不打，B 听了 A 的话很生气，心想："你平时见了我都爱搭理不搭理的，现在有求于我了，还这种态度！我又不是你下属，凭什么听你的？你急我又不急，咱就按流程来！"于是 B 按照正规的招聘流程，先筛简历，再电话邀约，当笔试、面试、岗前培训等所有流程走完时，促销活动也快结束了。由于促销活动人手不够，结果不是很理想，没有达到预期的效果。A 私下很埋怨 B，认为是 B 招人太慢导致活动失败，并挨了老板批评。B 知道后很恼怒，本来就看 A 不顺眼，正好找个机会和老板反映 A 的工作态度

有问题，于是A就被老板辞退了。

C是接替A上任的销售经理，上任后和相关合作部门的同事打成一片，没事大家一起聊聊天、聚聚餐。这回销售部又赶上了一次节日大促销活动，部门人手不够，C于是找到招聘主管B。C平时和B关系不错，没事一起谈谈心，对B这个老员工甚是尊敬。C对B说："哥，公司要在超市举办促销活动，您看我们部门人手不够，您给费点心，招点人呗！我们这挺着急的，老板催得紧，活动马上就要开始了，最好这两天人就到位，时间错过了我们都白忙活了。到时我跟老板说这次活动算咱们两个部门合作的，我敢肯定这次活动会很成功，到时也有你们的功劳，奖金肯定少不了你们的！"B在两天内顺利地招到了人手，活动成功举办，B和C都得到了老板的夸奖，皆大欢喜。

案例分析：职场中要尊重前辈。同时，要学会与他人合作，发挥团队精神，这会让我们收到事半功倍的效果。

2. 坚持是一种美德

案例：小王大专毕业后，前往X市求职，经过一番努力，她和另外两个女孩被一家公司录用，试用期一个月，试用期合格后将被聘用。在这一个月之内，小王和那两个女孩都很努力，到了第二十九天时，公司按照他们三人的工作能力，一项项给她们打分。结果，小王虽然也很卓越，但仍然比另两位女孩低一至二分。公司万经理托部下通知小王："明天你是最后一天上班，后天便可以结账走人。"

最后一天上班时，两位留用的女孩和其他的人都关心地劝小王说："反正公司明天会发给你一个月的试用工资，今天你就不必上班了。"小王笑道："昨天的工作还有点没做完，我干完那点活，再走也不迟。"到了下午三点，最后的工作做完了。又有人劝她提早下班，可她笑笑，不慌不忙地把自己工作过的桌椅擦拭得干干净净、一尘不染，而且和"同事"一同下班，她感觉自己很充实，站好了最后一班岗。其他员工见她这样做，都非常感动。

第二天，小王到公司财务处结账，结完账，她正要离开，遇见了万经理。万经理对她说："你不要走，从今天起，你到质量检验科去上班。"小王听了很惊讶。万经理微笑着说："昨天下午我暗中观察了你好久，面对工作你有坚持的理念。正好我们公司的质量检验科缺一位质检员，我相信你到那里一定会干得很好。"

案例分析：对任何一件小事，都需要具有勤恳认真的态度，坚持站好最后一班岗。想要活出不一样的人生，就应该要有坚持的可贵品质。

3. 经验的重要性

案例：一研究生被分配到一家研究所，他是该研究所中学历最高的。有一天他到单位后面的小池塘去钓鱼，正好正副所长在他的一左一右，也在钓鱼。正、副所长学历均为本科，该研究生自恃清高，不愿意和他们多寒暄。

不一会儿，正所长放下钓竿，伸伸懒腰，噌噌噌从水面上如飞地走到对面上厕所。研究生眼睛睁得都快掉下来了。水上漂？不会吧？这可是一个池塘啊。正所长上完厕所回来的时候，同样也是噌噌噌地从水上漂回来了。怎么回事？研究生又不好意思去问，自己学历高啊！

过了一阵，副所长也站起来，走几步，噌噌噌地漂过水面上厕所。这下子研究生更是诧异了：不会吧，到了一个江湖高手集中的地方？不一会儿，研究生也内急了。这个池塘两边有围墙，要到对面厕所得绕十分钟的路，而回单位上厕所又太远，怎么办？研究生不愿意去问两位所长，憋了半天后，也起身往水里跨：我就不信本科生能过的水面，我研究生不能过。只听"咚"的一声，研究生栽到了水里。两位所长将他拉了出来，问他为什么要下水，他反问道："为什么你们可以走过去呢？"

两位所长相视一笑："这池塘里有两排木桩子，由于这两天下雨涨水正好在水面下。我们都知道这木桩的位置，所以可以踩着桩子过去。你怎么不问一声呢？"

案例分析：经验是最好的老师，新入职场，不懂之处应多向前辈请教，不能自视过高。

4. 真诚沟通，避免误解加深

案例：小岑是公司销售部的一名员工，为人比较随和，不喜欢争执，和同事相处得比较融洽。但是前一段时间，不知什么原因，同部门小林老是和她过不去，有时候还故意在别人面前指桑骂槐，对两人合作的工作任务也故意让小岑多做，甚至还抢了小岑好几个老客户。起初，小岑觉得大家都是同事，忍一忍就算了。但是看到小林越来越嚣张，小岑一赌气就向经理告状了。经理把小林批评一通，从此，小岑和小林成了绝对的冤家。

案例分析：小岑遇到的事情是职场上常常出现的一个问题。在这段时间里，同事小林对她态度大有改变，这应该让小岑有所警觉，她应该多留个心眼，反思自己是不是哪里做错了。小岑一味忍让，但这不是一个好办法，她应主动、真诚、有策略地沟通，避免双方误会加深。

【知识链接】 职业兴趣测试

1. 要求

请根据你对每一题目的第一印象作答，不必仔细推敲，也不必考虑是否具有相应的技能，答案没有对错之分。回答题目根据与实际情况的符合程度来判断，与你实际情况相符合的用"是"表示，记 2 分；不符合的用"否"表示，记 0 分；难以回答的用"？"表示，记 1 分。对那些你没有机会从事的工作，你也可以在"假设"从事过这些工作的情况下做出判断。答案直接写在每一条目后。

A. 技能型条目

1. 你曾经将钢笔全部拆散加以清洗，并独立地将它装起来吗？
2. 你会用积木搭出许多造型吗？小时候常拼七巧板吗？
3. 你在中学里喜欢做实验吗？
4. 你对一些动手较多的技术工作（如电工、修钟表、印照片、织毛线、绣花、剪纸等）很感兴趣吗？
5. 当你家里有些东西需要小修小补时，常常是由你来做吗？
6. 你常常偷偷地去摸弄不让你摸弄的机器或机械（诸如打字机、摩托车、电梯、机床等）吗？
7. 你是否深深体会到身边有一把镊指钳或老虎钳等工具，会给你提供许多便利？
8. 看到老师傅在做活，你能很快地、准确地模仿吗？

9. 你喜欢把一件事做完后，再做另一件事吗？
10. 做事情前，你经常害怕出错，而对工作安排反复检查吗？
11. 你喜欢亲自动手制作一些东西，并从中得到乐趣吗？
12. 你喜欢使用锤子、斧头一类的工具吗？
13. 如果掌握一门手艺，并能以此为生，你会感到非常满意吗？
14. 你曾经渴望当一名汽车司机吗？
15. 小时候，你经常把玩具拆开，把里面看个究竟吗？
16. 你喜欢修理自行车、电器一类的工作吗？
17. 你喜欢跟各类机械打交道吗？
18. 你亲手制作或修理的东西经常令你的朋友满意吗？

B. 研究型条目

1. 你对电视或单位里的智力竞赛很感兴趣吗？
2. 你经常到新华书店或图书馆翻阅图书(文艺小说除外)吗？
3. 学生时代你常常会主动地去做一些有趣的习题吗？
4. 你对一件新产品或新事物的构造或工作原理感兴趣吗？
5. 当有人向你请教某事物如何做时，你总喜欢讲清内部原理，而不仅仅是操作步骤吗？
6. 对一件你想了解但又无法详细知道的事物，你能想象出它是什么或将怎么变化吗？
7. 看到别人在为一个有趣的难题争论不休时，你会加入进去或者独自一人思考，直到解决为止吗？
8. 看推理小说或电影时，你会常常分析推理谁是罪犯，并且这种分析时常与最后结果相吻合吗？
9. 你喜欢做一些需要运用智力的游戏吗？
10. 相比而言，你更喜欢独自一人思考问题吗？
11. 你的理想是当一名科学家吗？
12. 你经常不停地思考某一问题，直到想出正确的答案为止吗？
13. 你喜欢抽象思维的工作吗？
14. 你喜欢解答较难问题吗？
15. 你喜欢阅读自然科学方面的书籍和杂志吗？
16. 你能够做那种需要持续集中注意力的工作吗？
17. 你喜欢学数学吗？
18. 如果独自在实验室里做长时间的实验，你能坚持吗？

C. 艺术型条目

1. 你对戏剧、电影、文艺小说、音乐、美术等其中的一两个方面较感兴趣吗？
2. 你常常喜欢对文艺界的明星品头论足吗？
3. 你参加过文艺演出、绘画训练或经常写写诗歌、短文吗？
4. 你的朋友经常赞扬你把自己的房间布置得比较优雅并有品位吗？
5. 你对别人的服装、外貌以及家具摆设等能做出比较独特的评价吗？

6. 你认为一个人的仪表美主要是为了表现一个人对美的追求，而不是为了得到别人的赞扬或羡慕吗？
7. 你觉得工作之余坐下来听听音乐、看看画册或欣赏戏剧等，是你最大的乐趣吗？
8. 遇到有美术展览会、歌星演唱会等活动，你常常去欣赏吗？
9. 音乐使你陶醉吗？
10. 你喜欢成为人们注意的焦点吗？
11. 你喜欢不时地夸耀一下自己取得的成就吗？
12. 你喜欢做戏剧、音乐、歌舞、摄影等方面的工作吗？
13. 你能较为准确地分析美术作品吗？
14. 你爱幻想吗？
15. 看情感影片或小说时，你常禁不住眼圈泛红吗？
16. 当接受一项新任务后，你喜欢以自己独特的方法去完成它吗？
17. 你有文艺方面的天赋吗？
18. 与推理小说相比，你更喜欢言情小说吗？

D. 社会型条目

1. 你常常主动给朋友写信或打电话吗？
2. 你能列出五个你自认为够朋友的人吗？
3. 你很愿意参加学校、单位或社会团体组织的各种活动吗？
4. 你看到不相识的人遇到困难时，能主动去帮助他，或向他表示同情与安慰吗？
5. 你喜欢去新场所活动并结交新朋友吗？
6. 对一些令人讨厌的人，你常常会基于某种理由原谅他、同情他甚至帮助他吗？
7. 有些活动，虽然没有报酬，但你觉得这些活动对社会有好处，你会积极参加吗？
8. 你很注意你的仪容风度，这主要是为了让人产生良好的印象吗？
9. 大家公认你是一名勤劳踏实、愿为大家服务的人吗？
10. 旅途中你喜欢与人交谈吗？
11. 你喜欢参加各种各样的聚会吗？
12. 你很容易结识同性朋友吗？
13. 你乐于解除别人的痛苦吗？
14. 对于社会问题，你很少持中立的态度吗？
15. 听别人谈“家中被盗”一类的事，很容易引起你的同情吗？
16. 你通常不喜欢一个人独处吗？
17. 在工作中，你喜欢听取别人的意见吗？
18. 和一群人在一起的时候，你经常能找到恰当的话题吗？

E. 经营型条目

1. 当你有了钱后，你愿意用于投资吗？
2. 你常常能发现别人组织活动时的某些不足，并提出建议让他们改进吗？
3. 你相信如果让你去做个体户，一定会成为富裕户吗？

4. 你在上学时曾经担任过某些职务(诸如班干部、课代表等)并且自认为干得不错吗?

5. 你有信心说服别人接受你的观点吗?

6. 你对一大堆的数字感到头疼吗?

7. 做一件事时,你常常事先仔细考虑它的利弊得失吗?

8. 在别人跟你算账或讲一套理由时,你会常常换一个角度考虑,并发现其中的漏洞吗?

9. 你曾经渴望有机会参加探险吗?

10. 你认为在管理活动中以个人的意志影响别人的行为是很必要的吗?

11. 如果待遇相同,你宁愿当一名商品推销员,而不愿当一名机关办事员吗?

12. 当你开始做一件事后,即使碰到再多的困难,你也会执着地干下去吗?

13. 你总是主动地向别人提出自己的建议吗?

14. 你更喜欢自己下了赌注的比赛或游戏吗?

15. 和不熟悉的人交谈对你来说毫不困难吗?

16. 和别人谈判时你不愿放弃自己的观点,是吗?

17. 在集体讨论中你不愿保持沉默,是吗?

18. 你不愿意从事虽然工资少但是比较稳定的职业,是吗?

F. 事务型条目

1. 你能够用一两个小时坐下来抄写一份你不感兴趣的材料吗?

2. 你能按领导或老师的要求尽自己的能力做好每一件事吗?

3. 无论填报什么表格,你都非常认真吗?

4. 在讨论会上,如果不少人的观点与你的不同,你就不发表自己的观点吗?

5. 你常常觉得在你周围有不少人比你更有才能吗?

6. 你喜欢重复别人已经做过的事情而不喜欢做那些要自己动脑筋摸索干的事吗?

7. 你喜欢做那些已经很习惯了的工作,同时最好这种工作责任心小一些,工作时还能聊聊天、听听歌曲吗?

8. 你经常将非常琐碎的事情整理好吗?

9. 你总留有充裕的时间去赴约吗?

10. 对别人借你的和你借别人的东西,你都能记得很清楚吗?

11. 你喜欢经常请示上级吗?

12. 你喜欢按部就班地完成要做的工作吗?

13. 对于急躁、爱发脾气的人,你仍能以礼相待吗?

14. 你是一个沉静而不易动感情的人吗?

15. 你喜欢把一切安排得整整齐齐、井井有条吗?

16. 你经常收拾房间,保持房间整洁吗?

17. 你办事常常思前想后吗?

18. 每次写信你都要好好考虑,写完后至少重复看一遍吗?

2. 结果统计

请你将上述六个部分答题结果的得分填入下表:

类 型	得 分
技能型(R)	
研究型(I)	
艺术型(A)	
社会型(S)	
经营型(E)	
事务型(C)	

如果你在某一部分的得分明显高出其他部分,说明你属于该种典型类型的人。

如果得分比较接近,说明你的职业兴趣具有综合性。一般来说,综合性的职业兴趣特征在生活中居多数,那么怎么确定自己的综合职业兴趣特征呢?依次列出得分最高和得分次高的两个兴趣类型的代号(　)(　)。例如,一个被测对象得分最高的是R类型,得分次高的是I类型,那么这位被测对象的兴趣特征是(R)(I)技能研究型。然后,就可以依据这个类型代号在下面的职业兴趣类型中进行查阅,从而得知自己的主要职业兴趣。

3. 结果查询

各种兴趣类型及与其相匹配的职业类型如下:

典型技能型(RR):需要明确的、具体的、按一定程序要求的技术性、技能性工作,如机械操作人员、电工技师、技术工人。

研究技能型(IR):具有一定科技含量的技术、技能性工作,如计算机编程人员、工程技术人员、质量检验人员。

艺术技能型(AR):需要一定艺术表现力的技术或技能性工作,如雕刻人员、手工刺绣人员、家具和服装制作人员。

社会技能型(SR):与人打交道较多的技术或技能性工作,如出租汽车驾驶员、家电维修人员。

经营技能型(ER):需要一定经营能力的技术或技能性工作,如领航员、动物管理员。

事务技能型(CR):事务性的技术或技能性工作,如计算机操作人员、机械维护人员。

典型研究型(II):需要通过观察、科学分析而进行的系统的创造性活动的科学研究工作和理论性工作,如数学、物理等学科的研究人员,学术评论者。

技能研究型(RI):侧重于技术或技能性的科学研究工作,如机械、电子、化工行业的工程师、化学技师、研究室的实验人员。

艺术研究型(AI):艺术研究方面的工作,如文艺评论家、艺术作品编辑、艺术理论工作者。

社会研究型(SI):社会科学研究方面的工作,如社会学研究人员、心理学研究人员。

经营研究型(EI):经营研究方面的工作,如经营学科研者、经营类刊物编辑。

事务研究型(CI):事务性的研究工作,如数据采集者、资料搜集人员。

典型艺术型(AA):需要通过非系统化的、自由的活动进行艺术表现的工作,如:演员、诗人、作曲家、画家。

技能艺术型(RA):运用现代科技较多的艺术工作,如电视摄影师、录音师、动画制作人员。

研究艺术型(IA):具有探索性的艺术工作,如剧作家、时装艺术大师、工艺产品设计师。

社会艺术型(SA):侧重于社会交流或社会问题的艺术工作,如作家、播音员、广告设计人员、时装模特。

经营艺术型(EA):需要一定经营能力的艺术工作,如节目主持人、艺术教师、音乐指挥、导演。

事务艺术型(CA):事务性的艺术工作,如化妆师、花匠。

典型社会型(SS):需要更多时间与人打交道的说服、教育和治疗工作,如教师、公关人员、供销人员、社会活动家。

技能社会型(RS):需要一定技术或技能的社会性工作,如护士、职业学校教师。

研究社会型(IS):需要做些分析研究的社会性工作,如医生、大学文科教师、心理咨询人员、市场调研人员、政治思想工作者。

艺术社会型(AS):具有一定艺术性的社会工作,如记者、律师、翻译。

经营社会型(ES):需要一定经营能力的社会工作,如工商行政人员、市场经营人员、公安、交警。

事务社会型(CS):事务性的公益事务工作,如环卫工作人员、工勤人员。

典型经营型(EE):需要有胆略、冒风险且承担责任的活动,主要指经营、决策方面的工作,如企业经理、金融投资者。

技能经营型(RE):需要一定技术或技能的经营工作,如技术经理、护士长、船长。

研究经营型(IE):需侧重分析研究的经营工作,如总工程师、总设计师、专利代理人。

艺术经营型(AE):与艺术有关的经营工作,如广告经理、艺术领域的经纪人。

社会经营型(SE):与社会有关的经营工作,如销售、公关经理。

事务经营型(CE):事务性的经营工作,如办公室负责人、大堂经理、领班。

典型事务型(CC):严格按照固定的规则、方法进行重复性、习惯性的劳动,并具有一定自控能力的相关工作,如出纳员、行政办事员、图书管理员。

技能事务型(RC):需要一定技术或技能的事务性工作,如档案资料管理员、文印人员。

研究事务型(IC):需要经常进行一些研究分析的事务性工作,如估价员、土地测量人员、报表制作人员、统计分析员。

艺术事务型(AC):与艺术有关的事务性工作,如美容师、包装员。

社会事务型(SC):需要更多时间与人打交道的事务性工作,如售票员、营业员、接待人员、宾馆服务人员。

经营事务型(EC):需要一定经营能力的事务性工作,如机关科员、文秘人员。

(本信息以及本章操作中所使用的量表是根据陈社育等老师撰写的《大学生职业心理辅导》中相关内容改编而成,在此对该书作者谨表感谢)